G. A. Pritchard

W0073891

Willow Creek –
Die Kirche der Zukunft?

clv

Christliche
Literatur-Verbreitung e.V.
Postfach 110135 • 33661 Bielefeld

1. Auflage 1997

Originaltitel: Willow Creek Seeker Service
© der amerikanischen Ausgabe 1996 by G. A. Pritchard
© der deutschen Ausgabe 1997
by CLV · Christliche Literatur-Verbreitung
Postfach 110135 · 33661 Bielefeld
Übersetzung: Hermann Grabe und Hans-Werner Deppe
Umschlaggestaltung: Dieter Otten, Gummersbach
Satz: Enns Schrift & Bild, Bielefeld
Druck und Bindung: Ebner Ulm

ISBN 3-89397-262-5

Inhalt

Vorwort des Übersetzers

Das vorliegende Buch ist eine eingehende Studie über die Wochenendgottesdienste der Willow Creek-Gemeinde.

Diese Gottesdienste sind speziell für eine bestimmte Zielgruppe, den „unchurched Harry", konzipiert. In manchen deutschsprachigen Büchern hat man versucht, diese Umschreibung auf deutsche Verhältnisse zu übertragen. Wir haben darauf verzichtet, weil eine Übertragung ins Deutsche vergessen läßt, daß es sich bei „unchurched Harry" um eine typisch amerikanische Bevölkerungsgruppe handelt, und weil eine Übertragung suggerieren würde, „unchurched Harry" sei die Umschreibung für den kirchenfernen Menschen unserer Gesellschaft schlechthin; das ist aber durchaus nicht der Fall. „Unchurched Harry" umfaßt nur ein denkbar enges Bevölkerungssegment: den männlichen, collegegebildeten, gut situierten Mittelständler aus den gehobenen Vorstadt-Wohngebieten des Chicagoer Nordens im Alter von 25 – 45 Jahren.

Sein ästhetisches Empfinden, sein geistiges Niveau, seine intellektuellen Ansprüche und seine spezifischen Bedürfnisse bestimmen nicht nur die Gestaltung der Wochenendgottesdienste, sondern beeinflussen auch maßgeblich das durchaus repräsentative Ambiente, das Willow Creek kennzeichnet.

Man würde den Leser also auf eine falsche Fährte setzen, wenn man ihn glauben läßt, mit „unchurched Harry" seien alle Schichten einer weithin entkirchlichten Gesellschaft gemeint, mit denen es die christlichen Gemeinden in ihrem konkreten missionarischen Bemühen zu tun bekommen.

H. Grabe

Vorwort

Warum lesen Sie dieses Buch?

Während ich meine Untersuchungen anstellte und dieses Buch schrieb, dachte ich über die eventuellen zukünftigen Leser nach. Warum würden sie sich für die Handlungsweise einer Gemeinde interessieren, die sie höchstwahrscheinlich nie besuchen werden? Wo liegen ihre Motive und ihre Einwände?

Mir war klar, daß die meisten meiner Leser Evangelikale wie ich sein werden. Ein Buch über eine evangelikale Gemeinde, selbst eine schnell wachsende und einflußreiche wie Willow Creek, hätte wenig Anziehendes für Leute, die nicht zum evangelikalen Lager gehören. Sicher ist auch, daß sich die Mehrheit meiner Leser diesem Thema mit vorgefaßten Ansichten und Vorstellungen zuwendet, das heißt im Klartext, die meisten würden entweder schon Verfechter oder Kritiker von Willow Creek sein. So möchte ich gern an beide Parteien ein Wort richten.

Vielleicht gibt es aber auch eine nicht unbeträchtliche Gruppe interessierter Beobachter, die nicht den Evangelikalen zugerechnet werden kann. Solche Leute mögen erstaunt das Phänomen Willow Creek betrachten oder sich für Gemeindewachstum im Allgemeinen interessieren, oder sie gehören zu meinen Kollegen, die Religion akademisch betreiben. Daher werde ich auch dieser Gruppe ein kurzes Vorwort widmen.

Den Evangelikalen, die Willow Creek befürworten:

Stimmen Sie mit Willow Creek überein, so mögen Sie aus diesem Buch nützliche Grundsätze und Ideen entnehmen, die Sie in ihre örtlichen Verhältnisse übertragen können. Ich glaube, daß Sie in der Lage sein werden, das vorliegende Material zu sichten und manches Nützliche entdecken werden.

Und außerdem ist dies die Möglichkeit für Sie, einen intensiven und ehrlichen Blick auf das zu werfen, was Sie selbst tun, und warum Sie es tun. Der Schreiber der Sprüche belehrt uns, daß jeder Verständnis findet, „der es sucht" (Spr 2,4). Ich möchte Sie gern ermutigen, die Haltung einzunehmen, die ich bei einem Mitarbeiter in Willow Creek antraf: Als ich meine Untersuchungen begann, sagte er mir, diese Art Nachforschungen seien „sehr wichtig", weil sie die Möglichkeit ergäben, die Sache von außen zu betrachten. „Nicht alles, was die Leute über uns sagen, gefällt uns", sagte er, „aber wenn wir nicht mehr zuhören können, so ist das ein schlimmes Zeichen."

Für die Evangelikalen, die Willow Creek ablehnen:

Stimmen Sie nicht mit Willow Creek überein, so kann Ihnen dieser Text zu einer wirklich kritischen Haltung gegenüber Willow Creek verhelfen. Ich denke, Sie werden das Material sichten können und dabei manches Kritikwürdige an Willow Creek finden.

Und doch, wenn Sie evangelikal denken, so wissen sie, daß unser menschliches Herz arglistiger als irgend etwas anderes ist (Jer 17,9). Als Bibelgläubiger sind Sie überzeugt, daß wir von Natur dazu neigen, uns selbst zu belügen, um unser Verhalten zu rechtfertigen. Das erste Buch Mose berichtet, wie Adam, von dieser Unehrlichkeit überrumpelt, gleichzeitig Eva und Gott für sein Versagen verantwortlich macht: „Das Weib, das du mir beigegeben hast ..." (1. Mose 3,12). Der erste Schritt evangelikaler Kritik an Willow Creek sollte die Frage nach der eigenen Motivation sein. Der zweite sollte in der Bereitschaft liegen, von Willow Creek alles zu lernen, was es dort zu lernen gibt.

Für den interessierten Beobachter:

Wie den meisten bekannt ist, stellt Willow Creek gegenwärtig ein höchst strittiges Thema in der evangelikalen Gemeinschaft dar. Und doch verblaßt dieser Disput angesichts der kulturellen Fehden, die zur Zeit Amerika erschüttern. Nur wenige politische Themen erhitzen die Gemüter so sehr wie etwa die Frage, was einer über die „Religiöse Rechte" denkt. Somit besteht die Wahrscheinlichkeit, daß auch Sie nicht nur ein neutraler interessierter Beobachter sind.

Bei politischen Disputen stehen wir in der Versuchung, unseren Widerpart zu schmähen und unsere Verbündeten unkritisch zu preisen. Zum Beispiel ist es sehr schwierig, einen politisch Engagierten zu finden, der Clarence Thomas oder Anita Hill nicht entweder bewundert oder verdammt. Doch diese Polarisierung verzerrt unser Bild von der Wirklichkeit. Komplizierte Zusammenhänge und Myriaden von Farbschattierungen verkommen dabei zu einer schwarzweißen Karikatur.

Ein übliches menschliches Verhalten bei politischen Konflikten besteht darin, den Kontrahenten lächerlich zu machen. Man sollte sich dieser Versuchung bewußt sein. Es ist wahr: Jeder, der die menschliche Natur untersucht, muß oftmals lachen, wenn er die Absurditäten in anderer Leute Verhalten betrachtet. Und wir Evangelikalen sind nur zu oft ein überaus humoristischer Verein. Aber die vielsagende wörtliche Bedeutung des Wortes „Sarkasmus" lautet: „Fleisch fressen." Denn bei solch höhnischem Grinsen zeigt man die faulen Zähne eines widerlichen Hochmuts. Der sich überlegen gebärdende Zynismus ist blind für schlichte Wahrheiten, und Jesus sagt: „Wenn ihr nicht umkehrt und werdet wie die Kindlein, so werdet ihr *nicht* in das Reich der Himmel eingehen" (Matth 18,3).

Es scheint, als hätte ich allen drei Gruppen dasselbe zu sagen. Tatsächlich wiederhole ich nur, was ich mir selbst während dieser Untersuchung klarmachte. Als menschliche Wesen sind wir alle versucht, das zu sehen, was unsere Anschauungen und unseren Lebensstil bestätigt. Wir müssen uns unsres Stolzes und unserer Vorlieben bewußt sein und uns befleißigen, unsere Suche nach der Wahrheit mit aller Demut und Aufrichtigkeit zu betreiben. Das Tor zur Wahrheit ist sehr niedrig. Wir müssen unseren Nacken demütig beugen, um hindurch zu gelangen.

Einführung

Warum erforschen wir Willow Creek?

Willow Creek führt eine weltweite Bewegung an. An einer kürzlich in South Barrington, Illinois, abgehaltenen Trainingskonferenz nahmen mehr als 2 300 kirchliche Führer teil. Sie kamen aus Australien, den Bahamas, Kanada, England, Holland, Honduras, Indien, Japan, Korea, Mexiko, Norwegen, Schottland, Schweden, den USA und Venezuela. Seit 1988 hat Willow Creek christliche Leiterkonferenzen in den Vereinigten Staaten, in England, Wales, Frankreich, Australien und Neuseeland unterstützt. Daran nahmen mehr als 50 000 Personen teil. Augenblicklich ist Willow Creek für Tausende von Gemeinden das Vorbild, wie man Kirche „betreibt".

In einem Interview erklärte Bill Hybels, der leitende Pastor von Willow Creek, er glaube nicht, daß die Denominationen „die Welle der Zukunft" sein werden. Daraus ergibt sich die Frage, was denn die Welle der Zukunft sein wird. Hybels und Willow Creeks Antwort findet man auf dem Logo der Willow Creek Association (der von Hybels gegründeten Organisation zur Verbreitung des Willow Creek-Gedankenguts) – es ist das Bild einer Reihe von Wellen. Wir können darum den Einfluß Willow Creeks auf die weltweite evangelikale Gemeinde als die Welle der Zukunft auffassen.[1]

Die erste Welle

Willow Creeks erste Welle wirkt sich durch die grundlegende Arbeit seiner Pastoren und durch die Größe der Gemeinde an sich aus. Willow Creek hat mehr als 270 Voll- und Teilzeitmitarbeiter, die für die Gemeindeprogramme und die Gottesdienste verantwortlich sind. Die Willow Creek Association hat 19 Mitarbeiter. Alle diese Menschen sind dem in Willow Creek entwickelten Gemeindeverständnis verpflichtet. Mehr als 280 000 Tonkassetten werden jährlich durch den „Seeds Ministry" vertrieben; und in derselben Zeit besuchen mehr als eine Million Leute die Gemeindeveranstaltungen.

Die zweite Welle

Die zweite Welle wird durch Hunderte von Gemeinden gebildet, die das Willow Creek-Modell übernommen haben, um entkirchlichte Menschen zu erreichen. *Christianity Today* hat Willow Creek als den „unwidersprochenen Prototyp" dessen beschrieben, wie man heute Kirche „macht". Bill Hybels hat es am besten verstanden, die „Sucher-ausgerichtete Gemeinde" als lebensfähige Option für evangelikales Gemeindeverständnis darzustellen.[2]

Als Ergebnis hat Willow Creek eine große und immer noch wachsende Zahl von kleinen „Creeker"-Gemeinden entstehen lassen. Die meisten dieser im Willow Creek-Stil arbeitenden Gemeinden sind Neugründungen, die überall im Lande und weltweit ins Leben gerufen wurden.

Die dritte Welle

Die dritte Welle zeigt sich in Tausenden von Gemeinden und Pastoren, die ihre Musik, ihr Programm und ihre Predigt veränderten, um „besucherfreundlich" und „besucherorientiert" zu sein, ohne einen besonderen Gottesdienst für Entkirchlichte zu veranstalten. Wenn dieses Buch veröffentlicht wird, werden sich Tausende von Gemeinden der Willow Creek Association angeschlossen haben, „eine internationale Vernetzung kirchlichen Dienstes an den Entkirchlichten". Dies sind vor allem Gemeinden der zweiten und dritten Welle.[3]

Die vierte Welle

In der vierten Welle befinden sich Tausende von Gemeinden und Einzelpersonen, die sich weltweit durch die Programme, Grundsätze, Bücher und Arbeitsmittel aus Willow Creek haben bestimmen lassen. Ein Beispiel für diesen Einfluß ist das „Network" Trainingsprogramm, das in Willow Creek entwickelt wurde. Dieses Programm klärt über die Vorstellungen auf, die man in Willow Creek von den geistlichen Gaben hat und stellt sie in einem leicht übertragbaren Programm dar.[4]

Der wohlbekannte kirchliche Berater Lyle Schaller hat Willow Creek als die einflußreichste Gemeinde Amerikas, ja, vielleicht der ganzen Welt, beschrieben. Zumindest ist Willow Creek die Speerspitze einer weltweiten, die Gemeinden umkrempelnden Bewegung. Wenn wir die Gemeinde begreifen können, die diese Revolution anführt, mag diese Diskussion sowohl für solche Gemeinden hilfreich sein, die Teil dieser wachsenden Bewegung sind, als auch für solche, die abseits stehen.[5]

Wie sollte man Willow Creek studieren?

Eine der großen Stärken – und Schwächen – derer unter uns, die evangelikal sind, ist die Bereitschaft, schnell zu verkünden, was wir glauben. Mitten in unserer vom Relativismus überfluteten Kultur sind wir bereit und drängen sogar darauf zu bekennen, daß wir in Jesus die Wahrheit gefunden haben. Doch erhebt sich oft das Problem, wie wir als Evangelikale miteinander umgehen.

Wir verteidigen eifrig unseren theologischen Kanon und verdammen schnell solche aus der evangelikalen Familie, mit denen wir nicht übereinstimmen, bevor wir wirklich wissen, was sie sagen und tun. An dieser Stelle muß ich ganz deutlich werden. Wir müssen bereit sein, für die Wahrheit zu streiten. Wie der evangelikale Patriarch Ken Kantzer geschrieben hat: „Theologische Gefechte sind dem Evangelikalismus nicht fremd. Das waren sie nie." Aber bevor wir unsere evangelikalen Verwandten kritisieren, sollten wir sie verstanden haben.[6]

Das ist besonders wahr, wenn das zur Betrachtung anstehende Thema umstritten ist. Ein leitender Herausgeber des *Christianity Today* schrieb einen Kommentar über den erbitterten Streit wegen der Verwendung absatzorientierter Methoden:

Dieser kosumentenorientierte Lösungsweg wird von den einen stürmisch begrüßt und von den anderen als „Pragmatismus" verurteilt. (Dieses Thema in einer durchschnittlichen Pastorenversammlung zu erörtern, würde gewiß denselben Streit hervorrufen wie der Zwist zwischen Arminianern und Kalvinisten oder die eschatologischen Debatten früherer Tage.)[7]

Viele haben Jahre oder gar Jahrzehnte darin investiert, ihr Verständnis von Gemeindearbeit zu begründen. Da ist es nicht mit einer gelegentlichen Unterhaltung bei Tee und Kuchen getan.

Bei solchen rhetorischen Gefechten geht es einem oftmals vielmehr darum, Sieger zu bleiben, als den Gegner wirklich zu verstehen. Beide Seiten tendieren dazu, aneinander vorbei zu reden. Daraus ergibt sich, daß keiner den anderen wirklich versteht, und auf Kosten der Wahrheit werden auf polemische Weise Punkte gesammelt. Da werden Argumente vorgeschoben; doch die Wahrheit bleibt auf der Strecke. Man wehrt sich gegen vermeintliche Unrichtigkeiten und gegen verzerrte Kritik; aber man hört oft nicht auf die legitimen Fragen seiner evangelikalen Brüder. Manchmal haben sich die Kritiker auf etwas eingeschossen, was sie als Verwässerung des Glaubens betrachten, ohne mit gleichem Eifer auf jene einzugehen, die an dem Kritisierten festhalten.

Man könnte diesen Konflikt als ein tiefgreifendes Ehezerwürfnis auffassen. Das ist für beide Eheleute ein Elend. Beide Seiten fühlen sich mißverstanden und klagen sich an. Beide fühlen sich bedroht und sind daher zornig. Jeder fühlt sich versucht, dem anderen eins auszuwischen. Der grundlegende Schritt zur Heilung einer solchen Ehe liegt darin, einander zuzuhören und eine Darstellung der Sachverhalte herzustellen, der beide Seiten zustimmen können. Bevor das geschehen ist, wirft man sich die jeweiligen Ansichten nur als Anklagen an den Kopf. Der erste Teil dieses Buches (Kapitel 1 – 13) ist mein Versuch, eine solche Darstellung dieses neuen Weges des Gemeindebauens zu bieten; dazu benutze ich soziologische Werkzeuge. Die Kapitel 14 – 20 zeigen dann meine Analyse der Stärken und Schwächen dieser neuen Strategie.

Die soziologische Methode

Ein großer Teil der Verständigungsschwierigkeiten liegt darin, daß wir uns als Evangelikale selbst nicht deutlich erkennen. Bevor wir verkünden, was sein sollte, müßten wir danach fragen, was ist. Zunächst einmal besteht ein großer Bedarf an rigoroser Erforschung der erfahrbaren Wirklichkeit. Dieses Buch versucht mit den besten soziologischen Methoden diese Wirklichkeit zu erfassen. Tun wir das, so wird unser Augenmerk als erstes auf mehrere Sachverhalte gelenkt:

Begrenzte Inhalte

Ein Teil der gegenwärtigen Verständigungsschwierigkeiten zwischen Evangelikalen besteht darin, daß die Verfechter beider Lager des Konflikts „Kirche und Markt" sozusagen eine zu große Leinwand mit einem zu breiten Pinsel bemalt haben. Über alle von Gemeindewachstum und „Marketing" beeinflußten Gemeinden zu reden, ist weder glaubwürdig noch hilfreich. Man hat sich statt

dessen der allergrößten Genauigkeit zu befleißigen. Bevor man nicht das Thema enger faßt, ist keine exakte Darstellung möglich. Unser Thema ist glücklicherweise begrenzter. Dieses Buch ist die Beschreibung und Analyse des Gottesdienstes in Willow Creek, der für Kirchenfremde eingerichtet wurde, den
man in Willow Creek den SEEKER SERVICE nennt. Indem wir das soziologische Mikroskop zur Untersuchung in Willow Creek einsetzen, können wir hoffen, den eigentlichen Kern dieser Wachstumsbewegung zu erkennen.

Forschungsrückblick

Der nächste Schritt einer richtig angewendeten soziologischen Methode
besteht in der Darstellung der bisher geleisteten Untersuchungen. Im Mai 1989
war ich mit einer Doktorarbeit an der Northwestern University beschäftigt. Die
von mir vorgeschlagene Dissertation hatte man abgelehnt. Ich hatte vor, eine
riesige Untersuchung über die kulturelle Entwicklung des Evangelikalismus zu
verfassen. Mir wurde aber gesagt, das sei für eine Doktorarbeit ein zu weitge-
faßtes Thema.

Ich sollte in einigen Wochen mit meinen Beratern zusammenkommen und
brauchte bis dahin einen alternativen, kleineren Stoff für meine Dissertation.
Ich sinnierte über der Frage: „Über welches begrenzte Thema innerhalb des
Evangelikalismus würden sie mich forschen und schreiben lassen?" So ent-
schied ich mich, Willow Creek zu untersuchen, weil es in der Nähe meines
Wohnorts lag. Ich bereitete meinen Entwurf vor, und er wurde genehmigt.
Schließlich schrieb ich meine Doktorarbeit, und dieses Buch erwuchs aus den
damaligen Untersuchungen.

Warum schreibe ich das? Um zu zeigen, daß ich dieses Buch nicht schreiben wollte. Ich ging nicht an die Erforschung von Willow Creek mit der starken Motivation, etwas zu verteidigen oder es anzugreifen. Obwohl ich Evangelikaler bin, kam ich nicht in erster Linie als Fürsprecher oder als Kritiker zu
meinen Untersuchungen über Willow Creek, sondern als Wissenschaftler. Das
war vielleicht mein größter Vorteil. Mein Mangel an vorgefaßten Meinungen
half mir, die Gemeinde mit größerer Fairneß zu beschreiben.[8]

Die Beschreibung

Annähernd zwei Drittel des Buches beschreiben, was Willow Creek macht und
warum. Die Hauptfrage dieser Untersuchung lautete: „Wie versucht Willow
Creek den entkirchlichten Menschen zu helfen, zum Evangelium zu finden?"
Meine Untersuchungsmethoden ergaben sich aus dieser Fragestellung.

Die sogenannte qualitative Soziologie legt großen Wert darauf, den zu
untersuchenden Menschen zuzuhören. Ich hörte mir die Leute in Willow Creek
an. So oft ich einen Mitarbeiter von Willow Creek traf, sagte ich ihm, ich wollte fair und akkurat arbeiten. Auf diese Weise interviewte ich ungefähr 70 Willow Creek-Mitarbeiter, Laienkräfte und Gottesdienstbesucher und führte mit
Hunderten anderer Teilnehmer Gespräche. Ich studierte die internen Untersuchungen, sofern die Gemeinde sie mir zugänglich machte. Ich schrieb die See-

ker Service-Predigten eines ganzen Jahrgangs von Juni 1989 bis Mai 1990 auf und wertete diese Ansprachen aus. Ein Teil dieser eingehenden Analysen war die Erstellung einer Computerkonkordanz über die Häufigkeit der während dieses Jahres verwendeten Wörter.[9]

In meinem Bemühen, fair und akkurat zu arbeiten, bat ich Gemeindemitarbeiter und andere Interviewte, dieses Buch zu lesen und nachzusehen, ob sie mit meiner Darstellung einverstanden waren. Gewöhnlich waren sie es.

Nachdem er mehrere Kapitel gelesen hatte, meinte ein leitender Pastor, Lee Strobel, ich hätte „versucht, fair, vollständig und ehrlich zu sein". Der Direktor für Evangelisation, Mark Mittelberg, nannte das Kapitel über Wahrheit und Evangelium „akkurat" und ergänzte: „Ich denke, Sie haben eine gute Zusammenfassung gemacht." Die Programmdirektorin Nancy Beach bemerkte, nachdem sie das Kapitel über die Programmgestaltung gelesen hatte, sie habe den Eindruck, ich sei „fair" und hätte eine „gute Arbeit geleistet". Der frühere Gemeindeleiter, Dave Holmbo, nannte den Entwurf des größten Teils des geschichtlichen Kapitels „erstaunlich genau". Nachdem der Fernsehevangelist Robert Schuller den Abschnitt gelesen hatte, der seinen Einfluß auf Willow Creek beschreibt, antwortete er mir: „Ich glaube nicht, daß mich irgend jemand sonst so verstanden und wahrheitsgemäß interpretiert hat, wie Sie es getan haben." Der Willow Creek-Theologe Gilbert Belizikian bemerkte, nachdem er den Entwurf zu den ersten 13 Kapiteln gelesen hatte:

Ich meine, Sie leisten eine ausgezeichnete Arbeit, die sehr nützlich ist – geradezu eine Vorlesung in moderner Ekklesiologie. Ihre Vorgehensweise ist fair und objektiv. Sie haben eine Menge Forschungsarbeit in den angegebenen Bereichen geleistet, so daß Sie jetzt in der Lage sind, zu einer angemessenen Einschätzung von WCCC zu kommen. Großartige Leistung!

Ich habe diese Kommentare nicht aufgeführt, um mir selbst auf die Schulter zu klopfen. Es geht mir darum, zu zeigen, daß die von mir Beschriebenen im Allgemeinen der Ansicht sind, es sei mir gelungen, sie richtig darzustellen. Wenn sie mit meiner Sichtweise nicht einverstanden waren, habe ich ihre Antworten oft im Text oder in den Fußnoten als alternative Anschauung wiedergegeben. Diese Offenheit gegenüber solchen Rückmeldungen ist ein Eingeständnis, daß Willow Creek überaus kompliziert ist. Lehrpastor Lee Strobel gibt zu: „Ich bin seit drei Jahren Mitarbeiter und gehöre seit zehn Jahren zur Gemeinde, und ich verstehe längst nicht alles. Ich glaube, nur wenige Leute tun das." Die besten Soziologen müssen bekennen, daß die empirische Wirklichkeit eine mühevolle Angelegenheit ist. Es ist nicht leicht, eine Gemeinde mit 15.000 wöchentlichen Besuchern zu beschreiben.[10]

Die Grenzen der Soziologie

Die Soziologie geht wie jede akademische Disziplin von mehreren möglichen Grundvoraussetzungen aus. Eine davon ist der empirische Atheismus, der viele Soziologen bei ihrer Arbeit leitet. So schreibt die Soziologin Nancy Ammerman: „Die Soziologie beschreibt die Dinge so, als ob sie rein menschliche Ursachen hätten."[11]

Ein christlicher Soziologe muß derlei empirische Studien allerdings äußerst skeptisch betrachten. Man kann viel von streng empirischen Daten lernen, doch versteht ein Christ solche soziologischen Studien wie die Beschreibung eines Fußballspiels, bei dem nur die Hälfte der Spieler sichtbar ist. Ein christlicher Soziologe weiß, daß die empirischen Daten nur die Hälfte der Wahrheit wiedergeben. Er hält an dem Glauben an eine geistliche, unsichtbare Wirklichkeit fest, die massiv auf das Sichtbare einwirkt. Das bedeutet nicht die Ablehnung strenger soziologischer Analysen, sondern nur die Erkenntnis, daß diese nur die halbe Wirklichkeit zeigen.

Auswertung

Was kann man von Willow Creek lernen? Welche Fragen müssen gestellt werden? Welche Kritik erhebt sich? Der letzte Teil dieses Buches befaßt sich damit. An diesem Punkt bewegt sich die Diskussion weg von der soziologischen Beschreibung, hin zu theologischer Einschätzung.

Sobald wir mit der Auswertung beginnen, müssen wir uns wieder der Notwendigkeit bewußt sein, in aller Demut an diese Sache heranzugehen. Wenn ich irgendeine Gemeinde (oder eine Person) so eingehend untersuchen würde, wie ich es bei Willow Creek getan habe, würde ich auch dort viele Schwachstellen finden. Wir leben im Schatten des Sündenfalls und sind alle sündige Geschöpfe. Sünde ist die einzige empirisch verifizierbare biblische Lehre. So sollten wir, bevor wir Steine aufnehmen, zuerst genau auf uns selbst schauen.

Absichten

Die Absicht dieses Buches ist es, zu beschreiben und zu analysieren, was *ist*. Beide Seiten bei dem Streit um das „Marketing" innerhalb des Evangelikalismus werden meine Untersuchungen für ihre Argumentation verwenden können. Aber ich hoffe, daß beide Seiten wirklich suchen und zuhören werden. Obwohl dieses Buch das Ergebnis jahrelanger Forschungen darstellt, bin ich nicht im Besitz aller Wahrheit. Sie auch nicht. Wir sollten aufhören, so zu tun, als hätten wir sie. Der Ton unseres Familienstreits klingt nicht besonders angenehm. Wir müssen aufeinander hören und voneinander lernen.

Am Ende wird die Geschichte den Einfluß der Willow Creek-Bewegung kundtun. Wird sie bedeutsam sein und nachhaltig wirken, oder ist Willow Creek nur eine weitere evangelikale Modeerscheinung? In 100 Jahren werden unsere Nachkommen die Stärken und Schwächen von Willow Creek viel leichter sehen können. Wenn man mitten zwischen den Bäumen der Geschichte steht, ist es oft nicht einfach, den Wald zu erkennen. Doch versuchen müssen wir es. Ob nun Befürworter oder Kritiker, beide haben danach zu trachten, Willow Creek zu begreifen, damit man weiß, wie man unserem Herrn in Treue folgen kann. Wir müssen alle demütig und ehrlich sein und die Bereitschaft zum Lernen haben.[12]

TEIL 1

Wie wird in Willow Creek „Kirche gemacht"?

KAPITEL 1

Ein neuer Weg, „Kirche zu machen"

Willow Creek ist anders. Ich möchte das anhand einiger Beispiele skizzieren.

Herbst 1983. Zum ersten Mal hörte ich von Willow Creek, nachdem ich in die Gegend von Chicago gezogen war, um dort die Höhere Schule zu besuchen. Als ich einige Wochen dort wohnte, schlug eine Freundin vor, eine Gemeinde zu besuchen, zu der sie ab und an ging. Widerstrebend willigte ich ein. Wie wohl die meisten Amerikaner mag ich nicht gern in Gemeinden anderer Denominationen gehen.

Als ich dorthin kam, vermutete ich schon, daß diese Gemeinde einmalig sein mußte. Es führte eine prächtig geschwungene Eingangsstraße dorthin, immer an einem wunderhübschen See entlang, auf dem zahllose Kanadagänse schwammen. Hunderte von Autos wurden von Dutzenden von Parkhelfern eingewiesen – es war wie bei großen Profisportveranstaltungen.

Von dem riesigen Parkplatz wanderten wir mit Hunderten von anderen Besuchen hinüber zu einem gewaltigen, aber beeindruckend modernen Stahl- und Glasbauwerk. Wir gingen durch eine Wand von Glastüren. Ich kam mir vor, als ginge es in ein Rockkonzert.

Wir traten in eine riesige Vorhalle ein, die zu einem Vier-Sterne-Hotel gepaßt hätte, und folgten dann dem Strom der Menschen in das Auditorium, vorbei an lächelnden Türhütern, die uns Programme aushändigten. Niemand sonst kümmerte sich um uns oder begrüßte uns. Wir setzten uns, wo wir wollten. Alles war mit bequemen Einzelsitzen ausgestattet, wie „im Kino". Der ganze Raum war in Weiß gehalten und geschmackvoll ausgestattet. Ich hätte mich gern hinten und am Rand versteckt; aber meine Begleiterin wollte vorn in der Mitte sitzen. Ich folgte ihr.

Als wir das Auditorium betraten, stand eine Musikergruppe auf der Bühne und spielte gekonnten Light-Jazz. Nach ein paar Minuten trat ein modisch gekleideter Endzwanziger mit einem strahlenden Lächeln auf die Bühne und sagte: „Guten Morgen! Herzlich willkommen in Willow Creek!" Er bat uns aufzustehen, und wir sangen einen kurzen Chorus. Das war alles, was wir zu diesem Gottesdienst beitrugen.

Das übrige Programm enthielt ein Theaterstück zum Thema des Tages, eine Opfersammlung, bei der man die Gäste bat, nicht daran teilzunehmen, einige musikalische Darbietungen mit Gesang und Instrumentalbegleitung und eine halbstündige Ansprache, die sehr humorvoll war. An mehreren Stellen brach die Hörerschaft in schallendes Gelächter aus.

In meiner vorigen Tätigkeit als christlicher Erzieher hatte ich Gelegenheit, überall in den Vereinigten Staaten und in Europa herumzureisen und dabei eine große Bandbreite christlicher Organisationen und Kirchen kennenzulernen. Ich meinte, alles gesehen zu haben. Doch: Willow Creek war anders.

Herbst 1990. Die Hörerschaft war wie benommen. Man hatte gerade ein stundenlanges Kaleidoskop von Theater, Multimedia und Rock n' Roll-Musik über sich ergehen lassen. Es handelte sich um die Willow Creek-Produktion

„Welch eine Reise!", mit der man das 15jährige Bestehen der Gemeinde feierte. Dieses phantastische Werk hatte die emotionalen Saiten der Zuhörer heftig in Schwingungen versetzt und sie abwechselnd traurig, fröhlich, nachdenklich und glücklich gemacht. Ein schlanker, fein mit Anzug und Krawatte bekleideter Mann schlenderte mit dem Mikrophon in der Hand zur Mitte der Bühne. Es war Bill Hybels. Er sagte:

> Sie wissen, daß wir jetzt fünfzehn Jahre als Gemeinde bestehen, und doch werden viele von uns noch immer gefragt: „Worum geht es in Willow Creek?" Bei dieser Gelegenheit möchte ich ihnen eine kurze Zusammenfassung geben. Willow Creek geht es um Gott. Wir glauben wirklich an Ihn. Nicht als an eine weit entfernte Gottheit, die sich nicht um uns kümmert, sondern als an einen lebendigen, mächtigen Gott, der sich um uns kümmert und der in ein solches Leben wie das unsere gern gestaltend eingreifen will. Willow Creek geht es um Gott.
>
> Und Willow Creek geht es um Menschen, Menschen, die im Laufe ihres Lebens feststellen mußten, daß ein Leben ohne Ziel kaum ein Leben zu nennen ist.
>
> Und ein Leben, das mit der Anhäufung von Vorräten, mit dem Drängeln nach Machtpositionen und mit dem Jagen nach Vergnügungen zugebracht wird, hat mit dem eigentlichen Leben nicht viel zu tun. Und einem von Gott losgelösten Leben fehlt auch das Wesentliche; es ist eigentlich ganz leer.

Mehr als 26 000 Menschen sahen diese Show und hörten diese Ausführungen. Etwa die Hälfte davon waren Gelegenheitsbesucher. Die zitierten Ausführungen sind typisch dafür, wie Hybels, seine Mitarbeiter und Helfer den Entkirchlichten deutlich machen, worum es in Willow Creek geht.

Diese zwei kurzen Beschreibungen zeichnen ein rasches Bild von den Wochenendgottesdiensten in Willow Creek. Tausende entkirchlichter Menschen werden durch diese Seeker Services angezogen. Sie bieten professionelle Bühnenspiele, die geschickt und oftmals auf erschütternde Weise die wirklichen Lebensumstände und Nöte der Zuhörer aufgreifen. Die Prediger weisen dann auf ein Leben mit Gott hin, als den besten Weg, die erlebten Bedürfnisse zu befriedigen.

Gleichzeitig ermuntern die Redner dazu, Alternativen zum Christentum abzuweisen. Sie argumentieren so: ein Leben, das mit dem Streben nach Besitz, Macht und Vergnügen verbracht wird, läßt uns am Ende unbefriedigt. Bei ihrer Beschreibung von Gottes Wesensart betonen sie Seine Liebe und Seinen Wunsch, in das Leben der Menschen heilend einzugreifen. Sie möchten beweisen, daß Menschen nur zur Erfüllung kommen, wenn sie als Einzelne auf Gottes Angebot eingehen und eine Beziehung zu Ihm aufbauen.

Die Strategie in Willow Creek

Die Weise, wie Willow Creek den kirchenfernen Menschen das Evangelium darbietet, ist einmalig. Und man muß sich mit dem, was Willow Creek macht, auseinandersetzen. Doch bevor wir versuchen, den Seeker Service in Willow Creek zu begreifen, müssen wir erkennen, warum Willow Creek diesen für notwendig hält. Wir müssen Willow Creeks oberste Leitlinien erfassen.

In einem Gespräch über die in Willow Creek geltende Philosophie erklärte Hybels:

> In unserer Zielsetzung gleichen wir vielen anderen Gemeinden. Beinahe jede bibelgläubige, Christus ehrende Gemeinde glaubt an biblische Zielsetzungen … eine Gemeinde soll wachsen, erbauen, evangelisieren und im sozialen Bereich tätig sein.

Aber nachdem er diese Ziele genannt hatte, machte Hybels deutlich, worin Willow Creeks Besonderheit liegt: „Wir unterscheiden uns von anderen, wenn es um die Strategie geht, wie diese Ziele zu erreichen sind. Da liegt die Einmaligkeit Willow Creeks."[1]

Das Herz von Willow Creek schlägt vor allem für den „unchurched Harry" (oder „Mary"), den typischen, unmotivierten kirchenfernen Menschen. Hybels sagt:

> Der kirchenfremde Mensch sieht im allgemeinen so aus: Er sitzt jetzt gerade in seinem Wohnzimmer; die Füße auf dem Schemel, liest er die Zeitung, guckt fern und hält dabei eine Bierdose in der Hand.

Die Strategie von Willow Creek liegt in der Antwort auf Hybels nächste Worte: „Wie, um alles in der Welt, kriegst du einen solchen Kerl aus seinem Sessel hoch und bringst ihn auf den langen Weg zur eigenen geistlichen Reife?" Die Antwort Willow Creeks ist die „Sieben-Punkte-Strategie":

1. Zwischen „Harry" und einem Willow Creek-Mitglied entwickelt sich eine Freundschaft;
2. Das Mitglied bekennt vor „Harry" seinen Glauben;
3. „Harry" besucht einen Willow Creek Wochenendgottesdienst, der auf Kirchenfremde abgestellt ist;
4. „Harry" beginnt mit dem Besuch der „Neuen Gemeinschaft", des Mittwochsgottesdienstes und der Lehrveranstaltungen;
5. „Harry" schließt sich einer Kleingruppe an;
6. „Harry" wendet seine Gaben im Dienst an;
7. „Harry" lernt in verantwortungsvoller Weise mit seinem Geld umzugehen.

Es folgt eine kurze Erläuterung dieser Sieben-Schritte-Strategie:

Schritt 1. Zwischen „Harry" und einem Willow Creek-Mitglied entwickelt sich eine Freundschaft.

Hybels glaubt, daß, wenn „Harry" überhaupt in die Kirche kommt, dann nur eines guten Freundes wegen. „Irgendein Gläubiger muß hingehen und eine

Beziehung zu ‚unchurched Harry' aufbauen", sagt er. Er beschreibt diese Beziehung als die „wahrscheinlich einzige Brücke, die wir bauen können, um sein Leben mit Christus in Verbindung zu bringen". Hybels ermutigt die Mitglieder von Willow Creek, „aufrichtige Beziehungen" zu „unchurched Harrys" und „Marys" aufzubauen.

Regelmäßig berichtet er der Gemeinde von seinen Beziehungen zu nichtchristlichen Freunden. In all diesen Erzählungen spürt man die warme Liebe zu, und die Verbundenheit mit diesen Ungläubigen. Hybels ermutigt Mitarbeiter und Mitglieder, solche Beziehungen mit Ungläubigen zu pflegen. Er lehrt sie, daß sie durch solche Anteilnahme den Ungläubigen die Liebe Gottes nahebringen.[2]

Schritt 2. Das Mitglied bekennt vor „Harry" seinen Glauben.

Hybels ermutigt die Mitglieder, ihren Freunden gegenüber von ihrem Glauben an Christus zu reden. Er fragt: „Wer von euch hat genügend von Gottes Rettungsplan kapiert, daß er ihn wirklich verstanden hat und ihn an andere weitergeben kann?" Ein vierwöchiges Intensivseminar ist dazu bestimmt, die Mitglieder hierzu fähig zu machen.

In diesem Seminar lernen sie, daß sie nicht grob und anstößig von ihrem Glauben reden dürfen. Sie lernen, daß der normale Gläubige in der Lage sein sollte, ganz natürlich zu berichten, wie er oder sie zum Glauben gekommen ist; außerdem lernen sie, wie man seinen Freunden das Evangelium klarmachen kann. Nachdem ein Mitglied diesen Intensivkurs mitgemacht hat, wird es ermutigt, seinen Glauben einem „unchurched Harry" zu bezeugen und ihn in den Seeker Service einzuladen.[3]

Schritt 3. „Harry" besucht einen Wochenendgottesdienst, der auf Kirchenfremde abgestellt ist.

Diese Gottesdienste sind so geplant, daß sie das persönliche Zeugnis der Willow Creek-Christen unterstützen und ergänzen. Von der Musik und dem Schauspiel bis zur Predigt am Ende ist der ganze Gottesdienst darauf abgestimmt, den anwesenden „Harrys" und „Marys" einen einfachen „Glaubens-Grundkurs" darzubieten. Hybels will sich glaubwürdig mit „Harry" identifizieren. Hybels lehrt diesen „Grundkurs", um „Harry" zu zeigen, daß das Christentum Sinn macht und funktioniert. Das letztendliche Ziel dieses Gottesdienstes liegt darin, „Harry" zu veranlassen, das Evangelium im Glauben anzunehmen.

Schritt 4. „Harry" beginnt mit dem Besuch der „Neuen Gemeinschaft", des Mittwochsgottesdienstes und der Lehrveranstaltungen.

Die Gemeindeleitung ist sich klar darüber, daß der Wochenendgottesdienst kein Gottesdienst im eigentlichen Sinne ist. Sie glaubt, daß Christen Gott anbeten müssen und handfestere Nahrung nötig haben, wenn sie geistlich erwachsen werden sollen. In den Mittwochsgottesdiensten kommen diese in Willow

Creek beabsichtigten Elemente (Lob und Erbauung) zur Entfaltung. Neben regelmäßiger biblischer Belehrung und Anbetung feiert man an dieser Stelle auch jeweils einmal im Monat das Abendmahl.

Hybels ermahnt die Christen während der Wochenendgottesdienste, die Gottesdienste der „Neuen Gemeinschaft" (New Community Services) zu besuchen: „Ich meine, jeder von euch, der sich Christ nennt, sollte sich am Mittwoch- oder Donnerstagabend auf den Weg des Gehorsams machen (und hierher kommen)." Hybels vertritt die Meinung, als Ergebnis des treuen Besuches der New Community-Gottesdienste werde es zu vermehrtem geistlichem Wachstum kommen.

Schritt 5. „Harry" schließt sich einer Kleingruppe an.

Regelmäßig ermuntert Hybels die Gläubigen, sich kleinen Gruppen anderer Gläubiger anzuschließen. „Ich kann mir nicht vorstellen, daß ein ernsthaft Gläubiger nicht an einem Hauskreis interessiert wäre." Das Willow Creek-Handbuch erklärt: „Zugehörigkeit zu einer Kleingruppe bietet dem Gläubigen Gemeinschaft. Außerdem hat er eine Gruppe, die sich für ihn verantwortlich weiß, ihn in der Nachfolge erzieht, ihn ermutigt und unterstützt." Dies also ist das Umfeld, in dem „Harry" anfängt, die Grundregeln des Lebens als Christ und seine Verantwortlichkeit gegenüber der Gemeinde kennen zu lernen.

Schritt 6. „Harry" wendet seine Gaben im Dienst an.

Die nächste Stufe in der Sieben-Schritte-Strategie bedeutet für „Harry" den Besuch eines vierwöchigen „Network"-Seminars, um sich seiner geistlichen Gaben bewußt zu werden. Danach soll er anfangen, diese in der Gemeinde zu praktizieren. Hybels ermutigt die Mitglieder, aufzuhören, nur Teil der Zuhörerschaft zu sein und mit dem Dienen ernstzumachen. Wenn sie sich darauf einlassen, sagt er: „Sie sind jetzt nicht nur bloße Zuschauer auf den Rängen, sondern sie kommen mit einem Schlagstock auf das Baseballfeld und sagen: ‚Wir wollen mitspielen.'"

Schritt 7. „Harry" lernt, in verantwortlicher Weise mit seinem Geld umzugehen.

Erst an dieser Stelle in „Harrys" Wachstumsprozeß kann das heikle Thema der Finanzen angesprochen werden. Bei „Haushalterschaft" geht es um den Umgang mit Geld und wie man Gott mit seinem Besitz verherrlicht. „Gerade in den letzten Jahren haben wir gelernt ... daß wir sozusagen eine zweite Bekehrung zustande bringen müssen, und zwar die von einem Konsumenten zu einem Mithelfer."

Hybels lehrt, den Zehnten zu bezahlen, sei die Mindestmenge dessen, was ein Gläubiger für die kirchliche Arbeit geben sollte. Obwohl während der Mittwochsgottesdienste regelmäßig über den Umgang mit den Finanzen gelehrt wird, hält Hybels dieses Thema für so wichtig, daß er ihm einen besonderen „Schritt" in seiner Strategie gewidmet hat.

Er sagt den Christen:

> Für mehrere von euch, die zu dieser Gemeinde gehören, wird es Zeit, aktiv zu werden und sich zu fragen: „Wenn alle Gemeindemitglieder die Gemeinde in der Weise unterstützen ... wie meine Familie und ich es tun, könnte die Gemeinde dann bestehen?"[4]

Hybels glaubt, daß die Einmaligkeit von Willow Creek in dieser besonderen Sieben-Schritte-Strategie liegt, durch die „unchurched Harry" zu geistlicher Reife gebracht wird:

> Ich glaube schon, daß die meisten Kirchen ihren Auftrag bis zu einem gewissen Grade begriffen haben; nur fehlt es ihnen an dem rechten Schlüssel zu der nötigen Verfahrensweise, die sie brauchen, um „Harry" aus seinem Sessel herauszuholen und ihn schließlich zu geistlicher Reife im Leibe Christi zu führen.

Diese Sieben-Schritte-Strategie ist Willow Creeks Herzstück. Hybels sieht das praktische Leben als großartige Möglichkeit, Gottes Botschaft der Errettung den Ungläubigen nahezubringen und den Gläubigen zu helfen, in dieser Beziehung fruchtbar zu werden.

Willow Creeks Seeker Service

Das einzige besondere Element in der Willow Creek-Strategie ist der Wochenendgottesdienst, der Seeker Service, der auf Nichtchristen zugeschnitten ist. Alles andere (persönliche Evangelisation, Bibellehre, Hauskreise, Mitarbeiterschulung, Gottesdienst und vieles mehr) kennt man in evangelikalen Gemeinden. Doch Tausende kirchlicher Leiter besuchen die von Willow Creek veranstalteten Leiterkonferenzen, um den Seeker Service kennenzulernen. Er beeinflußt Tausende von Gemeinden überall im Lande und weltweit, und die am meisten Beeindruckten haben das Seeker Service-Modell übernommen. Warum schufen die Willow Creeker einen Gottesdienst für Ungläubige?[5]

Hybels erklärte vor einer Gruppe von Pastoren: „Der Abschnitt, den Sie begriffen haben müssen, wenn sie wissen wollen, wer wir sind, steht in Lukas 15." Hybels sieht Lukas 15 als eine Reihe von drei Gleichnissen, „durch die derselbe Faden läuft".

> Derselbe Faden ist der Umstand, daß etwas sehr Wertvolles als verloren erkannt wird: das Schaf ist verloren, die Münze ist verloren, der Sohn ist verloren. Und dieses Verlorensein bereitet jemandem Kummer.

Hybels führt aus, daß Jesus diese Gleichnisse lehrt, um uns Gottes Liebe zu den Verlorenen zu zeigen: „Jesus sagt damit: ‚Wollt ihr bitte zur Kenntnis nehmen, daß verlorene, widerspenstige Menschen, die überhaupt nicht an Gott denken, trotz ihrer Sünden meinem Vater wichtig sind'?"[6]

Dieser Text ist für Willow Creek von allergrößter Bedeutung. Hybels fährt fort: „In zwei der drei Geschichten sagt Jesus: ‚Das Verlorene ist so wichtig, daß deshalb alles durchsucht wird.' Und in allen drei Geschichten erregt das Wiederfinden großen Jubel." Willow Creek betrachtet sich als eine Gemeinde, die sich dieser alles durchforschenden Suche der Verlorenen gewidmet hat. Hybels bekennt: „Wir haben uns mit Haut und Haaren diesem Konzept verschrieben, daß Verlorene für Gott wichtig sind. Das ist bei uns keine Redensart. Wir investieren viel darein. Es ist unser Glaubensbekenntnis."

Dieses Bekenntnis gibt der Gemeinde ihre Leitvision für all ihr Tun. Als Antwort auf viele meiner Fragen, weshalb sie dies tun und jenes lassen, wiederholten Mitarbeiter und Helfer dieses Gemeindemotto: „Verlorene sind Gott wichtig." In der Praxis ist denn auch der Einsatz für die Kirchenfernen die Achse, um die sich alles dreht. So ist denn der Seeker Service am Wochenende die zentrale und dominierende Veranstaltung in Willow Creek. In diesen Wochenendgottesdienst wird mehr Zeit und Kraft investiert als in irgendeine andere Aktivität in Willow Creek.[7]

Warum glauben die Willow Creeker, daß ein besonderer Gottesdienst für Fernstehende notwendig ist? Creeker halten einen neutralen Ort für notwendig, damit „unchurched Harrys" Gelegenheit bekommen, das Christentum kennenzulernen. Sie denken, der Graben zwischen dem normalen „unchurched Harry" und der traditionellen evangelikalen Gemeinde sei zu breit, um ihn überbrücken zu können. Vor einer Pastorengruppe erklärte Hybels:

> Wohin kommt ein suchender Mensch bei neunundneunzig von hundert Gemeinden überall im Lande? Er kommt in einen Gottesdienst, der von Anfang bis Ende für solche zugeschnitten ist, die schon überzeugt sind.
> Er kommt in einen Anbetungsgottesdienst, der ganz und gar für jemand gedacht ist, der in der Kirche zu Hause ist, der die Sprache versteht und über alles nötige Vorwissen verfügt.

Um mit „unchurched Harrys" ins Gespräch zu kommen, meint Hybels, muß man da anfangen, wo sie sind. Evangelisationsleiter Mark Mittelberg beschreibt diesen Gedanken im Lichte seiner eigenen Erfahrungen:
Obwohl ich meine, daß ich höchstwahrscheinlich die Gabe zum Evangelisieren habe, fällt es mir persönlich schwer,

> den kulturellen Graben zu überspringen
> die Botschaft deutlich zu machen
> die Stereotypen der Leute gegen das Evangelium zu überwinden und
> sie zu Christus zu führen.

Dies ist das vordringlichste Ziel der Wochenendgottesdienste in Willow Creek – „unchurched Harrys" und „Marys" zu Christus zu bekehren. Ein Mitarbeiter beschrieb die Theologie Willow Creeks als beständig, die Methoden aber als flexibel:

Willow Creek ist erstaunlich fähig, das zweitausend Jahre alte Evangelium anzuwenden und es doch zu erhalten. Wir versuchen nicht, das Evangelium zu verändern, nehmen uns aber jede Freiheit, es auf viele Weisen zu predigen. Die Methoden, mit denen Willow Creek dieses Ziel zu erreichen sucht, lassen diesen Wochenendgottesdienst so anders sein.

Die Methoden im Seeker Service

Während der Wochenendveranstaltungen versucht Hybels vor allem, „unchurched Harry" zum Glauben zu überreden. Seine Rolle ist die des Motivators und des Werkzeugs zu dieser Veränderung. Dabei verwendet Hybels intuitiv viele gut erprobte Grundsätze zur Überzeugung des Publikums.

Es gibt mehrere Schritte bei diesem Überzeugungsprozeß. Im Folgenden wird gezeigt, wie Hybels die Einzelnen zu überreden sucht, und gleichzeitig erkennen wir daran die einzigartige Kommunikationsstrategie im Willow Creeker Seeker Service.

Verständnis

Bevor man versucht, einen Menschen zu überreden, eine neue Sichtweise anzunehmen muß man zunächst danach trachten, zu begreifen, wo die betreffende Person sich befindet. Hybels und seine Kollegen versuchen, „unchurched Harry" zu verstehen. Das wird in Kapitel 3 und 4 dieses Buches beschrieben.

Programmgestaltung

Das Programm des Wochenendgottesdienstes ist darauf abgestimmt, „Harry" auf Hybels Botschaft vorzubereiten. In den Kapiteln 5 bis 7 beschreibe ich das äußerliche Drum und Dran und das Programm, das diesen Überzeugungsprozeß unterstützen soll.

Glaubwürdigkeit

Hybels möchte dem erschienenen „unchurched Harry" als verläßlicher und vertrauenswürdiger Freund begegnen. Er möchte ehrlich und aufrichtig sein und seine echte Zuneigung zu „Harry" deutlich machen. Siehe Kapitel 8.

Identifikation

Hybels glaubt, daß eine kulturelle Kluft zwischen Willow Creek und den Entkirchlichten besteht. Diese möchte er überbrücken und „Harry" versichern, daß „wir alle gleich" sind. Hybels wünscht, so nahe wie möglich an „Harry" heranzukommen und sich mit ihm zu identifizieren. Siehe Kapitel 9.

Relevanz

Hybels geht auf „Harrys" tatsächliche Lebensnöte ein. Er stellt ihm vor, das Christentum sei die beste Weise, diesen Nöten zu entsprechen und zu persönlicher Erfüllung zu gelangen. Siehe Kapitel 10.

Der „Glaubens-Grundkurs"

Hybels ist der Ansicht, die christliche Lehre könne „Harry" im täglichen Leben helfen. Der „Grundkurs" enthält Bibelwissen, bringt reichlich Illustrationen, praktische Winke und psychologische Hilfen. Siehe Kapitel 11.

Die Wahrheit des Christentums

Hybels versucht die Glaubenshindernisse wegzuräumen und wendet sich gegen die Konkurrenten des Christentums. Er besteht darauf, daß das Christentum wahr und vernünftig ist. Siehe Kapitel 12.

Das Evangelium

Hybels erklärt die zentralen Wahrheiten des Evangeliums. Er belehrt „Harry" über Gott, die menschliche Natur, Christus und wie man Christus wegen der Errettung vertrauen kann. Siehe Kapitel 13.

Hingabe

Hybels fordert „Harry" auf, sich dafür zu entscheiden, die Vergebung Christi anzunehmen. Hybels stellt klar, daß „Harry" sich entweder für Christus entscheidet, oder bei Verweigerung, Ihn verwirft. Siehe Kapitel 13.

Bevor wir das gegenwärtige Willow Creek zu verstehen suchen, sollten wir jedoch zunächst seine Geschichte kennen lernen.

KAPITEL 2

Willow Creeks Geschichte

Heute weiß jeder, daß man nur jemanden richtig verstehen kann, wenn man seine Geschichte kennt. Das gilt nicht nur für Personen, sondern auch für Organisationen. Was sind die wichtigsten geschichtlichen Einflüsse, die Willow Creek hervorgebracht haben?

Wann immer man Mitarbeiter in Willow Creek bittet, zu sagen, was sie glauben, so verbinden sie sich gewöhnlich schnell mit der evangelikalen Kirche und Theologie im Allgemeinen. Ich fragte Dr. Gilbert Bilezikian, Hybels Mentor und den Theologen der Gemeinde: „In welcher Beziehung steht Willow Creek zur übrigen evangelikalen Welt?" Er antwortete: „Wenn wir in irgendeine Organisation eintreten müßten, so wäre es die National Association of Evangelicals. Das sind unsere Verwandten, und da fühlen wir uns zu Hause."

Der Soziologe James Hunter definiert den amerikanischen Evangelikalismus als „die nordamerikanische Ausformung des konservativen Protestantismus". Als solcher hat er als wichtigste Identifikations-Charakteristika seine theologischen Glaubensgrundsätze. Nach Hunter sind dies „die Standardlehren der christlichen Orthodoxie ... mit der zentralen Stellung der Bibel als dem unfehlbaren und irrtumslosen Wort Gottes" und die Notwendigkeit, das Evangelium allen Menschen zu verkünden. Ein so definierter Evangelikalismus schließt vielleicht 30 bis 50 Millionen Amerikaner ein.[1]

Unter diesem weiten Schirm finden sich die verschiedensten Evangelikalen einschließlich der Charismatiker, Fundamentalisten, Pfingstler, konservativen Evangelikalen, progressiven Evangelikalen und alle möglichen Arten von Denominationen.

Evangelikale gibt's in vielen Gestalten, Größen und Geschmacksrichtungen. Innerhalb des von Hunter beschriebenen Rahmens herrschen im Evangelikalismus miteinander streitende und konkurrierende Ansichten und Methoden. In gewisser Weise wirkt der Evangelikalismus wie ein Marktplatz, wo Ideen und Methoden angeboten und verkauft werden.[2]

Willow Creek wurde in diesen Marktplatz hineingeboren und empfing die meisten seiner Ideen und Methoden von anderen. Als es zu einer großen und stetig wachsenden Kirche heranreifte, wurde es zu einem einflußreichen Führer im evangelikalen Lager. Dieses Kapitel ist ein kurzer historischer Rückblick auf einige der beherrschenden Einflüsse auf Willow Creek: die Jugendgruppe Son City, Mitgründer der Gemeinde Dave Holmbo, der „Train Wreck" von 1979, der kirchliche Theologe Dr. Gilbert Bilezikian und der Mentor der Gemeindewachstumsbewegung, Robert Schuller.

Son City

Eines Tages, als ich mich zu einem Gespräch bei Bill Hybels angemeldet hatte, sagte man mir, ich möge in seinem Büro warten. An der Wand sah ich die

Abschrift eines Artikels der *Chicago Tribune*, der eine Zuhörerschaft beschrieb: „Alle sind Weiße, sie sind hübsch gekleidet und werden von Bill Hybels von einer Stimmung in die andere versetzt. Dieser junge Mann beherrscht sein Publikum völlig durch seine Worte und seine Gestik." Der Artikel hätte vorige Woche geschrieben sein können, es war aber die Beschreibung der Jugendgruppe Son City aus dem Jahre 1974, ein Jahr, bevor Hybels mit Willow Creek begann.[3]

Son City gleicht einem Samenkorn, an dem wir vieles erkennen, was später in Willow Creek zu einer großen Pflanze auswachsen sollte. Noch immer hält Hybels das Ruder fest in den Händen; die Gemeinde besteht immer noch vorwiegend aus weißen, gut gekleideten Menschen der Mittelklasse; die Strategie der Jugendgruppe wird immer noch erfolgreich angewendet, und immer noch ist die Gemeinde für die Medien von Interesse.

Hybels und sein Leitungsteam werden oft gefragt: „Woher stammen die kennzeichnenden Merkmale Willow Creeks?" Sie beziehen sich gewöhnlich auf die Zeiten von Son City. Ein früherer Mitarbeiter, Pastor Don Cousins, erklärt: „Der größte Teil unserer Philosophie wurde in den Tagen von Son City entwickelt." Ein früherer Leiter von Son City, der jetzt Mitarbeiter in Willow Creek ist, nannte Son City den Prototyp von Willow Creek. Er meinte, in mancher Hinsicht sei Willow Creek nur ein „erwachsenes Son City". Was war Son City?[4]

Im August 1972 übernahm Bill Hybels die Leitung einer Gruppe von 30 Highschool-Schülern der South Park-Kirche in Park Ridge in Illinois. Im Laufe der nächsten neun Monate wuchs die Gruppe Son Life auf 75 Mitglieder an. Von der Zeit an begann die Gruppe, sich um ungläubige Freunde zu bemühen; aber es gab mancherlei Widerstände. Viele Jugendliche meinten, die kirchlichen Räumlichkeiten, die Musik und Hybels lange Predigten voller Bibelzitate würden sich diesen Freunden nicht vermitteln lassen.[5]

Aus diesem Grunde startete man im Mai 1973 mit Son City, um die ungläubigen Jugendlichen zu erreichen. Räumlichkeiten, Musik und Botschaft wurden auf die Hörerschaft zugeschnitten. Während der nächsten zwei Jahre wuchs die Gruppe auf annähernd 2.000 junge Leute an. Don Cousins schrieb 1979, daß die Leitung von Son City dem „Ruf Gottes nachkam, diese gleichen biblischen Grundsätze auf einer mündigen Ebene fortzusetzen, indem man eine Gemeinde gründete". Somit wurde zumindest teilweise Willow Creek auf den Grundsätzen und nach der Philosophie einer evangelistischen Jugendarbeit gegründet. Wir sehen den Einfluß dieser Jugendgruppe auf die Gemeinde auf vielfache Weise: Die Leiterschaft stammt aus den eigenen Reihen, die Wichtigkeit des Seeker Service, die eifrige Hingabe der freiwilligen Helfer, der Nachdruck auf die geistlichen Gaben, die Bedeutung der Teamarbeit, der große Raum, den das Unterhaltungselement einnimmt.[6]

Leiterschaft

Tatsächlich entstammten in der ersten Zeit alle Mitarbeiter der Gemeinde der Jugendgruppe. Sie hatten in Son City ihre Begabungen unter Beweis gestellt und wurden alsbald angestellt, um ihre Methoden in den umfangreicheren

Dienst einer Gemeinde zu transplantieren. Gleich von Anfang an zog man es in Willow Creek vor, Mitarbeiter aus den eigenen Reihen auszuwählen. Das gilt heute noch; denn über 90% stammen aus der eigenen Gemeinde.[7]

Beim Willow Creek-Modell erfordert Leiterschaft Charakter und geistliche Glaubwürdigkeit. Diese Qualitäten kann man erst im Laufe längerer Zeiträume erkennen, wie Don Cousins erklärt: „Es ist äußerst schwierig, den Charakter und die geistliche Glaubwürdigkeit eines Menschen in einem Interview zu erkennen. Man muß ihn eine Zeitlang bei der Arbeit beobachten." Willow Creek mag keine Leute einstellen, die ihr Wesen nicht im dortigen Gemeindedienst offengelegt haben.[8]

Son City-Leiter halten ihren Dienst und ihre Strategie für einmalig, so daß jedermann zunächst diese Strategie erlernen muß, bevor er eine Leitungsfunktion übernehmen kann. Als Ergebnis davon waren alle Leiter von Son City hausgemacht. Als Hybels mit Willow Creek anfing, ernannte er seinen Schüler Don Cousins zum neuen Direktor von Son City. Die Leiter in Willow Creek sind der Ansicht, daß ein von außen Angeworbener einen großen Teil des ersten Jahres mit Lernen verbringt und daher nur bedingt nützlich ist.

Während meiner Studien beaufsichtigte Hybels die meiste Zeit drei Personen eines Managementteams, die ihrerseits die übrigen Mitarbeiter anleiteten. Zwei dieser Personen waren Schüler aus der ursprünglichen 30er-Gruppe von Son City. Es ist schon faszinierend, daß nach 15 Jahren und 20.000 regulären Mitgliedern die Leitung und praktisch alles, was in der Gemeinde geschieht, fest in der Hand solcher Leute liegt, die über die gemeinsame Erfahrung der ursprünglichen Jugendgruppe verfügen.[9]

Die Wichtigkeit des Seeker Service

Wie ich oben schon bemerkte, zögerten die Schüler, als Hybels der Jugendgruppe vorschlug, Ungläubige zu einer Evangelisationsveranstaltung einzuladen. Nachdem Hybels sich bereitgefunden hatte, Änderungen einzuführen, die ihre Bedenken zerstreuen sollten, wurden zwei weitere Vorschläge gemacht. Einer empfahl, Theaterstücke einzusetzen, um Hybels' Predigt „Leben einzuhauchen". Ein anderer schlug vor, durch Multimedia den Meinungsaustausch effektiver zu gestalten.[10]

Was schließlich Hybels und die anderen an diesen Programmänderungen überzeugte, war, daß sie funktionierten. Bei ihrer ersten für Suchende eingerichteten Versammlung haben sich 50 oder 60 Schüler für Christus entschieden. An jenem Abend war es fast Mitternacht, als alle mit irgendeinem Son City-Leiter gebetet hatten, um Christus anzunehmen. Hybels berichtet von dieser Reaktion:

> Als alles vorüber war, ging ich in die Kirche zurück und setzte mich in den Seitengang, ganz allein, und lehnte mich an die rote Ziegelwand. Ich schüttelte den Kopf. Das ist alles völlig unglaublich. Wo wären jetzt alle diese Suchenden, wenn wir nicht einen speziellen Gottesdienst für sie gemacht hätten?[11]

Der Seeker Service in Willow Creek ist nur eine Fortsetzung des Seeker Service in Son City.

Hingabe und harte Arbeit

Viele Leiter von Son City wuchsen in den späten 60er Jahren auf, als es sehr populär war, aus welchem Grund auch immer, die Welt zu verändern. Sie und viele andere, die an der Jesusbewegung der frühen 70er teilgenommen hatten, fanden eine aufmerksame Zuhörerschaft für ihre Botschaft von einem bärtigen Rebellen von vor 2000 Jahren. So sagt Lynne Hybels: „Wir waren junge Leute und suchten nach einem Grund und fanden einen – um die entkirchlichten Schüler der High School zu erreichen und sie zu Jesus Christus zu ziehen."[12]

Das Ergebnis dieses auf solche Weise entfesselten jugendlichen Idealismus bestand in radikaler Hingabe und Opferbereitschaft. So bemerkte ein erwachsener Beobachter: „Völlige Hingabe war die erwartete Norm." Die geläufige Redensart, mit der die Schüler das auszudrücken pflegten, lautete: „Was es auch kostet!" Diese Art der Hingabe verursachte ein gewaltiges Anwachsen der Jugendgruppe. Die Wurzel für dieses blühende Wachstum war die Überzeugung, die Wahrheit zu besitzen. So führte ein Son City-Leiter aus: „Wir waren davon überzeugt, Gottes Willen zu erfüllen und daß wir das Rechte taten. Es war einfach alles in Ordnung!"[13]

Innerhalb der Gemeinde kursieren verschiedene Geschichten, die von dieser Hingabe in der Anfangszeit berichten. Ein Schüler fing damit an, Fahrgelegenheiten aus einem entfernten Vorort nach Park Ridge anzubieten. Das wuchs sich schließlich zu einer Karawane von zehn Autos aus. Dann wurde ein Bus gemietet, und am Ende waren es vier Busse. Ein Schüler drückte das später so aus: „Manchmal waren wir wie im Rausch." Diese ideale Hingabe und harte Arbeit hat sich in die Gemeinde fortgesetzt. Ein ironisches Sprichwort in Willow Creek drückt denselben Gedanken aus: „Erschöpfung kommt gleich nach der Gottseligkeit."[14]

Geistliche Gaben

Schon früh in der Geschichte von Son City gewann das Konzept von den geistlichen Gaben an Bedeutung. Als die Arbeit an Größe zunahm, erwartete man, daß weitere Leute sich ins Zeug legten. Diese ihrerseits, da sie sich als Teil der Bewegung verstanden, hatten den Wunsch, sich einzubringen.[15]

Die Leiter in Son City steckten die Leute in fachbezogene Gruppen, die unterschiedliche Zielsetzungen hatten. Ein Son City-Leiter berichtet:

> Wir nannten diese Gruppen „Module". Wir hatten Gruppen mit unterschiedlichen Gaben, die aus der großen Gruppe Son City hervorgingen. Es gab das Kunstmodul; es gab das Theatermodul und das Fotografenmodul.

Die Mitglieder waren christliche Schüler, die sich über längere Zeit in Son Village, der Bibelschule von Son City, trafen. Zu ihnen stießen weitere Module, die sich nach Interessen und Talenten zusammensetzten.

Wann immer ein Son Village-Projekt geplant war, wurde die Arbeit auf die einzelnen Module verteilt. Ein Leiter erklärt:

> Wenn wir irgendein großes Ereignis für den Mittwochabend vorhatten, wurde das Kunstmodul mit der Dekoration betraut, auch die Herstellung der Poster und so weiter gehörte dazu.
> Das Fotografenmodul mußte festlegen, wie man am besten Bilder von der Veranstaltung machen konnte.
> Das Theatermodul mußte natürlich für die abendliche Vorführung üben.
> Ein Fernsehmodul hatte auf eine gute TV-Wiedergabe zu achten.
> Ein Produktionsmodul mußte sich um die Akustik und die Beleuchtung kümmern.

Seine Gaben einzubringen, entspringt ganz natürlich dem Wunsch, zum Gelingen des Werkes beizutragen. Ein Leiter erinnert sich:

> Diese verschiedenen Module nahmen ihre Rolle tatsächlich an … helfende Menschen wenden ihre Gaben an. Helfende Menschen erkennen ihre Gaben und benutzen sie. Das war von Anfang an so.

Diese Haltung mündete schließlich in dem Nachdruck, den die Gemeinde heutzutage auf die Wichtigkeit der Gabenerkennung und ihrer zuversichtlichen Anwendung in der Gemeindearbeit legt. Diese Lehre nimmt in den Predigten der „New Community" (Mittwochsgottesdienste) einen breiten Raum ein und wird in den Netzwerk-Seminaren eingehend behandelt.

Die Bedeutung der Teams

Ein weiteres Charakteristikum aus Son City, das zur Gestaltung der Gemeinde beigetragen hat, ist die Bedeutung, die den Teams beigemessen wird. Don Cousins erklärt:

> Bill hatte die Jugendgruppe auf 80 Personen gebracht und begriff sehr schnell, daß er jetzt so weit gegangen war, wie er vernünftigerweise gehen konnte. So steckten an diesem Punkt er und einige andere ihre Köpfe zusammen und sagten sich: „Wie wäre es, wenn wir diese Sache auseinanderreißen und in einige Teams aufteilen würden?"
> So bildete er vier Teams, indem er die 80 Schüler in Gruppen zu 20 Schülern verteilte. Jede wuchs innerhalb des ersten Jahres wieder auf ungefähr 80 an.

Jedes Team wurde von vier Schülern geleitet – das waren der Captain, der Co-Captain, der Sekretär und der Hilfssekretär. Diese Teams waren in Wirklichkeit selbständige Minijugendgruppen. Ein Son City-Leiter erklärte, daß diese Teams „sich eine innere Struktur gaben, die auch einer großen Schülerzahl gerecht werden konnte. Von diesen Teams ging eine Menge Selbständigkeit, Loyalität und Zusammengehörigkeitsgefühl aus."

Die Son City-Methode, Teams zur Erreichung gesteckter Ziele zu verwenden, hat dem Teamgedanken in Willow Creek breiten Raum gemacht. Zum Beispiel plant das Gemeindeprogramm-Team jeden Wochenendgottesdienst. Das Team betrachtet und kritisiert auch jeweils eine Videoaufnahme des letzten Gottesdienstes. Dann erarbeiten sie ein ausgefeiltes Programm für die kommende Woche. Überall in der Gemeinde wirken die Mitarbeiter als Team zusammen.

Welche Rolle spielt das Showgeschäft?

Um die Aufmerksamkeit der High School-Schüler zu erregen, verschoben sich Themen und Aktivitäten in Son City wie von selbst in Richtung auf das Unterhaltungsniveau von High Schülern. Darin ist Son City nichts Besonderes, daß man dort für den Dienst an Jugendlichen das Augenmerk auf Unterhaltung richtete. Evangelikale kirchenähnliche Gruppen wie Young Life und Campus Life haben ihren Dienst jahrzehntelang in Form von Unterhaltung getan. Die Strategie von Young Life wird in dem berühmten Spruch seines Gründers zusammengefaßt: „Es ist Sünde, Jugendliche mit dem Evangelium zu langweilen."[16]

Doch Son City scheint die Grenzen solcher Jugendgottesdienste ausgeweitet zu haben. Einer der Son City-Leiter erklärte:

> Wir sind in dem Auditorium, und die Musik brüllt mit ohrenbetäubender Lautstärke. Überall sind Blitzlichter, zusammen mit den großen beweglichen Lampen. Da gibt es Jugendliche, die buchstäblich gegen die Wände laufen und sich zurückschleudern lassen und dabei so laut schreien, wie sie nur können. Alles, von dem man meint, es würde in geheiligten Kirchenräumen nicht geschehen, geschieht tatsächlich in geheiligten Kirchenräumen.

Son City machte der „Hallowed Queen" Konkurrenz, einer Transvestitenshow. Zu einem Zeitpunkt wurde die Kirche als Gefängnis dekoriert. Als künstliche Blitze explodierten, wurde jemand von einem Querbalken geschleudert, weil die Pulverladung zu stark geraten war. Manchmal verwandelte sich der Kirchenchor in eine Gymnastikhalle. Son Citys Motto war: Nichts soll größer, besser oder bizarrer sein! Diese Betonung des Unterhaltungselements floß selbstverständlich in die Gemeinde (Willow Creek) ein. Um das Gewicht zu ermessen, das die Gemeinde dem Unterhaltungsprogramm beimißt, muß man den Einfluß kennen, den Dave Holmbo auf die Gemeinde hat.[17]

Dave Holmbo

Um Dave Holmbos Einfluß auf die Gemeinde beschreiben zu können, muß ich wieder auf das Plakat aus der *Chicago Tribune* zurückkommen, das ich in Hybels Wartezimmer gesehen habe. Es war betitelt mit: „Für Dave und Bill, die das alles zur Ehre Gottes fertigbrachten." Als ich das Plakat zum ersten Mal sah, dachte ich bei mir: *Wer ist dieser geheimnisvolle Dave, der dem Bill noch vorangestellt wird?* Mit der Zeit erfuhr ich, daß es Dave Holmbo war, der Leiter der Musikgruppe, der ursprünglich Hybels gebeten hatte, die Bibelarbeit in der Jugendgruppe zu übernehmen. Holmbo hatte mit Hybels zusammen Son City geleitet und später mit ihm gemeinsam Willow Creek gegründet.

Dave Holmbo war in einer „sehr fundamentalistischen" Gemeinde als stiller Rebell aufgewachsen. Niemals hatte er die Gemeinde oder das Evangelium abgelehnt; aber er und einige Freunde gefielen sich darin, einige Regeln zu mißachten. Und in seiner Gemeinde gab es eine Menge Regeln, die man übertreten konnte.[18]

Die Tatsache, daß er ein stiller Dissident war, ist eine der entscheidenden Kennzeichen seines Lebens. Er führte, wie viele junge Fundamentalisten, zwei Leben. Auf der einen Seite lebte er in der Welt seiner Gemeinde, hatte eine Reihe christlicher Freunde und war dort auch aktiv, zum Beispiel arbeitete er den Sommer über in einem christlichen Jugendlager und beteiligte sich an der Musikausübung seiner Heimatgemeinde. Andererseits entwickelte er auch Interesse an Freunden aus der „wirklichen" Welt. Er liebte die zeitgenössische Rockmusik, hatte viele Nichtchristen zu Freunden und besuchte schließlich die säkulare Northeastern University des Staates Illinois. Holmbo sagt: „Ich merkte, daß ich in zwei verschiedenen Welten lebte", und diese wuchsen immer weiter auseinander.

Während der Studienjahre bewegte sich Holmbo fort von dem Fundamentalismus seiner Jugendzeit. Er und seine Freunde sagten sich: „Manches von all dem Zeug scheint nicht zu stimmen. Da gibt es zu viele Gesetze und das törichte Gerede über alles Mögliche." Holmbo gelangte an den Punkt, wo er sagte: „Ich muß diesen ganzen Kram loswerden." Doch warf er nie seinen sämtlichen Glauben über Bord. Er saß in der Zwickmühle und wußte nicht, wie er diese beiden Welten vereinen könnte.

Die Musik wurde schließlich das Band, mit dem er die beiden Welten zusammenbrachte. Sowohl in seiner „realen" Welt wie auch in der Welt seiner Gemeinde spielte für ihn die Musik eine ausschlaggebende Rolle. Seine Eltern hatten ihm Klavierstunden geben lassen, als er acht Jahre alt war. Allerdings spielte er statt Kirchenliedern lieber die Melodien der „Beach Boys". Diese Liebe zur zeitgenössischen Musik verstärkte sich während seiner Studentenjahre.[19]

Zur gleichen Zeit, als er sich vom Fundamentalismus absetzte, wurde Holmbo gebeten, in der evangelikalen Gemeinde in South Park mitzuhelfen, wo man zeitgenössische Musik pflegte. Gerne nahm er das Angebot an. Holmbo stellte fest, daß man South Park bei den fundamentalistischen Gemeinden seiner Herkunft für liberal hielt. Tatsächlich aber ging es dort solide evangelikal zu, nur hatte man den Separatismus der Fundamentalisten über Bord geworfen. Nach Holmbos Meinung war South Park „ein wenig gesprächsbereiter". Der Pastor dort wollte anfangen, den Morgengottesdienst etwas zeitgemäßer und informativer zu gestalten. Zu der Musik, die Holmbo bei diesem Gottesdienst verwendete, gehörten singbare Chorusse, und allen gefiel das gut.[20]

Holmbos musikalische und kreative Begabung blühte in dieser Atmosphäre auf. Er begann mit „Son Company", einer Sängergruppe, die sich aus allen

Mitgliedern der South Parker Jugendgruppe zusammensetzte. Bald brauchte er einen, der eine akustische Gitarre spielte. Als eine Gruppe langhaariger junger Leute sich in der Gemeinde nach einer neuen kirchlichen Heimat für sich umschaute, war zufällig auch ein Gitarrist der gewünschten Ausprägung dabei. Sein Name war Bill Hybels. Holmbo erinnert sich mit Vergnügen: „Er war einer, der auf der akustischen Gitarre herumhackte; der konnte richtig kräftig draufhauen." Das war der wenig verheißungsvolle Beginn des späteren Willow Creek-Teams.[21]

Nachdem er die Gruppe eine Weile geleitet hatte, wurde sich Holmbo bewußt, daß die jungen Leute mehr Belehrung nötig hatten: „Bei all dem gab es nicht genug (geistliche) Nahrung für die Jugendlichen ... Wir beschlossen, im Zusammenhang mit den Mittwochabend-Proben eine Bibelstunde durchzuführen." Holmbo bat Hybels, die Bibelstunden vorzubereiten und zu leiten. „Das war ebenfalls außergewöhnlich erfolgreich." Son City war gestartet und lief von da an.

Holmbos Einfluß auf die Jugendgruppe und die Gemeinde kann aus diesem kurzen Rückblick ersehen werden. Er war der von der traditionellen Gemeinde frustrierte Rebell. Anstatt mit normaler jugendgemäßer Musik und dazu passenden Programmen zufrieden zu sein, liebte er es, radikal zu verändern. Begeistert vom zeitgenössischen Musikbetrieb, stand er mit allem in enger Berührung, was die Studentengeneration von heute verbindet.

Holmbo war ein Träumer, der zunächst der Jugendgruppe und später der Gemeinde eine neue künstlerische Richtung gab. Die Geschichte von Son City – Willow Creek – ist teilweise auch die Geschichte, wie Holmbo seine „reale" Welt mit seiner Gemeindewelt zusammenbrachte: Er integrierte die Musik und die künstlerischen Ideen seiner „realen" Welt in die grundlegende Theologie seiner Gemeindewelt.

Holmbos Programmstrategie in seiner Jugendgruppe entwickelte sich mit der Zeit. Es gab dabei pragmatische Beziehungen zwischen seinem Programm und dem Echo aus den Studentenkreisen. Reagierten die Studenten positiv auf eine Programmänderung oder eine musikalische Innovation, so wurde dies von den Verantwortlichen aufgenommen und in zukünftige Programme eingearbeitet. Doch entsprang diese Programmgestaltung in den Anfangstagen noch nicht genaueren Marktanalysen. Holmbo erklärt: „Zum großen Teil ging es einfach um die Frage: Was bringt mich wirklich in Schwung?" Er benutzte den Stil der „Beach Boys" und ihre Arrangements, einfach, „weil er sie mochte". Holmbo brachte seine Gaben, seine Interessen und seine Kreativität ein und schuf dadurch intuitiv eine neue Art, über Jugendarbeit nachzudenken.

Während Hybels für die Lehre und das praktische Geschehen verantwortlich zeichnete, sorgte Holmbo für die kreative Musik, das Schauspiel und das Programm. Und während Hybels zu einer geschäftsorientierten Grundlinie tendierte, war Holmbo stets etwas abgehoben. Ein Freund beschrieb ihn so: „Daves Füße hatten selten Bodenkontakt; er landete nur einmal im Jahr, und auch das nur, um sich auszuruhen."[22]

Tatsächlich liegt in dem Kontrast zwischen Holmbo und Hybels teilweise der Grund für die ursprüngliche Stärke der Gruppe. Dadurch entstand eine

Mixtur aus Geführtwerden und Vergnügen, die den Studenten attraktiv erschien. Niemals war es Bills oder Daves Jugendgruppe oder Gemeinde. Doch ihr Miteinander in der Leitung ließ eine Umgebung entstehen, mit der sich Studenten, und später auch Erwachsene, identifizieren konnten. Was diese Mischung der Gaben vereinte, war die gleiche Leidenschaft, wie Lynne Hybels sagt: „Sie teilten die gleiche Enttäuschung darüber, wie es bisher (in der Kirche) zugegangen war; und nun hatten sie die gleiche Sehnsucht nach einem besseren Weg."[23]

Holmbos Mischung aus Gaben und persönlicher Ausstrahlung hat sich tief auf die Gemeinde ausgewirkt. Leute, die ich interviewte, sagen, daß man Holmbos Einfluß auf Programm und Kreativität noch heute spürt, obwohl er schon mehr als zehn Jahre lang nicht mehr dabei ist. Was ihn zum Fortgehen veranlaßte, war der nächste wichtige Einfluß auf die Gemeinde.

Der „Train Wreck" von 1979

Bei meinen Interviews stieß ich gelegentlich auf Informationen, von denen ich annehmen mußte, daß sie von einiger Bedeutung waren, die ich aber zunächst nicht verstand. Das war auch der Fall bei dem „Train Wreck" (Zugunglück) von 1979. Eine Person erwähnte diese mysteriöse Zeit einige Mal und nannte sie eine wichtige Wegmarke für die Gemeinde. Andere sprachen von ihrem Engagement für die Gemeinde im Zusammenhang mit diesem Zugunglück. Das Gemeindeblatt *Willow Creek* beschreibt in seinem Rückblick nach 15 Jahren Gemeindegeschichte auf sechs Seiten dieses „Zugunglück" und auf den vier folgenden Seiten die zehn weiteren Jahre der Gemeinde. Der „Train Wreck" war eine äußerst wichtige Zeit für die Gemeinde.[24]

Als die Gemeinde begann, erlebte sie große Erfolge; denn schon nach einem Jahr kamen 1.000 Leute zum Wochenendgottesdienst. Hybels und der rasch anwachsende Mitarbeiterstab hatten schrecklich viel zu tun in der riesigen und immer noch wachsenden Gemeinde. 80-Stunden-Wochen waren die Regel statt der Ausnahme. Hybels und Holmbo hatten gerade geheiratet, und es gefiel ihnen gar nicht, daß sie mehr Zeit miteinander verbrachten als mit ihren Ehefrauen. Holmbo sagte damals: „Vom Aufwachen bis zum Einschlafen dachte ich an nichts anderes als an kirchliche Angelegenheiten."

Das Ergebnis dieser halsbrecherischen Hetze war eine Entfremdung ihrer Beziehungen. Holmbo bekannte später, daß er seine Frau vernachlässigt hätte; denn sie bekam „nur die Überbleibsel" seiner Zeit und Energie. Auch Freundschaften litten unter diesem Zeitmangel, wenn jeder Mitarbeiter mit seinen Arbeiten beschäftigt war. Don Cousins erinnert sich: „Die Regel lautete: Du gehst deinen Weg und tust deinen Dienst, und ich gehe meinen und tue meinen Dienst." Das Tempo war rasend und alles fühlte sich gehetzt. Zu einer Zeit taten alle Mitarbeiter ihr Werk ein halbes Jahr lang, ohne eine Mitarbeiterbesprechung zu haben. Das Gemeindegefüge drohte auseinanderzufallen.

Anfang 1978 rief Hybels die Mitarbeiter angesichts dieser Unklarheiten und Probleme zusammen und schlug eine Veränderung der Gemeindestruktur vor:

Wir können jede mögliche Struktur haben, die Ihr wollt; aber es muß eine Person gefunden werden, der man den Schwarzen Peter zuschieben kann. Laßt uns nicht auf Personen, sondern auf Gaben blicken! Wer hat nach eurer Meinung die stärkste Leitungsgabe?

Keiner sagte ein Wort. Man hätte eine Stecknadel fallen gehört. Hybels mußte sich schließlich selbst nominieren: „Na, ich denke, die habe möglicherweise ich."

Das Magazin *Willow Creek* kommentierte ein Jahrzehnt später: „Obwohl ihm deutlich jedes Mandat fehlte, wurde Bill Hybels ‚Senior Pastor' der Willow Creek Community Church." Das führte dazu, daß Hybels mit Erfolg aus einer einst mehr formlosen Organisation eine hierarchische Autoritätsstruktur aufbaute, an deren Spitze er selbst steht, was wiederum eine Reihe von Ereignissen zur Folge hatte.

Während der nächsten Monate hatte Holmbo das Empfinden, seine Beziehung zu Hybels habe sich verändert. Wo er sonst als Gleichberechtigter gegolten hatte, mußte er nun Hybels' Bericht erstatten und dessen Weisungen entgegennehmen. Er hatte das wachsende Gefühl, daß in Beziehung auf das Gelingen in Willow Creek „größere Dinge als Freundschaft auf dem Spiel standen". Als Ergebnis mußte er zugeben, daß „wir anfingen, uns auf uns selbst zurückzuziehen".

Die Beziehungen, aus denen weitgehend sein Leben bestand, begannen sich langsam zu entwirren. Holmbo sagte ehrlich:

Man hatte das Empfinden, man gehöre gar nicht mehr so richtig dazu. Das Fürwort „wir" hatte immer weniger Inhalt. Der Gedanke an das „dies ist unser Werk" begann, an Bedeutung zu verlieren. Das geschah auf sehr subtile Weise und zunächst beinahe unbemerkt.

Der Traum begann zu zerfließen; das Abenteuer war nicht mehr so erregend wie am Anfang.

Als Ergebnis davon begann Holmbo, sich nach Gelegenheiten umzusehen, die er früher weit von sich gewiesen hätte, um dadurch den empfundenen Schmerz zu betäuben. Später bekannte er, er habe während jener Zeit „schwere Fehler" begangen, sowohl „im Bezug auf sein persönliches moralisches Verhalten als auch auf seine Integrität". Das *Willow Creek*-Magazin erklärt: „Er wurde in Sünde verstrickt", was in diesem Zusammenhang bei den Evangelikalen das Synonym für Ehebruch ist.

Schließlich erfuhr Hybels von Holmbos Sünde. Später bekannte Hybels, er hätte ihr schon eher entgegentreten sollen. Immerhin, im Herbst 1978 wurde ihm klar, daß er etwas tun mußte. Er schuf ein Ältestengremium, zum Teil um diese Krise zu bewältigen. An die erste Sitzung erinnert sich der Älteste Laurie Pederson: „Bill lud den ganzen Dreck ab und legte ihn offen."

Den Ältesten war überhaupt nicht klar, wie sie sich zu verhalten hatten. Neben dem Versuch, das offenbare Problem (Holmbos Sünde) zu lösen, gab es viele Beziehungsschwierigkeiten und unterschwellige philosophische Konflikte, die schwer zu entwirren waren. Die Lage erforderte ein volles Jahr, und bei den Sitzungen gab es viele „traurige Augenblicke", und es wurden manche Tränen vergossen.

Der erste Teil der Krise wurde im Herbst 1979 abgeschlossen, als Holmbo seine Entlassung wegen „philosophischer Differenzen" annahm. Am nächsten Sonntagmorgen sagte Hybels nur kurz, daß Holmbo, der Mitbegründer der Gemeinde, wegginge:

> Nebenbei, Dave Holmbo hat gestern gekündigt. Er hatte den Eindruck, sein Leben ginge jetzt in eine etwas andere Richtung, als wir es in der Gemeinde tun, und so wünschen wir ihm alles Gute.

Das schlug wie eine Bombe ein. Hybels erinnert sich: „Die Leute drehten völlig durch."

Hybels und die Ältesten hatten beschlossen, Holmbos Sünde nicht offenzulegen, um die Ehe zu retten. Aber sie hatten nicht mit der überaus heftigen Rückwirkung gerechnet. Viele beschuldigten Hybels, einen Machtkampf veranstaltet zu haben, wobei die Ältesten nur seine Komplizen seien. Die Menge spaltete sich augenblicklich. Jemand sagte mir, je nachdem, zu wem man hielt, zu Hybels oder Holmbo, betrachtete man die Sache unterschiedlich. Einige gingen sofort weg, andere im Laufe der nächsten zwei Jahre.[25]

Die Gemeinde war tief verunsichert, und man mißtraute den Hybelsschen Absichten. Für ihn war es eine harte Zeit: „Fast ein Jahr lang fühlte ich mich wie im Krieg … Jedesmal, wenn ich auf die Kanzel stieg, fühlte ich mich wie im Tribunal … Von einem Sonntag zum anderen bestand die Gefahr, daß die Gemeinde aufhörte zu bestehen." Da gab es keine leichten Lösungen, und die Spannungen verschwanden nicht von selbst. Der Älteste Laurie Pederson beschreibt die Situation so: „Da folgte ein Konflikt dem anderen, eine Woge jagte die andere, und darauf kam eine neue Welle und so fort."

Dieser Tumult berührte das Innerste der Gemeinde. Schließlich ging ein Viertel der angestellten Mitarbeiter und ein Drittel der freiwilligen Helfer, alle zusammen etwa 200 Personen. Wer blieb, hielt fest zu Hybels und identifizierte sich mit ihm. Hybels beschrieb die Zeit später als „the 1979 Train Wreck" (das 1979er Zugunglück).

Schließlich erholte sich die Gemeinde von der Krise. Ein Grund für das Überleben, trotz all der Nöte, bestand darin, daß sie immer noch viele Leute zu den Wochenenden anzog. Die Wochenendbesucher merkten von all der Unruhe nichts. Und viele von ihnen füllten bald die immer noch wachsenden Löcher in der Mitarbeiterschar. Einer erzählte mir, daß bei seinem ersten Besuch angekündigt wurde, man suche einen Klavierspieler. In der nächsten Woche habe er schon auf der Bühne gesessen und gespielt.

Als Ergebnis des „Train Wreck" kam es zu mehreren entscheidenden Veränderungen in der Gemeinde:

Der Inhalt der Lehre in der Gemeinde änderte sich.
Es gab einen fundamentalen Wechsel bei der Struktur und im Management der Gemeinde.

Der Umgang der Einzelnen miteinander, besonders unter den Mitarbeitern, veränderte sich deutlich.

Theologie

Hybels war überzeugt, daß man bisher in der Gemeinde zu großes Gewicht auf die Gnade Gottes gelegt hatte. Das Gemeindeblatt *Willow Creek* berichtet, daß das Wort *Sünde* „während der Anfangszeit der Gemeinde kaum zu hören war". So begann Hybels mit Nachdruck von der Heiligkeit Gottes und der Sündhaftigkeit der Menschen zu predigen. Jemand beschrieb mir, was er zu hören bekam, als er damals das erste Mal zu Willow Creek kam:

> In einer der ersten Predigten, die ich von Bill hörte, sagte er: „Wir fangen jetzt an, das Evangelium so zu predigen, wie es gepredigt werden muß. Wir verstecken nichts mehr. Wir haben nicht die Absicht, die Ohren der Leute zu kitzeln. Wenn euch das nicht gefällt, dann geht."

Aus dem Gesagten geht hervor, daß die Gemeinde bisher tatsächlich „die Ohren der Leute gekitzelt" hatte. Damit war nun Schluß. Hybels begann eine neue Predigtreihe über die Heiligkeit Gottes.[26]

Diese neue Gewichtung, zusammen mit der Tatsache, daß die Gemeinde ihres kreativen Elements beraubt war, schuf eine völlig andere Umgebung. Wo früher eine Feieratmosphäre vorherrschte, kam es jetzt zu düsterer Selbsteinschätzung. Lynne Hybels sagt dazu: „Viele Menschen konnten diesen Ton kaum ertragen. Es war ein zu deutlicher Abschied von den ersten drei Jahren, wo alles so warm und herzlich war, erfüllt mit bedingungsloser Liebe, die keine Fragen stellte."

Allerdings hat dieser Wechsel nur relativ kurz angehalten. Hybels bekennt, daß eine Zeitlang „das Pendel ein wenig zu weit nach der anderen Seite ausgeschlagen war". Bald begann die Gemeinde wieder, mehr Nachdruck auf das Feiern zu legen und kompromißbereiter zu werden. Die beiden anderen Veränderungen waren von dauerhafterer Natur.

Das Management

Die Kirche hatte „gebrannt" und man hatte die Lektion begriffen. Wo bisher mehr oder weniger jeder selbst verantwortlich gearbeitet hatte, wurde jetzt alles streng hierarchisch geordnet, Verantwortungen festgelegt und unter kaufmännischen Gesichtspunkten betrachtet. Ein Mitarbeiter aus jener Zeit erklärte, daß „die Gemeinde deutlicher institutionalisiert wurde". Die Zeitschrift *Willow Creek* berichtet: „Es gab wesentliche Änderungen … Der Mitarbeiterstab wurde so geordnet, daß jeder wußte, wem er Bericht zu erstatten hatte, damit Verantwortlichkeit praktizierbar wurde." Die Bücher des Management-Gurus Peter Drucker begannen unter den Mitarbeitern zu zirkulieren. Selbst heute noch ist für manchen Mitarbeiter Druckers Buch *The Effektive Executive* wie eine „Managerbibel".

Viele der kreativen Leute, die nicht gleich weggegangen waren, fühlten sich in der so sehr institutionalisierten Gemeinde nicht mehr wohl. Einer sagte: „Kreative Menschen passen nicht in Institutionen." Es dauerte eine Reihe von Jahren, bis die Gemeinde wieder von innen heraus Kreativität entwickelte.

Andere Quellen wurden erschlossen, um die Gemeinde möglichst effektiv zu leiten. *Leadership and the One Minute Manager* von Kenneth Blanchard wurde schließlich für alle Mitarbeiter Pflichtlektüre. Dieses Buch führt aus, wie Manager die Arbeit der Menschen, die sie anzuleiten haben, zweckdienlicher machen können. Es lehrt, wie man effektive und produktive Geschäftsbeziehungen aufbaut. Die Jugendgruppenatmosphäre verwandelte sich aus einer geistlichen Gesellschaftsform in ein geistliches Unternehmen.[27]

Beziehungen und Loyalität

Die letzte durch den „Train Wreck" bewirkte Veränderung entstand aus den Schmerzen dieses Konfliktes. Weil diese idealistischen Jugendlichen versucht hatten, es mit der Welt aufzunehmen, waren sie offen und verwundbar. Bei dem „Train Wreck" mit seinem Konflikt, seinem Versagen und der großen Enttäuschung, war jeder tief verletzt worden. Einer beschrieb es so: „Die Leute waren erschüttert." Die einzelnen wurden natürlich vorsichtig. Beziehungen, die diese Erfahrungen überlebten, wurden zu den wichtigsten überhaupt. Man traute so leicht niemand mehr.

Loyalität und Ausdauer waren die entscheidenden Wesensmerkmale solcher, denen man trauen konnte. Einer der besten Freunde Bill Hybels wurde mitten in dem Wirrwarr angestellt. Er sagt:

Alles ging drunter und drüber. Alles wackelte. Da heuerten sie mich an, weil sie an einen Punkt gelangt waren, wo sie sagten: „Wir müssen wieder Grund und Stabilität unter die Füße kriegen; wir müssen wissen, ob wir weitermachen können."

Mitarbeiter und Leiter, die dablieben, wurden zum neuen Zentrum der Gemeinde. Genauer gesagt bestand das neue Zentrum aus denen, die während der Krise loyal zu Bill Hybels gestanden hatten. Ein Mitarbeiter beschrieb die Weggegangenen so: „Sie identifizierten sich mit Dave und den anderen. Vielleicht müßte man besser sagen, sie identifizierten sich weniger mit Bill." Dieses Loyal-zu-Bill-Denken ist immer noch in der Gemeinde zu finden. Ein Mitarbeiter, den ich interviewte, war seit vier Jahren dabei und fühlte sich noch immer so, als sei er gerade gekommen. Er gehörte einfach nicht zu dem permanenten innersten Kreis. Ein guter Freund zog ihn damit auf, er würde sich erst als Gemeindeglied fühlen, wenn er zehn Jahre dem Stab angehört hat.

Loyalität wurde zur höchsten Tugend in der Gemeinde, und Illoyalität gilt als schwerster Fehler. Ein Mitarbeiter erklärte mir, die zentrale, wenn auch unausgesprochene Frage der Leiter an einen neu Hinzugekommenen lautet: „Ist wirklich die Gemeinde und dieser Dienst das Allerwichtigste für dich?" Als ich das zur Sprache brachte, gab ein Führungsmitglied dies auch zu: „Das stimmt; der Bedarf an Loyalität ist sehr groß."[28]

Während meiner Untersuchungen stellte ich bei den Mitarbeitern eine tiefe Furcht fest, für illoyal zu gelten. Beinahe stets, wenn ein Mitarbeiter etwas geäußert hatte, was als negativ für die Gemeinde interpretiert werden könnte, so versuchte er schnell, seine Bemerkung zu erläutern, oder er bat mich, diese Bemerkung nicht zu veröffentlichen oder wenigstens ihn nicht als Quelle bekanntzugeben. Sie wollten vermeiden, als illoyal gebrandmarkt zu werden. Einer von ihnen gab zu: „Ich möchte nicht als Geizhals verschrien sein." Der einzige unzufriedene Mitarbeiter, den ich fand, bemerkte: „Sie (die Gemeindeleitung) schätzt Loyalität höher als Ehrlichkeit ein."[29]

Es gibt keinen Zweifel: Der „Train Wreck" hat einen mächtigen Einfluß auf die Gemeinde gehabt.

Dr. Bilezikian

Sobald irgendein Mitarbeiter über die Gemeindegeschichte sprach, so erwähnte er unweigerlich auch den starken Einfluß, den Professor Bilezikian auf den jungen, für alle Eindrücke empfänglichen Collegestudenten Bill Hybels ausgeübt hatte.

Um Bilezikian und seinen Einfluß auf die junge Gemeinde zu verstehen, müssen wir kurz dessen Werdegang betrachten. Während seiner Jugendzeit in Frankreich gehörte Bilezikian zur konservativen Reformierten Kirche. Trotzdem hatte die Kirche nur geringen Einfluß auf ihn, und er setzte sich von ihr ab. Während seiner Studienzeit beschäftigte er sich hauptsächlich mit Philosophie und fühlte sich zum Existentialismus hingezogen. Die Fragen nach der Einsamkeit und dem Sinn des Lebens waren für einen jungen Mann sehr bedeutsam, der mit vier Jahren seine Mutter verloren und als Heranwachsender die brutale Besetzung von Paris durch die Nazis erlebt hatte.[30]

Als Bilezikian 20 war, machte er mit einigen Freunden Urlaub in den Bergen. Dort trafen sie in einem kleinen Dorf auf eine Zeltversammlung der Heilsarmee. Sie beschlossen, hinzugehen, um die Leute tüchtig in die Zange zu nehmen. Die altmodischen Uniformen aus dem vorigen Jahrhundert und die ganze Aufmachung fanden diese modernen, gebildeten jungen Männer zum Lachen. Mitten in ihrem Gekicher fiel Bilezikian plötzlich auf seine Knie. Die Freunde meinten, er wolle den Gottesdienst verhöhnen und riefen: „Prima, Gil" und: „Du bist wirklich lustig!"

Aber er spottete nicht. Er spricht jetzt von diesem Erlebnis als einer „privaten Übergabe an Gott". Er erklärt, sein Leben sei von dem Augenblick an völlig verändert gewesen:

> Ich hatte dieses überwältigende Gefühl der Gegenwart Gottes. Es war, als ob Gott zu mir spräche: „Ich habe so viel für dich getan, und du behandelst Mich so?"
> Ich fiel auf die Knie und empfand alsbald dieses Gefühl der Liebe und des Angenommenseins. Ich wußte auf der Stelle, daß ich ein neuer Mensch geworden war. Ich wußte, ich konnte nichts anderes tun, als in Gottes Dienst zu treten.

Dieser Dienst sollte ihn in die Vereinigten Staaten an ein evangelikales Seminar und dann zur Promotion als Dr. Phil. führen. Dann war er Pastor und Lehrer an verschiedenen Orten. Nachdem er zwei Jahre am Trinity College in Deerfield, Illinois, gelehrt hatte, war er schließlich fast 20 Jahre am Wheaton College.

Es war im Trinity College, wo Hybels 1972 -74 bei ihm studierte. Er war dort diese zwei Jahre und hatte sich in zwei Fächern bei Bilezikian eingeschrieben, in „Christliche Lehre" und „1. Korintherbrief". Hybels erinnert sich, wie er in Bilezikians Vorlesungen saß und sich von dessen Lehre inspirieren ließ:

> Dr. B. pflegte zu sagen: „Ich sehe nicht viele Gemeinden wie diese (Korinth) im Amerika der 70er Jahre. Das heißt, ich sehe Gebäude und ich sehe Programme, ich sehe Budgets und Aktivitäten." Dann sagte er: „Ich kann aber nirgends das Leben entdecken, von dem die Schrift spricht. Nirgends erkenne ich diese Art von Leben, nirgends eine Gesellschaft, die sich als Gemeinde bezeichnet, von der eine solche Vitalität ausgeht."
>
> Dann hob er oft seinen Blick in die Ferne und sagte: „Eines Tages, eines Tages wird die Schale zerbrochen werden. Jemand wird ernsthaft nach Gottes Weise anfangen, Gemeinde zu bauen, und solche Leute werden alles riskieren und alle Widerstände überwinden. Eines Tages wird jemand eine Gemeinde zu bauen beginnen, und viele werden ihm folgen; das wird die Welt bewegen."

Diese verbalen Träume hatten mächtigen Einfluß auf den jungen Hybels. Er begann selbst von der Möglichkeit einer neuen Art von Gemeinde zu träumen, indem er sich sagte: *„Ich könnte mir nichts Größeres denken, um mein Leben dafür einzusetzen, als das."* Und er schloß daraus: *„Dies scheint mir das erstrebenswerteste Ziel auf Erden zu sein."* Während dieser Jahre leitete er mit Holmbo zusammen die Jugendgruppe Son City, und alles, was er von den Belehrungen Bilezikians in die Praxis umzusetzen vermochte, brachte er den Jugendlichen noch in der gleichen Woche bei.

Hybels merkte, daß er in Bilezikian einen Mentor gefunden hatte, der mit ihm in der Enttäuschung über die traditionelle Kirche übereinstimmte. Bilezikian berichtet, daß er während seiner Zeit in Chicago über diese sehr erzürnt war:

> Der Gottesdienstbesuch wurde mir zu einer Qual, von der ich jedesmal blaß vor Zorn nach Hause zurückkehrte … Es war, als hießen die eifrig verfolgten Ideale Langeweile, Trägheit, Mittelmäßigkeit, Starrheit und Beschränktheit – alles im Namen Christi.[31]

Bilezikian hielt dann während seiner Vorlesungen nicht mit seiner Enttäuschung zurück; dann aber malte er mit seinem theologischen Pinsel ein Bild dessen, was sein könnte. Er berichtet, wie Hybels das aufnahm:

Im Hörsaal war er sehr aufmerksam. Ich fühlte seinen kalten, stahlblauen Blick auf mich gerichtet, wobei er mich beobachtete, als habe er mich heimlich unter seine Bewachung genommen.

Doch bald merkte ich, daß er die Lehre intensiv verinnerlichte und daß er, nach offensichtlich kritischer Prüfung, tatsächlich die Kursinhalte absorbierte und in sein eigenes Denken übernahm.[32]

Hybels begann, nach den Vorlesungen Fragen zu stellen, und es entwickelte sich schnell eine enge Beziehung.

Don Cousins beschreibt das Ergebnis dieser Beziehung: „Dr. B. wurde der Transformator, und Bill Hybels wurde transformiert." Dave Holmbo drückte das so aus: „Er (Hybels) war von Gilberts Lehren tief beeindruckt." Hybels schreibt später in der Widmung seines Buch *Seven Wonders of the Spiritual World*: „Für meinen geistlichen Mentor, Dr. Bilezikian, dessen Beitrag zu meinem Leben von unermeßlichem Wert ist."[33]

Ein großer Teil dieses „unermeßlichen" Einflusses besteht aus der theologischen Gesamtschau und den Ideen Professor Bilezikians, die er dem jungen Bill beigebracht hatte. Bilezikian sagt:

Ich bin Theologe, und so muß ich zugeben, daß ein großer Teil meines Bibelverständnisses durch meine Belehrung in die Community Church eingeflossen ist, entweder direkt, oder vermittelt durch andere, besonders durch Bill.[34]

Um Bilezikians Theologie zu verstehen, muß man sie zu dem breiteren Hintergrund des Evangelikalismus in Beziehung setzen. Eine Eigentümlichkeit des Evangelikalismus ist das Fehlen eines offiziellen Glaubensbekenntnisses. Über den allergrundsätzlichsten theologischen Rahmen hinaus, daß man die Bibel, das Evangelium und die Bekenntnisse der frühen Kirche anerkennt, gibt es keine allgemeingültige Festlegung, mit der man klar seine theologischen Überzeugungen ausdrücken kann. In strittigen Situationen sind die Glaubensbekenntnisse Einzelner oft durch die theologischen Frontstellungen – etwa zwischen Kalvinisten und Arminianern – gekennzeichnet.[35]

Häufig benutzen Menschen die sogenannten „Fünf Punkte des Kalvinismus", um zu zeigen, was sie glauben. Das gilt sogar, wenn man, wie Bilezikian, mit dem Kalvinismus grundsätzlich nicht übereinstimmt. Dirk Jellema beschreibt kurz die „Fünf Punkte des Kalvinismus":

* *Vollkommene Verderbtheit* (d.h., der Mensch nach dem Sündenfall kann sich nicht für Gott entscheiden)
* *Unverdiente Erwählung* (Gottes Wahl hängt in keiner Weise vom Verhalten der Erwählten ab)
* *begrenzte Versöhnung* (Christus starb nur für die Erwählten; somit sind alle, für die Er starb, errettet)
* *Die Gnade ist unwiderruflich* (Göttliche Gnade kann von den Auserwählten nicht abgelehnt werden)
* *Ewige Sicherheit der Erwählten* (einmal erwählt, für immer erwählt).[36]

Bilezikian nennt sich selbst einen „Anderthalb-Punkte-Kalvinisten". Er stimmt dem fünften Punkt zu, der Sicherheit für alle Gläubigen: „Ich kann einfach nicht glauben, daß, wenn sich Gott einmal mit uns eingelassen hat, unser Heil jemals zweifelhaft sein kann." Er glaubt auch zum Teil den ersten Punkt von der völligen Verderbtheit. Doch führt er dazu näher aus:

> Die Kalvinisten gehen zu weit, wenn sie in einem ihrer Lieder singen: „So ein Elendswurm wie ich." Menschen sind keine Würmer. Selbst in dem zerbrochensten Menschen liegt noch etwas von der *imago dei* (Ebenbildlichkeit Gottes). Zweifellos steckt in uns von Geburt an … die Neigung zur Sünde; aber ich möchte das nicht in so düstere Worte kleiden, wie die Kalvinisten es tun.

Anstelle des pessimistischen Bildes der Kalvinisten vom ganz und gar verdorbenen Menschen, möchte Bilezikian Nachdruck auf ein optimistischeres Verständnis legen, und vom Wert und von den Fähigkeiten der Menschen reden. Im Gegensatz zu den Punkten zwei und vier, die die voraussetzungslose Auswahl Gottes bei der Errettung bestätigen, der sich niemand widersetzen kann, glaubt Bilezikian an die Willensfreiheit der Menschen, die Rettung anzunehmen oder sich Gott zu widersetzen. Schließlich glaubt Bilezikian im Gegensatz zur kalvinistischen Lehre, Christus sei nur für die Auserwählten gestorben, daß er für alle Menschen gestorben sei. Zusammenfassend finden wir also bei Bilezikian einen ziemlich fröhlichen Arminianismus. Mehrere Aspekte der Bilezikianischen Theologie haben Hybels in besonderer Weise beeinflußt.

Eine herzliche Beziehung zu Jesus

Hybels Hintergrund war kalvinistisch, wie er beschreibt:

> Ich bin in einer Denomination aufgewachsen, die Gottes Transzendenz besonders hervorhob. Wir gedachten Seiner in erhabenen und verherrlichenden Begriffen … Ich wußte, was es heißt, Gott zu fürchten und begriff, wie wichtig es ist, Ihm zu dienen. Ich rechnete mit dem Tag des Gerichts, und ich hielt es für meine Pflicht, Seinen Geboten zu gehorchen.[37]

Durch seine Beziehung zu Bilezikian begann Hybels in innere Nöte zu geraten, was seine enge Beziehung zu Gott anging. Hybels bekennt: „Eins … fehlte mir in meinen Erfahrungen als Christ: jegliches wirkliche Verständnis von der engen Verbindung, die Gott mit Seinen Kindern haben möchte." Hybels beschreibt den tiefen Eindruck, den Bilezikians Beispiel und Lehre auf ihn machten:

> Im College traf ich einen Professor, der mich in Erstaunen setzte. Er konnte manchmal von seiner Beziehung zu Jesus Christus reden, als hätte er gerade mit Ihm zu Mittag gegessen. Ich konnte diese Art von Beziehung zu dem „unsterblichen, unsichtbaren, allein weisen Gott, der in einem unzugänglichen Licht wohnt", nicht begreifen – aber ich hätte es gern getan.

Und so fing ich an, um diesen Professor auch nach den Vorlesungen herum zu sein, bis ich mir eines Tages den Mut nahm, ihm zu sagen: „Sie scheinen Christus auf eine Weise zu kennen, die ich nicht verstehe."

Bilezikian gab zur Antwort: „Es kann sein, daß Sie Jesus nur als den Vergeber Ihrer Sünden kennen." Er begann Bill zu ermuntern, Jesus als Freund zu sehen. Bilezikian erinnerte sich, wie er ihm „Jesus, den Freund" und „Jesus als Person" vorstellte, mit dem Ergebnis, daß Bill „völlig überwältigt" war. Im Gegensatz zu der kalvinistisch/reformierten Betonung des heiligen, transzendenten Gottes, hörte Bill jetzt die arminianisch/pietistische Botschaft, die den Nachdruck auf die Bedeutung der göttlichen Gegenwart legt. Insbesondere erfuhr er von der warmen Beziehung zu Jesus. Dave Holmbo erklärt: „Der Gedanke an intime Freundschaft mit oder Beziehung zu Christus gehörte zu dem, was Gilbert uns gebracht hat." So wurden Bills Verständnis und Praxis und bald auch seine Verkündigung stark vom Pietismus geprägt.[38]

Die Bedeutung der Gemeinde

Hybels erinnert sich an Bilezikians Vorlesungen im College:

> Wiederholt sagte er: „Einige von euch prächtigen, tüchtigen Studenten werden ihr Leben wegwerfen müssen. Ihr dürft es nicht als teuer für euch selbst erachten …
> Ihr müßt allem absterben, was euch verlocken könnte, und nur für Christus leben. Ihr müßt für Sein Reich leben. Und ihr müßt für die Gemeinde leben."[39]

Bilezikian erinnert sich an zwei Aspekte seiner Lehre, die für Hybels besondere Bedeutung hatten:

> Er stimmte mit mir darin überein, daß die Gemeinde eine Gemeinschaft (und nicht in erster Linie eine Institution oder Organisation) ist – ein Leib, eine Gemeinschaft, ein Organismus.
> Und das Zweite war die Sendung der Gemeinde, die nicht nur darin besteht, sich selbst zu tragen oder sich selbst zu erhalten, sondern Woche für Woche in die Gesellschaft hineinzuwirken und die Rechte Christi auf sie zu proklamieren.[40]

Die Gemeinde als Gemeinschaft

Wir können begreifen, welche Wirkung diese Lehre hatte, wenn wir Hybels Hintergrund (die Christian Reformed Church) betrachten, die von einer starken holländischen Volksgruppe getragen wurde. In dieser holländischen Subkultur erwartete man von jedem, daß er darin groß wurde, einen holländischen Partner suchte und die holländisch-reformierte Kirche besuchte. Ein geflügeltes Wort, das es auch auf Aufklebern gab, faßt diesen ethnischen Stolz zusammen:

„If you're not Dutch, you're not much" (Bist du kein Holländer, so bist du nicht viel).

Bei diesen christlich reformierten Holländern hatten ein hartnäckiger Stolz, dazu ein starker Unabhängigkeitsdrang und großes Selbstbewußtsein ihre Tradition. Sie hielten nichts davon, in Beziehungen Gefühle zu zeigen und pflegten einen zähen Stoizismus. Doch während seiner Collegezeit in den frühen 70er Jahren begann Hybels eine Art Gegenkultur wahrzunehmen, in der sehr viel Wert auf Intimität und Glaubwürdigkeit gelegt wurde. Er fand diesen Nachdruck auf Ehrlichkeit attraktiv. Bilezikians Anliegen, die Gemeinde als Gemeinschaft zu sehen, gab Hybels die Möglichkeit, diese neue Erfahrung einzuordnen.[41]

Die Sendung der Gemeinde

In der Christian Reformed Church als Organisation spielten Mission und Evangelisation nur eine untergeordnete Rolle, dagegen drehte sich alles um den Erhalt des Bestehenden. Darum sprach man nicht viel über die Verkündigung des Evangeliums, und es lag im Wesen dieser Institution, gegen Veränderungen nahezu resistent zu werden. Sich selbst tragende Gemeinden waren innerhalb dieses Bezugsrahmens per Definition erfolgreich.[42]

Im Gegensatz dazu erfuhr Hybels von dem aufgebrachten Bilezikian, die Kirche sei keine Institution, die dazu da sei, den Status quo beizubehalten. Bilezikian argumentierte, die Kirche sei eine Vereinigung von Menschen, die den Auftrag hätten, „die Welt auf den Kopf zu stellen". Anstatt wie daheim auf die Innenseite der Kirche zu schauen, wurde Hybels Blick nach außen gewandt.[43]

Hybels übernahm eine neue Definition von Erfolg; danach liegt dieser zu einem großen Teil darin, wie sehr man auf die Kirchenfernen einwirkt. So erinnerte sich Hybels an die Lehren Bilezikians: „Ihr seid dazu da, um für die Verlorenen zu leben. Und dabei müßt ihr mit einem Auge die Ewigkeit im Blick haben." Irgendwie konnten nun die Kriterien des Geschäftslebens auf den geistlichen Bereich übertragen werden. Das Maß für Erfolg wurde natürlicherweise die Anzahl der erreichten Menschen, und die Evangelisation wurde zur treibenden Kraft der Gemeinde. Hybels hatte ein neues Verständnis für das gewonnen, was eine Gemeinde sein und tun sollte; doch fehlte ihm noch ein Modell, in das er seine Gemeindevision einbauen konnte. Dann fing er an, Robert Schullers Buch zu lesen.

Robert Schuller

Hybels war von der traditionellen Kirche enttäuscht. Er hatte sich einen Mentor gewählt, der auch mit der Kirche unzufrieden war. Doch außer seiner Erfahrung mit der Jugendgruppe Son City hatte er kein Modell für eine anders geartete Kirche. Dann entdeckte er die Schriften Robert Schullers.[44]

Während er weiterhin mit Holmbo Son City leitete, las er Schullers Buch *Your Church Has Real Possibilities* (Deine Gemeinde hat echte Chancen). Ihn begeisterte Schullers Botschaft von den „unbegrenzten Möglichkeiten" der Kirche. 1975, bevor er mit Willow Creek begann, besuchte er das Robert Schuller-Institut für erfolgreiche kirchliche Leiterschaft eine jährliche Konferenz, die Schuller gestiftet hat und in seiner „Kristallkathedrale" in Kalifornien durchführt. Dieses Erlebnis befestigte einen tiefgreifenden Einfluß Schullers auf Hybels und Willow Creek.[45]

Höchst interessant war für mich, wie stark sich die interviewten Mitarbeiter in ihren Berichten über die Gemeinde weigerten, den Einfluß Schullers auf diese zu erwähnen. Zum ersten Mal merkte ich das während eines Mittagessens bei dem Mitarbeiter Steve. Wir führten ein herzliches und freundliches Gespräch, und Steve beschrieb, wie Hybels auf den Gedanken gebracht wurde, ein riesiges Gelände für den Gemeindecampus zu kaufen. Dabei verschwieg er, wer ihn dazu ermutigt hatte. Ich fragte ihn, wer diese geheimnisvolle Person war. Ziemlich widerstrebend und zögernd sagte er, es sei Robert Schuller gewesen.

Gewöhnlich antworteten die Mitarbeiter frei und offen auf meine Fragen, doch fehlte es manchen von ihnen daran, wenn es um Schuller ging. Aus der Unbehaglichkeit, in die alle gerieten, die ich nach Schullers Einfluß befragte, konnte man entnehmen, daß die Mitarbeiter von Schullers Einwirkung auf die Gemeinde wenig erbaut waren. Viele Mitarbeiter, die noch nicht lange dabei waren, wußten von Schullers Einfluß auf Hybels überhaupt nichts.[46]

Um Schullers Einfluß auf die Gemeinde richtig verstehen zu können, müssen wir einen kurzen Blick auf ihn werfen. 1955 war Schuller ein ehrgeiziger 28jähriger Pastor der Reformierten Kirche in Amerika. Er war von seiner Denomination berufen worden, in Orange County, Kalifornien, eine neue Gemeinde zu gründen. Doch gab es in dieser Gegend nahezu keine reformierten Familien. Schuller erklärte, dieser Versuch einer Gemeindegründung sei ein „völlig neuer Ansatz in der Gemeindewachstums-Philosophie gewesen. Normalerweise beginnt eine Kirche keine Tochtergemeinde in einer Vorstadt, wenn sie nicht schon ein paar ihrer Leute dort hat."

Schuller war in einer schwierigen Situation: Wie konnte er eine Gemeinde bauen, wenn er keine Mitglieder hatte? Als Schuller über seine Lage nachdachte und betete, kam er zu folgender Strategie:

Ich betete um Führung und bekam im Gebet eine deutliche Antwort. Und die Antwort, die ich erhielt, lautete, daß die Hälfte aller Menschen, die in diesen Ort ziehen, sich von allen Kirchen losgesagt hatten.

Er beschloß, den entkirchlichten Teil der Bevölkerung zu erreichen: „Meine Berufung lag darin, zu der religionsfernen Masse Verbindungen aufzunehmen, Vertrauen zu gewinnen ..."

Wie machte Schuller das? Zuerst ging er von Tür zu Tür bei 3 500 Wohnungen und fragte: „Sind Sie aktives Mitglied Ihrer örtlichen Gemeinde?" Schuller erklärt: „Wenn sie ‚nein' sagten, so antwortete ich: ‚Großartig! Ich freue mich, Sie kennenzulernen'." Dann fragte er sie: „Warum gehen Sie nicht zur Kirche?" Nachdem er ihren Antworten aufmerksam zugehört hatte, fragte er sie: „Was kann ich für Sie tun? Wie kann ich Ihnen helfen? Ich bin hier, um eine neue

Gemeinde zu gründen. Was würde Sie reizen, in eine Kirche zu gehen?" Die Leute äußerten dann die verschiedensten Gründe, weshalb sie in die Kirche gehen würden: wenn die Kirche nicht politisiert; wenn die Kirche ein Programm für junge Leute hätte; wenn es dort was für Alleinstehende gäbe. Schullers Strategie bestand darin, diesen Wünschen zu entsprechen. „Ich horchte auf ihre Antworten", sagt er. Schuller meinte, wenn er seine Nachbarn von Garden Grove erreichen wollte, dann müsse er den Köder auswerfen, der ihnen gefiel.[47]

So begann er die Garden Grove Community Church – mit zwei fundamentalen Veränderungen: Er wandelte die Methode, wie er mit den Leuten umging, und er wandelte den Inhalt dessen, was er ihnen mitteilte.

Die Methoden

Schuller fragt: „Welche Art Gottesdienst würdest du durchführen, wenn du genau weißt, daß keiner der Leute, die an diesem Sonntag in der Kirche sitzen, überhaupt ein Christ ist? Würdest du Loblieder singen? Gewiß nicht. Könntest du mit ihnen das Abendmahl feiern? Ganz sicher nicht."

Schuller nimmt für sich in Anspruch, daß sein Methodenwechsel in der Christenheit einen deutlichen Trend hervorgerufen hat: „Unbestrittene geschichtliche Tatsache ist, daß ich der tatsächliche Begründer der Gemeindewachstumsbewegung in diesem Lande bin." Das Wichtigste an diesem Methodenwechsel ist die Anwendung marktstrategischer Ideen in der Kirche. Er behauptet: „Ich kämpfte dafür und führte es in die Kirche ein, was man heute im Christentum als den marktorientierten Ansatz bezeichnet."[48]

Er argumentiert: „Wenn man mit Erfolg merkantile Methoden in der Kirche anwenden will, darf man die Grundsätze des Einzelhandels nicht außer Acht lassen." In seinem Buch *Your Church Has Real Possibilities* behauptet Schuller, es gäbe erprobte „Grundsätze, etwas erfolgreich an den Mann zu bringen".

Zugänglichkeit: Sie müssen es möglichst leicht haben, zu dir zu kommen.
Reichlich Parkplätze: Wenn eine Gemeinde wachsen soll, so müssen die Autos parken können.
Bestandsaufnahme: Du mußt das haben, was sie brauchen … Finde ihre Nöte heraus. Du mußt Psychologie studieren, um die tiefen inneren Nöte des menschlichen Wesens zu begreifen, bevor du den Mund aufmachst und zu ihnen sprichst … Da geht's um Selbstwertgefühl, um Psychologie, um Theologie.
Bedienung: Du mußt Leute haben, die die Leute begrüßen: „Hallo! Schön, daß Sie kommen. Wie geht's denn heute?" … Sie haben erst einen Konsumenten, wenn er wiederkommt.
Sichtbarkeit: Sie müssen dich wahrnehmen und wissen, wer du bist und daß du das hast, was sie brauchen und haben möchten … Du mußt Werbung betreiben.
Genügend Wechselgeld: Bevor du Geld zur Erweiterung leihst, sorge dafür, daß deine Einnahmen so groß sind, daß du für die Zinsen aufkommen kannst.[49]

Wie wirkte sich die Anwendung dieser Prinzipien auf Schullers Gemeinde aus? Die Hauptstrategie des Schullerschen Dienstes begann, die entkirchlichten Menschen in Garden Grove zu beeindrucken: „Das Geheimnis, Kirchenfremde für die Gemeinde zu gewinnen, ist denkbar einfach. Du mußt nur herausfinden, womit du kirchenferne Menschen in deiner Umgebung beeindrucken kannst." Schuller suchte Sprecher, Themen für seine Ansprachen und Musik aus, von denen er glaubte, sie würden dies erreichen. Dazu sagt er: „Ich lud Dr. Peale ein, um damit zu versuchen, die kirchenfernen Leute hier zu beeindrucken." Schuller sprach optimistisch und geistreich über Themen, die den Kirchenfernen hilfreich waren. Auch besorgte er für sie eine angenehme und erholsame Umgebung, indem er für viele Millionen Dollar die Kristallkathedrale baute, die wegen ihrer Extravaganz in aller Welt berühmt wurde.[50]

Schuller betonte immer wieder, wie wichtig die Bequemlichkeit für seine religiösen Konsumenten sei. Dazu sagt er: „Ich habe entdeckt, daß die Leute 20 Meilen weit fahren, um eine geistvolle Predigt zu hören. Ich glaube sicher, daß die Erreichbarkeit das entscheidende Moment für mich ist." Er ist sich sicher, daß die Größe des Parkplatzes letztlich die Größe der Gemeinde bestimmen wird; darum schuf er, was er „den größten gepflasterten Parkplatz der Welt" nennt. Er baute die erste „Drive-in-Church" der Welt, in der die Leute dem Gottesdienst folgen können, während sie in ihren Autos sitzen bleiben.[51]

Schuller meint, um die Kunden recht bedienen zu können, bedarf die Gemeinde vieler eingeübter Laienkräfte. Die kirchlichen Mitarbeiter haben diese auszubilden. Schuller sagt: „Die Tätigkeitsbeschreibung für unsere wichtigsten Mitarbeiter lautet: ‚Rekrutieren, ausbilden und motivieren der Laienhelfer'." Er entwickelte verschiedene Dienste in der Gemeinde, die den unterschiedlichen Bedürfnissen der Leute entgegenkommen sollen. Um effektiv zu sein, sollten sich Pastoren zu Managern heranbilden und strategisch zu denken lernen. – „Wenn du beim Planen versagst, planst du dein Versagen."[52]

Schuller stand auch an vorderster Front bei der Verwendung der Technologie bei der religiösen Kommunikation. Wegen der Größe seiner Kirche installierte er einen riesigen Fernsehschirm hinter der Kanzel, damit ihn jeder in der Versammlung deutlich sehen kann. Auch wurde er einer der prominentesten Fernsehevangelisten, wobei er immer die allerneuste und beste Technologie verwendete.[53]

Die Botschaft

Schuller erklärt, diese Neuorientierung der Kirche habe auch schwerwiegende Folgen für die Botschaft. Er glaubt, die Pastoren sollten am Sonntagmorgen „nicht versuchen, schwere Theologie zu predigen":

> Versuche gar nicht erst, erklärende Predigten über die Bibel zu halten, wenn der Haufen, den du zusammengebracht hast, von all dem nur abgestoßen wird. Du hast sie zu gewinnen und eine Beziehung zu ihnen aufzubauen.

Statt dessen wandelte Schuller Norman Vincent Peales „Positives Denken" um in ein Evangelium des „Denkens, was möglich ist". Bald nachdem Schuller in

Garden Grove angekommen war, lud er Peale ein, in seiner Drive-in-Kirche zu sprechen. Schuller erinnert sich an Peales Botschaft an jenem Morgen:

> „Was hätte Jesus euch zu sagen gehabt, wenn er statt meiner hier zu euch spräche?" Er ließ diese gewaltige Frage wirken und wartete, bis seine Stimme in den nahen Orangehainen verklungen war; dann fuhr er fort: „Hätte er euch gesagt, was für elende Sünder ihr seid?"
>
> Wieder machte er eine Pause, um dann fortzufahren: „Nein, das glaube ich nicht ... Ich glaube, er würde gleich anfangen, euch zu erzählen, welche großartigen Leute ihr werden könnt, wenn ihr nur den Heiligen Geist des Glaubens, der Hoffnung und der Liebe jede Faser eures Seins erfüllen ließet!"[54]

Peales Erfolg als einer der populärsten Schreiber und Prediger in Amerika wirkte sehr anziehend auf den jungen ehrgeizigen Pastor. Peale hatte einen mächtigen Einfluß auf Schuller gewonnen: „Diese Predigt Dr. Peales veränderte meinen Stil, sowohl was das Predigen als auch das Zeugnisgeben anging." Schuller imitierte Peale und begann eine Botschaft über das Christentum zu verkünden, die nur die Abhilfe der emotionalen und psychischen Nöte der Leute im Auge hatte. Dann veröffentlichte er diese überarbeiteten Predigten in einer Reihe von Selbsthilfebüchern: *Deine Zukunft ist dein Freund, Der Erfolg ist nie zu Ende* und *Versagen ist nie endgültig*. Seiner Botschaft ging es um die Förderung des christlichen Glaubens zur Bewältigung der alltäglichen Probleme.

1982 erklärte er seine Strategie in seinem Buch: *Self Esteem: The New Reformation* (Selbstachtung: Die neue Reformation):

> Ich erkenne meine Berufung darin, den Entkirchlichten, die vielleicht nicht bereit sind, an Gott zu glauben, geistliche Wirklichkeit zu vermitteln. Ich habe versucht, mit solchen Menschen ins Gespräch zu kommen, die keinesfalls auf einen hören wollten, der die Sprache der Frommen redet.
>
> Als Missionar meine ich, mehr Hoffnung auf einen respektvollen Kontakt setzen zu können, der auf einer „vermenschlichten" Art der Begegnung basiert, als auf eine theologische Attacke.

Nach Schullers Meinung sollte man nicht so viel Wert auf Theologie legen, wenn man mit entkirchlichten Menschen redet: „Versuche nicht, ihnen deine Theologie zu verkaufen, wenn sie sich noch nicht einmal darüber im klaren sind, ob sie Christen werden wollen."[55]

Schuller glaubt, es bestünde die Notwendigkeit zu einer neuen Reformation, um von einer „theozentrischen" zu diesem von den menschlichen Bedürfnissen ausgehenden Ansatz zu gelangen. Ohne diese radikale Umkehr, glaubt er, „würde die Mission zu einem Fehlschlag". Die Kirchenfernen werden den Pastor „verschmähen, ablehnen oder einfach überhören", der nur die biblische Botschaft bringt. Schuller glaubt, die Kirchenfernen werden nur „Notiz davon nehmen", wenn man sich auf „ihre Nöte" und „ihre menschlichen Verletzungen" konzentriert.[56]

Schuller faßt dann den Effekt dieses radikalen Wechsels in der kirchlichen Aufgabenstellung zusammen, indem er sagt: „Dies bedeutet, daß die wichtigste Frage für die Kirche lautet: Welches ist für den Menschen das dringendste Bedürfnis?" Schullers Antwort auf diese Frage lautet: Selbstachtung. „Ich bin der Überzeugung, daß diese unerfüllte Not, sich selbst achten zu können, allem menschlichen Handeln zugrunde liegt, sowohl im negativen, wie im positiven Sinne", sagt er. Der Rest des Schullerschen Buches ist der Versuch, die christliche Theologie so umzuschreiben, daß die Selbstachtung das Zentrum bildet. So definiert er „Sünde" neu: „Sünde ist jeder Akt oder jeder Gedanke, der mich oder ein anderes menschliches Wesen der Selbstachtung beraubt."[57]

Für viele aus der Gemeinschaft der Evangelikalen ist das nichts Geringeres als Ketzerei. Schuller weiß, daß sein Ansehen im evangelikalen Lager unter dieser seiner Theologie gelitten hat: „Ich mache es anders … Ich benutze nicht die typisch evangelikale Sprache: Du bist ein Sünder. Du müßtest einsehen, daß du ein Sünder bist." Über Schullers Drive-in-Kirche könnte man lachen; aber viele Evangelikale betrachten seine Neubearbeitung der Theologie als heidnischen Synkretismus, bei dem die Psychologie die Theologie geschluckt hat. Schullers theologischer Versuch wurde von vielen evangelikalen Theologen entweder mit Zorn beantwortet oder belächelt. Eben dieses Verdammungsurteil oder die Geringschätzung der Schullerschen Botschaft innerhalb der evangelikalen Gemeinschaft waren es denn auch wohl, die es den Mitarbeitern in Willow Creek so schwer machten, diesen Einfluß zuzugeben.[58]

Schullers Einfluß

Wie schon bemerkt, träumte Hybels erst noch davon, eine Gemeinde zu gründen, als er 1975 das Schuller-Institut für kirchliche Führungskräfte besuchte. Nach seiner Rückkehr sammelte er Leute um sich, mit denen er eine Gemeinde auf der Grundlage der neuen Strategie bauen wollte. Nachdem Willow Creek schon eine Weile gearbeitet hatte, wählte Hybels etwa 25 der engsten Mitarbeiter aus und ließ sie die Schullersche Konferenz für Gemeindeleitung besuchen, um in dessen Strategie geschult zu werden. Holmbo berichtet, welch große Ermutigung darin für die jungen Creeker lag:

> Selbst bei dieser Konferenz wurde Bill hervorgehoben. Als alle Leute in der Kirche Platz genommen hatten, zeigte Schuller auf Bill und bat ihn, er möge doch einmal aufstehen. Dann sagte er: „Ich möchte euch wissen lassen, daß dieser Mann hier neben mir da draußen bei Chicago genau das tut, worüber wir in dieser Konferenz reden." Das hat uns sehr ermutigt.

Hybels hatte auch persönliche Beziehungen zu Schuller; er bat ihn sogar 1979, bei einer größeren Wohltätigkeitsveranstaltung in Willow Creek die Festrede zu halten. Hybels folgte Schullers Rat, ein großes Areal für den Kirchencampus zu kaufen. Schließlich spannte Hybels einen der Mitarbeiter Schullers aus, den er zum Direktor der Studentenarbeit ernannte. Nachdem Willow Creek sich als Erfolg herausstellte, bat Schuller Hybels, am „Robert Schuller-Institut für erfolgreiche Gemeindeleitung" zu sprechen.[59]

Dave Holmbo erklärt, daß Schuller tiefgreifenden Einfluß auf Hybels hat, dazu auf alles, was in Willow Creek von Bedeutung ist:

> Schuller kam hierher und sagte: „Ja, das ist wirklich ein gottgegebenes Werk. Ich glaube, daraus wird etwas, und ihr solltet auch glauben, daß etwas draus wird." Das sagte jemand, der selbst über ein gewisses Maß an Glaubwürdigkeit verfügt.

Methoden

Wenn die leitenden Willow Creeker von der Geschichte ihrer Gemeinde berichten, betonen sie ausnahmslos die Bedeutung der Erforschung der örtlichen Verhältnisse, die Hybels und ein paar andere 1975 durchführten:

> Vier Wochen lang stellte eine Gruppe von vier Leuten folgende Frage: „Gehen Sie zur Kirche?" Bejahte der Gefragte dies, so war die Untersuchung zu Ende. Wenn nicht, so lautete die nächste Frage: „Warum nicht?"[60]

Die häufigste Antwort auf die Frage: „Warum nicht?" war, „daß die Kirche immer um Geld bittet". Andere Antworten lauteten:

> Ich kann die Musik nicht aushalten.
> Mir gefällt die Predigt nicht.
> Die Kirche hilft mir nicht in meiner Situation.
> Die Gottesdienste sind immer gleich und langweilig.
> Die Kirche erzeugt bei mir Schuldgefühle.

Die Antworten dienten als Leitlinie für das, was künftig in Willow Creek gelehrt und getan werden sollte. Aufgrund dieser Information entwickelte die Gemeinde jene Strategie, die Gäste ausdrücklich zu bitten, sich bei den Wochenendgottesdiensten nicht an der kirchlichen Geldsammlung zu beteiligen; die Musik dem Geschmack der Leute anzupassen; die Botschaften für die Hörer interessant zu gestalten und auf ihre Bedürfnisse einzugehen; die Gottesdienste spannend zu machen und zu vermeiden, daß sich die Anwesenden schuldig fühlten.[61]

Die Geschichte dieser Untersuchung ist allen Gemeindegliedern wohlbekannt. Was nicht alle wissen, ist, daß vieles von dieser Strategie auf Schullers Einfluß zurückgeführt werden muß. Schuller meint dazu:

> Solche „Gemeinden", die bereit sind, „Missionen" zu werden, werden Erfolg haben. Gemeinden, die nicht begreifen können, was es heißt, eine Mission zu werden, sind nicht willens, den hohen Preis zu zahlen, als Gemeinde zu sterben und als Mission neu geboren zu werden. Sie werden ganz verschwinden oder als Randelement weiterexistieren, von dem so gut wie niemand Notiz nimmt.[62]

Der erste Schritt, um im Schullerschen Sinn eine Mission zu werden, liegt darin, die Zuhörerschaft oder den Markt zu verstehen, mit dem man es zu tun haben will. Schuller schreibt in *Your Church Has Real Possibilities*, daß ein Pastor eine „Inventur" des Wohnortes vornehmen muß. Er rät den Pastoren, „sie sollten sich zum Ziel setzen, eine Tür-zu-Tür-Werbeaktion bei allen Wohnungen ihres Ortes durchzuführen". Nun können wir den Enthusiasmus begreifen, mit dem der junge Hybels seine Untersuchungen durchgeführt hat. Sein neuer Mentor hatte ihm das aufgetragen.[63]

Vieles von der Strategie, die sich aus dieser Untersuchung und der marktorientierten Blickrichtung ergeben hat, gleicht aufs Haar der Schullerschen Gemeindestrategie. Aus Schullers Perspektive betrachtet, muß es eigenartig erscheinen, daß Hybels sich als „schullerscher" herausstellte als Schuller selbst:

Ich war der Erste, der wirkliches Gemeindewachstum bei den amerikanischen Kirchen einführte ... Er (Hybels) war der erste Bursche, der diese Prinzipien übernahm, sie verbesserte und sie so stark ausweitete, daß sie die Grenzen ihrer Möglichkeiten erreicht haben.

„Hybels", so fügt Schuller hinzu, „schoß mit voller Ladung und kam viel weiter, als Schuller je gekommen ist."

Schuller glaubt, Hybels sei dazu imstande; denn:

Er war kein Mitglied einer Denomination. Er gehörte zu keiner Denomination, die ihm vorschrieb: Du mußt eine gewisse Kirchenordnung am Sonntagmorgen einhalten. Du mußt mit einem Choral beginnen, du mußt eine Schriftlesung halten, du mußt das Gemeindegebet sprechen, du mußt regelmäßig Abendmahl feiern. Die Holländisch Reformierten in meiner Denomination erlaubten mir nicht, auszubrechen und zu tun, was ich wollte.

Aus Schullers Sicht ist Hybels ein Sohn, der Erfolg gehabt hat. „Ich bin stolz auf ihn ... Ich betrachte ihn als meinen Sohn", sagt er. „Ich halte ihn für eines der größten Dinge, die der Christenheit unserer Tage widerfahren sind." Schuller freut sich: „Schüler, die den Meister übertreffen, sind große Leute", und: „Bill Hybels macht seine Sache besser als alle anderen, die ich kenne!"

Die Botschaft

Schullers Betrachtungsweise und seine Methode, den Bedürfnissen seiner Hörer zu begegnen, brachten ihn schließlich dazu, die Betonung auf die Selbstachtung zu legen. Selbstachtung ist nur eine psychologische Kategorie seiner Lehre. Er glaubt, die Theologie habe versagt, weil sie diese von der Psychologie entdeckte Wahrheit nicht bemerkt hat: „Die Theologie hat es versäumt, für die von den Psychologen des 20. Jahrhunderts entdeckten menschlichen Verhaltensweisen Raum zu schaffen und sie einzubeziehen." Diese Abhängigkeit von der Psychologie brachte ihn dazu, das Christsein in psychologische Kategorien einzuordnen: „Ich war der erste Theologe, der eine Theologie der Selbstachtung schrieb." Wie oben schon erwähnt, legt diese theologische Botschaft die Betonung auf Gottes Liebe und verschleiert die Sünde der Menschen.[64]

Hybels, von Schuller übernommenes Engagement, den Menschen nützlich zu sein und ihren Bedürfnissen zu entsprechen, führte weitgehend zu den gleichen Inhalten. In den Anfangsjahren predigte Hybels die Schullersche Botschaft von der voraussetzungslosen Liebe Gottes unter besonderer Berücksichtigung seiner psychologischen Vorstellungen. Ein Mitarbeiter beschreibt Hybels' Lehre aus den ersten vier Jahren:

> 'ne Menge Kram über Selbstwertgefühle und viel nützlicher Kram, aber das Ganze war nicht richtig nach der Bibel. Ich glaub', das war nicht Absicht, sondern eher zufällig.

Cousins schrieb 1979 als Belehrung für andere Jugendleiter, die Botschaft müsse „positiv, mutmachend, ohne Drohungen, nicht verurteilend, begeisternd und hilfreich sein und zu frohmachenden Erfahrungen führen". Dieses fröhliche Christentum ist wahrhaft in Schullers Sinn.[65]

Wie schon gesagt, war eines der Ergebnisse des „Train Wreck" von 1979, daß Hybels begann, mehr Nachdruck auf die Sünde und Gottes Heiligkeit zu legen. Hybels gibt von jener Zeit zu:

> Ich hatte mich unausgewogener Lehre schuldig gemacht. Dauernd hatte ich nur von Gottes bedingungsloser Annahme geredet, einerlei, wer wir sind, was wir tun, was wir sagen und wie wir unser Leben führen … Das hatte zur Folge, daß einige Gemeindemitglieder die Heiligkeit Gottes überhaupt nicht beachteten. Wie sollten sie auch? Sie hatten nie vom Ernst der Sünde gehört und welche Wunden sie hinterläßt. Auch von dem Gericht hatten sie nichts gehört. Ihnen war nur eine Menge über Annahme und Gnade erzählt worden.

Nach dem „Train Wreck" versuchte Hybels, die Schullersche Methode des Missionierens der Entkirchlichten beizubehalten und doch die Schullersche Botschaft und Theologie zu verwerfen oder radikal zu verändern. Im Rückblick bekennt er:

> Ich hatte versagt, Gott in rechter Weise den Menschen vorzustellen, und mich bedrückte meine Schuld außerordentlich. Ich hatte nicht nur töricht gehandelt; ich fühlte tiefe Reue und war verwirrt.
>
> Oftmals brach ich vor dem Herrn zusammen und sagte: „Du hast vollkommen recht. Es ist meine Schuld. Mir ging es mehr darum, daß den Leuten diese Gemeinde gefiel und daß sie eintraten, als daß es mir darum ging, sie zum wahren Verständnis des Wesens Gottes zu führen. Ich verdrehte die Wahrheit über Dich, damit Du von ihnen leichter akzeptiert werden konntest."[66]

Hybels Umkehr von der Schullerschen Botschaft geht aus seiner evangelikalen Verkündigung hervor. Er ist jetzt bereit, „unchurched Harry" mit den deutlichen Aussagen des Evangeliums zu konfrontieren, die man bei Schuller nicht findet. Hybels berichtete in einem Interview, er habe Schuller gesagt: „In Willow Creek predige ich über Sünde. Ich brauche das Wort mit S, Bob." Alle Creeker, die diesen Abschnitt zu lesen bekamen, sagten etwa übereinstimmend: „Wir lehnen Schullers Theologie ab." Evangelisationsleiter Mittelberg antwortete, er wolle nicht, daß „die Leute glauben, das, was wir hier machen, decke sich mit dem, was er (Schuller) eine positive Botschaft nennt". Und, um ihnen Gerechtigkeit widerfahren zu lassen, will ich sagen, daß ich in Willow Creek nie die Berührungsängste gegenüber biblischen Ausdrücken wie „Sünde" erlebt habe, wie man sie bei Schuller findet.

Allerdings herrscht in der Lehre der Willow Creeker bei den Wochenendgottesdiensten ein starkes psychologisches Moment vor. Hybels und die Willow Creeker setzen noch stets große Erwartungen auf die Psychologie, wenn auch nicht so stark wie Schuller. Während Schuller die „Selbstachtung" betont, legt Hybels den Nachdruck auf die „persönliche Erfüllung". Während Schuller davon spricht, den „Bedürfnissen des Menschen" zu begegnen, verwendet Hybels die Idee vom „Glaubens-Grundkurs" oder von der „benutzerfreundlichen Lehre".

Der junge Hybels war fasziniert von Schullers Vision eines neuen Weges, Gemeinde zu verwirklichen. In einem seiner Bücher las er:

> Glaube, daß du heute eine Gemeinde für das 21. Jahrhundert bauen kannst! Du kannst der Gründer und Führer eines solchen großen inspirierenden Zentrums sein.
> Irgendein Leser dieses Buches wird die größte, je in Amerika gegründete Gemeinde bauen – eine Kirche zum Hineingehen und Hineinfahren, oben im Norden des Landes! Mit Aktivitäten an allen sieben Tagen der Woche! Das wird Aufsehen für Christus erregen![67]

Alle genannten Einflüsse auf Willow Creek hatten eins gemeinsam – sie standen alle mit Bill Hybels in Verbindung. Son City stellte die Ausgangsstrategie und die Leute bereit, die Hybels zur Gründung von Willow Creek befähigten. Dave Holmbo war von großem Einfluß, indem er Hybels half, die Jugendgruppe und die anfängliche Gemeindeausrichtung zu formen. Dann war der „Train Wreck" wichtig, weil er den Mitarbeiterstab auf die reduzierte, die Hybels treu ergeben waren, und weil er Hybels veranlaßte, die Gemeinde wieder als ein geistliches Unternehmen zu betrachten. Bilezikian war von Bedeutung, weil er Hybels Sehnsucht nach einer besseren Gemeinde erweckte und die Grundlagen seiner Theologie schuf. Schullers Einfluß stattete Hybels mit dem Modell aus, nach dem man in der Kirche neue Methoden und Botschaften einführen kann. Doch Bill Hybels ist das zentrale Seil, um das sich alle anderen Fäden wickeln. Seine Bedeutung für und sein Einfluß auf Willow Creek sind im Lauf der Gemeindegeschichte immer stärker geworden.

Die geschilderten Menschen und Personen schufen die zentralen Ideen, die Hybels benutzte, um Willow Creek zu bauen und einen neuen Zugang zum „Kirche machen" zu finden. Der erste Schritt bei dieser neuen Strategie liegt darin, die Zielgruppe von Willow Creek kennenzulernen: „unchurched Harry".

KAPITEL 3

Wer ist „unchurched Harry"?

Willow Creek gründet alles, was es unternimmt, auf die genaue Kenntnis seiner bevorzugten Zuhörerschaft, den „unchurched Harry". Diese Strategie wurde in Son City entwickelt, als man den High School-Schülern dort begegnete, „wo sie waren", auf ihrem eigenen Terrain. Hybels und Holmbo richteten das ganze Programm und die Lehre nur auf dieses Ziel aus. Das liegt, wie Hybels ausführt, „an der Tatsache, daß ein Suchender sich in allem grundsätzlich von dem unterscheidet, der schon überzeugt ist und zur christlichen Familie gehört".[1]

Von daher betrachtet gehört zum Erreichen von Nichtchristen, daß man über sie Informationen einsammelt. Man muß ihren Hintergrund und ihre Umwelt kennenlernen und wissen, was sie mögen und was sie glauben. Nur wenn man das alles weiß, so erklärte Evangelisationsleiter Mark Mittelberg, kann Willow Creek anfangen, die „unchurched Harrys" zu bewegen: „Darum geht es beim Überzeugen – man muß die Menschen von da wegbringen, wo sie sind, und sie dorthin bringen, wo sie sein müssen."[2]

Um „unchurched Harry" zu begreifen, müssen Untersuchungen angestellt werden, die zu einem differenzierten Profil dessen verhelfen, was und wer „Harry" ist. Dieses Kapitel konzentriert sich auf die Weise, wie Willow Creek Informationen sammelt – also auf Marktforschung. Das nächste Kapitel stellt das Ergebnis dar – eben dieses deutliche Profil dessen, was alles zu „unchurched Harry" gehört.

Marktforschung

Hybels arbeitet mit Kategorien und Methoden, die im Geschäftsleben (Marketing) angewendet werden, um Informationen zu sammeln und seine Hörer richtig einschätzen zu können. Gewöhnlich versteht man Marketing als Synonym für Werbung. In Wirklichkeit ist es viel mehr. Tatsächlich sehen heute die Kenner der Materie in „Marketing" den größten Teil dessen, was in ein Geschäft an Kreativität und Genialität gesteckt wird. Tom Peters und Bob Waterman untersuchten die erfolgreichsten Firmen Amerikas und schrieben mit *The Search of Excellence* das meistgekaufte Handelslehrbuch aller Zeiten. Philip Kotler, Professor an der Northwestern University und eine der führenden Kompetenzen auf dem Gebiet des Marketing, faßt ihre Forschungsergebnisse in Sachen Marketing zusammen:

Sie fanden heraus, daß alle diese Firmen eine Reihe elementarer Arbeitsprinzipien gemeinsam hatten, darunter war

ein feines Gefühl für den Kunden („halt dich nah an den Kunden")
ein feines Gefühl für den Markt („bleib immer am Ball")
eine große Fähigkeit, ihre Beschäftigten zu motivieren, hohe Qualität und hohen Gebrauchswert für die Kunden zu produzieren.

Marketing sieht das Geschäft aus der Perspektive des Kunden und läßt sich in dem berühmten Marketingslogan zusammenfassen: „Der Kunde ist König."[3] Kotler definiert Marketing so:

Marketing hat im Geschäftsleben die Aufgabe,
unbefriedigte Bedürfnisse und Wünsche zu *erkennen*,
deren Umfang zu *ermitteln*,
zu *bestimmen*, welche Zielmärkte von der Organisation am besten bedient werden können
darüber zu *entscheiden*, welche Produkte, Dienstleistungen und *Programme* für diesen Markt am geeignetsten sind.

Marketing ist heute die bis ins Letzte durchdachte Methode, den potentiellen Markt zu erkennen, die Produkte danach zu entwerfen und diesen Markt dann zu bedienen. Man kann diese Marketingperspektive anwenden auf Bedürfnisse, Untersuchungen, Zielmärkte, Marktanteile, Zielgruppenprofile und auf beinahe alles, was die Menschen hervorzubringen imstande sind.[4]

Dieser Marketing-Ansatz hat durch die Gemeindewachstumsbewegung die evangelikalen Kirchen in den letzten 20 Jahren nachhaltig beeinflußt. Der wichtigste Befürworter des Marketing im evangelikalen Bereich ist George Barna. *Christianity Today* hat Barna den „Gemeindewachstums-Guru" genannt. In seinem Buch *Marketing the Church* geht er mit den evangelikalen Gemeinden ins Gericht:

Ich behaupte, und das aufgrund von sorgfältigem Studium der Statistiken und Aktivitäten der amerikanischen Kirchen, daß das Hauptproblem der Kirchen in dem Fehler liegt, sich in einer immer mehr vom Markt beherrschten Umwelt nicht am Markt zu orientieren.[5]

Es ist wichtig zu beachten, wo Barna seine Einsichten und seinen Enthusiasmus für das Marketing gewonnen hat. Er schreibt in seiner Danksagung zu *Marketing the Church*:

Ich bin Bill Hybels, Pastor der Willow Creek Community Church bei Chicago, zu Dank verpflichtet für seine Vision und sein unerbittliches Streben, daß diese Vision zur Ehre Gottes Wirklichkeit werde.
Dort, in Wheaton in Illinois, war es, als ich Reverend Hybels' Gemeinde besuchte, daß mir zum ersten Mal die Augen für Evangelisation und Gemeindewachstum aufgetan wurden.
Ginge es nach mir, so gäbe es 100.000 Willow Creek-Gemeinden in diesem Lande. Mit Gottes Segen können wir vielleicht ein wenig den Weg zu diesem Ziele bahnen.[6]

Nun können wir Barna besser einschätzen. Er versucht, viele der funktionierenden Marketinggrundsätze aus Willow Creek herauszudestillieren. Dann fügt er seine eigenen Meinungsumfragen und Daten hinzu und möchte die

Ergebnisse den anderen evangelikalen Kirchen zur Verfügung stellen. Seine Vorstellungen sucht er durch die Veröffentlichung der Vierteljahresschrift *Christian Marketing Perspective* zu verbreiten; auch führt er besondere Seminare für Marketing und Gemeindewachstum durch und schreibt Bücher über verschiedene Themen.[7]

Barna wurde von den meisten evangelikalen Gruppen positiv aufgenommen, und mehrere von seinen Büchern avancierten zu evangelikalen Bestsellern. Doch ist Barna in vieler Hinsicht nur ein Publizist. Ihn hat die Erfahrung mit Willow Creek sehr begeistert, und nun will er diese Ideen verbreiten. Willow Creek ist die Quelle für die meisten Inspirationen und Informationen und für den evangelikalen Enthusiasmus für das Marketing.[8]

Willow Creek hat die Grundsätze des Marketings so begeistert aufgenommen und angewandt, daß es wachsende Aufmerksamkeit bei Unternehmerschulung und in der Wirtschaftspresse findet. Die Harvard Business School zum Beispiel wählte Willow Creek für eine ihrer berühmten Fallstudien aus. Ihr Autor, der später als Präsident der Willow Creek Association eingestellt wurde, erklärte, der Mitarbeiterstab von Willow Creek „verdanke seinen Erfolg zum großen Teil dem einfachen Konzept, *die Kunden zu kennen und ihren Bedürfnissen zu entsprechen".*[9]

Die Willow Creek-Strategie wurde auch auf den Seiten des Magazins *Fortune* und des *Wallstreet Journals* diskutiert. In dem letztgenannten Blatt erklärt Peter Drucker, daß Willow Creek und dessen Nachahmer einfache Marketing-Gedanken anwendeten: „Nichts an diesen Marketingstudien ist neu. Jeder, der in den letzten 30 Jahren einen Marketingkurs besuchte oder ein Buch darüber gelesen hat, kennt sie."[10]

Marketingideen, wie sie in Willow Creek angewendet werden

Zwei der Marketingideen, die in Willow Creek laufend angewendet werden, sind das Definieren einer Zielgruppe und deren Erforschung.

Die Zielgruppe

Willow Creek legt großen Wert darauf, eine Zielgruppe zu definieren, das sind die Menschen, an die sich der Gottesdienst in erster Linie wendet. Hybels bestätigt, daß alles, was an den Wochenendgottesdiensten geschieht, die direkte Reaktion auf die von Willow Creek ausgewählte Zielgruppe ist. Zum Beispiel wählt Hybels seinen Humor nach dem Geschmack dieser Gruppe aus. Er spricht davon, daß es „auf ihn persönlich abstoßend wirkt", wenn Pastoren Späße wie Charlie Brown oder Lucy machen:

> Viele Männer aus unserer *Zielgruppe* fänden das reichlich weichlich und primitiv. Ich meine, das ist tatsächlich ein zu niedriges Niveau. Solche kosmopolitischen Geschäftsleute können wirklich nicht über Lucy lachen, okay?

Diese Bemerkung offenbart, daß Hybels Zielgruppe die „kosmopolitischen Geschäftsleute" sind. Um die Vorstellung dieser Zielgruppe zu personalisieren und zu vereinfachen, gab ihr Hybels einen Namen – „unchurched Harry". Nancy Beach, die Programmdirektorin, beschreibt „unchurched Harry" als „eine Person, die hier in den Vororten wohnt ... Möglicherweise hat er einige Erfahrungen mit der Kirche gemacht; aber höchstwahrscheinlich hat er sie aus unterschiedlichen Gründen verlassen: entweder wurde sie für ihn bedeutungslos, oder er hatte zu viel zu tun, und er entschied, sie sei für sein Leben nicht wichtig genug." Hybels sagt, „Harry" sei 25 bis 45 Jahre alt, habe das College besucht, trage weiße Hemden und sei ein unabhängiger Denker. Auch sei „Harry" verheiratet und habe Kinder.

Willow Creek hat sich offensichtlich darauf eingerichtet, Männer zu erreichen. Dazu führt Hybels aus:

> Wir zielen unerschrocken auf die Männer, und das finden einige seltsam. Aber nach unserem Empfinden ist es mühsamer, Männer zu erreichen als Frauen. Männliche Sucher (Seekers) sind wirklich nicht einfach zu erreichen.
>
> Wenn wir daher unsere Anstrengungen auf das Erreichen entkirchlichter Männer richten, werden wir dabei eine um so größere Zahl von Frauen erreichen.

Warum diese besondere Zielgruppe von Hybels ausgewählt wurde, offenbart eine andere Bemerkung: „Im Allgemeinen kann ein Pastor die ihm angemessene Zielgruppe dadurch bestimmen, daß er feststellt, mit wem er Urlaub machen oder einen erholsamen Nachmittag verbringen möchte." Hybels erklärt, Pastoren hätten oft eine „starke Zuneigung zu einer besonderen Bevölkerungsgruppe. Das Beispiel, auf das ich immer wieder zurückkomme, ist der Apostel Paulus, der sich besonders zum Gemeindebau unter den Heiden hingezogen fühlte." Diese allgemeine Seelenverwandtschaft der Zuhörer mit der Persönlichkeit des Pastors steigert dessen Fähigkeiten, „Harry" zu überzeugen.[11]

Die Mitarbeiter kümmern sich nicht besonders um Leute, die nicht in das „Harry"-Profil passen. Hybels erklärt:

> Wir fragen nicht danach ... ob wir an den Wochenendgottesdiensten dem „gläubigen Bob" gefallen, weil der nicht zu unserer Zielgruppe gehört. Es geht um „unchurched Harry" – er ist es, hinter dem wir her sind. Und die ganze Angelegenheit dreht sich nur um ihn.

Untersuchungen, um „unchurched Harry" zu verstehen

Nachdem Hybels und Willow Creek „unchurched Harry" für den Wochenendgottesdienst als Zielgruppe ausgewählt haben, geht es im nächsten Schritt darum, mehr über „Harry" zu erfahren. Dem Marketing-Guru Kotler zufolge muß eine Firma, nachdem ihre Zielgruppe feststeht, als Nächstes „externe Analysen" betreiben. Willow Creek möchte da anfangen, wo „unchurched Harry" sich befindet, möchte verstehen, was er denkt, was ihm gefällt, was er nicht leiden kann und was er nötig hat.[12]

Der Meinungsforscher Barna sagt dazu: „Untersuchungen sind entscheidend, wenn man die Kirche marktgerecht gestalten will. Oft sind wir versucht, Bedürfnissen zu begegnen, die überhaupt nicht existieren und dabei Nöte zu übersehen, die nach Aufmerksamkeit schreien." Barna glaubt, Marktforschung gehöre einfach dazu, wenn wir Zeit und Hilfsmittel treu verwalten wollen. Er meint, diese Untersuchungen bestimmten letztlich den Erfolg unserer Bemühungen:

> Bevor wir uns nicht die Zeit nehmen und uns mühen – objektiv und sachgerecht – herauszufinden, worum es den Leuten geht, was sie bedrückt und was sie von der Kirche erwarten, laufen wir Gefahr, bedeutungslos oder von geringem Nutzen für die Menschen zu sein, die so nötig das brauchen, was wir ihnen zu bieten haben.[13]

Daß man sich so stark auf derlei Untersuchungen stützt, kommt direkt aus der Vertriebslehre (dem Marketing). Kotler erklärt: „Marktforschung ist die systematische Gestaltung, Analyse und Weitergabe von Daten und Erkenntnissen einer spezifischen Marktsituation, mit der eine Firma konfrontiert wird."[14]

Als Beispiel für ein Unternehmen, das stark von solchen Untersuchungen abhängt, wäre die Hallmark Card Company zu nennen. In einer sich rapide verändernden Gesellschaft, hält Hallmark Marktforschung für unerläßlich. Das *Wallstreet Journal* kommentiert:

> Man könnte meinen, all diese Veränderungen würden Hallmark und seine Norman-Rockwell-Welt (N. Rockwell: volkstümlicher amerikanischer Maler) bedrohen. Genau das Gegenteil ist der Fall. Je mehr die Gesellschaft auseinanderstrebt – je mehr Scheidungen und Schlüsselkinder es gibt … um so mehr Nischen entstehen für Grußkarten und deren Verkauf …
> Hallmark setzt stark auf die Forschung, zum Teil mit allen Raffinessen des Computerzeitalters. Die Firma sucht nach Zielgruppen und stellt Befragungen an. Sie kann von jeder in den letzten fünf Jahren hergestellten Karte sagen, ob sie verkauft wurde und warum oder warum nicht.[15]

So versucht Hallmark, den Veränderungen in der Gesellschaft auf der Spur zu bleiben und den Bedürfnissen ihrer Kundschaft zu begegnen. Hallmark hat Scheidungskarten und Beileidsgrüße wegen gestorbener Haustiere und noch eine Reihe anderer exotischer Karten entworfen, um der sich verändernden Kundschaft gerecht zu werden.

Willow Creek hält ebenfalls große Stücke von derartigen Untersuchungen. Dort werden vier verschiedene Untersuchungsarten angewandt: Beziehungen zu „unchurched Harry", Forschungsklausuren, professionelle Untersuchungen und Hybels eigene Forschung.

Beziehungen zu „unchurched Harry"

Geschäftliche Marktforschung ist oft darauf gerichtet, herauszubekommen, was und wie diejenigen denken, die direkt an dem Verkaufsgeschehen beteiligt sind. Bezeichnenderweise wissen Verkäufer, die täglich mit den Kunden in Berührung sind, am besten, wo sie der Schuh drückt und um was es ihnen geht. Der Marktforscher Kotler beschreibt diese Strategie als eine „Zusammenstellung aller den Absatz fördernden Ansichten". So sind auch die Mitarbeiter in Willow Creek und die Laienhelfer ausdrücklich daraufhin ausgerichtet, ihre entkirchlichten Freunde und deren Familien, Nachbarn und Bekannte zu verstehen Tatsächlich besteht der erste von sieben Schritten der Gemeindestrategie darin, zu den „unchurched Harrys" und „Marys" Beziehungen herzustellen. Hybels empfiehlt seinen Mitarbeitern einen Lebensstil, der Auswirkungen auf Ungläubige hat:

> Seit mehreren Jahren rate ich den Pastoren in Willow Creek, sich echt für irgend etwas zu interessieren – Tennis, Golf, Jogging, Segeln, ein Handwerk, ganz einerlei – und dieses in völlig weltlicher Umgebung zu pflegen. Warum kann man nicht, anstatt der Gemeinde-Softball-Liga beizutreten, in einem örtlichen Sportverein mitmachen?[16]

Die Programmdirektorin Nancy Beach erklärt: „Wir alle suchen aus strategischen Gründen Beziehungen zu Angehörigen unserer Zielhörerschaft zu kultivieren … Wir wollen uns in der Welt als fortschrittlich erweisen." Diese Verpflichtung, zu kirchenfernen Menschen Beziehungen zu entwickeln, gibt den Mitarbeitern und Laienhelfern aus erster Hand darüber Auskunft, was diese Leute bewegt. Der Lehrpastor Strobel verrät:

> Ich habe dauernd Kontakt zu kirchenfernen Menschen und unterhalte vielerlei Beziehungen zu solchen Leuten, damit ich besser verstehen kann, woher sie kommen.

Klausuren

Jedes Unternehmen braucht seine spezifischen Untersuchungen. Und jedes Unternehmen übernimmt oder entwickelt verschiedene Untersuchungstechniken, um die gewünschten Informationen zu erhalten. Wir haben oben schon erwähnt, wie Hallmark Zielgruppen herausarbeitet, an denen man erforscht, welches die für sie passenden Karten sind. Willow Creek, wo alles in Teamwork geschieht, hat die besondere Technik der Forschungsklausuren entwickelt.

Hybels stellt dafür in jedem Frühjahr eine Gruppe zusammen, die in der Abgeschiedenheit einer Klausur die Vorschläge für die Themen diskutiert, die man im nächsten Jahr in den Wochenendgottesdiensten anbieten will. Nach Lee Strobel gehören zu dieser Gruppe „einige vom Stab, einige Laien, einige direkt damit Beschäftigte und einige der ganz gewöhnlichen Gottesdienstbesucher".

Hybels bittet jeden, er solle sowohl mit Christen als auch mit Nichtchristen sprechen, um eine Liste mit 15 möglichen Predigtreihen aufzustellen. Zwei oder drei Tage lang diskutiert eine Gruppe von etwa zehn Leuten jeden Vorschlag. Dort werden die Reihen ausgesucht, die für „unchurched Harry" am brauchbarsten zu sein scheinen. Die endgültige Liste der geplanten Themen und Titel hängt ausschließlich von der Entscheidung Bill Hybels ab.[17]

Dieser ersten Klausur folgt dann eine weitere im August. Eine Gruppe von sechs bis acht leitenden Mitarbeitern und Ältesten begleitet Hybels während seines Studienurlaubs in Michigan, um die geplante Reihe noch einmal zu erörtern. Sie überarbeiten die Liste. Doch wieder bleibt die endgültige Abfassung Hybels überlassen.

Einzelne Mitarbeiter in der Gemeinde können auch ihrerseits Untersuchungen durchführen. So geht das Programmteam zum Theater, zu Musicals, Konzerten und Filmen, um das kulturelle Umfeld von „unchurched Harry" zu erkunden. Das ganze Programmteam ging zum Beispiel in das Musical *Les Miserables* und zu einem Konzert mit Janet Jackson. Nancy Beach erklärt:

> Wir halten ganz nahen Kontakt zu allem, was auf künstlerischem Gebiet außerhalb der Gemeinde vor sich geht. Nichts entgeht uns, seien es Filme, Fernsehshows, Theaterspiele oder was immer es sein mag, damit wir wissen, was die Leute außerhalb unserer Sphäre bewegt.

Man glaubt, wenn man weiß, womit „Harry" beschäftigt ist, daß man die gleichen Methoden und Ideen im eigenen Programm verarbeiten kann.[18]

Professionelle Untersuchungen

Unternehmer halten viel von professioneller Erforschung der äußeren Umweltbedingungen. Kotler stellt fest: „Der Schlüssel zum Überleben und Wachsen einer Organisation oder Firma ist deren Fähigkeit, sich der rasch verändernden Umwelt anpassen zu können." Barna bestätigt das: „Ein effektiver Verkäufer muß seine Pläne und Strategien auf neueste und genaue Informationen gründen." So betrachtet Barna es als den ersten Schritt, die Kirche effektiv zu vermarkten, daß man Untersuchungen ansetzt, um die Ansichten und das Verhalten der Konsumenten zu erforschen.[19]

Nachdem Barna durch Hybels Vermarktungsstrategie inspiriert war, richtete er einen großen Teil seiner Untersuchungen auf die Frage, wie die amerikanische Kirche das Evangelium wirkungsvoller anbieten könnte. Er hat eine Reihe von Berichten über die Vermarktung des Evangeliums und auch Bücher darüber herausgegeben. Willow Creek und Hybels haben nun dieses Kompliment an Barna zurückgegeben, indem sie sich auf Barnas Untersuchungen beziehen. Immer wieder hörte ich, wie die Mitarbeiter Barnas Ergebnisse zitierten. Hybels selbst schrieb als Klappentext zu Barnas Buch *The Frog in the Kettle*: „Ich versuche, alles, was Barna schreibt, zu lesen ... nicht nur, weil es mir gefällt, sondern weil ich fühle, daß es notwendig ist!"[20]

Willow Creek führt auch regelmäßig quantitative Untersuchungen durch, um seine Zuhörerschaft bis ins Einzelne zu verstehen. Nancy Beach beschreibt eine solche kirchliche Fragebogenaktion Mitte der 80er Jahre: „Es mag sechs Jahre her sein, da gab es eine größere Untersuchung; aber sie wurde noch nicht wissenschaftlich betrieben ... Man verfuhr nach dem Motto: ‚Wer will, mag den Zettel ausfüllen!'" Seitdem, und als Barna seine professionellen Methoden zur Vermarktung der Kirche veröffentlicht hatte, versucht auch Willow Creek zuverlässigere Forschung zu betreiben. Sie bestellten Barnas Firma für ein größeres Untersuchungsprojekt über Willow Creek. Beinahe 6 400 Personen gaben den Fragebogen zurück. In zunehmendem Maße benutzt Willow Creek die Ergebnisse Barnas und anderer Forscher, um eine möglichst genaue „Landkarte" der Eigenschaften von „unchurched Harry" zu erhalten. Lehrpastor Strobel schreibt: „Forscher haben hart gearbeitet, um ein nuancenreiches Bild des durchschnittlichen kirchenfernen Amerikaners zu zeichnen."[21]

Bill Hybels Untersuchungen

Wie fast alle Strategien in Willow Creek hat auch die Marktforschung ihre Wurzeln in Bill Hybels. Hybels leitete das erste Team, das eine Umfrageaktion startete. Hybels ermutigt die Gemeindeglieder, ihre kirchenfernen Freunde zu begreifen. Hybels leitet die hauptsächlichen Klausurtagungen. Hybels bestimmt, was dabei herauskommt. Hybels betrachtet all diese Forschung als hilfreich und notwendig.

Doch die vielleicht wichtigste Informationsquelle findet Hybels in seinem persönlichen nahen Umgang mit ganz und gar kirchenfernen „Harrys" und „Marys". So erklärt Beach, Hybels mache „sich schlicht eins mit einer Menge kirchenferner Leute". Aus dieser Erfahrung mit den „Harrys" und „Marys" heraus gewinnt er die Kriterien für die Art und Weise, wie er ihnen etwas nahebringt. Beach beschreibt Hybels so:

> Ich denke, es gibt niemanden, der die „unchurched Harrys" besser kennt als er, zumindest persönlich … Er weiß, wie sie reagieren, wenn sie am Ende tatsächlich zu uns kommen, und er teilt uns das mit.
> Er kennt sie einfach in- und auswendig, so daß sein Instinkt, dieses bestimmte Publikum richtig anzusprechen, fast immer ins Schwarze trifft.

Das Schlüsselwort bei dieser Beschreibung heißt *Instinkt*. Bill Hybels geht instinktiv an die Auswahl der Themen für den Wochenendgottesdienst heran. So erklärte ein Mitarbeiter, Hybels habe „Kontakt zu vielen Menschen, und allen begegnet er mit der unausgesprochenen Frage: ‚Bekommst du auch, was du zum Wachstum benötigst?'" Ein Mitarbeiter beschrieb, wie die verschiedenen Wochenendbotschaften ausgewählt werden: „Ihr Entstehungsprozeß verläuft weitgehend intuitiv; aber diese Intuition beruht auf Sachkenntnis." Hybels verwertet die Information aus vielen Quellen; aber die letztendliche Entscheidung entspringt seinem Gefühl und dem, was nach seiner Meinung der Heilige Geist von ihm will.[22]

KAPITEL 4

„Unchurched Harrys" Profil

Markttheorie und Marktforschung fordern möglichst viele Einzelerkenntnisse über die Zielgruppe. Barna meint:

> Um ein Produkt erfolgreich zu vermarkten, muß man den vorgesehenen Markt genau kennenlernen. Der Schlüssel zu dieser Erkenntnis des Marktes liegt darin, so detailliert wie möglich vorzugehen.[1]

Diese Aufgabe ist jetzt einfacher geworden, weil der Willow Creeker Lehrpastor Lee Strobel kürzlich ein Buch veröffentlicht hat: *Inside the Mind of unchurched Harry and Mary* (Was denken „Harry" und „Mary" wirklich?). „Harry" ist mehr als nur ein 25 bis 45 Jahre alter Vorstadtbewohner, der Collegeausbildung besitzt, einen Schreibtischberuf ausübt, verheiratet ist und Kinder hat. Um „Harry" in allen Einzelheiten nachzuzeichnen, untersucht dieses Kapitel seinen Lebensstil, seine Bedürfnisse und sein Verhältnis zum Christentum.[2]

„Harrys" Lebensstil

Wenn eine Firma eine Zielgruppe erfassen möchte, so wendet sie ihr Augenmerk unausweichlich auf bestimmte Merkmale, die den Lebensstil dieser Gruppe kennzeichnen. Genauso hat Willow Creek eine klare Vorstellung von „Harrys" Alter, seiner ehelichen Situation, seiner Ausbildung und seiner Beschäftigung.

Alter. Strobel kommt zu dem Schluß, daß „Gemeinden, die mit Erfolg entkirchlichte Menschen erreichen wollen, sich auf bestimmte Bevölkerungsgruppen spezialisieren". Willow Creeks Zielgruppe ist zwischen 25 und 45 Jahre alt. Barnas Umfragen zufolge gehören 60% des Wochenendpublikums in Willow Creek zu diesen „Baby Boomers" (geburtenstarke Jahrgänge der Nachkriegszeit) zwischen 27 und 45. Weitere 14% stammen aus den geburtenschwachen Jahrgängen („Baby Busters") der 14- bis 26jährigen. Somit sind fast 75% der Wochenendgäste in Willow Creek zwischen 14 und 45 Jahre alt. Das Durchschnittsalter beträgt dabei 36 Jahre.[3]

Eheliche Situation. Beinahe 60% des Wochenendpublikums in Willow Creek ist verheiratet. Die meisten haben Kinder. Nur 25% der Hörer sind ledig und 12% sind geschieden. Diese Tatsachen über die familiären Bindungen bestimmen eine Reihe von Bedürfnissen dieser Bevölkerungsgruppe.

Ausbildung. Angesichts dessen, daß Willow Creek in einer der nordwestlichen Vorstädte von Chicago liegt, überrascht es nicht, daß die Mehrheit der Wochenendbesucher gut ausgebildet ist. Barnas Studie kommt zu folgendem Schluß: Ungefähr 50% haben einen Collegeabschluß. Weitere 25% sind entweder gegenwärtig dort immatrikuliert oder haben jedenfalls einmal ein College besucht.[4]

Der Faktor Ausbildung ist von vitaler Bedeutung. Leute mit Collegebildung, die in einem komfortablen Vorort der Mittelklasse leben, neigen zu politischem Konservatismus. Barna entdeckte, daß sich 59% der Willow Creek-Besucher als konservativ betrachten; nur 12% halten sich für liberal. Die Hörerschaft, um die es Willow Creek geht, ist weltoffen, und Hybels sagt: „Fast alle in der Gemeinde halten sich für tiefe Denker." Diese Faktoren beeinflussen Sprache und Stil, die in den öffentlichen Veranstaltungen gepflegt werden, genauso wie die Auswahl der geeigneten Themen.

Berufe. Die Art der ausgeübten Berufe steht in direkter Beziehung zur Ausbildung. Die große Mehrheit der Willow Creek-Besucher besteht aus Fachleuten. Sie haben auch tatsächlich Arbeit. Während die nationale Arbeitslosigkeit laut Network-Umfragen immer deutlicher gegen 7 bis 8 Prozent tendiert, liegt sie in Willow Creek nur bei 3,7 Prozent. Die Statistiken weisen ebenfalls einen sehr hohen Prozentsatz Selbständiger aus (12%). Menschen, die Willow Creek aufsuchen, setzen ihre Ausbildung als gutbezahlte Facharbeiter ein. Sie verdienen genug, um sich ein Haus in einer Wohngegend der Mittelklasse oder auch der gehobenen Mittelklasse leisten zu können.[5]

Obwohl aber „Harry" über ein Einkommen verfügt, das ihm erlaubt, in einer dieser vornehmen Gegenden zu wohnen, ist er finanziell doch stets angespannt. Die Barna-Studie zeigt, daß solche, die Willow Creek nur einmal monatlich besuchen, zu 58% nicht in der Lage sind, ihr Konto regelmäßig monatlich auszugleichen. „Harry" lebt immer am Rande seiner finanziellen Möglichkeiten und verfügt über wenig flüssiges Geld.

Bedürfnisse – der Schlüssel zum Verkauf

Die Markttheorie lenkt die Aufmerksamkeit auf die Bedürfnisse der Menschen, um ihnen das Gewünschte anbieten zu können. Kotler erklärt:

> Das Marketingkonzept besagt im Grunde: Der Schlüssel zur Erreichung organisatorischer Ziele liegt im Erkennen der Bedürfnisse und Wünsche des anvisierten Marktes, und daß man diese wirksamer und kostengünstiger als die Konkurrenz zu befriedigen vermag.[6]

Also, die Bedürfnisse sind, vom Marketing aus betrachtet, die Beweggründe für neue Geschäfte. Kotler erklärt: „Bedürfnisse und Wünsche erzeugen einen Zustand der Unzufriedenheit in dem Menschen, dem man mit dem Angebot solcher Produkte begegnet, die eben diese Bedürfnisse und Wünsche befriedigen." Marktforscher haben die Aufgabe, herauszufinden, welcher Art die Bedürfnisse sind und dann Produkte bereitzustellen, die diese befriedigen.[7]

Kotler erklärt, daß eine „äußerst ernstzunehmende Verantwortung" für ein Unternehmen darin läge, „neue Bedürfnisse und Möglichkeiten eines Marktes zu erkunden und für diese eine geeignete und wirkungsvolle Produktlösung zu finden". Will man neue Geschäfte machen, so muß man sein Augenmerk auf die Bedürfnisse des Käufers richten. So belehrt uns zum Beispiel ein Rundbrief der Allstate Insurance, daß erfolgreiche Kaufleute „ihre Waren präsentieren, indem sie dabei die Bedürfnisse und Vorlieben ihrer erwarteten Kundschaft im Hinterkopf haben".[8]

Barna hat dieses verkaufstechnische Rahmenwerk auf das Christentum angewendet. Wenn er lehrt, wie man die Kirche vermarkten soll, so betrachtet er diese als den Verkäufer; das Evangelium ist das Produkt, und die Hörerschaft (mit ihren Bedürfnissen) stellt die Verbraucher dar. „Darum allein geht es beim Vermarkten der Kirche: Wir müssen unser Produkt (Beziehungen) so aufbereiten, daß es die Lösung für die von den Menschen empfundenen Nöte darstellt."[9]

Bedürfnisse sind nach dieser Betrachtungsweise der Schlüssel zum Geschäft. Barna erklärt:

> Neue Menschen werden durch eine Gemeinde angezogen, weil diese ihren Bedürfnissen entgegenkommt. Je erfolgreicher eine Gemeinde die Bedürfnisse der Leute befriedigt, um so größer sind ihre Wachstumschancen.[10]

Don Cousins belehrte seine Kollegen über „das alte Geschäftsaxiom: Entdecke ein Bedürfnis und befriedige es". Er fragt: „Welcher Art ist ein Geschäft, das die Bedürfnisse der Konsumenten draußen erkennt und ihnen begegnet?" Er beantwortet diese rhetorische Frage selbst: „Ein Geschäft mit Zuwachsraten."

So betrachtet ist ein empfundenes Bedürfnis wie die Warnlampe auf dem Armaturenbrett, die Ölmangel anzeigt. Sie macht den Fahrer auf ein ernstes Problem aufmerksam und drängt ihn, auf eine Lösung hinzuarbeiten. So bedeutet auch das Eingehen auf ein Bedürfnis der Hörerschaft, daß man sich mit einer Sache befaßt, die den Zuhörern bereits zu schaffen macht. Lee Strobel bestätigt diese Vorgehensweise: „Die gewinnbringendsten Botschaften für Suchende sind solche, die auf die von ihnen empfundenen Nöte eingehen."[11]

Woher kommt dieses Bewußtsein der Bedürftigkeit? Marktforscher Kotler belehrt uns:

> Die Kultur bestimmt in erster Linie die Wünsche und das Verhalten einer Person. Während niedrigere Geschöpfe zum größten Teil durch ihre Instinkte gesteuert werden, ist das Verhalten der Menschen überwiegend angelernt.
>
> Das Kind wächst in einer Gesellschaft auf und lernt dort einen Grundstock an Werten, Anschauungen, Vorlieben und Verhaltensmustern durch einen Prozeß der Sozialisierung, bei dem die Familie und andere Schlüsselinstitutionen eine Rolle spielen.

So muß man, vom Marketingstandpunkt aus betrachtet, erst die Kultur eines Menschen kennen, um seine Bedürfnisse begreifen zu können.[12]

Welche Bedürfnisse hat „Harry"?

Willow Creek möchte „Harrys" kulturelle Umwelt verstehen. Hybels schreibt: „Wir haben versucht, den kulturellen Code zu knacken." Wie sehen nun einige der von „Harry" empfundenen Bedürfnisse aus?[13]

Persönliche Erfüllung und Zufriedenheit

In den letzten drei Jahrzehnten haben sich die Ansichten und Lebenseinstellungen der Amerikaner völlig verändert. Meinungsforscher Daniel Yankelovich beobachtete, daß heute das tiefste Lebensziel vieler Amerikaner in persönlicher Erfüllung und Zufriedenheit liegt:

> Querschnittstudien von Amerikanern haben unmißverständlich gezeigt, daß die Suche nach dem eigenen Glücklichsein ... ein echtes Grundphänomen ist, mit dem auf die eine oder andere Weise wohl 80% aller erwachsenen Amerikaner zu tun haben.[14]

Amerikaner sind hinter ihrem privaten Glück her. Yankelovich beobachtete: „Die Untersuchungen meines Unternehmens zeigen, daß sieben von zehn Amerikanern (72%) viel Zeit damit verbringen, über sich selbst nachzudenken." Das Bedürfnis nach persönlichem Glück umfaßt viele Einzelbedürfnisse, die alle zusammen bestimmen, ob sich „Harry" erfüllt und befriedigt fühlt oder nicht. Wenn Willow Creek seine Botschaft so darbieten kann, daß sie dem von den Amerikanern empfundenen Bedürfnis nach Glück und Zufriedenheit entspricht, können wir annehmen, daß „Harry" zuhört.[15]

Identität

Amerikaner waren früher zufrieden, wenn sie die Rolle und die Verpflichtungen als Erwachsene einnehmen und treu erfüllen konnten. Die Rolle als Erwachsener begründete einst ein klares Selbstverständnis und die eigene Identität.

Rollen sind in der gegenwärtigen amerikanischen Kultur von geringerer Bedeutung. Joseph Veroff führte eine größere Untersuchung durch, um das Verhalten der Amerikaner gegenüber ihrer eigenen Person zu erforschen. Er kam zu dem Schluß: „Bedeutung und Selbstverständnis werden nicht mehr in erster Linie vom Eintritt in den Erwachsenenstatus und die dazugehörige Erwachsenenrolle oder deren besonders gute Ausgestaltung gewonnen."[16]

Veroff schreibt, moderne Amerikaner hegten gegenüber Rollen ihre Zweifel: „Rollen und Statussymbole werden verdächtigt, etwas ganz anderes – ja, das Gegenteil –, zu sein von dem, was im Innersten die Person ausmacht." Persönliche Identität ist eine mehr selbst geschaffene und daher ziemlich unsichere Angelegenheit. Um dieses subjektive Rahmenwerk zu stützen, hat man eine von der Psychologie geprägte Weltanschauung unters Volk gebracht. So führt Veroff aus: „Aus den Ergebnissen geht deutlich hervor, daß Männer und Frauen viel mehr in psychologischen Kategorien über sich selbst nachdenken und ihr Leben begreifen."[17]

Verbindung untereinander

Viele Amerikaner sind einsam. Georg Gallup jr. kommt zu dem Schluß:

Etwa vier von zehn Amerikanern geben zu, sich häufig oder gelegentlich intensiv einsam zu fühlen. Amerikaner sind tatsächlich die einsamsten Menschen auf der Welt.[18]

Barna erkennt denn auch schnell die Einsamkeit als ein Bedürfnis, dem die Kirche entsprechen sollte: „Die Untersuchungen der letzten Jahre überall im Lande zeigen, daß die Einsamkeit eines der am schnellsten wachsenden Probleme Amerikas ist." Barna predigt, die Einsamkeit sei „eines der sozialen Probleme, die die Kirche erkennen und gegen die sie etwas unternehmen muß".[19]

Die Ehe

In einer Gesellschaft, in der die Einzelnen nach Erfülltsein streben und sich einsam fühlen, steht Vertrautheit hoch im Kurs. Veroff beobachtete eine Verschiebung im modernen Amerika in Richtung auf eine „zunehmende Betonung zwischenmenschlicher Vertrautheit statt sozialer Bindungen als Mittel der Integration". Er erklärte, es gäbe „viele verschiedene Anzeichen in den Untersuchungsergebnissen, die den allgemeinen Schluß zulassen, daß zwischenmenschliche Vertrautheit das Vehikel zum persönlichen Erfülltsein geworden ist". Die Ehe ist für die meisten Amerikaner das Mittel, diese Vertrautheit herzustellen und daher noch immer sehr populär.[20]

Aber sie ist auch sehr zerbrechlich. Die Suche nach Erfülltsein hat der Ehe eine Schwachstelle eingebracht. Viele Leute sehen in der Ehe eine Konkurrenz zu ihrem persönlichen Glück. Der hohe Autonomiegrad, der die Suche nach persönlichem Glück begleitet, hat die Vertrautheit noch komplizierter gemacht. Ein Symptom für die Spannung zwischen persönlicher Erfüllung und Vertrautheit ist die während der letzten 30 Jahre himmelstürmende Scheidungsrate der Amerikaner. Entdecken die Menschen, daß die Ehe ihnen bei der Glückssuche im Wege steht, so lassen sie sich schnell scheiden.

Viele Menschen fürchten deshalb, ihre Ehe möchte den auf sie zukommenden Einflüssen nicht standhalten. Sie wollen nicht, daß ihre eigene Ehe die Scheidungsrate erhöht. Diese Bedenken gehen aus den Umfragen in Willow Creek hervor, bei denen die Gemeindeglieder auswählen sollten, welche Werte sie am höchsten schätzen. „Enge Familienbeziehungen" waren das nächste nach „tiefen Beziehungen zu Gott". Als Antwort auf dieses Bedürfnis gibt es in Willow Creek gewöhnlich in jedem Jahr wenigstens eine Predigtreihe über Beziehungen.

Die Familie

Eine Konsequenz aus der Zerrüttung vieler amerikanischer Ehen ist der Zerbruch zahlreicher Familien. Ein wachsender Prozentsatz von Kindern wächst in zerbrochenen oder neuformierten Familien auf. Selbst wenn Familien zusammen bleiben, kommt es zu wachsenden Spannungen zwischen den Eltern wegen der finanziellen und emotionalen Versorgung der Kinder. Immer mehr Familien haben zwei Einkommen, was weniger Zeit für die Kinder bedeutet. Eltern aus solchen Familien begreifen oft, daß sie Hilfe brauchen, damit sie lernen, wirksam ihr Elternsein zu praktizieren.

Ihren Kindern alles Gute zukommen zu lassen, ist ein besonderes Anliegen für „Harry" und „Mary", zumal sie sich gerade in dem Alter befinden, in dem man Kinder aufzieht (zwischen 25 bis 45). Die Barna-Studie über Willow Creek weist aus, daß „erstaunliche 93%" der über 46jährigen Kinder gehabt hatten. „Harry" und „Mary" sehen in der Kirche ein Mittel, den Kindern etwas Gutes zukommen zu lassen.

Eine eigenartige Dimension dieses Bedürfnisses eröffnet die Tatsache, daß sogar viele skeptische „Harrys" eine moralische und religiöse Unterweisung für ihre Kinder wünschen. Strobel erklärt, daß „selbst, wenn ‚Harry' für das Geistliche unempfänglich ist, er seinen Kindern eine gediegene ethische Erziehung bieten möchte". Strobel bezieht sich auf eine Umfrage, aus der ersichtlich wird, daß

> 55% der männlichen Babyboomer angeben, sie hätten definitiv nicht die Absicht, in den nächsten fünf Jahren einer Gemeinde beizutreten – doch 73% dieser Leute äußerten den Wunsch, ihre Kinder möchten religiöse Erziehung genießen.[21]

Befreiung vom Streß

„Unchurched Harry" und „Mary" sind immer in Eile. Sie fühlen sich von ihrer Arbeit, der weiteren Familie, den Kindern und den Ehepartnern unter Druck gesetzt. Einer landesweiten Umfrage zufolge bezeichneten sich volle 89% der Amerikaner selbst als „vielbeschäftigt" – kein anderes Merkmal wurde so oft genannt. Jemand beschrieb mir, wie er sein kirchliches Engagement um seine Berufsarbeit herum anordnen würde: „Ich würde eine Verabredung genau davor … und dann eine direkt ans Ende setzen." „Unchurched Harrys" Leben verläuft genau nach Kalender und Stundenplan.[22]

Zum furiosen Tempo des amerikanischen Vorstadtlebens kommt noch das zunehmende Verlangen nach Geborgenheit und persönlicher Erfüllung, wovon weiter oben die Rede war. Weil die Erwartungen an das emotionale Wohlbefinden gestiegen sind, fühlen sich die Menschen eher unglücklicher, als daß sie zufriedener geworden wären. Als Ergebnis dieses breiten Trends kommt es zu enormen emotionalen Spannungen. Eine in der ganzen Gemeinde durchgeführte Befragung offenbarte, daß sich ungefähr ein Drittel der Mitglieder in Willow Creek für „restlos überfordert" hielt.

Bedeutung und Tugend

Die Religionssoziologie hat allgemein das tiefe menschliche Bedürfnis nach Bedeutung und Tugendhaftigkeit erkannt. In den meisten Kulturen rings um den Erdball geben die Religionen den dafür nötigen Rahmen. Viele „unchurched Harrys" haben weder eine klare Zielvorstellung noch einen Moralcode, und sie empfinden diesen Mangel.[23]

Lee Strobel schreibt dazu: „‚Harry' ist moralisch haltlos; aber heimlich sucht er nach einem Anker." Strobel meint, die „Harrys" „beginnen zu verstehen, daß Anarchie leider mehr ist, als was Hugh Hefner damals darüber zu sagen wußte". „Harry" möchte eine moralische Landkarte als Wegweiser auf der gefährlichen Reise durchs Leben.[24]

Doch „Harry" möchte mehr als nur eine moralische Landkarte. Er möchte ein klares Empfinden für Sinn und Zweck. So erklärt Strobel, „Harry" sei gern unverbindlich, doch hungere er nach triftigen Gründen, die er einsehen kann. In dieser Beziehung ist „Harry" für Leitung, der er vertrauen kann, offen, wie Strobel schreibt: „‚Harry' mißtraut gewöhnlich den Autoritäten; aber er ist aufnahmebereit für authentische biblische Leitung."[25]

Willow Creek betrachtet „unchurched Harry" als einen geistlichen Konsumenten. Hybels glaubt: „Der entkirchlichte Mensch von heute ist der Konsument schlechthin." Er erklärt:

> Die Generation der 45jährigen und darunter haben ein konsumorientiertes Denkmuster. Sie unterstützen die Restaurants und Geschäfte, die ihnen gefallen; und sie werden sich aus dem gleichen Grund einer Gemeinde anschließen.

Kommt ein Neuer herein, so betrachtet Hybels ihn wie einen, der im Laden einkauft. In Willow Creek ist der Kunde „Harry" König. Obwohl die Creeker alles auf „Harrys" Bedürfnisse abgestellt haben und auch erwarten, daß sie ihr Ziel erreichen, haben sie ein großes Problem: „Harry" gefällt das in Willow Creek angebotene Produkt nicht sonderlich.[26]

„Harrys" Verhältnis zum Christentum

Christentum, besonders das in den Medien als „Fundamentalismus" breitgetretene, wird von vielen Amerikanern negativ beurteilt. Evangelisationsleiter Mark Mittelberg beschreibt diese negative Haltung:

> Man sieht sich Oprah oder Donahu oder Geraldo an; bei allen geht es um ethische Fragen; steht aber ein bibeltreuer, ausgewogener Christ auf und macht seinen Standpunkt klar, was geschieht? Lachen sie ihn einfach aus? Sie verbieten ihm den Mund und sagen: „Raus mit dir!"

Ich interviewte einen Zeitungsreporter, der über Willow Creek geschrieben hatte. Er erklärte mir, die Mitarbeiter in Willow Creek wüßten, daß „ihre altmodische Religion keinen guten Ruf genießt". Strobel berichtete von einer landesweiten Umfrage, in der die Leute Berufe nach Ehrenhaftigkeit und Integrität einordnen sollten. Nach dieser Umfrage kamen die Fernsehevangelisten ganz unten auf die Liste – zwischen Gangsterbossen und Prostituierten.[27]

In der amerikanischen Öffentlichkeit gibt es viel Skeptizismus und Zynismus gegenüber dem organisierten Christentum im Allgemeinen und dem evangelikalen Christentum im Besonderen. Dies gilt speziell für diejenigen, auf die es Willow Creek abgesehen hat. Tatsächlich in jeder Beziehung ist die Zielgruppe der Willow Creeker der Religion gegenüber negativer eingestellt als der Durchschnittsamerikaner.

In der Gallup-Studie über das Verhalten der Amerikaner zur Religion wurden die Menschen gefragt: „Für wie wichtig halten Sie die Religion in Ihrem Leben?" Die folgenden Prozentsätze zeigen, daß weniger als die Hälfte der Zielgruppe von Willow Creek die Religion für „sehr wichtig" hält.

48% der Collegeabsolventen
49% der über 30 000 Dollar Verdienenden
47% der Männer
53% der Weißen
42% der 18- bis 29jährigen
51% der 30- bis 49jährigen.

Man vergleiche die Prozentsätze der Zielgruppe mit denen der demographischen Opposition, wo bestätigt wird, daß Religion „sehr wichtig" ist:

69% derer, die keine höhere Schulbildung haben
61% derer, die weniger als 20 000 Dollar verdienen
62% der Frauen
72% der Nichtweißen
68% derer, die 50 Jahre und älter sind.

Die Zielgruppe in Willow Creek (gebildet, finanziell gut ausgestattet, männlich, weiß und jung) ist ein besonders skeptisches oder zumindest unmotiviertes Völkchen.[28]

Trotzdem gefällt den Amerikanern der Gedanke, spirituell zu sein. Sie mögen sogar die Vorstellung: Gott. In landesweiten Umfragen bestätigen immer wieder 90% der Amerikaner ihren Glauben an Gott. Die meisten Amerikaner (76%) sagen sogar, sie stimmten „völlig" (41%) und weitere 35% „überwiegend" mit der Aussage überein, daß „Gebete wichtig und Teil meines täglichen Lebens" sind. Danach zu urteilen, gehören die Amerikaner zu den geistlichsten Völkern der Erde. Wie reimt sich aber diese Spiritualität auf den Skeptizismus der Menschen?[29]

Bisher haben wir alle „unchurched Harrys" mit ihrer Einstellung zum Christentum in einen Topf geworfen. Nun wäre es sicher hilfreich, zu versuchen, dieses Bild ein wenig schärfer herauszuarbeiten, indem wir drei Arten von „unchurched Harrys" unterscheiden.

Feindselige „Harrys"

Strobel beschreibt diese Gruppe als „gegen das Christentum im allgemeinen feindselig und negativ eingestellte Leute". Der harte Kern von ihnen besteht aus richtigen Atheisten und Agnostikern. Da aber über 90% der Amerikaner grundsätzlich an Gott glauben, ist dieser Teil der Gruppe relativ klein.

Weit mehr dieser „feindseligen Harrys" glauben wohl an Gott, doch stehen sie dem Christentum im Allgemeinen negativ gegenüber. Man könnte fragen, was einen „feindseligen Harry" dazu bringt, nach Willow Creek zu kommen. Sowohl der „aufrichtige Harry" als auch der „neugierige Harry" mögen Interesse daran haben, die Gemeinde am Ort einmal kennen zu lernen; das gilt jedoch kaum für einen „feindseligen Harry". Die meisten der „feindseligen Harrys" werden durch Freunde oder Familienglieder nach Willow Creek gebracht, wie Hybels es beschreibt:

> Sie kommen herein, setzen sich, schlagen die Arme übereinander und sagen: „So, das erste, was du wissen mußt, ist, daß ich dein Buch nicht für nötig halte. Ich meine, die Bibel läßt mich ziemlich kalt."

Mißtrauen ist die Grundhaltung, die der „feindselige Harry" Willow Creek gegenüber einnimmt.

Der „feindselige Harry" par excellence für Willow Creek war, so seltsam es klingen mag, Lee Strobel, jetzt einer der Hauptredner an den Wochenendgottesdiensten. Strobel bekennt:

> Man hat mich damit aufgezogen, ich sei ein „unchurched Harry"; aber in Wahrheit war dieser Spitzname viel zu milde, um mein damaliges Verhalten zu charakterisieren. Das klingt so, als sei ich in geistlicher Hinsicht neutral gewesen.
> „Anti-Church-Charlie" hätte meine Geisteshaltung besser wiedergegeben; denn ich stand geistlichen Dingen sehr negativ gegenüber.[30]

Strobel hatte Journalismus und Jura studiert und war, als er das erste Mal mit der Gemeinde in Berührung kam, Mitherausgeber der *Chicago Tribune* und zeichnete für den juristischen Teil verantwortlich. Strobel beschreibt seine damalige Haltung:

> Ich war Atheist und fand die Vorstellung eines Gottes einfach lächerlich. Ich bin ein sehr mißtrauischer Mensch. Ich komme vom Journalismus und den Rechtswissenschaften her, so mußte man mir alles beweisen; und die Idee, es könnte Gott geben, erschien mir absurd.[31]

Strobels erster Kontakt mit der Gemeinde kam durch seine Frau zustande. Eine Nachbarin hatte sie eingeladen, und sie war mitgegangen. Als sie nach Hause kam, fragte Strobel sie: „Du hast hoffentlich den Kerlen nichts von unserem Geld gegeben, oder etwa doch?"[32]

Strobel besuchte schließlich mit seiner Frau zusammen Willow Creek; aber er war an geistlichen Dingen nicht interessiert, wie er selbst berichtet:

Ich wollte einen Spitzbuben entdecken. Sie sehen, das war es, was ich eigentlich suchte. Denn wenn ich herausbekam, daß er ein Betrüger war, so konnte ich nicht nur die Gemeinde diskreditieren, sondern auch ihre Botschaft verächtlich machen.

Ein „feindseliger Harry" ist kein geistlicher Sucher.

„Neugierige Harrys"

Die zweite Gruppe dieser entkirchlichten Menschen sind jene „neugierigen Harrys", die an geistlichen Dingen und an Willow Creek Interesse haben. Gewöhnlich glauben sie grundsätzlich an Gott, und viele haben schon einmal mit dem Christentum Kontakt gehabt.

Trotzdem besuchen die meisten dieser Leute die Kirche nicht regelmäßig. Diese Gruppe – spirituell ansprechbar, aber dem organisierten Christentum gegenüber negativ eingestellt – bildet höchstwahrscheinlich den Großteil der entkirchlichten Zuhörerschaft. Die meisten glauben an Gott; aber sie glauben nicht an die Kirche. Lee Strobel meint: „,Harry' lehnt die Kirche ab; er will damit aber durchaus nicht sagen, er habe Gott abgelehnt."[33]

Es käme der Sache vielleicht näher, wenn man den „neugierigen Harry" nicht entkirchlicht, sondern eher semi-kirchlich nennen würde. Viele halten an wichtigen Glaubenssätzen und Praktiken der Christen fest. Eine der Barna-Studien kommt sogar zu dem Ergebnis, daß 52% der Entkirchlichten behaupten, sie wären „in eine persönliche Verbindung zu Jesus Christus getreten, die ihnen für ihr Leben wichtig" sei. Mehrere Mitarbeiter berichteten mir in diesem Zusammenhang, daß mehr als 50% der zu Willow Creek gehörenden Bekehrten früher römisch-katholisch waren. Willow Creek wendet sich an viele, die schon manches von seiner Botschaft bejahen.[34]

Die „aufrichtigen Harrys"

Die dritte Gruppe sind die „aufrichtigen Harrys", denen es darum geht, herauszufinden, ob das Christentum wirklich Wahrheit ist. Lee Strobel nennt diesen Personentyp einen „aufrichtigen Sucher":

> Solche sagen: „Ich will das ausprobieren. Ich will dahinterkommen ..."
> Diese Leute wollen Fragen stellen ... Sie machen sich daran, einen eigenen
> Weg zu finden, wie sie es erfahren können.

Zu diesem Prozeß gehört im Allgemeinen, daß sie zumindest die Wochenendgottesdienste besuchen. Zahlreiche Tonbänder und Bücher werden am Büchertisch angeboten, um diese Nachforschungen zu erleichtern. Leute, die Fragen haben, lädt man zu einem vierwöchigen „Grundlagenkurs" ein, der sich mit der Vertrauenswürdigkeit des Christentums befaßt. Gelegentlich werden auch spezielle Programme für interessierte Sucher angeboten, wie etwa eine Aussprache über die Historizität der Auferstehung Christi.

Was diese Gruppe von „Harrys" kennzeichnet, ist ihre aufrichtige Suche nach der Wahrheit. Strobel erklärt, die ernsthaften Sucher wollen „es ausprobieren, sei es nun sehr systematisch oder mehr ad hoc". Die Sucher werden ermutigt, ehrliche Fragen zu stellen, wie Strobel beschreibt:

> Ein Weg, diesen Frageprozeß in Gang zu bringen, besteht darin, „Harry" so
> weit wie nur möglich das Gefühl der Sicherheit zu geben. So wird ihnen

gesagt: „Sie müssen wissen, daß Sie genau das tun, was Gott von Ihnen haben will. Er ehrt solche, die Ihn ehrlich prüfen.
Die Bibel sagt in Hebräer 11,6, daß Gott die belohnt, die Ihn ernsthaft suchen. Sie sollten also Mut fassen; Sie tun das Richtige, wenn Sie fragen, einerlei, welche Frage Ihnen dabei einfällt.[35]

In Willow Creek glaubt man, daß jeder, der die Wahrheit aufrichtig sucht, sie auch finden wird. Mittelberg bestätigt das: „Wenn jemand ein wahrer Sucher ist und daran festhält, so wird er auch ein Gläubiger werden." Er gründet das auf Jesu Aussage in Johannes 7,17: „Wenn jemand seinen (Gottes) Willen tun will, so wird er von der Lehre wissen, ob sie aus Gott ist, oder ob ich aus mir selbst rede."[36]

Die Rolle der Sucher ist entscheidend für Willow Creek. Menschen, die sich nicht für das Christentum entschieden hatten, stellten sich mir bei Interviews häufig vor, indem sie sagten: „Ich bin ein Sucher." So werden die Entkirchlichten also nicht nur von der Gemeinde als „Sucher" bezeichnet – nein, die „unchurched Harrys" selbst akzeptieren diesen Status für sich. Aufrichtige Sucher haben auch einen gewissen Status in Willow Creek. Solche, die eigentlich gar keine Sucher sind, fühlen sich oft bedrängt, diese Bezeichnung auf sich anzuwenden, was sie zu intensivem Erforschen des Christenglaubens anreizt.[37]

Der Prozeß des Zum-Glauben-Kommens

Creeker reden oft von einem „Prozeß", durch den Menschen zum Glauben kommen. Mittelberg sagt dazu: „Es gibt Schritte, die getan werden müssen, um überhaupt ein Sucher zu werden." Tatsächlich gibt es eine Karte – „Stufen zu geistlichem Wachstum" –, die von der Evangelisationsabteilung zur Darstellung dieses Prozesses erstellt wurde. Diese Karte beschreibt die am weitesten von der Verbindlichkeit des Glaubens Entfernten als „geistlichen Dingen gegenüber feindlich eingestellt", als „feindselige Harrys". Die Nächsten auf der Karte sind solche, die „für geistliche Dinge offen sind", die „neugierigen Harrys". Die letzte Gruppe wird als solche beschrieben, die „aktiv geistliche Dinge erforschen", die „aufrichtigen Harrys". „Das Gläubigwerden ist häufiger ein Prozeß als ein plötzliches Ereignis."[38]

In gewisser Weise können wir sagen, daß „Harry" eine Reihe von Bekehrungen durchmacht und nicht nur eine. „Feindselige Harrys" bekehren sich zur Neugier. „Neugierige Harrys" bekehren sich zu aufrichtigem Suchen. Aufrichtige Sucher erst bekehren sich zum Christentum. Willow Creek macht nicht den Versuch, „feindselige Harrys" direkt zu bekehren. Man möchte nur, daß sie den nächsten Schritt tun. So sagte ein Mitarbeiter an einem Karfreitagsgottesdienst: „Wo immer Sie sich auf Ihrer geistlichen Reise befinden, wir hoffen, daß Ihnen dies geholfen hat und zu Ihrem geistlichen Wachstum beiträgt."

Gewöhnlich meinen die Mitarbeiter, daß es sechs Monate braucht, bis „feindselige Harrys" schließlich die „Stufen zu geistlichem Wachstum" gegangen sind und sich Christus ergeben haben. Doch soll diese Feststellung weder eine absolute Regel noch eine festgesetzte Zeit beschreiben. Strobel brauchte fast zwei Jahre, ehe er sich entschied, Christus nachzufolgen; und andere übergeben sich Christus, wenn sie das erste Mal in die Kirche kommen.[39]

Der ganze Wochenendgottesdienst ist darauf abgestellt, den Bedürfnissen von „unchurched Harry" zu begegnen. Hybels sagt dazu: „Wir haben uns entschieden, alles auf den Kunden auszurichten, außer wo dies mit der Bibel kollidieren würde." Hybels wiederholt, daß dieses Konzept schon der ersten Fragebogenaktion zugrunde lag: „Wir notierten ihre Antworten und gestalteten danach unsere Programme und Pläne."[40]

Noch einmal: Diese Idee stammt aus der Marketingtheorie. Barna sagt dazu:

> Indem man das Produkt genau auf die Interessen und Bedürfnisse spezifischer Populationssegmente einrichtet, kann man sich darauf konzentrieren, dem Produkt die besten Verkaufsaussichten zu verschaffen, ohne in Leute zu investieren, die das Produkt weder wünschen noch gebrauchen können.[41]

Der internationale Rundbrief der Gemeinde berichtete, daß in Malaga in Spanien, eine neue Gemeinde im Willow Creek-Stil gegründet wurde: „Im Prinzip bleibt die Philosophie dieselbe, nur wird das Erscheinungsbild eine andere Kultur reflektieren … eine andere Zielgruppe." Die Auswahl verschiedener Zielgruppen bestimmt unterschiedliche Strategien. So sagte ein Befürworter der Willow Creek-Arbeit: „Zu Willow Creek gehören Radikalität und Flexibilität in gleichem Maße."[42]

Viele Strategien und Ideen Willow Creeks kann man nur verstehen, wenn man sie als Reaktion auf die intensive Erforschung des Marktes „unchurched Harry" begreift. So sagt Strobel: „‚Unchurched Harry' und ‚Mary' würden nie kaufen, was sie nicht interessiert." Um „Harry" zu interessieren, geht die Programmgestaltung der Gemeinde genau auf das Zielgruppenprofil des „unchurched Harry" ein.[43]

KAPITEL 5

Das Programm des Wochenendgottesdienstes

Bill Hybels sagt einer Pastorengruppe:

> Man kann so fromm sein wie man will und dabei sagen: „Aber in der Kirche wollen wir ihnen weiterhin monotone und leblose Predigten vorsetzen und große Dinge erwarten."
>
> Okay, man kann's so machen. Aber was ich für intelligenter halte, ist, begriffen zu haben, daß dieses Geschöpf, das ich erreichen möchte, nicht mehr so ist wie sein Vater. Es ist auch nicht mehr so wie seine Mutter. Es ist nicht mehr damit zufrieden, herzukommen und eine leblose, ziemlich voraussagbare Routine über sich ergehen zu lassen.

Hybels setzt sich für eine gute Programmgestaltung ein, die für „unchurched Harry" ein spannendes, kreatives und interessantes Erlebnis vorbereitet.

Hybels glaubt, die drei wichtigsten „übertragbaren Prinzipien", die Pastoren aus Leiterschaftskonferenzen in Willow Creek mitnehmen sollten, sind die Programmgestaltung, die effektive Predigt und die Ausbildung eines Mitarbeiterstabes für die Programmgestaltung. Hybels befürwortet in der Tat die Aufstellung des Programmierungsstabes vor allen anderen Diensten; zur Begründung dieser Rangordnung vergleicht er sich mit einem Farmer, der zunächst einen Sämann einstellt und danach erst einen, der mäht. Hybels warnt: „Es gibt nichts zu pflegen, wenn man keine Leute hat, die viel Samen ausstreuen."[1]

In vieler Hinsicht ist die Gestaltung des Programms das kreative Herzstück des Wochenendgottesdienstes (Seeker Service). Dieses Kapitel beschreibt zunächst das äußere Umfeld von Willow Creek, dann das allgemeine Konzept hinter der Programmgestaltung und schließlich die speziellen Programmpunkte. Das nächste Kapitel beschränkt sich auf den Einsatz der Künste. Kapitel 7 handelt von den Grundsätzen, nach denen man durch dieses Programm Überzeugungsarbeit leisten will.

Das äußere Umfeld von Willow Creek

Programmdirektorin Nancy Beach beschreibt, was „Harry" vorfindet, wenn er nach Willow Creek kommt: „Das erste, was er sieht, wenn er sich der Kirche nähert, sind strahlende Lampen und Polizeiblinklichter und Polizisten, die versuchen, das Verkehrschaos zu entwirren." Tausende von Autos sind auf dem Parkplatz von Willow Creek; die einen kommen, die anderen fahren weg. Es ist das gleiche, als ginge es zu einem großen Sportereignis oder zu einem Rockkonzert. Die Mitarbeiter hoffen, „Harry" möchte gleich denken: „Oh, sie kümmern sich darum, daß hier draußen ein solcher Andrang ist und tun etwas dagegen."

„Das nächste, was er feststellt", erklärt Beach, „ist die Sauberkeit des Geländes. Wir betrachten den Eindruck, den das Gelände macht, für sehr, sehr wichtig, so wichtig wie alles andere, was wir tun." Das Ergebnis dieser intensiven Bemühungen ist eine überaus ansprechende Umgebung. Tatsächlich wurde die Kirche von einem Agenten von Nissan entdeckt, der die Hauptauffahrt für einen Werbefilm benutzen wollte, weil sie in eleganter Kurve an dem hauseigenen See entlangführt. Und obwohl dieser Mensch mehr als 1500 Meilen gefahren war, um „Kurven, Hügel und Naturschönheit" zu finden, erschien ihm keine Örtlichkeit so attraktiv wie die Hauptauffahrt von Willow Creek.[2]

„Harrys" erster Eindruck wird also durch das Verkehrssicherheitsteam in seinen prächtigen orangeroten Uniformen geprägt. Mit Absicht schickt Willow Creek „einige unserer freundlichsten Leute" in dieses Team, um „Harry" zu begrüßen. So bemerkte ein Besucher: „Bevor man noch durch die Tür gegangen ist, kann man schon zwei Feststellungen treffen: Erstens, wenn dies eine Gemeinde ist, dann ist sie anders als die meisten; und zweitens ist es ein gut geführtes Unternehmen, das auf Gäste eingestellt ist."[3]

Hybels meint, daß die „Harrys" weitere Werturteile fällen, während sie die Kirche betreten, indem sie fragen: „Seid ihr auf der Höhe der Zeit? Wißt ihr, was heute läuft? Hängt ihr an Altertümern? Versucht ihr, uns künstlich unter Druck zu setzen?" Im Gegensatz zu einer kirchlichen Atmosphäre gibt es keine christlichen Symbole. Absichtlich hat man alles wie den Hauptsitz einer großen Firma gestaltet. Hybels sagt dazu:

> Wir möchten gerne, daß er sagt: „Ich war gerade letzten Donnerstag bei IBM in Atlanta in der Konzernzentrale, und nun komme ich in diese Kirche, und eigentlich ist es hier genauso." Neutralität, Komfort, Modernität und Sauberkeit, das sind die Werte, die wir vermitteln möchten.

Indem er der Menge folgt, geht „Harry" durch etwas, das wir das Atrium eines Vier-Sterne-Hotels nennen könnten. „Harry" folgt dem Strom der Menschen auf eine Wand aus Türen zu, wo Verteiler ihm einfach lesbare Broschüren aushändigen. Beach erklärt, diese Begrüßer seien instruiert, „freundlich zu sein, aber ein wenig auf Abstand zu achten, damit die Menschen sich nicht bedrängt fühlen". Die Broschüre ist sehr hübsch aufgemacht und man sieht, daß sie von Fachleuten gedruckt wurde. Darin wird erläutert, was „unchurched Harry" während des Gottesdienstes zu erwarten hat, und wie er sich noch weiter in die Gemeinde einbeziehen lassen kann.

Nun betritt „Harry" das Auditorium. Aus den Lautsprechern kommt leise volkstümliche Musik. „Harry" wählt sich einen bequemen Platz in einem Sessel, wie er ihn aus ganz großen Filmtheatern kennt. Bevor der Sänger in einigen Minuten die Bühne betritt, um den Gottesdienst zu eröffnen, kann „Harry" das Programm betrachten, die Musik genießen und aus den riesigen Fenstern an beiden Seiten der Bühne schauen. Von jedem Platz aus kann man die Kanadagänse auf dem herrlichen privaten See schwimmen sehen.

Don Cousins erklärte einer Mitarbeitergruppe, warum diese überaus hochwertige Umgebung so wichtig ist: „Was, meint ihr, ist der Hauptgrund, weshalb der Durchschnittsbürger Disney World so liebt, wie er es nun mal tut?" Er antwortete:

> Man wendet große Sorgfalt dafür auf. Was sie damit meinen, ist im Grunde, daß dort alles ausgezeichnet klappt. Und das stimmt auch. Okay? Das gilt für die Programmgestaltung, für die Pflege der Vergnügungseinrichtungen, für die Hotels und wie sie ihre Angestellten behandeln, und wie sie die Gäste von den Angestellten behandelt wissen möchten.
> Je besser es uns gelingt, ein Umfeld zu schaffen, das einen vergleichbaren Reiz auf „Harry" und seine Vorlieben ausübt, um so besser sind wir. Denn seht ihr, das ist es, was ihn anzieht.

Willow Creek verfolgt zwei Ziele bei der Herstellung seines zweckdienlichen und prächtigen Milieus: Man will „Harrys" Respekt gewinnen, und „Harry" soll sich entspannen.

„Harrys" Respekt gewinnen

Hybels sagt: „Bevor du einen Burschen dazu bringst, dir zuzuhören, muß er dich tatsächlich wenigstens etwas respektieren." Wenn die Landschaftsgestaltung, die Einrichtung und selbst das Verkehrsleitsystem sich als hervorragend erweisen, glaubt Hybels, wird auch „Harry" offener sein und zuhören, was er ihm zu sagen hat.

„Harry" soll sich entspannen

Cousins stellte einer Gruppe von Mitarbeitern folgende rhetorische Frage: „Seid ihr besonders aufmerksam, wenn euch etwas auf den Nägeln brennt?" Er antwortete: „Wir hören nur gut zu, wenn wir entspannt sind." So führte ein Mitglied des Organisationsteams aus: „Wir können einem Menschen nur richtig helfen, wenn wir es ihm vorher gemütlich gemacht haben."

Wie versucht Willow Creek, es „Harry" gemütlich zu machen? Indem es eine erfreuliche Umgebung schafft. Hybels glaubt: „Wenn man Blumen und Grünpflanzen hat ... kann das eine beruhigende Wirkung ausüben ... Schönheit spricht uns alle an, nicht wahr?" Ein anderer Mitarbeiter sagt das so: „Wir versuchen, daß sich die Menschen heimisch und behaglich fühlen." Creeker versuchen eine „Ruhezone" für entkirchlichte Leute zu schaffen.[4]

Programmkonzepte

Nachdem man eine angenehme und entspannte Atmosphäre geschaffen hat, versucht Willow Creek, ein professionelles Programm auf die Beine zu stellen, das „Harry" zu überzeugen versucht, Christ zu werden. Das Ziel des Programms liegt nach Nancy Beachs Ausführungen darin, „die Künste und die verschiedenen Medien so aufzubereiten, daß sie sozusagen einen Weg bahnen oder den Hörer zubereiten, damit er auf die Botschaft, die er im zweiten Teil des Gottesdienstes hört, besser achtgibt". Je nachdem kann die Botschaft entweder hilfreiche Grundsätze enthalten, die „Harry" befähigen, mit den empfundenen Nöten fertig zu werden, oder es geht um das zentrale Thema in Willow Creek, die evangelikale Botschaft von Jesus Christus. So ist das Programm letztlich ein Mittel, das Evangelium vorzubereiten und die Hörer auf den Prediger einzustellen. Man kann das am besten anhand der Begriffe „Paket" und „Fluß" beschreiben.

Das Paket

Die Mitarbeiter in Willow Creek betrachten das Programm eines Wochenendgottesdienstes als ein Ganzes – „als Paket". Jedes Paket hat ein grundlegendes Ziel, das die Auswahl der einzelnen Sektionen des Programms bestimmt. So sollte zum Beispiel ein Wochenendgottesdienst „Harry" zeigen, wie wenig der Moralismus als Lebenshaltung taugt. Alle Programmteile (Lieder, Schauspiel, Medien, Bibellese) wurden diesem Ziel entsprechend ausgesucht.

Die Länge dieser Gottesdienste beträgt eine Stunde und zehn Minuten. Die Redezeit des Predigers dauert gewöhnlich 35 bis 40 Minuten. Das Programmpaket aus Musik, Theater und Schriftlesung braucht annähernd 30 Minuten. Die Reihenfolge, in der die einzelnen Teile präsentiert werden, wechselt von Woche zu Woche. Nancy Beach sagt: „Wir stellen die Reihenfolge jede Woche mit den dafür vorbereiteten Elementen neu zusammen."

Der Fluß

Das Programmpaket in Willow Creek ist so gestaltet, daß es die Leute sowohl intellektuell als auch emotional in Bewegung bringt, wie Beach erklärt:

> Wir versuchen, sie die ganze Stunde über irgendwo hinzubringen ... Wir versuchen sie in Bewegung zu halten ...
> Das ist jede Woche anders; aber fast immer geht es darum, sie wachzurütteln und sie auf ein Thema aufmerksam zu machen, oder ihre Gedanken in eine gewisse Richtung zu lenken, oder ihre Gefühle ... Dann kann der Redner viel schneller zur Sache kommen.

Beach fährt fort: „Wir versuchen, die sogenannte Sparschwein-Mentalität zu vermeiden." Bei Sparschweinen steckt man nur etwas hinein. „Bei solcher Haltung gibt es keinen Fluß, da kann man niemanden von Punkt A nach Punkt B bringen." Im Gegensatz dazu sollen alle Programme in Willow Creek einen fließenden Übergang bis hin zur Ansprache bilden.

Ein Unterpunkt bei der Idee des Flusses ist das Konzept des Verbindens. Die Leute vom Programmierstab versuchen, jedes Element des Pakets mit dem nächsten durch sanfte Überleitungen zu verbinden. Wenn zum Beispiel der Sprecher die Bühne betritt, spielt die Kapelle eine angemessene Überleitungsmusik, um die Hörer auf die Botschaft vorzubereiten. Es gibt keine tote Zeit im Programm.

Ein besonderer Typ solcher Verbindungen wird „Wendeecke" (turning corner) genannt. Nach einem Schauspiel, das alle schmerzlich berührt hat, meint Beach, wäre es unangebracht, sofort im Anschluß daran in fröhlichem Plauderton einige Bekanntmachungen anzusagen. Wenn Paketelemente von einer Gefühlslage in die andere wechseln, ist das Programm darauf abgestellt, die Gefühle der Hörer zu leiten – ihnen „um die Ecke" zu helfen. So erfährt das Programm vom Präludium bis zum Schlußgebet keinerlei Unterbrechung.

Die Programmelemente

Ungefähr eine halbe Stunde vor Gottesdienstbeginn werden die Türen zum Auditorium geöffnet. Jetzt können „unchurched Harry" und „Churched Larry" (regelmäßige Gemeindebesucher, d. Ü.) hereinkommen und sich passende Plätze aussuchen. Aus den Lautsprechern ertönt Instrumentalmusik, um die Hörer zu entspannen. Beach sagt dazu: „Stille empfinden die Leute als unangenehm; sie fühlen sich dadurch bedroht."[5]

Präludium

Direkt vor dem Gottesdienst wird von der Bühne aus ein Eingangsstück gespielt. Das gilt als Zeichen für das Publikum, es möge die Plätze einnehmen, weil der Gottesdienst jetzt beginnt. Dieses Vorspiel ist meistens ein Instrumentalstück, selten nur wird gesungen. Je nach Programm kann die Musik von einem Jazz-Ensemble, einem Soloflötisten, einem 30 Mann starken Orchester oder einer Rock- bzw. Countryband ausgeführt werden.

Die Auswahl der Musik für das Präludium hängt vom Gesamtprogramm des Morgens – vom Programmpaket – ab. Beach sagt dazu:

> Die Wahl hängt davon ab, was sonst noch in musikalischer Hinsicht in dem betreffenden Gottesdienst abläuft. Darin liegt unsere Chance, die Dinge ein wenig auszutarieren und die Leute etwas erleben zu lassen, was sie sonst nirgendwo finden.

Das Präludium gibt den Mitwirkenden die Möglichkeit zu experimentieren, oder einen etwas gewagteren Musikstil anzuwenden. Beach sagt: „Das Präludium ist eine der Stellen, an denen wir etwas tun können, was nur einem begrenzten Teil der Hörerschaft gefällt, ohne daß wir unseren übergreifenden Absichten Schaden zufügen."

Gemeinsamer Gesang und Begrüßung

Nach dem Vorspiel geht gewöhnlich ein Sänger mit Mikrophon bis in die Mitte der Bühne und heißt alle herzlich in Willow Creek willkommen. Er – oder sie – bittet das Publikum aufzustehen und das Programmheft aufzuschlagen. Dort findet es dann den Text des gemeinsamen Liedes für diesen Morgen.

Das Lied ist meistens ein leicht singbarer Chorus, den alle mitsingen können. Das Programmteam versucht, zeitgemäße Lieder auszuwählen. Selbst
„unchurched Harrys", die zum erstenmal in Willow Creek sind, können leicht
folgen. So hieß zum Beispiel das Lied für den 16. September 1990: „He is our
Peace" (Er ist unser Friede):

He is our peace	Er ist unser Friede
Who has broken down every wall	Der den Weg für uns hat gebahnt.
He is our peace,	Er ist unser Friede,
He is our peace.	Er ist unser Friede.
(Repeat)	(Wiederholung)
Cast all your Cares on Him	Werft alle Not auf Ihn
For He cares for you,	Denn Er sorgt für euch,
He is our peace,	Er ist unser Friede,
He is our peace.	Er ist unser Friede.
(Repeat)	(Wiederholung)

Die Liedauswahl ist, von Willow Creeks Blickwinkel aus betrachtet, ziemlich
schwierig. „Am schwersten ist es, ein Lied mit dem richtigen Text zu finden",
erklärt Beach, „weil wir sozusagen Worte in den Mund von Leuten legen, die
nichts von dem glauben, was diese Worte besagen. Daher ist die Reihe der Lieder, bei denen wir uns wohl fühlen, sehr kurz."

Nach dem Lied sagt der Sänger auf der Bühne: „Begrüßen Sie einen der
Ihnen am nächsten Sitzenden und nehmen Sie Platz." Dem Programmteam ist
klar, daß sich bei diesem Teil des Gottesdienstes viele „unchurched Harrys"
ziemlich unwohl fühlen. Ich interviewte einen „unchurched Harry", der erst ein
paarmal in Willow Creek gewesen war. Er sagte mir: „Ich hasse diesen Teil des
Gottesdienstes, wenn sie uns auffordern, einander die Hände zu schütteln." Als
ich Nancy Beach fragte, ob alle „unchurched Harrys" so dächten, antwortete sie:

Das hat meines Erachtens viel mit dem Temperament zu tun. Weil extrover-
tierte Typen das gern machen … Wenn wir das ganz und gar fallen ließen,
würden einige der mehr Extrovertierten sagen: „Das ist die unfreundlichste
Gemeinde, die wir je kennengelernt haben."

Diese allgemeine Begrüßung ist das Letzte, woran die Zuhörer während des
Morgens aktiv beteiligt sind. Der übrige Gottesdienst wird ausschließlich von
der Bühne aus bestritten.

Gesangsdarbietungen

Nach der allgemeinen Begrüßung folgt gewöhnlich ein Liedvortrag. Zu dem
Programmpaket gehört im weiteren Ablauf auch noch ein zweites Lied.
Manchmal übernimmt ein Solist diesen Programmpunkt; aber meistens wird
der Hauptsänger durch ein kleines Vokalensemble unterstützt. Dazu spielt eine
Band. Die poppige Aufmachung der Lieder entspricht dem Geschmack des

typischen „unchurched Harry". Alles klingt so ähnlich, wie „Harry" es von den professionellen Sängern aus Jay Lenos *The Night Show* kennt.

Die Qualität der Ausführung ist erstklassig. Einige der Sänger und Instrumentalisten sind Berufsmusiker und verstehen ihre Mitwirkung an diesem Programm als Dienst für die Gemeinde. Die Mehrheit aber besteht aus Amateuren, allerdings mit viel musikalischem Talent und reichlicher Erfahrung. Außerdem wurden sie entsprechenden Prüfungen unterzogen, ehe sie den Vokal- und Instrumentalgruppen zugesellt wurden. Sowohl Berufsmusiker wie auch Amateure müssen wiederholt proben, um sich auf die Aufführungen am Wochenende vorzubereiten.[6]

So kommt zum Beispiel das Gesangsteam am Dienstagabend, mehr als anderthalb Wochen vor dem Auftritt, zusammen, um ein neues Lied zu lernen. Beach sagt dazu: „Dann sehen sie sich nur die Noten an und versuchen, den Text zu lernen." Am folgenden Dienstag „erwartet man von dem Team, daß alle den Text auswendig kennen und die Melodien beherrschen. Man kommt dann zusammen, um den Vortrag auszuarbeiten, um ihn dann in rechter Weise übermitteln zu können." Noch einmal proben sie am Sonnabendabend, direkt vor dem Gottesdienst.

Wie alles in dem Programm, fangen auch die musikalischen Einlagen da an, wo „Harry" ist, nicht nur in bezug auf den Stil, sondern auch, was den Inhalt angeht. Die Creeker wissen aufgrund ihrer Unterlagen genau, welche Musik der Zielgruppe angemessen ist. Es kann Jazz, Pop, Rock, Klassik oder sogar Country sein – alles bleibt im Rahmen dessen, was „Harry" gern hört. Der Evangelisationsleiter in Willow Creek drückt das so aus: „Wir müssen fragen, was diese Leute, die wir erreichen möchten, gewöhnlich hören." Der Grund, weshalb Strobel das erste Mal nach Willow Creek kam, war die ermutigende Erklärung seiner Frau, sie spielten dort „genauso ,heiße' und beschwingte Musik, wie ich sie aus dem Radio gewöhnlich hörte".[7]

Auch die Texte fangen in Willow Creek dort an, wo „Harry" ist. Beach glaubt, daß viele „Harrys" meinen, Christen machten es sich zu einfach, oder sie seien Heuchler. Um diesem hartnäckigen Vorurteil entgegenzutreten, läßt Beach ab und zu den Sänger des Eingangsliedes „erzählen, womit er zu kämpfen hat". Sie nimmt Lieder, die Klischees vermeiden; aber auch Kirchensprache oder altertümliche Ausdrücke kommen nicht vor. Da wird nicht „im Kirchenton", aber auch nicht mit „übertriebener Fröhlichkeit", sondern in normaler, täglicher Umgangssprache gesungen.

Es geht bei den musikalischen Darbietungen vor allem darum, daß sich die anwesenden „Harrys" und „Marys" mit den Sängern identifizieren können: „Wir sind auch Menschen!" Die spezifischen Elemente der Liedvorträge betonen das, was die Creeker und die „Harrys" gemeinsam haben. Beinahe alle Sänger sind zwischen 25 und 40 Jahren alt. Sie ziehen sich an wie die typischen „Harrys" und „Marys". Die Lieder unterstreichen diese Ähnlichkeiten.

Schriftlesung

Der nächste Abschnitt des Willow Creek-Programms heißt „Schriftlesung" („Scripture"). Dazu kommt einer der Lehrer oder Leiter in Willow Creek auf die Bühne und sagt ein paar Worte, die zu dem Thema des Tages hinführen sollen. Aus mehrfachem Grund könnte man diesen Programmpunkt als falsch etikettiert bezeichnen, weil nicht nur aus der Bibel gelesen wird; statt dessen möchte man an dieser Stelle zu der Problemstellung des Tages hinführen und dann zeigen, was die Bibel dazu zu sagen hat.

Indem er Beispiele aus dem eigenen Leben bringt und die Tagesereignisse anschneidet, gewinnt der Sprecher an Glaubwürdigkeit bei den Hörern, wenn er ihnen das Thema des betreffenden Morgens erläutert. Er zeigt, daß er weiß, was in der Welt abläuft und untermauert dadurch, daß er genauso ist wie „Harry". Er redet sachgerecht, interessant und ohne ihm zu nahe zu treten von dem, was „Harry" beschäftigt. Beach beschreibt das so: „Das ist beinahe eine Vier- oder Fünfminutenpredigt, in die die Bibelverse in das behandelte Thema – egal, um was es geht – eingebunden werden." Beach glaubt, daß „Harry" die Botschaft annimmt:

> Wir nehmen dieses Buch, das viele im Bücherschrank verstauben lassen, wir lesen daraus und wir nehmen es ernst … Das ist die Grundlage für unsere ganze Gemeinde, die Wahrheit dieses Buches.

Die mit „Scripture" bezeichnete Zeit zeigt auch sehr deutlich, wie wichtig der oben erwähnte „Fluß" ist. Redner, die dieses kurze Bibelgespräch führen, haben vorher eine Kopie des Schauspiels und der Lieder erhalten, die der „Schriftlesung" vorangehen oder ihr folgen, um die Botschaft darauf einzustellen. Sie wissen also, wie sie sich einzupassen haben, um den Fluß des Programms gewissenhaft voranzutreiben. Manchmal wählen sie die Bibelstellen nach diesen Vorschlägen aus, oder aber Hybels (oder ein anderer Hauptredner) teilt den anderen mit, was er sich vorgenommen hat. Dann schreibt er ein Konzept dessen, was er zu sagen beabsichtigt, um auf diese Weise den Fluß des Programms zu erhalten. So nennt Beach die „Schriftlesung" eine „wichtige Brücke".

Schauspiel

Weil das Schauspiel, der nächste Programmpunkt, eine so hervorragende Stelle im Willow Creek-Wochenendgottesdienst einnimmt, habe ich ihm ein gesondertes Kapitel gewidmet.

Abkündigungen und Geldsammlung

Gewöhnlich ist nach dem kurzen Schauspiel und vor der eigentlichen Predigt eine kurze Pause für Bekanntmachungen und für die Kollekte. Der Hauptanlaß der Bekanntmachungen liegt darin, „Harry" in Willow Creek willkommen zu heißen. Diese Bekanntmachungen bleiben gewöhnlich auf Mitteilungen beschränkt, die für kirchenferne Menschen wichtig sind. Dazu mag die Erläuterung gehören, was eine „Grundlagen"-Klasse ist, oder es wird „Harry" diese oder jene Hilfe angeboten.

Außerdem wird jede Woche abgekündigt, die Sammlung sei nur für reguläre Gemeindeglieder vorgesehen. Eine der am weitesten verbreiteten Meinungen unter „unchurched Harrys" über das Christentum ist diese: Die Kirche ist geldgierig. Willow Creek setzt alles daran, dies als unbegründet erscheinen zu lassen. Woche für Woche wird den Besuchern gesagt, sie seien Gäste und brauchten sich nicht an diesem Teil des Gottesdienstes zu beteiligen. Während der Sammlung wird ein Instrumentalstück gespielt, das den Gang des Programms im Fluß erhält. Die Sammlung leitet meistens zu dem letzten und wichtigsten Teil des Gottesdienstes über – der Predigt (Message).[8]

Aus allem bisher Gesagten sollte deutlich geworden sein, daß alle vorangehenden Programmpunkte als Vorbereitung auf die Predigt angesehen werden. Die Predigt, auf die in späteren Kapiteln ausführlicher eingegangen wird, ist der Höhepunkt und das Zentrum des SEEKER SERVICE.

KAPITEL 6

Anwendung der Künste

Willow Creeker glauben, die meisten der traditionellen Kirchen wirkten auf „unchurched Harry" zu trocken. Hybels erklärt, ein Mißverständnis vieler kirchenferner Menschen laute, das Christentum sei langweilig. Willow Creek versucht mit seinem Programm genau das Gegenteil von Langeweile zu erzeugen. Man möchte spannend wirken.[1]

Das Programmteam hat die Aufgabe, Musikalisches, Schauspielerisches und Visuelles so zu mischen, daß „Harrys" Aufmerksamkeit erhalten bleibt. Hybels erklärte einer Gruppe von Pastoren auf einer Konferenz:

> Abwechslung, Abwechslung, Abwechslung, Abwechslung. Das wird Ihnen zu den Ohren heraushängen in den nächsten paar Tagen. Aber, Freunde, in jeder anderen Umgebung, ausgenommen in der Kirche, ist „unchurched Harry" dauernder Abwechslung ausgesetzt.

Hybels erklärt, daß „Harry" sich selbst fragen muß: „Warum steckt die Welt all ihre Kraft in Kreativität und Abwechslung, während die Kirche, die vorgibt, diese phantastische, ewig bedeutsame Botschaft anpreisen zu können, sich überhaupt keine Mühe dabei gibt?"

Willow Creek versucht zu zeigen, wie sehr man sich müht, indem man enorme Mengen an Zeit und Kraft in die Produktion erfreulicher und für die hereingeschneiten „Harrys" interessanter Programme investiert. Hybels macht geltend: „Diese Generation ist vor dem Fernseher groß geworden. Man muß ihr die Religion auf kreative und visuelle Weise nahebringen."[2]

Einmal wurde Hybels gefragt: „Was waren die wirklich entscheidenden Faktoren für den ersten großen Wachstumsschub in Willow Creek?"

Nachdem ich lange und intensiv darüber nachgedacht habe, erkenne ich jetzt im Rückblick, daß es eine kleine Gruppe, eine Handvoll Leute, war. Zu ihr gehörte:

> ein Musiker von nationalem Rang,
> ein Medienspezialist von nationalem Rang,
> ein Dramaturg von nationalem Rang,
> und wir wußten das nicht einmal.

Aber das hat eine Menge mit der Aufnahme durch die entkirchlichte Umgebung zu tun, die begriff, daß auf der Bühne von Willow Creek etwas Aufregendes vor sich ging.

Tatsächlich bestanden „Harrys" positive Erfahrungen mit Willow Creek zum großen Teil darin, daß Woche für Woche ein neues, kreatives und anregendes Programm auf der Bühne zu sehen war.

„Unchurched Harrys", die ich interviewte, wußten diese Kreativität zu schätzen.

Strobel erinnert sich an seine eigenen Besuche als „unchurched Harry“:

Von Woche zu Woche wußte ich nicht, was jetzt wieder in den Gemeinde-
gottesdiensten geschehen würde; und diese Unvorhersehbarkeit schuf eine
starke Erwartungshaltung bei den Zuhörern.
Es war so ähnlich wie bei einem großen Fußballspiel oder einem Rockkonzert. Niemand weiß, wie es genau ausgehen wird. Wir wußten alle nur, daß
wir etwas Neues und Aufregendes erleben würden.[3]

In diesem Kapitel soll das weitere Umfeld des menschlichen Miteinanders
innerhalb der amerikanischen Kultur untersucht werden, dazu die Absichten,
die mit dem Schauspiel in Willow Creek verbunden werden. Außerdem kommt
die Kontroverse über die Anwendung von Unterhaltungselementen in den
christlichen Gemeinden zur Sprache.

Die Revolution der mitmenschlichen Beziehungen

Ein grundlegender Wechsel im Beziehungsgeflecht der modernen Amerikaner
hat den Informationsprozeß völlig verändert. Neil Postman, ein Professor für
Darstellende Kunst an der New Yorker Universität, glaubt, daß das „Zeitalter
der Ausstellungen“ (fußend auf dem gedruckten Wort und der mündlichen
Argumentation) in das „Zeitalter des Show Business“ übergegangen ist, bei
dem alles vom Fernsehen und bildlichen Darstellungen abhängt. Das hat den
Vorgang der Informationsübertragung und der Weltbetrachtung revolutioniert.
Diese Revolution wird deutlich, wenn man die modernen Kommunikationsme-
thoden im Allgemeinen und deren spezifische Anwendung in Willow Creek im
Besonderen ins Auge faßt.[4]

Das Fernsehen hat sich als stärkster Antrieb bei dieser Veränderung des
menschlichen Miteinanders erwiesen. Wesentlich fürs Fernsehen aber ist die
Vorherrschaft der Bilder über die Aussagen. So belehrt uns ein moderner Slogan: „Ein Bild sagt mehr als 1 000 Worte.“ Und um die Aufmerksamkeit der
Menschen zu erhalten, müssen diese Bilder dauernd wechseln. Robert Mac-
Neil, Co-Moderator und geschäftsführender Herausgeber der *MacNeil-Lehrer
News Hour,* erklärt, Fernsehnachrichten seien so beschaffen, „alles kurz zu halten und bei nichts die Aufmerksamkeit zu überfordern, sondern statt dessen
durch dauernde Abwechslung, Sensation, Handlung und Bewegung ständig
neue Reize zu schaffen“.[5]

Ein Beispiel für diese Revolution ist der Kontrast zwischen den Debatten
vor den Präsidentschaftswahlen von vor 200 Jahren und heute. Als Abraham
Lincoln mit Stephen Douglas debattierte, sprach Douglas eine Stunde lang.
Lincoln widerlegte das in eineinhalb Stunden, dann brauchte Douglas eine hal-
be Stunde, um darauf zu antworten. Im Jahre 1988 antworteten George Bush
und Michael Dukakis nur auf Reporterfragen, wobei ihnen lediglich zwei
Minuten zugestanden wurden und eine Widerlegung von einer Minute. Die
Aufmerksamkeit des Durchschnittsbetrachters wäre durch eine längere Rede-

zeit überfordert worden. Das Ergebnis dieser Kommunikationsrevolution ist die zunehmende Unfähigkeit der Menschen, Argumenten folgen und kritisch denken zu können, und sich aus einer Einzelquelle ohne visuelle und auditive Stimulation selbständig Informationen zu entnehmen.[6]

Creeker wissen sehr genau, daß „unchurched Harry" ganz und gar unter dem Einfluß der Medien steht, besonders des Fernsehens. Strobel erklärt: „Baby Boomer sind die erste Generation, die vor dem Fernseher groß geworden ist, und das bestimmt ihre Art, die Welt zu betrachten." Diese Revolution der individuellen Informationsaufnahme beeinflußt alle Arten menschlicher Beziehungen, auch unter Christen.[7]

Das Willow Creek-Programm spiegelt diesen Wechsel von der wortbegründeten zur bildbegründeten Beziehung wider. Wenn sie „Harry" erreichen wollen, so glauben Creeker, müßten sie dessen Sprache – die Medien – benutzen. Hybels verrät, warum:

Meiner Wahrnehmung zufolge hat sich die Gesellschaft in den letzten 20 Jahren gewaltig verändert ... Die Menschen meiner Generation sind überaus visuell orientiert und ereignisbewußt. Wohin sie auch gehen, werden ihre Sinne gereizt ... Betreten sie eine Hotelhalle, so umgeben sie Lichter und Klänge, deren Erzeugung Hunderte oder Tausende von Dollars gekostet hat, und gehen sie ins Theater, so erwartet sie eine phantastische Darbietung.

Willow Creek geht auf die „unchurched Harrys" ein, indem es die Werkzeuge der modernen Medien verwendet.

Eines der deutlichsten Beispiele, daß sich Willow Creek die modernen Kommunikationsmittel zu eigen gemacht hat, ist das Schauspiel, das in Willow Creek schon eine lange Geschichte hat. Als Hybels anfing, den Gedanken zu entwickeln, evangelistisch unter der Son City-Jugend zu arbeiten, riet ihm eine Studentin, sie könnten das Schauspiel einsetzen. Hybels erklärt seine damalige Antwort: „Ich wußte ehrlich nicht, wovon sie sprach, das kommt, weil ich aus Kalamazoo in Michigan stamme, wo man nur einen Radiosender empfangen konnte." Hybels und Son City gingen das Wagnis ein, und schon bald wurde das Schauspiel fester Bestandteil bei den Versuchen, die kirchenfernen Studenten zu erreichen.[8]

Warum? – Weil es – wie das meiste, was zum klassischen Willow Creek-Programm gehört – offensichtlich funktionierte. Die „unchurched Harrys" freuen sich über die herzbewegenden oder humoristischen Parodien. Wenn Creeker erklären, warum Schauspiel und Multimedia so erfolgreich sind, verweisen sie oft auf die amerikanische Kultur. „Wir erleben bei unserer Fernsehgeneration", führt Evangelisationsleiter Mittelberg aus, „daß das Schauspiel ein wichtiges Mittel ist, manche Barrieren zu durchbrechen und die Botschaft hinüberzubringen." In amerikanischen Häusern laufen die Fernseher im Durchschnitt täglich mehr als sieben Stunden lang. Creeker glauben in diesem Zusammenhang, das Schauspiel rede eine kräftige Sprache, die auch „Harry" versteht.[9]

Ziele des Schauspiels in Willow Creek

Die kurzen Schauspiele im Wochenendgottesdienst haben sehr spezifische Zielsetzungen. Dadurch werden

allgemeinmenschliche Probleme angesprochen,
Creeker in die Lage versetzt, sich mit den „unchurched Harrys" zu identifizieren,
den „Harrys" Mittel in die Hand gegeben, sich selbst kennen zu lernen,
„Harrys" Barrikaden ein wenig abgetragen.

Allgemeinmenschliche Probleme

Jeder Sketch ist ein fünf- bis achtminütiges Schauspiel, das zu Themen hinführt oder Angelegenheiten beleuchtet, um die es in dem betreffenden Gottesdienst geht. Im Fluß des Willow Creek-Programms steht das Schauspiel gewöhnlich ziemlich am Anfang. Ein Textschreiber sagt dazu:

Das Schauspiel ist, soviel wir wissen, der beste Weg, ein Problem, über das wir reden wollen, wirklichkeitsnah darzustellen. Mit anderen Worten: Jeder Gottesdienst hat ein Thema oder ein Hauptanliegen. Und durch das Schauspiel können wir die Leute mit der darin enthaltenen Problematik – nicht mit deren Lösung – verbinden.[10]

Die Schauspiele versuchen, allgemeinmenschliche Probleme zu beschreiben. Ein Texter erklärt, er versuche, verschiedene menschliche Schwierigkeiten dadurch zu beschreiben, daß er „Anliegen herausarbeitet, Probleme benennt und innere Kämpfe darstellt". So bestätigt Nancy Beach, daß sie solche Schreiber braucht, die „die menschliche Natur kennen und wissen, was die Leute bedrückt".[11]

In einem Schauspiel bei Willow Creek, der „Großen Erwartung", geht es um ein Ehepaar, das seit Jahren auf ein Baby hofft. Dann versuchen sie, ein Kind zu adoptieren und haben ihr Ziel fast erreicht. In letzter Minute wird auch aus der Adoption nichts, und beide sind bis ins Tiefste enttäuscht. Die Frau bricht in einen Wutanfall gegen Gott aus. Ihr Mann, selbst tief verletzt, versucht, seine Frau zu trösten. Das Schauspiel endet damit, daß die Frau in den Armen ihres Mannes weint. Es gibt keine magische Antwort, die im letzten Augenblick dieses schmerzliche menschliche Problem löst.

Wenn Willow Creek versucht hat, das Schauspiel einzusetzen, um „unchurched Harry" die Lösung beizubringen, so waren die Ergebnisse meist wenig zufriedenstellend. Lee Strobel sagt dazu, diese Versuche „klingen in den Ohren von ‚Harry' und ‚Mary' hohl. Sie erwarten eine intellektuellere und detailliertere Antwort, als man sie in einem kurzen, mehr allgemein gehaltenen Schauspiel bieten kann." Beach glaubt: „Was in einer Predigt besser gesagt werden kann, sollte nicht in einem Schauspiel gesagt werden … Schauspiele eignen sich denkbar schlecht, um den Leuten Predigten zu halten."[12]

Die Schauspiele in Willow Creek enden meistens ohne Lösung, und die angerissenen Probleme bleiben ohne Antwort. Dazu sagt ein Textverfasser: „Die Aufgabe des Schauspiels besteht nur darin, eine Dose mit Würmern zu öffnen und irgendwie mit den Fingern darin herumzurühren. Dann ist es die Aufgabe des Predigers, sich mit den Würmern zu befassen." In gewisser Weise gibt das Schauspiel die Möglichkeit, die emotionalen Anliegen ans Licht zu bringen, mit denen „unchurched Harry" und „Mary" sich quälen. Indem das geschieht, ist das Programm in der Lage, das Problem einer Lösung zuzuführen, weil es isoliert wird und dann als solches zu erkennen ist.

Creeker werden in die Lage versetzt, sich mit „unchurched Harry" zu identifizieren

Im Gegensatz zu dem musikalischen Teil des Programms, durch den die Beziehung zu Gott beschrieben werden kann, behandeln die Schauspielsketche die menschliche Dimension des Lebens. Beach meint: „Schauspieltexte weisen letztlich mehr in die Horizontale als in die Vertikale." Ein Beispiel für diese Art der Beschreibung menschlicher Beziehungen ist die folgende teilweise Mitschrift eines Schauspiels über die geschlechtlichen Beziehungen eines Ehepaares.

M = männliche Stimme   F = weibliche Stimme

M: Wie spät ist es?
F: 11.15.
M: Wohin gehst du?
F: Ins Bett. Gute Nacht.
M: He, es ist schon eine ganze Zeit her.
F: Klar, wenn ich siebzehn Stunden auf den Beinen war, bin ich gewöhnlich soweit, daß ich gut schlafen kann.
M: Ach was. Du weißt, was ich meine. Schatz, was hast du?
F: Ich habe etwas Atemnot; aber das ist nicht so schlimm. Das kommt immer, wenn ich übermüdet bin.
M: Sehr eigenartig!
F: Ich geh jetzt ins Bett.
M: Ich komme gleich nach.
F: Dann werde ich schon eingeschlafen sein.
M: Ich wecke dich auf.
F: Und ich schließ die Tür ab.
M: Dann brech' ich sie auf.
F: Na, das möchte ich erleben.
M: Ach, was ist denn los?
F: Was los ist?
M: Naja, ich möchte meine Frau lieben und …
F: Oh, darum geht's? Du willst deine Frau lieben. Und ich dachte, du hättest dich nach einer Beschäftigung für die Halbzeit umgesehen.
M: Liebling, beim Hockey gibt's keine Halbzeiten. Kannst du nicht aufhören, mich so zu behandeln? Es langt mir allmählich.

F: Gut! Und mir langt es allmählich, daß ich nur dein letzter Gedanke am Abend bin. Oder dein Mittel gegen Schlaflosigkeit!

Als dieses Schauspiel aufgeführt wurde, lachte das Publikum in Willow Creek an manchen Stellen lauthals auf, während es an anderen Stellen so still war, daß man eine Nadel hätte fallen hören können. Auf diese Weise konnten die Creeker ein Problem skizzieren, das den meisten Verheirateten nicht unbekannt ist. Aber mehr noch, das Schauspielteam konnte sich mit „unchurched Harry" und „Mary" identifizieren und letztlich signalisieren: *Wir haben auch Probleme; wir sind wie ihr.* Beach erklärt dazu: „Mit einer Theaterszene wollen wir nicht die ‚drei Punkte' der Predigt einhämmern. Wir wollen darauf vorbereiten … und die Leute wissen lassen, daß wir begreifen, wo sie sich befinden."

Den „Harrys" Mittel in die Hand geben, sich selbst kennen zu lernen

Die Schauspiele sind mitunter so angelegt, daß „Harry" sich selbst sehen lernt und sich ein wenig unwohl fühlt. Strobel erklärt, die Stücke seien so konzipiert, daß sie „ein Thema anreißen. Sie sollen einen Mißklang erzeugen. Sie sollen uns Dinge in unserem Leben zeigen, die wir sonst nicht gesehen oder ernstgenommen hätten."
Die Parodie geht weiter:

M: Du bist nicht mein Schlafmittel.
F: Oh, aber ich fall dir immer erst am Ende des Tages ein!
M: Willst du mir einfach einen Korb geben?
F: Naja, eigentlich das! Ich meine, du kommst nach Hause, ißt Abendbrot und dann parkst du dich für den Rest des Abends im Sofa ein und schnarchst, wenn nichts Aufregendes zu sehen ist. Den ganzen Abend redest du mit mir kein vernünftiges Wort .
M: Stimmt. Was willst du also von mir?
F: Du weißt sehr gut, was ich von dir erwarte.
M: Gut! Du willst reden; also reden wir …
F: Ich will nicht reden.
M: Aber du hast doch gesagt …
F: Zum Kuckuck, Steve, ich will, daß du mich wahrnimmst – mir zeigst, daß ich dir wichtig und etwas Besonderes für dich bin.
M: Oh, du willst, daß ich um dich werbe? Ich dachte, das hätte ich vor der Hochzeit wirklich genug gemacht.- Entschuldige. Das hätte ich nicht sagen dürfen. Los, komm schon, Paula.
F: Nein. Wenn du mich haben willst, dann mußt du mich gewinnen.
M: Gut, aber wie soll ich das, wenn du mich so anstarrst?
F: So, was willst du? Soll ich nach nebenan gehen?
M: Naja …
F: Vergiß es!

Viele „unchurched Harrys" erkennen sich in diesem Schauspiel wieder. Ihre Frauen fühlen sich oft nicht ernstgenommen. Ihre Frauen fühlen sich übergangen. Ihre Frauen haben sexuelle Intimität satt, wenn es an seelischer Intimität fehlt. „Harry" wird in diesem Stück mit der unangenehmen Erkenntnis konfrontiert, daß er seine Frau mit ähnlicher Gefühlskälte behandelt. Das Schauspiel hat seinen Zweck erfüllt, wenn „Harry" sich auf diese unangenehme Weise selbst gesehen hat.

An manchen Stellen des Stückes erkennt sich „Harry" nicht nur in dem gespielten Ehemann, er kann auch über ihn – über sich – lachen. Strobel erklärt:

> Die Menschen erkennen sich durch das Schauspiel selbst, identifizieren sich damit – und können darüber lachen. Dadurch werden einige Spannungen abgebaut, und es entstehen Erwartungsgefühle: Ob wohl die Predigt eine Antwort auf die neu entdeckten Fragen hat?

„Harrys" Barrikaden werden abgetragen

Das Programmteam sieht in den ersten 30 Minuten des Gottesdienstes eine „Hintertür", durch die „Harry" beeinflußt werden kann. Beach erklärt, daß „sich der Widerstand der Hörer vermindert, wenn sie sich von den künstlerischen Aktivitäten haben mitnehmen lassen … Anders, als wenn gleich jemand aufsteht und zu ihnen spricht." Beach glaubt: „Sie wissen, wenn jemand predigt, dann ist diese Person darauf aus, sie zu überzeugen. Die Künste sind viel effektiver und kommen auf ganz subtile Weise durch die Hintertür."

Wenn ein „unchurched Harry", noch dazu ein „feindseliger Harry", in Willow Creek die Türen durchschreitet, dann ist er an der Botschaft dort nicht sonderlich interessiert. Er befindet sich in der Defensive und leistet dem Christentum Widerstand, von dem er meint, es solle ihm übergestülpt werden. Ein Weg, „Harrys" Widerstände durch das Schauspiel zu mildern, liegt darin, ihn zum Lachen zu bringen. So versucht der Ehemann aus dem schon zitierten Sketch beispielsweise, seiner Frau Aufmerksamkeit zu schenken und sie zu bewundern:

> M: Wart, wart – Sieh mich an, los! Warum kommst du nicht her zu mir? Setz dich zu mir, mach's dir gemütlich. Los. (Nach langer Pause) Du siehst heut Abend reizend aus. Dein Rock ist so hübsch. Dein Makeup sieht gut aus. Dein Haar duftet so schön. Deine Haut ist weich. – Na, wie mach ich das?
>
> F: Prima –, wenn ich ein frisch getrimmter Cockerspaniel wäre!

Das Schauspiel wurde bis zu diesem Punkt zunehmend spannungsgeladener. Als die Parodie aufgeführt wurde, quittierte das Auditorium die schlagfertige Antwort der Frau an dieser Stelle mit lautem Gelächter. Der Humor löst nicht nur die Spannung, sondern baut auch Verteidigungsbarrieren ab.

Humorvolle Schauspiele

Humor hat das Schauspielteam regelmäßig auf Lager. Viele der humorvollen Parodien erinnern an die populäre Fernsehshow *Saturday Night Live*. Ja, manche *Saturday-Night-Live*-Typen wie „Church Lady" oder die Dummköpfe „Hans and Franz" treten regelmäßig in Willow Creek auf. Eine Veröffentlichung über das Schauspiel in Willow Creek nennt sich sogar *Sunday Morning Live*. Amerikaner lachen gern. Es ist kein Zufall, daß die populärsten Fernsehshows des letzten Jahrzehnts die Komödien *The Crosby Show, Roseanne* und *Home Improvement* waren. Amerikaner stellen den Fernseher an, oder sie gehen in die Kirche, wenn es dort etwas zu lachen gibt.

Und Willow Creek möchte „Harry" zum Lachen bringen. Das entspricht genau dem Ziel, ein erfreuliches Programm zu gestalten, zu dem „Harry" gern wiederkommt. Aber der tiefere Grund für die Anwendung des Humors liegt dem Psychologen Robert Oliver zufolge darin, „die Hörerschaft zu entwaffnen, die Barrieren des Mißtrauens und mögliche feindliche Einstellungen beiseite zu räumen, damit sich Bereitschaft zum Zuhören einstellt". Oliver doziert:

> Lachen ist eine sanfte und doch erfolgreiche Methode, die Hörerschaft in aufnahmebereite Haltung zu versetzen. Es baut eine Brücke guter Beziehungen, über die dann die überredenden Appelle marschieren können.[13]

Das Programm in Willow Creek schafft es immer wieder, „unchurched Harry" zum Lachen zu bringen und bereitet ihn so auf die Botschaft vor. Diese angenehmen Gefühle schwemmen die anfängliche negative Voreingenommenheit fort, mit der „unchurched Harry" nach Willow Creek kam und erzeugen für Willow Creek – und damit auch für das Christentum – eine positive Einstellung.

Ein Bild mag diesen Gedanken erläutern. Eine Schauspielparodie in Willow Creek beginnt damit, daß sich eine Mutter mit ihrem Sohn zu Hause unterhält. Der Sohn hat Angst davor, seinem Vater zu beichten, er habe sein Hauptstudium abgebrochen, um jetzt Russisch zu lernen. Die Mama versucht ihn zu beruhigen, indem sie versichert, der Vater sei im tiefsten Kern ein herzensguter Mensch und werde ihm in seiner Entscheidung nicht im Wege stehen.

In diesem Augenblick ertönt von oben her das laute Knattern eines Hubschraubers. Und aus den Kulissen fällt ein Seil auf die Bühne. Der Rambo-Papa im Kampfanzug und mit Maschinenpistole läßt sich, wild schießend, am Seil herunter. Wenn der Sohn anfängt, seinem Rambo-Papa zu erklären, er wolle von jetzt an Russisch studieren, schreit dieser so etwas wie: „Kein Sohn von mir wird eine Kommunistensprache lernen!", während er wild um sich ballert. Das Ergebnis? Die Menge lacht sehr erheitert über diesen offensichtlich unvernünftigen und wenig hilfsbereiten Vater. Das Ziel dieser humorvollen Parodie ist erreicht – „Harrys" Widerstand ist herabgemindert worden. Die Bedeutung von Liebe und Fürsorge kann nun in der Botschaft später im Programm angesprochen werden.

Indem die Creeker den Tagesereignissen, wichtigen Themen und heiklen Situationen die heitere Seite abgewinnen, erregen und fesseln sie „Harrys" Aufmerksamkeit. Die Mitarbeiter sind sich des Wertes des Humors in ihrem Programm sehr bewußt, und sie können auch äußerst gut damit umgehen.

Schauspiele, die das Gefühl anrühren

Creeker verstehen sich ebenfalls gut auf herzergreifende Schauspiele. Manchmal können Schauspiele und Medienpräsentationen „Harrys" Abwehrhaltung dadurch abbauen, daß sie eine tief in ihm verborgene Seite zum Schwingen bringen. Lee Strobel erinnert sich an eine Vorstellung in Willow Creek, als er noch selbst ein feindseliger und skeptischer „Harry" war. Es handelte sich um zwei Tonfiguren:

> Die eine war ein großväterlicher Gott; die andere ein Mann, der ihm zu gefallen suchte ... Er bot Gott sein Geld an, seine Hobbys, sein Haus – ja, er wollte sogar mit einem Schild umherlaufen, auf dem stand: „Bekehrt euch."
>
> Am Ende begriff der Mann, daß Gott wirklich nichts anderes wollte als sein Herz, und als er ihm das dargebracht hatte, zog Gott ihn an sein Herz und drückte ihn fest an sich.
>
> Da saß ich, ein pflastersteinharter Zeitungsmann, und hatte Tränen in den Augen! Diese schlichten, kleinen Tonfiguren hatten es erreicht, daß am Ende mein ganzes emotionales Verteidigungssystem zusammenbrach.[14]

Strobel, der Skeptiker, sah die Schönheit der Liebe Gottes und wurde von ihr angerührt. Ein Mitglied des Programmteams drückte es so aus: „Hat das Schauspiel dazu beigetragen, das Thema des Tages klar herauszuarbeiten, sind die Hörer auch zu dem nächsten Schritt bereit. Diese Strategie hat zu einer kleinen Kontroverse im evangelikalen Lager geführt."

Die Kontroverse über die Unterhaltung

Die Frage, ob das Willow Creek-Programm tatsächlich Unterhaltung ist oder nicht, wird kontrovers beurteilt. So sagt ein Befürworter Willow Creeks: „Willow Creek ist beschuldigt worden, ins Unterhaltungsgeschäft eingestiegen zu sein."[15]

Kritiker beschreiben Willow Creeks Umgang mit den Medien als Unterhaltung und Verwässerung des Evangeliums. Der fundamentalistische Pastor John MacArthur hat kürzlich ein Buch geschrieben mit dem Titel *Wenn Salz kraftlos wird (CLV, Bielefeld)*. Es handelt von dem – wie er es nennt – „weltlichen Gebrauch des Pragmatismus". Dort gibt es Kapitel wie „Die benutzerfreundliche Kirche?" und „Das Zeitalter des Showbusineß", in denen Willow Creeks zentrale Gedanken angegriffen werden.[16]

Hybels fühlt sich zutiefst getroffen, wenn Kritiker Willow Creek beschuldigen, nur Unterhaltung zu betreiben. Ein Befürworter Willow Creeks berichtet, „die Leiterschaft in Willow Creek hat sich äußerst verletzt gezeigt über solche Kommentare, durch die ihr ungerechterweise vorgeworfen wird, Unterhaltung statt Verkündigung anzubieten". Hybels hält daran fest, daß Willow Creek die Künste nur benutzt, um die Wahrheit zu vermitteln:

Wer war der Meisterkomponist? Wer hat die Künste erschaffen? Wessen Idee war es, die Wahrheit durch eine weite Vielfalt künstlerischer Genres zu vermitteln? Ich meine, das war Gott. Warum hat dann die Kirche ihre Möglichkeiten so eingeengt und einen redenden Kopf als einzige Form der Verbreitung der wichtigsten Botschaft dieses Planeten ausgewählt?

Creeker fühlen sich angegriffen, wenn andere ihre Arbeit als Unterhaltung bezeichnen. Sie sind der Ansicht, das Evangelium nur auf kreative Art zu präsentieren.[17]

Die Kontroverse ist verworren, weil auf beiden Seiten kaum der Versuch gemacht wurde, herauszuarbeiten, was man unter „Unterhaltung" versteht. Nach dem *Oxford English Dictionary* ist Unterhaltung der Gebrauch kreativer Künste, um dem Publikum interessante, gefällige und amüsante Erlebnisse zu bereiten.[18]

So verstanden bringt Willow Creek tatsächlich Unterhaltung. Das Programm des Seeker Service ist darauf abgestellt, ein interessantes, gefälliges und manchmal auch amüsantes Erlebnis für „unchurched Harry" bereitzustellen, um dadurch das Evangelium einprägsamer anbieten zu können.[19]

Und doch ist es ein Unterschied, ob man die Unterhaltung als Mittel zum Zweck oder um ihrer selbst willen einsetzt. Wäre die Unterhaltung das Ziel und der Zweck der Aktivitäten in Willow Creek, wären diese schon mit Erfolg gekrönt, wenn „Harry" zufrieden und amüsiert nach Hause geht. Willow Creek benutzt die Unterhaltung aber als ein Mittel, das nur dann erfolgreich genannt wird, wenn einige „Harrys" sich zum Christentum bekehren.

Obwohl die Creeker es vermeiden, von *Unterhaltung* zu reden, versuchen sie doch, auf kreative Weise für „Harry" ein interessantes, gefälliges und amüsantes Erlebnis zu schaffen. Hybels sagt dazu: „Meine Generation erwartet, daß man ihre Sinne bis zu einem gewissen Grade stimuliert." Indem sich die Kirche der modernen Medien bedient, spricht sie „Harrys" Sprache und versucht, die Botschaft von der Liebe Gottes so anzubieten, daß „Harrys" negative Voreingenommenheiten überwunden werden.[20]

Willow Creek setzt alles daran, ein Programm aufzustellen, durch das die menschlichen Gefühle angerührt werden. Das Schauspiel erregt nicht nur „Harrys" Aufmerksamkeit, sondern führt ihn zu der von Willow Creek angebotenen Lösung hin. Somit wird das Programm zu einem Mittel der Überzeugung. Und zu diesem Zweck ist es nach sieben Grundprinzipien gestaltet, von denen im nächsten Kapitel ausführlich gesprochen werden soll.

KAPITEL 7

Die Programmgrundsätze, die zur Überzeugung führen sollen

Wir haben untersucht, wie Willow Creek seine Programmvision einbringt; jetzt müssen wir eine tiefergehende Frage stellen. Warum? Warum ist Willow Creeks Programm erfolgreich, „unchurched Harrys" vom Christentum zu überzeugen? Ein Maß für diesen Erfolg ist die Zahl der Menschen, die alle sechs Monate in der Gemeinde getauft werden. Während ich meine Untersuchungen durchführte, fanden so viele Taufen statt:

Juni	1989	365
Dezember	1989	200
Juni	1990	661
Dezember	1990	222
Juni	1991	342

Diese Zahlen enthalten nicht die vielen Menschen, die sich in Willow Creek für Christus entschieden haben und sich nicht dort taufen ließen. Doch diese kurze Liste zeigt, daß Hunderte, ja, Tausende von „unchurched Harrys" sich in Willow Creek für Christus entscheiden. Warum? Was sind die Prinzipien, die das Willow Creek-Programm anwendet, um Menschen zu überführen? Das Programm ist zweckdienlich und ausgefeilt, und es appelliert an das Gefühl.

Relevant

Das Programm in Willow Creek fängt da an, wo „Harry" ist. Es ist auf „Harrys" Zielgruppenprofil eingerichtet. Alles – Musik, Schauspiel und Medien – entspricht „Harrys" Interessen und seinem Geschmack. Indem alles da anfängt, wo „Harry" ist, versucht Willow Creek, seine Aufmerksamkeit zu gewinnen und zu erhalten. Nancy Beach sagt dazu:

> Man muß seine („Harrys") Aufmerksamkeit in den allerersten Minuten gewinnen, oder man hat ihn verloren. Weil sein Leben so hektisch ist und er von so vielen Dingen angezogen wird, müssen wir in rechter Weise zur Sache kommen ... oder wir werden ihn nicht halten können.

„Harry" hat nur seine unmittelbare Welt und deren Probleme im Sinn. Daher handeln viele der zentralen Themen des Programms von dem, was „Harry" augenblicklich bedrückt. Indem man eine Sache anspricht, mit der „Harry" sich schon beschäftigt, versucht Willow Creek, eher ein fahrendes Fahrzeug in die richtige Richtung zu lenken, als daß es versucht, ein parkendes zu steuern. In diesem Sinne ist das Programm dazu da, „Harry" neugierig zu machen und in ihm den Wunsch zu wecken, der Prediger möge das ihm wichtige Thema auch behandeln.

Ausgefeilt

Qualität ist ein zentraler Wert in Willow Creek. So lehrt Hybels: „Qualität inspiriert die Menschen. Sie weckt den Wunsch, mehr und Besseres zu schaffen." Creeker benutzen den Ausdruck „Qualität" (excellence) als ein Wertungskriterium ihrer Arbeit auf allen Gebieten – in diesem Fall ihres Programms. Wir sehen dieses Mühen um Qualität in Musik und Schauspiel, in Beleuchtung und Beschallung und in den ständigen Verbesserungen.

Musik und Schauspiel

Beach glaubt: „Der kirchenferne ‚Harry' wird in Filmen, Fernsehen und Schauspielen ständig mit Qualität konfrontiert … Er hat schon viel Hochwertiges gesehen." Daher beurteilt er alles durch diesen Filter der Qualität.

Willow Creek sieht sich in Konkurrenz mit „Harrys" üblicher Unterhaltung. Strobel sagt dazu: „Sesamstraße und Disney World haben bei den Verbrauchern von heute hohe Standards gesetzt." Willow Creek unternimmt den Versuch, diesen Standards in ihrer Musik und in den Schauspielen Paroli zu bieten.[1]

Das Ergebnis dieses Engagements ist, daß „Harry" mit dem Wissen zu den Wochenendgottesdiensten kommt, daß er etwas Professionelles vorgesetzt bekommt. Er hätte keine Lust, einer Stimme zuzuhören, die steckenbleibt, wenn es in die höheren Tonlagen geht, oder unfähigen Schauspielern zuzugucken. Lee Strobel berichtet aus seiner früheren Perspektive als „unchurched Harry": „Ich brauchte nicht dazusitzen und mich zu ärgern über einen, der richtig schlecht sang, daß man sich seiner hätte schämen müssen."[2]

Alle an dem Gottesdienst Mitwirkenden sind hoch talentiert und sorgfältig vorbereitet. Sie sehen auch im Allgemeinen gut aus und ziehen sich nett an. Kirchenferne Besucher „erleben Qualität", wie Evangelisationsleiter Mittelberg ausführt, „und tolle Leute beim Gesang und im Schauspiel".

Diese Qualität erzeugt bei den hereingekommenen „unchurched Harrys" Respekt. Strobel verrät, wie es ihm erging, als er die Gemeinde das erste Mal besucht hatte:

> In meinem Beruf als Journalist war ich bemüht, zu den Besten zu gehören. Das war mein Leben … Und so war ich zutiefst beeindruckt davon, daß diese Leute ihr frommes Tun genauso ernst nahmen wie ich meine Arbeit.

Qualität ist etwas, was „Harrys" und Willow Creek gemeinsam haben.

Beleuchtung und Beschallung

Obwohl sich „Harry" dessen kaum bewußt ist, sitzt er in einem Traum von einem Theaterzuschauerraum. Willow Creeks Beleuchtungs- und Beschallungssysteme sind einzigartig. So erklärte Hybels einigen ihn besuchenden Kirchenführern: „Um zu zeigen, wie fanatisch wir an diese Sachen herangehen ... allein in diesem Auditorium stecken mehrere hunderttausend Dollar für Beleuchtung und Beschallung."

Dieses Engagement für Lichter und Töne bestand von Anfang an. „In den Anfangszeiten der Gemeinde", so erinnert sich Beach, „als wir noch kein Geld hatten, bekamen die Mitarbeiter kein Gehalt ... wir waren alle bereit, das verfügbare Geld für das auszugeben, was uns am wichtigsten erschien: für die Beleuchtung und die Lautsprecheranlage." Jeden Sonntagmorgen standen der Obertechniker und seine Leute um vier Uhr auf, um in dem örtlichen Theater das Beleuchtungssystem zu installieren, in dem damals die Gottesdienste stattfanden; „denn Beleuchtung hat Aussagekraft".

Während der zweieinhalb Jahre, die ich die Gemeinde besuchte, war das Licht stets angenehm warm und hatte die richtige Fülle. Niemals hörte ich ein Pfeifen wegen einer Rückkopplung der Mikrophone. Die Beleuchtung war immer unaufdringlich und schien perfekt zu funktionieren. Gerade daß man über Licht und Ton nie sprach, dokumentiert diese Perfektion. Keinen einzigen Fehler habe ich bei der Beleuchtung oder bei der Beschallung während des Programms je erlebt.

Wie bei allem, was in Willow Creek für wichtig gehalten wird, drängt man darauf, daß andere christliche Leiter die gleichen Prioritäten setzen. Bei einer Leitertagung in Willow Creek ermahnt Hybels die Pastoren, die Beleuchtung sei absolut unerläßlich:

Sie könnten Ihre Beleuchtung schon für weniger als fünfhundert Dollar dramatisch verbessern. Sie könnten einen Elektriker anstellen, der einige Ihrer Strahler richtig ausrichtet, und ich garantiere Ihnen, wenn Sie am nächsten Sonntag die Dinger anschalten, entsteht auch dort dieser unfaßbare Überraschungseffekt.

Fortwährende Überprüfung

Wenn Hybels die Wichtigkeit der Qualität hervorheben will, bezieht er sich oft auf andere Gemeinden, die er besucht hat:

Beinahe alles, angefangen beim Parkplatz, über die Architektur, die Druckerzeugnisse, den verspäteten Beginn, die klägliche Beschallung, das schreckliche Licht, die stümperhafte Musik, das ... soll ich fortfahren? Sie wissen Bescheid! Fast jedes Einzelteil, das mit dem Gottesdienst und dem Zubehör zusammenhängt, sagt: „Uns ist alles einerlei."

Hybels versucht, in Willow Creek Leute zusammenzubringen und auszubilden, denen es nicht einerlei ist. Ein wichtiges Mittel, das er und seine leitenden Mitarbeiter anwenden, ist die Überprüfung – dabei wendet er die gleichen kritischen Maßstäbe an, mit denen er im obigen Zitat andere Gemeinden beurteilt.

Hybels sagt: „Wir fragen dauernd und überall: Wie können wir das Optimum erreichen? Wie können wir es schaffen, daß alles für uns und nichts gegen uns arbeitet?" Dieses Ziel der Optimierung wird durch eine Reihe regelmäßiger Programmüberprüfungen erreicht. Hybels sagt dazu:

> Wir unterziehen uns immer noch einer wöchentlichen Überprüfung, und wir fangen an, indem wir fragen:
> Wie fühlen wir uns bei dem Vorspiel?
> Wie fühlen wir uns bei dem Übergang vom Vorspiel zum Eröffnungschorus?
> Wie fühlen wir uns bei dem Chorus?
> Wie fühlen wir uns bei dem Übergang?
> So gehen wir von Minute zu Minute zu Minute zu Minute durch den ganzen Gottesdienst – jede Woche.

Wenn den Mitarbeitern die Ideen für die Feinabstimmung des Programms und der Einrichtung ausgehen, laden sie mitunter hochkarätige Ratgeber ein, die ihnen bei den Verbesserungen helfen. Hybels berichtet:

> Wir holten uns den Fachmann, der die Lichtshow bei Disney-Epcot gebaut hatte, diesen Laserapparat … (Er) war das letzte Wochenende über hier … Wir hatten das Empfinden, irgendwie hinter dem augenblicklichen Standard zurückzubleiben mit unserer Beleuchtung, und da suchten wir einen, der uns Anstöße gibt und uns sagt: „Ich zeig euch fünf Wege, die Sache besser zu machen."

Das Ergebnis dieser Gründlichkeit ist ein hohes Maß an Sachverstand.

„Harry" darf anonym bleiben

Die Umfeldgestaltung und die Programminhalte in Willow Creek sind die direkte Antwort auf das Bild, das man von „unchurched Harry" gewonnen hat. Creeker glauben, „Harry" fühle sich unwohl in der fremden Umgebung einer Kirche. Indem man eine Situation der Anonymität schafft, hoffen die Creeker, „Harry" zu erleichtern. Sie gehen von mehreren Annahmen in bezug auf „Harrys" Gefühle und Wünsche bei seinen anfänglichen Kontakten mit der Gemeinde aus.[3]

„Harry" hat Angst

Creeker wissen, daß „Harry" Unbekanntes betritt, wenn er zum ersten Mal in die Kirche kommt. Daraus folgern sie, daß er ängstlich ist, weil er nicht weiß, was ihn erwartet. Der frühere „unchurched Harry" Lee Strobel berichtet: „Man könnte es mit den Gefühlen eines Christen vergleichen, der das erste Mal in eine muslimische Moschee kommt." Strobel meint:

> Sie fürchten sich, etwas falsch zu machen – sitzen zu bleiben, wenn alle anderen auf ein unausgesprochenes Zeichen hin aufstehen; oder man ist unfähig, einen Bibelvers aufzuschlagen, den alle anderen gleich gefunden haben …
> Sie möchten nicht durch einen Patzer die Aufmerksamkeit auf sich ziehen.[4]

Wenn „Harry" die Kirche absonderlich findet, möchte er so schnell wie möglich wieder nach draußen kommen. Beach sagt dazu: „Wenn ihn jemand eingeladen hat, wird er gern sein eigenes Auto nehmen, damit er so schnell wie möglich verschwinden kann, wenn ihm nicht gefällt, was hier passiert." „Harry" ist nervös. Cousins erklärt, was hinter dem Wunsch, anonym zu bleiben, steckt:

> Der einzige Weg, wie wir „Harry" dazu bringen, sich zu entspannen, ist der, daß wir ihm möglichst schnell signalisieren: „Hey, ‚Harry', wir haben nicht die Absicht, dich zu bitten, dich vorzustellen. Wir wollen es dir nur so gemütlich wie möglich machen."

Indem man „Harry" anonym läßt, hoffen die Creeker, daß er sich entspannt und dem Programm und der Predigt folgt.

Daß man für Anonymität sorgt, bedeutet nicht, Willow Creek kümmere sich nicht um „Harry". Genau das Gegenteil trifft zu. Cousins erklärt:

> Effektivem Dienst geht es darum, diesen Burschen sich entspannen zu lassen … Wir haben da einen Programmzettel, der einfach zu lesen ist. Wir müssen ihn beim Parken einweisen, den Weg zeigen, ihm vorschlagen, wo er vielleicht sitzen könnte und ihm genau sagen, was nun kommt – so daß er nicht ängstlich fragen muß: „Und was kommt nun als Nächstes dran?"

„Harry" will Zuschauer sein und sich nicht beteiligen

Creeker meinen zu wissen, daß „Harry" alles aus sicherem Abstand betrachten will. Die Besucher des Willow Creek-Seeker-Service sind zum größten Teil passive Beobachter – eine Hörerschaft.

So ist das Willow Creek-Programm aufs Zuschauen ausgelegt. Nancy Beach sagt dazu, das Gemeindeprogramm sei „auf der Prämisse aufgebaut, daß sie (die ‚Harrys') nur zuschauen wollen, wenn sie etwas Neues ausprobieren". Hybels erklärt: „Unsere ‚Sucher' wollen weder etwas sagen, noch etwas singen oder unterschreiben oder geben."[5]

Diese Anonymität gibt „Harry" die Freiheit, ob und wann er weitere Information oder andere Hilfen haben möchte. Strobel sagt, Anonymität „versetzt ‚Harry' in die Lage, die Situation im Griff zu behalten. Als ich zum ersten Mal hierherkam, wollte ich auch möglichst Herr der Situation bleiben; denn das gab mir Sicherheit." Indem man „Harry" diese Sicherheit gibt, versucht Willow Creek, „Harry" sich entspannen zu lassen.[6]

„Harry" möchte gern Abstand halten

Außerhalb des Netzes seiner gesellschaftlichen Bindungen fühlt sich „Harry" unwohl. Creeker glauben, daß, wenn sich „Harry" vielen Leuten vorstellen sollte, er höchstwahrscheinlich nicht wiederkäme. Beach erklärt: „‚Harry' möchte nicht erwähnt werden, wenn er hierher kommt." Darum gestaltete Willow Creek eine Umgebung, in der „Harry" die Musik und das Schauspiel und die Predigt ohne die Peinlichkeit zwischenmenschlicher Annäherung genießen kann. Willow Creek trainiert seine Türhüter, die Leute freundlich zu grüßen, ohne sie „zu belästigen". Ein Besucher sagte das so: „Man braucht keine Angst zu haben, daß jemand auf einen zukommt und Fragen stellt. Man kann einfach untertauchen und sich wohlfühlen."[7]

Ein Charakteristikum Willow Creeks, das der Anonymität entgegenkommt, ist seine Größe. Selbst in der Anfangszeit zog Willow Creek schon riesige Besucherscharen an, so daß Neuankömmlinge kaum auffallen. Schnell stellen diese fest, daß kaum jemand all die Hunderte oder Tausende von Besuchern kennen könnte. So erinnert sich Strobel: „Als ich anfing, dorthin zu gehen, war Willow Creek schon ‚in' und zog sehr viele Leute an." Es ist so ähnlich wie beim Besuch eines großen Konzerts oder eines riesigen Vorstadtkinos. „Harry" geht seinen eigenen Weg, und niemand tritt ihm zu nahe. So bleibt er anonym.

„Harry" braucht Zeit

Strobel erklärt: „Anonymität gewährt ‚unchurched Harry' und ‚Mary' *Zeit*. Sie schafft ein sicheres Umfeld, von wo aus sie die Wahrheit über Christus in der Zeit suchen können, die sie dazu brauchen."[8]

Evangelisationsleiter Mittelberg bestätigt das: „Die Leute machen einen Prozeß durch, wenn sie zu Christus kommen – einen Prozeß. Und ich glaube an diesen Prozeß und respektiere ihn." Wie ich in Kapitel 4 schilderte, glauben die Creeker, daß „feindselige Harrys" zur Neugier bekehrt werden und „neugierige Harrys" zu ernsthaftem Suchen. Erst danach bekehren sich die „aufrichtigen Harrys" zum Evangelium.

Creeker betonen den Gedanken des Prozesses im Gegensatz zu dem – wie sie es nennen – „ereignisorientierten Ansatz". Hybels berichtet, wie viele Evangelikale „dazu neigen, Leuten, die zwanzig, dreißig oder vierzig Jahre lang nach völlig weltlichen Gesichtspunkten gelebt haben, zu erzählen, sie könnten in wenigen Minuten am Schluß des Gottesdienstes eine Entscheidung treffen, die über ihre ewige Bestimmung entscheiden wird". Creeker glauben, daß die meisten „Harrys" keine schnelle Entscheidung, Christus zu folgen, treffen werden. Evangelisationsleiter Mittelberg erinnert sich, daß ein Evangelikaler ihm sagte: „Wenn euer Seeker Service dazu da ist, Leute für Christus zu erreichen, gebt ihr ihnen dann auch jede Woche die Möglichkeit dazu? Vielleicht habt ihr nur diese eine Chance." Mittelberg erklärte ihm daraufhin:

> Das ist beinah eine sich selbst erfüllende Prophetie … Weil wir denken, wir hätten nur eine Chance, versuchen wir die Angelegenheit auf einen Sturz zu Ende zu bringen. Und weil wir das tun – jagen wir den Menschen davon.[9]

Im Gegensatz dazu braucht „Harry" nach Mittelbergs Meinung genau das Gegenteil. „Wenn wir zu großen Druck auf ‚Harry' ausüben, lassen wir ihm keine Zeit, den Prozeß zu durchlaufen." Creeker glauben, daß jeder „Harry" seine individuelle Zeit für diesen Entdeckungsprozeß braucht. Cousin erklärt, was Willow Creek „Harry" zu vermitteln sucht:

> Laß dir Zeit, „Harry". Wir wissen, daß du manche schlechte Erfahrung in der Vergangenheit gemacht hast.
> Lange Zeit hast du von Gott gedacht, er sei für dein Leben nicht wichtig, weil er dir keine Antwort auf die schwierigen Fragen deines Lebens geben würde. Darum, „Harry", wirst du einige Zeit brauchen, und das ist auch in Ordnung so. Komm nur her und setz dich, und halte dich hier so lange auf, wie du es nötig hast.

Das durch das Programm gestaltete Umfeld schafft diesen angstfreien Raum.

Die Freiheit, das Christentum im ganz persönlichen Zeitmaß zu erkunden, erlaubt „Harry" und „Mary", das Evangelium für gewisse Zeit beiseite zu schieben. So sagte zum Beispiel eine „unchurched Mary" bei ihrer Taufe:

> Fast das ganze erste Jahr saß ich mit übergeschlagenen Armen da und erlaubte Gott nicht, mich lieb zu haben. Ich wollte mich nicht vereinnahmen lassen, weil ich meinte, alles sei nur Show und Heuchelei.
> Und dann begann ich langsam zu bemerken, wie meine Jungen sich veränderten, und wie mein Mann sich veränderte, und wie ihr christlicher Lebenswandel immer deutlicher hervortrat. Es hat vielleicht acht oder zehn Monate gedauert, bis ich mich schließlich entschloß, anzufangen, mit anderen Ohren zuzuhören.

Hybels erklärt, die Kirchenfernen „möchten sich beim Suchen bedeckt halten, und wir erlauben ihnen das. Früher oder später wird ihnen das jedoch langweilig, und sie sind zur Veränderung bereit."[10]

Creeker glauben, sie müßten für eine gewisse Zeit auf einem prä-evangelistischen Level mit „Harry" kommunizieren, bevor dieser bereit ist, auf das Evangelium einzugehen. Dann versucht das Willow Creek-Programm, „Harry" dabei zu helfen, die nächste Stufe im Prozeß des geistlichen Suchens zu betreten. Zu diesem Prozeß gehört es, daß „Harry" wieder lernt, wer Gott ist. Willow Creek kann dazu beitragen, weitverbreitete falsche Vorstellungen über Gott als solche zu entlarven und Glaubensblockaden zu beseitigen.[11]

Ein beträchtlicher Teil des Wochenendgottesdienstes hat die Intention, den Leuten zu helfen, Gott neu zu entdecken. Beach sagt dazu: „Uns scheint, über Gott herrschen zahllose Mißverständnisse. Wir versuchen die verschiedenen Seiten des Wesens Gottes aufzuzeigen und hoffen, daß dies schließlich zu einem ausgewogenen Gottesbild führt." Beach meint, eine besondere Stärke der Musik sei die Fähigkeit, in den Menschen das Denken über Gott umzugestalten. Musik – so glaubt sie – kann bei der Ausformung des Verständnisses über Gott hilfreich sein: „Unser Hoffen geht dahin, daß die Leute im Lauf der Zeit ein ganzheitlicheres Gottesbild bekommen." Während das Schauspiel dazu neigt, die Probleme des Lebens darzustellen, „malt die Musik viel häufiger die Antworten".

Indem sie „Harry" helfen, Gott neu kennen zu lernen, versuchen die Creeker auch, daß er sich selbst erkennt – in Beziehung zu diesem Gott. Hybels
zitiert einen „unchurched Harry", der ihm geschrieben hatte:

> Ich kam in die Kirche mit der Überzeugung, ein Christ zu sein. Nachdem
> ich drei Monate lang den Seeker Service besucht hatte, gelangte ich zu der
> verblüffenden Erkenntnis: biblisch betrachtet bin ich gar kein Christ.
> Es dauerte etliche Monate, in denen sich diese Erkenntnis festigte … und
> dann dauerte es noch einige Monate, bis ich zu dem Punkt kam … daß ich
> mich entschied, Christus zu vertrauen.

Indem sie „Harry" Zeit lassen, das Christentum im eigenen Tempo zu erkunden, glauben die Creeker, daß er die biblischen Wahrheiten über Gott begreift
und dann auf Ihn reagiert.

Die Gefühle

Seit Jahrtausenden wissen die Schreiber um die Bedeutung des Gefühlslebens
bei der Überzeugungsarbeit. Aristoteles erklärt: „Das Studium der Rhetorik
befaßt sich im strengen Sinn mit den Methoden der Überredungskunst." Eine
dieser Methoden ist das Einwirken auf die Gefühle, um Überzeugungen zu
stiften. Aristoteles meint von den Gefühlen, durch sie würde die „Hörerschaft
in einen bestimmten Denkrahmen gebracht".[12]

Moderne Untersuchungen bestätigen den Einfluß der Gefühle auf die Überzeugung. „Persuasive Diskurse", meint der Psychologe Gerald Miller, „setzen
sich aus Logik und Gefühlen zusammen." Seine Kollegin Kari Edwards beobachtete bei ihren Versuchen, daß „affektive Mittel wirkungsvoller überzeugen
als verstandesmäßige". Die erfolgreichste Beeinflussung der Zuhörer
geschieht, wenn man ihre Gefühle ansprechen kann. Die Mitarbeiter in Willow Creek wissen um die Überzeugungskraft der Gefühle. Darum liegt eines
der Hauptziele des Wochenendgottesdienstes darin, „Harrys" Gefühle anzusprechen.[13]

Die Gefühle in der amerikanischen Kultur

Amerikaner werden in der internationalen Gemeinschaft als Leute angesehen,
die ihre Gefühle gern darstellen. Jedes Jahr findet in Cannes, in Frankreich,
ein Filmwettbewerb statt. Die Zeitschrift *Time* berichtete nach dem Wettstreit
von 1991:

> Ein US-Beitrag wurde schrecklich abgeblitzt. In dem Film ging es um ein
> rührseliges Stück: Mike Sewell, der am Down-Syndrom leidet, findet bei
> McDonalds eine Arbeit und sein Glück.
> Die Zuschauer in dem riesigen Auditorium in Cannes quittierten den Strei-
> fen mit groben Buhrufen und einem Pfeifkonzert.

Marcio Moreira, der kreative Direktor der *McCann-Erickson Worldwide*, sagte dazu, international „liebt man es nicht, seine Gefühle auf diese Weise manipuliert zu bekommen". Weiter erklärte er: „‚Schmalz' ist ein amerikanischer Begriff. Wir sind eben Leute, die ihre Gefühle vor sich her tragen."[14]

Amerikaner mögen gern tief bewegt werden, und das Fernsehen pflegt noch diese kuriose emotionale Verwundbarkeit. Es ist nichts Ungewöhnliches, wenn der Gastgeber in Talkshows ganz persönliche Fragen stellt und von den Gästen erwartet, daß sie ihre innersten Gefühle einem Millionenpublikum offenbaren. Ein Beispiel war das groß angekündigte Interview, das Oprah Winfrey mit Michael Jackson führte, das so weit ging, danach zu fragen, wie Michael als Kind „geschlagen wurde". Daraufhin schrieb Richard Corliss in der Zeitschrift *Time*, dieses Interview sei „nichts Geringeres als großes Fernsehen: lebendig, unbekümmert und die Gefühle offenlegend".[15]

Über Tage ist das Fernsehen mit Seifenopern erfüllt, weil die Amerikaner so etwas lieben. Und kitschige Schauspiele gibt es zu den besten Fernsehzeiten. Eine Ankündigung zu einer bestimmten Show versprach: „Sie werden lachen. Sie werden weinen. Sie werden sich verlieben." Die Werbung verkaufte die Show, indem sie diese wegen ihrer Fähigkeit anpries, starke Gefühle bei den Zuschauern zu erregen.[16]

Die Gefühlsorientiertheit der Amerikaner hat in den letzten Jahrzehnten stark zugenommen. Ein Teil der Gegenkultur der 60er Jahre bestand in dem Nachdruck auf Authentizität und gefühlsmäßiger Ehrlichkeit. Diese Gefühlsorientiertheit hat sich bei den Amerikanern in den 70er Jahren immer mehr verbreitet.[17]

Hybels bestätigt diese Veränderung: „Wir haben die Verletzlichkeit als ein Zeichen der Stärke zu erkennen, und die Fähigkeit, wahre Gefühle auszudrücken, als ein notwendiges Gut, dessen wir in unserer gehetzten Gesellschaft bedürfen." Früher galt es als unmännlich, zu weinen; heute wird es im zunehmenden Maße akzeptiert. Das Rollenbild des amerikanischen Mannes hat sich vom stoischen John Wayne zum sensiblen Bill Clinton gewandelt. Daraus ergibt sich die besondere Offenheit der Amerikaner für gefühlsbetonte Programme. So hat es Willow Creek als sehr nutzbringend erkannt, auf „Harrys" und „Marys" Gefühle einzuwirken.[18]

Diese Neigung der Amerikaner, in der Unterhaltung die Emotionen zu betonen, beobachten wir auch in ihrer gefühlsbetonten Weise der Gottesbegegnung. Das Gallup-Institut hat herausgefunden, daß sechs von zehn Amerikanern glauben, Gott träte mittels ihrer Gefühlswelt mit ihnen in Verbindung. Genauso viele Amerikaner glauben, Gott würde durch die Bibel zu ihnen reden, und nur halb so viele meinen, Gott würde andere Menschen dazu benutzen. Amerikaner hängen bei ihrer höchst individualistischen Gottesbeziehung im hohen Maße von ihren Gefühlen ab. Wenn das Willow Creek-Programm „Harrys" Gefühle erreicht, spricht es „Harrys" spirituelle Sprache.[19]

Wie Willow Creek das Emotionale programmiert

Willow Creeks Strategie, die Gefühle zu programmieren, gründet auf dem dort herrschenden Menschenbild. Ein Stückeschreiber erklärte: „Menschen sind

Menschen. Menschen haben Gefühle, Menschen haben Gedanken. Man muß beides ansprechen." Ein Mitarbeiter am Programm zitierte einen seiner Kollegen, der gesagt hatte: „Weißt du was? Wenn wir dieses Lied und jenes Lied nehmen und sie zusammenmischen, werden wir den Leuten helfen, ihre Gefühle wahrzunehmen." Willow Creek versucht mit seinen Schauspielen, seiner Musik und seinen Worten entweder die verschiedenen Gefühle zu beschwichtigen oder sie zu erregen, je nach dem Ziel, das sich das Programm zu einem bestimmten Zeitpunkt gesetzt hat.

Wie ich weiter oben zeigte, sind die Schauspiele in Willow Creek so angelegt, daß sie ein Problem oder ein Thema so herausarbeiten, daß die Zuschauer es miterleben können. So erklärte mir ein Stückeschreiber, viele Parodien hätten das Ziel, „ein Problem wieder aufleben zu lassen, damit die Leute es empfinden. Sie spüren die Spannung; sie fühlen: Ja, ja, das ist nicht so einfach!"

Willow Creeks Musik ist ebenfalls so aufgebaut, daß sie ein emotionales Echo aus „Harry" hervorlockt. Musik ruft ihrem Wesen nach eher ein emotionales als ein rationales Echo hervor. Hybels beschreibt, wie es einem der Sänger in Willow Creek während des letzten Wochenendgottesdienstes gelang, die Gefühle auf besondere Weise zu erregen: „Während er so sang, war wirklich so etwas wie eine Aura der Heiligkeit an diesem Ort."

Selbst kurze Kommentare der Sänger oder derer, die die „Schriftlesung" übernommen haben, sind darauf ausgerichtet, die Gefühle der Hörer anzurühren oder sie zu lenken. Sie stellen die Verbindungsstücke in dem Seeker Service dar, der im Ganzen darauf angelegt ist, „unchurched Harrys" Gefühle zu erregen oder zu leiten.

„Momente" (im Sinne von Augenblicken mit Tragweite und Bedeutung, d. Ü.) sind ein Schlüsselaspekt in Willow Creek, wenn es um die Programmierung der Gefühle geht. Beach erklärt:

> Ich meine, unser vordringliches Ziel bei der Musik und bei den Schauspielen, wenn wir das Gefühl haben, wirklich angekommen zu sein oder etwas von Bedeutung erreicht zu haben, besteht darin, von Gott benutzt zu werden, um für die Leute eine Art „Moment" zu schaffen. Und das ist bei uns hier ein großes Wort.

Steve, ein Mitarbeiter am Programm, sagte zu der TV-Show *Live Goes On:*

> Einer der Gründe, weshalb wir die Show mögen, ist der, daß fast in jeder Sendung ein gewisser „Moment" enthalten ist, natürlich kein geistlicher „Moment", aber es gibt in jeder Show einen Punkt, an dem man emotional festsitzt … Die Leute werden erschüttert …
> Diese Art „Momente" müssen sich in der Kirche ereignen und häufiger als irgendwo sonst. Es ist in Ordnung, emotional zu sein, weil dadurch unser Geist bewegt wird; wir kommen in Verbindung mit Gott, und der Heilige Geist setzt in Bewegung.

Die Mitarbeiter glauben, daß, wenn sie so hart wie nur möglich arbeiten und die richtigen Lieder, Musikstücke und Texte aussuchen, sich solche besonderen „Momente" ereignen. Beach erklärt, was in solchen „Momenten" geschieht: „Wir versuchen, ‚Momente' zu schaffen durch Musik und Schauspiel – ‚Momente' der Tränen und des Lachens."

„Momente" sind also die Gelegenheiten, wenn die Mitarbeiter und der Heilige Geist das Programm dazu benutzen, ein starkes Seelenecho in der Hörerschaft zu erzeugen.[20]

Gefühle als Mittel, die Wahrheit zu erfassen

Strobel unterstreicht, warum es wichtig ist, diese seelischen „Momente" zu programmieren: „‚Harry' will nicht nur etwas wissen; er möchte es erleben." Strobel berichtet, daß „viele ‚unchurched Harrys', die sich auf der geistlichen Reise befinden, durch Erlebnisse – nicht Einsichten – ihre Entdeckungen machen". Wie oben erwähnt, erfahren viele Amerikaner ihre Gottesbeziehung in ihren Gefühle, nicht in rationalen Vorstellungen. Mit seinen Schauspielprogrammen versucht Willow Creek, „Harrys" Sprache zu sprechen – die seiner Gefühle. Darum, so meint Strobel, „sollten die evangelistischen Bemühungen dahin gehen, ‚unchurched Harry' zu einer persönlichen Begegnung *mit* Gott zu führen und ihn nicht nur *über* Gott zu informieren". Indem Willow Creek bei „Harry" tiefe Gefühlsbewegungen hervorruft, versucht es, ihm einige seiner Erfahrungen und Schmerzen aufs neue bewußt zu machen, um dann zu zeigen, wie Gott allen Menschen in ihren Nöten zu helfen bereit ist.[21]

Wenn die Hörer die ernsten Fragen und die Leiden der Schauspieler nachempfinden, ist es keine Seltenheit, daß sie bei besonders eindrücklichen Szenen zu weinen beginnen. So sagt Strobel über das Stück „Great Expectations": „Im ganzen Hause blieb kein Auge trocken". Eine Erstbesucherin sagte mir, ihr seien während des Gottesdienstes „viele warme, unbestimmte Gefühle" gekommen. Was kommt bei dem gemeinsamen Empfinden der Leiden anderer Leute heraus? Strobel glaubt:

> Für einen hartherzigen Menschen, der sich nur über das, was der Glaube an Christus für sich beansprucht, erkundigen will, ... ist es schon etwas, wenn er merkt, wie die Schranken fallen, und er mitten unter all den anderen über etwas weinen kann, was alle gemeinsam betrachten.

Durch diese gefühlsbetonten Schauspiele wird „Harry" offener für die Botschaft in Willow Creek, ja, er beginnt, sie irgendwie emotional zu begreifen.

Gefühle als Hintertür zur Meinungsänderung

Große Militärstrategen haben es im Lauf der Geschichte immer vermieden, dort anzugreifen, wo der Feind am stärksten befestigt war. Genauso hat Willow Creek ein Programm entwickelt, das „Harrys" rationales Verteidigungssystem umgeht. Beach sagt dazu:

> Gibt man ihnen ein Musik- oder ein Theatererlebnis, so kann man durch die Hintertür hineingelangen und sie irgendwie zu einer emotionalen oder

intellektuellen Reaktion veranlassen ... und Dinge zu tun, von denen sie kaum selbst wahrnehmen, daß sie geschehen, weil ihr Widerstand weit, weit geringer ist.

Creeker versuchen mit „Harry" durch die Hintertür seiner Gefühle ins Gespräch zu kommen.[22]

Der Psychologe Robert Oliver vermutet, daß man beim Überzeugungsprozeß auf dreifache Weise mit den Gefühlen arbeitet. Erstens beseitigt man feindliche Haltungen. Kapitel 6 beschreibt, wie man durch Lachen Barrieren der Feindseligkeit und des Mißtrauens beseitigt.

Oliver lehrt, daß „die zweite Funktion des Gefühls darin besteht, eine allgemeine Stimmung zu erzeugen, die eine Atmosphäre schafft, in der man den Sprecher anhört". Nachdem intensive Emotionen aufgebaut wurden, neigen diese dazu, eine gefühlsbetonte Stimmung gleicher Art aufrecht zu erhalten.[23]

Ein Bild mag diesen Gedanken anschaulich machen: Ein Willow Creek-Schauspiel begann mit mehreren Schauspielern, die vor dem Vietnam-Kriegerdenkmal stehen. Zwei Vietnamveteranen blicken gemeinsam auf die Namen eines guten Freundes aus ihrer Einheit. Sie kichern, weil sie sich seines Humors erinnern. Sie erinnern sich, wie treu er seiner Frau während der ganzen Expedition geblieben war. Und während sie seiner gedenken, kommen ihnen die Tränen. Dicht bei ihnen steht eine Frau, die an ihren Bruder denkt, der so weit entfernt gestorben ist. Sie entsinnt sich seines Lachens und wie er um sie besorgt war. Sie nennt ihn „einen Ritter in glänzender Wehr" und flüstert unter Tränen: „Ich hab dich geliebt, Danny, du fehlst mir."

Plötzlich dringen drei Touristen ungestüm und roh in die Szene und fangen an, zu fotografieren. Sie ignorieren die anderen oder können ihr Leid nicht mitempfinden. Einer schreit laut „Cheese!", damit die andern auf dem Foto lächeln. Einer der Soldaten sagt ärgerlich: „Hier ist nicht Disney World!" Ein Tourist antwortet: „Wir wollen Sehenswürdigkeiten besuchen." Ein Soldat erwidert: „Wir besuchen einen Freund – einen guten Freund!" Die Schwester sagt sanft: „Einen Bruder." Dann fällt der Vorhang.

Jemand geht ans Podium und erklärt: „Wir sehen Dinge wie diese und sind tief berührt. Wir fühlen uns verletzt und beleidigt, wenn Dinge, die uns wichtig sind, der Lächerlichkeit preisgegeben werden." Dann erklärt er, daß „Dinge, die dir nicht wichtig erscheinen, für uns höchst wichtig sein können". Der springende Punkt dieses Schauspiels wird dann von Hybels in seiner Ansprache als Einstimmung aufgenommen, wenn er über die Bedeutung von Abendmahl und Taufe für die Christen spricht. Das gefühlsgeladene Schauspiel hat bei den Hörern Aufnahmebereitschaft geschaffen für das, was in Wirklichkeit für Hybels wichtig ist.

Oliver glaubt: „Die dritte Funktion der Emotionen liegt darin, die Anteilnahme der Zuhörer an den Angeboten des Redners zu bestärken, indem sie diese mit den Herzenswünschen der Hörer verbinden."[24]

Hybels beschreibt, wie die Hörer emotional während eines Liedes über die Treue Gottes reagierten:

Das Lied lautete:

„My redeemer is faithful and true ...	„Mein Erlöser ist wahrhaft und treu ...
Everything he has said he will do.	Was er sagt, ewig bleibt es dabei.
Every morning his mercies are new,	Jeden Morgen ist seine Gnade neu,
My redeemer is faithful and true."	Mein Erlöser ist wahrhaft und treu."

Und ich blickte mich nach so vielen Suchern in der Kirche um und empfand, was sie dachten: „In der Welt gibt es keinen, der wahrhaft und treu ist."

Das Lied sprach das menschliche Grundbedürfnis an, jemand zu haben, dem man vertrauen kann. Wie in Kapitel 4 beschrieben, sind „Harry" und „Mary" einsam und empfinden viel Fremdsein und Mühsal. Sie leiden unter seelischen Schmerzen wegen zerbrochener Beziehungen und unter der Sehnsucht nach einer stabilen Bindung. Das Lied bot Gott als den einzig Treuen an, der unser Verlangen zu befriedigen vermag. Hybels sagt dazu:

Viele von ihnen sind schon zwei- oder dreimal verheiratet gewesen – Ehepartnern kann man nicht trauen. Vielen von ihnen wurde Beschäftigung versprochen, die es dann nicht gab – Arbeitgebern kann man nicht trauen. Viele von ihnen wurden von Freunden verraten ...
Ich hatte geradezu das Gefühl, die Sucher würden sagen: „Sollte es in dieser verrückten, auf dem Kopf stehenden und unsicheren Welt jemanden geben, ... der wahrhaftig und treu alle seine Versprechen einhält?"

Emotionale Programme wie dieses berühren ein tiefes menschliches Verlangen und weisen dann auf das Christentum hin, das dieses Verlangen zu stillen vermag.

Ethische Grundsätze bei emotionalen Programmen

Wo liegen die legitimen Grenzen solcher Programme? Ein Bild hat sich unauslöschlich in das Gedächtnis der meisten Amerikaner eingebrannt. Während des Fernsehevangelistenskandals der 80er Jahre wurde das Bild von Tammy Faye Bakker dutzende Male im Fernsehen gesendet, wie sie um Geld bettelte. Während bei ihrer Maskerade die Tränen in Strömen flossen, flehte sie die Zuschauer an, ihrem Mann, dem Fernsehevangelisten Jim Bakker, und ihr aus ihren finanziellen Schwierigkeiten zu helfen. Wenn viele an emotionale Manipulation im modernen Amerika denken, fällt ihnen sofort dieses Bild ein.
Die Mitarbeiter in Willow Creek sind sich dessen bewußt, daß emotionale Programme manipulativ werden können. So gab einer zu: „Es besteht nur eine zarte Scheidelinie zwischen Überredung und Manipulation." Worin besteht diese zarte Scheidelinie?

Ein Schauspieltexter erklärt:

> Man wird manipulativ ... wenn man jemand glauben macht, er sei soweit, eine Entscheidung zu treffen, und in Wirklichkeit ist er es nicht ... Man wird manipulativ, wenn man sich anschleicht und Menschen dazu bringt, daß sie irgendwie durch das, was sie fühlen, ihre Denkfähigkeit zu ersetzen suchen.

Mit anderen Worten: Manipulation geschieht, wenn das Programm das kritische Denken des Publikums völlig verdrängt und die Einzelnen zu Entscheidungen manövriert werden, die sie gar nicht treffen wollten.

Ein Beispiel emotionaler Manipulation wird im Handbuch der US-Army über *Intelligence Interrogation* (geheimdienstliche Befragungen) beschrieben. Das Handbuch unterweist die Vernehmungsoffiziere, bei den gefangenen Feinden „die Emotionen und die Schwächen der ‚Quelle‘ zu manipulieren, um deren willige Mitarbeit zu gewinnen“. Dazu heißt es:

> Das Anzapfen der Emotionen der „Quelle“ kann entweder hart oder sanft geschehen (Hand- und Körperbewegungen, tatsächlich körperlicher Kontakt, wie etwa das Hand-auf-die-Schulter-Legen zwecks Beruhigung, oder sogar Schweigen – alles sind nützliche Techniken, die der Vernehmende ins Spiel bringen kann).[25]

Außer dem Verbot physischer Gewaltanwendung gibt das Handbuch dem Befrager keine ethischen Regeln an die Hand. Seine Aufgabe ist es, Informationen zu erhalten und zu diesem Zweck „die Emotionen der ‚Quelle‘ zu manipulieren“. Was unterscheidet nun Willow Creek von solcher Manipulation?

Die Mitarbeiter gerieten ins Schwitzen, als ich diese Frage stellte. Sie haben ein Empfinden dafür, was nicht in ihrem Programm gemacht werden dürfte; aber sie brauchten eine Weile, bis sie das in Worte fassen konnten. Nancy Beach sagte es schließlich so: „Man weiß eben, wenn man im Bereich der Gefühle zu weit geht.“ Willow Creeks Ethik basiert größtenteils auf dem natürlichen Empfinden. Nancy Beach meint: „Da vertraue ich wirklich unserem Instinkt.“

Nur selten gibt es im Programmteam Streit darüber, ob ein bestimmtes emotionales Schauspiel oder ein Lied eingesetzt werden sollte. Darüber haben die Creeker eine ziemlich einheitliche Meinung, die wie vieles andere, was man in Willow Creek denkt, niemals eingehend analysiert worden ist. Die Mitarbeiter zogen sich gewöhnlich auf Willow Creek-Axiome wie Wahrheit und Aufrichtigkeit zurück und mochten meine Fragen nach der Ethik hinter ihrem Programm nur ungern antworten.

Wahrheit. Evangelisationsleiter Mittelberg erklärt, das Programmteam „sieht vielleicht Möglichkeiten, das Publikum emotional herüberzuziehen, wenn das ins Konzept paßt. (Aber) das muß auf Wahrheit beruhen und es darf nur um erlaubte Gefühle gehen.“ Dann fährt er fort: „Es fällt mir nicht leicht, jedes Wort, jede Redewendung zu untersuchen; aber ‚wahr‘ bedeutet, wir lassen die Leute nur etwas fühlen, was auf Wahrheit beruht, auf wahrer Lehre, wahren Ideen.“

Wenn ein Schauspiel ein bestimmtes Gefühl zum Ziel haben soll, so muß es eine angemessene Reaktion auf die Wahrheit sein, um die es geht, zum Beispiel, wer Gott ist oder wer wir sind. Die Sänger werden gebeten, wie Beach sagt, die Texte so zu singen, „als ob sie diese einem Freund erzählten und sich dabei zu bewegen, als befänden sie sich in einem Gespräch". So offenbarte ein Mitarbeiter: „Was wir zu tun versuchen, ist, Augenblicke zu schaffen, die mit dem ganzen Plan übereinstimmen – die ehrlich sind."

Aufrichtigkeit. Tatsächlich war niemals jemand in der Lage, eine klare, definitive Antwort auf meine Fragen zu geben, die ich stellte, wenn einer sich auf „Aufrichtigkeit" bezog. Creeker möchten sich durch Aufrichtigkeit leiten lassen. Beach sagt dazu: „Solange etwas wahrhaftig und wirklich ist, gehört es nach meiner Meinung zu der Aufrichtigkeit, um die es uns hier geht." So haben zum Beispiel die Sänger das zu glauben, was sie aussagen. Beach sagt:

> Sie dürfen kein dummes Zeug reden. Es muß Tatsache sein, aus ihrem Leben kommen … Als einer unserer Sängerinnen ein Unglück passierte … sprach sie vor dem Lied … darüber, wie schwer es ihr in der letzten Zeit gefallen sei, Trost zu finden … Dann können die Leute dasitzen und sagen: „Ach, sie kennt auch Schmerzen."

Somit hat aus dem Blickwinkel Willow Creeks das emotional geladene Programm mit ehrlichen menschlichen Erfahrungen übereinzustimmen. Es muß Aufrichtigkeit besitzen.

Einschränkung. Wie alle Medienexperten sind sich die Creeker dessen bewußt, daß man Gefühle völlig am rationalen Denken vorbei beeinflussen kann. Manchmal nimmt das Programmteam absichtlich etwas von der emotionalen Spannung heraus. Beach erklärt:

> Wenn wir erkennen, daß es irgendwann im Gottesdienst zu einem besonders bewegenden „Moment" gekommen ist, dann umgeben wir diesen mit Zeiten, in denen … wir den Leuten sozusagen eine seelische Pause erlauben.

Das Willow Creek-Programm ist so beschaffen, daß es die Gefühle der Zuhörer aufrüttelt, ihnen aber die Freiheit der Entscheidung läßt.

Nachdem sie dieses Kapitel gelesen hatte, meinte Beach dazu: „Ich wollte, ich hätte beim Interview alles noch besser durchdacht. Uns ist es überaus wichtig, die Leute durch die Künste keinesfalls zu manipulieren."

Willow Creek benutzt folgende Überzeugungsprinzipien: Es will etwas von Belang sagen und dies in perfekter Weise ausdrücken; es gewährt Anonymität und genügend Zeit, und es spricht in jedem Punkt seines Gottesdienstes das Gefühl an. Diese Programmelemente überzeugen „Harry" und bringen ihn dazu, der zentralen Botschaft des Gottesdienstes Gehör zu schenken.

KAPITEL 8

Die Glaubwürdigkeit des Predigers

Während einer besonderen Ansprache vor leitenden Pastoren auf einer Willow Creek-Leiterschaftskonferenz verriet Hybels ein Geheimnis:

> Nun, meinen Mitarbeitern mag ich das gar nicht sagen; ich erzähle das auch, wie Sie sich denken können, nicht in der Gemeinde oder in der Öffentlichkeit herum.
>
> Aber hinter verschlossenen Türen, unter leitenden Pastoren, möchte ich doch sagen – man kann die Bedeutung einer großen Predigt schwerlich unterschätzen. Es ist nicht übertrieben, wenn ich sage, sie macht 85% von allem aus.

Wenn man sich klarmacht, daß wöchentlich Tausende von Arbeitsstunden für die Willow Creek-Gemeinde geleistet werden, so ist es doch äußerst erstaunlich, Hybels sagen zu hören, die öffentliche Predigt mache „85% von allem" aus. Hybels sagt dazu: „Bei uns ist man allgemein der Überzeugung, daß wirkungsvolle Predigt das Umfeld, die Offenheit, die Atmosphäre schafft, in der die Leute anfangen, geistlich aktiv zu werden."[1]

Die Predigt ist das Herzstück des Seeker Service in Willow Creek. Und es gehören sieben Elemente dazu: Glaubwürdigkeit, Identifizierung, Bedeutsamkeit, Grundaussagen über das Christentum (*Christianity 101* [in amerikanischen Colleges tragen die Einführungskurse immer die Nummer 101, d. Ü.]), Wahrheit, das Evangelium und Verbindlichkeit. Dieses Kapitel soll nun das Prinzip der Glaubwürdigkeit beschreiben.

Die Predigt beginnt dort, wo das übrige Programm aufgehört hat. Das Programm ist darauf zugeschnitten, „Harrys" Aufmerksamkeit zu gewinnen und ihn für Hybels' Botschaft vorzubereiten. Während der ersten Minuten setzt Hybels tatsächlich alles daran, daß „Harry" zuhören muß. Hybels weiß nur zu gut, wie wahr Robert Olivers Bemerkung ist: „Der wichtigste Punkt einer Rede ist der Eröffnungssatz." Hybels weiß auch, daß er von Anfang an bei „Harry" glaubwürdig sein muß.[2]

Hybels meint, seine Fähigkeit, andere beeinflussen zu können, sei das Ergebnis seiner Glaubwürdigkeit:

> Die Leute, die auf dem Marktplatz den meisten Einfluß ausüben, sind diejenigen, die den höchsten Grad an Glaubwürdigkeit auf diesem Marktplatz erworben haben. Die meisten Menschen hören nur solchen zu, die sie zu respektieren gelernt haben.

Hybels sagt: „Wenn ich ein zeitgemäßes Bild gebrauchen darf: Ich schaffe mir Kreditwürdigkeit." Er achtet darauf, wie die Hörerschaft auf die Botschaft, aber auch auf ihn selbst reagiert. Mit dem, wie er beides darstellt, baut er ganz bewußt Glaubwürdigkeit auf.[3]

Darin ist er in großem Maße erfolgreich. Zu einer Gelegenheit hielt er eine Predigtreihe über die Bedeutung von Kleingruppen. Innerhalb weniger Wochen hatten 300 Ehepaare unterschrieben, sich Kleingruppen anzuschließen. Bei einer anderen Gelegenheit meinte Hybels während einer Predigt, daß manche Leute wohl gern therapeutisch behandelt werden möchten. Das Seelsorgebüro wurde daraufhin mit Anrufen überschwemmt. Ein Mitarbeiter des Seelsorgezentrums erklärte dazu: „Er hat soviel Kredit, daß die Leute alles machen, was er ihnen vorschlägt." Die Leute vertrauen Hybels.

Glaubwürdigkeit ist für den Überzeugungsprozeß von entscheidender Bedeutung. Moderne psychologische Untersuchungen haben Beweise geliefert, die diese Tatsachen unterstreichen. So faßt Stuart Oskamp zusammen: „Sehr zahlreiche Einzeluntersuchungen beweisen, daß Botschaften aus hoher glaubwürdiger Quelle mehr Verhaltensänderungen bewirken, als wenn sie aus weniger vertrauenerweckender Quelle stammen."[4]

Untersuchungen haben ergeben, daß folgende Faktoren zum Aufbau von Glaubwürdigkeit mitwirken: Prestige, Fachwissen, Vertrauenswürdigkeit, Attraktivität, Ähnlichkeit, Vertrautheit und Kraft. Hybels rangiert in „unchurched Harrys" Augen in all diesen Punkten sehr weit oben: Er hat den Status als Gründer und Leiter von Willow Creek, einer der größten Gemeinden der Vereinigten Staaten; für „Harry" ist Hybels ein Fachmann in Sachen Christentum: Hybels ist aufrichtig und ehrlich, und darum vertraut „Harry" ihm und hält ihn für glaubwürdig; Hybels ist sportlich, sieht gut aus und kleidet sich wie ein erfolgreicher Geschäftsmann; Hybels ist ein einnehmender Redner, den „unchurched Harry" gern hat und dem er vertraut; weil Willow Creek riesengroß geworden ist und noch stets an Bedeutung gewinnt, betrachtet man Hybels als einen bedeutenden Führer. Als Ergebnis all dieser Kennzeichen genießt Hybels in „Harrys" Augen einen hohen Grad an Glaubwürdigkeit.[5]

Fünf Punkte sind es im Besonderen, durch die Hybels seine Glaubwürdigkeit aufgebaut hat: Authentizität, Integrität, Vertrautheit, Gefühl und Zuneigung.

Authentizität

Hybels sagt, er verschwende nicht viel Zeit darauf, zu begreifen, wie er mit den Leuten ins Gespräch kommt; er tut es einfach. „Wenn ich aus diesem Gebäude gehe", so sagt Hybels, „und ich kann ehrlich sagen, ich hätte mit Gottes Hilfe mein Bestes getan, um den Leuten zu helfen, dann bin ich froh; aber darüber hinaus habe ich keine Untersuchungen angestellt." Höchstwahrscheinlich hat Hybels niemals eingehende Studien über die Psychologie der Überzeugungskunst betrieben. Er glaubt, daß, wenn er sich treu einsetzt, Gott ihn gebrauchen wird. Allerdings beherrscht Hybels ganz intuitiv so manches Element der Überredungskunst. Das erste davon ist die Authentizität.

Die Worte authentisch und Authentizität kehren bei den Creekern immer wieder, wenn sie erklären wollen, wie Hybels mit den Menschen Kontakt aufnimmt. Ein Mitarbeiter berichtete: „Ein wirklich gutes Wort, um Hybels Sprechstil zusammenfassend zu beschreiben, ist ‚Authentizität'." Hybels belehrte eine Pastorengruppe:

> Wenn Sie wissen, daß Sie selbst richtig vor Gott stehen, dann ist, während Sie darüber predigen, ein Klang der Authentizität in Ihrer Stimme, und die Leute sagen: „Ich wette, der redet nicht nur darüber."[6]

Nach Hybels gehört zu wirklicher Authentizität auch Integrität.

Integrität

„Unchurched Harry" betrachtet die Kirche mit zynischen Blicken. Er meint, das Christentum sei für Heuchler, und die Kirchen wollten sein Engagement, um an sein Geld zu kommen. Hybels versucht „unchurched Harry" klarzumachen, daß man ihm und Willow Creek trauen kann. Hybels möchte, daß Willow Creek ein Ort ist, wo die Leute integere Menschen hören können, die ehrlich die Wahrheit reden. Er glaubt, daß sich „Harry" schließlich einer ganz und gar wahrhaftigen Anrede öffnen wird, weil „weltliche Leute total die Nase davon voll haben, immer angelogen zu werden".

Als er noch ein „unchurched Harry" war, kam Lee Strobel nach Willow Creek und erwartete dort, Heuchelei zu finden. Im Gegensatz zu seiner zynischen Vermutung fand er – wie er selbst sagt – in Willow Creek Ehrlichkeit. Was „mich wirklich anzog, war die Ehrlichkeit", sagt er. Er glaubt, jemand besitze Ehrlichkeit, „wenn der persönliche Glaube und das Verhalten miteinander verschmelzen". Strobel kam, wie viele andere „unchurched Harrys", zu der Erkenntnis, daß Hybels und die anderen Leiter tatsächlich lebten, was sie lehrten: „Die Leute, mit denen ich sprach und die ich erlebte, schienen eine persönliche Integrität auszustrahlen." Hybels belehrte eine Gruppe christlicher Leiter, daß, wenn ein „Pastor beginnt, über Jüngerschaft zu reden und hat diesen Ton der Autorität in seiner Stimme, dann bewegt er die Menschen tatsächlich zutiefst". Hybels kam zu der Einsicht, „daß dies besonders dann gilt, wenn der Pastor etwas über sich selbst mitteilt."[7]

Vertraulichkeit

Wenn Hybels seinen Predigtstil beschreibt, benutzt er manchmal das Wort *transparent,* um damit zu sagen, wie er sein eigenes Leben und seine Erfahrungen anderen mitteilt:

> Es ist für mich ganz natürlich zu sagen: „Und so funktioniert das oder funktioniert das nicht in meinem eigenen Leben." Und wenn Ihnen das eine Hilfe ist – prima. Und wenn nicht, dann müssen Sie zu jemand gehen, der mehr davon versteht.

Daraus ergibt sich von selbst, daß Hybels die Fürwörter der ersten Person in seinen Reden sehr freigiebig verwendet. Bei den Wochenendpredigten eines Jahres sagte er 6152mal *ich*, 1580mal *mir* oder *mich* und 1478mal *mein* oder *meine*. Im Durchschnitt verwendete er während jeder Predigt 170,55 Personalpronomen. Dadurch geraten Hybels' Reden zu vertrauenerweckenden Einbahn-Unterhaltungen mit vielen persönlichen Bekenntnissen. Diese Art eigener Anteilnahme und diese Selbstbekenntnisse unterlaufen „unchurched Harrys" Verteidigungsmechanismus. Ein Seelsorger in Willow Creek beschrieb die Wirkung dieser Ehrlichkeit:

> Diese Art Demut … geht den Leuten zu Herzen. Ich meine, dies ist eine von all den Sachen, die Bill gut macht. Er kriegt es fertig, aufzustehen und zu sagen: „Es will in meiner Ehe zur Zeit gar nicht klappen," oder: „Ich bin ganz ausgebrannt".[8]

Ein früherer „unchurched Harry" beschreibt den Eindruck, den diese Selbstoffenbarung auf ihn machte: „Es war, als hätten sie nichts zu verbergen." Ein anderer vormaliger „unchurched Harry" sagte mir, wie dieser Bekennerstil auf ihn wirkte: „Es war absolut entwaffnend, wenn Bill so transparent war und uns an seinem Versagen teilhaben ließ."

Ein Besucher gab als Ergebnis der Offenheit Hybels' an, man bekäme „das Gefühl, er kennt dich". Andererseits hat der Besucher den Eindruck, Bill zu kennen. In Hunderten von Unterhaltungen wurde Hybels nur einmal „Pastor Hybels" genannt. Die Menschen nannten ihn alle „Bill". Sie fühlten sich mit ihm „auf du und du", obwohl die meisten nie mit ihm gesprochen hatten. Mit dieser Vertrautheit kann er ehrlich über heikle und schwierige Sachen reden, ohne die Leuten vor den Kopf zu stoßen. Im Gegenzug haben die Menschen das Gefühl, selbst ehrlich sein zu dürfen, ja, es sogar sein zu müssen. Hybels ist sich bewußt, daß soviel Transparenz Ehrlichkeit erfordert. Ohne diese Ehrlichkeit würde er steif und gekünstelt wirken.

Gefühle

Hybels Transparenz besteht zum großen Teil in der Offenlegung seiner Gefühle. So sagt er selbst: „Ich bin ein Verfechter wirklicher und echter Beziehungen. Jeder weiß das. Das ist mein Stil. Darum geht es mir vor allem. Es geht mir um das Wagnis der Selbstenthüllung."

Hybels spricht oft mit starken Gemütsbewegungen über ein Thema. Ein Mitarbeiter berichtete, Hybels zeige „stets die intensiveren Gefühle". Manche Mitarbeiter haben den Eindruck, Hybels' Rede sei mit den Jahren emotionaler geworden. Einer drückte das so aus: „Er wird immer mehr zu einem Gefühlsmenschen." Indem er bei seinen Reden seinen Gefühlen Ausdruck verleiht, ist er in der Lage, ein emotionsgeladenes Umfeld zu erzeugen.

Zuneigung

Hybels besteht darauf, daß „eine Vorbedingung, Nichtchristen erfolgreich zu predigen, darin liegt, daß man sie gern hat. Wenn nicht, so spürt man das bei jedem Satz, den wir sagen." Hybels' enge Freunde und Bekannte bezeugen, daß er „unchurched Harrys" mag. Wir erkennen diese Zuneigung in seinem selbstgewählten Grabspruch: „Bill Hybels, Freund der Sünder."[9]

Hybels hält diese Zuneigung für unerläßlich im Umgang mit den Kirchenfernen. Hybels schätzt, daß mancher „Prediger seine Möglichkeit, zu Nichtchristen zu reden verspielt hat, weil die kirchenfernen Menschen sofort das Empfinden haben: ‚Der mag mich nicht.'" Wenn's dabei bleibt, sind Christen und Nichtchristen durch eine Wand des Unverständnisses getrennt, über die sie Anschuldigungen schleudern, hier „Heide", dort „Fanatiker". Hybels argumentiert, Nichtchristen hätten berechtigte Anklagen gegen die Kirche, und er mache sich mit ihnen eins. Sonst kann es schnell heißen: „Leute, die mich nicht kennen und lieben, wollen mich vielleicht verschachern oder mich reinlegen oder mich zu etwas drängen."[10]

Hybels glaubt, daß die Lösung dieses Problems theologischer Natur ist. Wenn Prediger wirklich das Willow Creek-Motto glauben: „Verlorene Menschen bekümmern Gott", dann – so meint Hybels – würden sie etwas von Gottes Interesse an den Nichtchristen widerspiegeln: „Ich kann kaum glauben, daß solche Prediger davon überzeugt sind, daß Gott sich um Verlorene kümmert."[11]

Wenn Hybels außerhalb der Kirche zu christlichen Gruppen spricht, versucht er, sie zu dieser Überzeugung zu bringen. Darum benutzt er als Bibeltext immer wieder Lukas 15. Wie ich in Kapitel 1 erwähnte, besteht Lukas 15 aus einer Reihe von drei Gleichnissen über ein verlorenes Schaf, eine verlorene Münze und einen verlorenen Sohn, und richtet unseren Blick auf Gottes Liebe zu dem Verlorenen. Ohne durch die Liebe Gottes zu den Verlorenen motiviert zu sein, glaubt Hybels, „distanzieren sich diese Prediger selbst von den nichtchristlichen Hörern; sie bauen Feindschaft auf". Statt dessen, meint Hybels, sollten Christen anderen gegenüber die gleiche Liebe zeigen, die Gott ihnen erwiesen hatte.[12]

Auf einer Pastorenkonferenz war Hybels den Tränen nahe, als er über die Wichtigkeit der Liebe zu den kirchenfernen Menschen sprach: „Versucht, sie einfach zu verstehen. Identifiziert euch mit ihnen und ihren Problemen. Sie merken, wenn ihr sie liebhabt. Kirchenferne Leute fühlen das." Hybels offenbart uns, was er empfindet, wenn er sieht, wie die nichtchristlichen Freunde ihr Leben ruinieren:

> Immer unerträglicher finde ich es, wenn ich sehen muß, wie Menschen, die ich kenne und liebe, von Bar zu Bar, von Spielhölle zu Spielhölle, von Vergnügen zu Vergnügen, von Liebschaft zu Liebschaft, von Modetorheit zu Modetorheit stürzen, alles ausprobieren, dann eine Bruchlandung machen und es wieder versuchen und wieder eine Bruchlandung machen … Sie können mir nur leid tun.

Dieses Mitleid mit „unchurched Harry" bringt Hybels dazu, sich mit ihm zu identifizieren.

KAPITEL 9

Sich mit „Harry" identifizieren

Um mit seiner Hörerschaft auf überzeugende Weise ins Gespräch zu kommen, identifiziert sich Hybels mit ihr. Evangelisationsleiter Mittelberg erklärt, „identifizieren" heiße „so weit wie möglich in die Kultur der Leute einzutauchen; um denen, die wir erreichen möchten, so nahe wie möglich zu kommen". Warum legen Hybels und Willow Creek so großen Wert darauf, sich mit „Harry" zu identifizieren?

Wieder entdecken wir, daß Hybels ein Überredungsprinzip artikuliert, das von der Forschung bestätigt wird. Oliver erklärt, je mehr es dem Sprecher gelänge, Zustimmung in seine Rede einzubauen, um so mehr würde sich die „Tendenz, dem Sprecher zuzuhören, einstellen – eine positive Reaktion entstehen". Gelingt es nun Hybels, „Harry" zu zeigen, daß er genauso wie dieser ist, wird er ihm vertrauter und interessanter; er wird ihm ein glaubhafterer Zeuge sein.

Hybels rechtfertigt seine Strategie, indem er darauf hinweist, daß er nur dem Beispiel des Apostels Paulus aus 1. Korinther 9,22 folgt: „Ich bin allen alles geworden, auf daß ich auf alle Weise etliche errette."[1]

Die kulturelle Kluft

Creeker glauben, daß zwischen biblischem Christentum und modernen „unchurched Harrys" eine „kulturelle Kluft" besteht. Mittelberg erklärte vor Pastoren, die ihn besuchten:

> Unsere Botschaft, oder ein großer Teil von ihr, ist diese: Wir als Gemeinde müssen die kulturelle Kluft von uns aus überwinden, damit wir mit ihnen auf eine gemeinsame Ebene kommen, um ihnen das Evangelium so sagen zu können, daß sie es zunächst aufzunehmen und dann darauf zu reagieren vermögen.

Mittelberg sieht in der Ausbildung der Missionare ein Modell dafür, wie sich Willow Creek mit „Harry" zu identifizieren sucht:

> Sie (die Missionare) müssen die Sprache der Leute, zu denen sie gehen wollen, lernen, und sie haben die Kultur des Volkes zu studieren, das sie erreichen möchten.
> Und doch meinen wir oftmals naiverweise, das gleiche nicht nötig zu haben.

Hybels und die anderen Creeker haben „Harrys" Kultur und Sprache studiert, um sich mit ihm identifizieren zu können. „Wir versuchen, ihm zu vermitteln, daß wir wissen, wie es in der Welt zugeht", erklärt Hybels, damit „ein Sucher nicht das Gefühl hat, aus einer Zeit und Kultur in eine andere Zeit und Kultur verpflanzt worden zu sein".

Ein Zeichen, wie sich Willow Creek auf „Harrys" Kultur einläßt, ist der Umgang mit den Festtagen. Im Gegensatz zu vielen Kirchen, die das Jahr nach dem christlichen Kalender organisieren, erkennt Willow Creek nur zwei christliche Feste an: Weihnachten und Ostern. Es gibt aber besondere Gottesdienste an bürgerlichen Festtagen wie Thanksgiving, Neujahr, Muttertag, Vatertag, Memorial Day, und den Vierten Juli. Dazu sagt ein Befürworter Willow Creeks:

> Indem man mehr Rücksicht auf den Rhythmus der umliegenden bürgerlichen Gemeinden als auf kirchliche Traditionen nimmt, versucht man, so gut wie möglich, alles aus dem Wege zu räumen, was die Leute am Gottesdienstbesuch hindern könnte.[2]

Man identifiziert sich mit „Harry" in bezug auf seine Festgewohnheiten nach Aussage eines Mitarbeiters, um „an ihrer Welt teilzunehmen, und ihnen damit zu zeigen, daß sie keine Außenseiter sind". Als sich Creeker „scharenweise" bei Hybels erkundigten, wie sie mit Halloween umzugehen hätten, antwortete er: „Steckt auch ein paar Lichter an." Hybels erlaubt seinen Kindern, sich zu verkleiden, solange die Kostüme „nicht mit Dämonischem in Verbindung zu bringen sind". Wie zu vermuten ist, lehrt Hybels nicht, Creeker hätten sich von diesen Festen fernzuhalten. Zum Prinzip der Identifizierung gehört in Willow Creek ein tiefes „Ja" zur amerikanischen Kultur.

„Wir sind genauso wie ihr"

Hybels identifiziert sich mit „Harry", indem er von ihm Sprache, Kleidung, Gebräuche und Lebensstil übernimmt. Wo immer es möglich ist, unterstreicht er, daß er genauso ist wie der „Harry", der da gerade durch die Tür gekommen ist.

Wir erkennen das deutlich an den oft verwendeten Pronomen *wir, uns* und *unser.* Während der Wochenendpredigten eines Jahres verwendete Hybels 2 084mal *wir,* 1 062mal *uns* und 1 007mal *unser.* Auf diese Weise hatte er im Durchschnitt bei seinen Predigten 76,9mal durch seine Wortwahl eine verbale Gemeinsamkeit hergestellt. Wenn er darüber sprach, wie es auf sein Versagen reagiert, identifizierte er sich mit den anwesenden „Harrys":

> Wir sind verletzt, wir sind verunsichert, wir fürchten uns, wir mögen nicht gern die eingebrockte Suppe auslöffeln. Uns ist nicht danach zumute, Gott zu bitten, uns aus diesem Jammer zu bringen oder uns Perspektive und Weisheit zu schenken.
> Wir wollen bloß wieder verletzten, wir wollen nur zurückschlagen, wir wollen anklagen, wir wollen schmollen.

Diese Pronomen errichten eine Brücke zwischen Hybels und „Harry". Anstatt verbal mit dem Finger auf „Harry" zu weisen, betont Hybels, wie er und „Harry" sich gleichen.[3]

Und an diesem Anspruch Hybels, mit „Harry" gleich zu sein, ist viel Wahres. In vieler Hinsicht wäre Hybels mit Vergnügen ein Geschäftsmann wie „Harry". „Ich stimme in vielem mit „unchurched Harry" überein", sagt er. Tatsächlich zeigt Hybels, daß er „Harry" als Zielgruppe ausgesucht hat, weil er ihn mag. Doch diese Identifikation hat auch ihre Absichten.

Indem er sich mit „Harry" identifiziert, versucht er solche Aspekte seiner Persönlichkeit, seiner Erfahrungen, seiner Vorstellungen und Wesenszüge hervorzuheben, die mit „Harrys" übereinstimmen. In gewisser Weise steckt er die gemeinsame Basis ab, die er mit „Harry" teilt. Dadurch erhält Hybels die Möglichkeit, an diese gemeinsamen Wesenszüge zu appellieren, um „Harry" zu überzeugen.

„Aber Hybels ist ein Pastor"

Bevor Hybels alle Gemeinsamkeiten mit „Harry" unterstreichen kann, muß er eine gewaltige Hürde überwinden. Pastoren werden von „unchurched Harrys" mit ziemlichem Argwohn betrachtet. „Harry" vermutet zu Recht, daß ein Pastor die Aufgabe hat, ihn zu beeinflussen und ihn zu bekehren. Demzufolge arbeitet sein defensiver Radarmechanismus auf Hochtouren. Hybels weiß das und auch, daß er „Harrys" Radar unterlaufen muß. Er macht das, indem er seine Späße über die Rolle der Pastoren macht und sich als einen ziemlich unmöglichen Pastor beschreibt.[4]

Vor einem großen Wochenendpublikum sprach Hybels über Eheprobleme:

Ich schätze, Sie haben alle Ihren Ärger mit den großen Drei: Geld, Sex und Macht. Wetten daß …? – Wissen Sie, wenn ich dies so sage, denke ich bei mir, ein Pastor, der etwas auf sich hält, würde sagen: „Ich prophezeie Ihnen, daß …" Wetten daß …

Die Zuhörer brachen in schallendes Gelächter aus. Bei einer anderen Gelegenheit sprach Hybels von seiner Vergangenheit als von einer Rolle, mit der die Hörer sich eher hätten identifizieren können: „Ich, ein tiefschürfender Denker, der coole, berechnende Harley-fahrende Leibwächter an der Uni, rannte zu einem Freund und schrie: ‚Gott liebt dich! Das sehe ich jetzt! Das fühle ich jetzt!'"

Hybels beschreibt sich als einen, der selbst völlig überrascht ist, am Ende Pastor geworden zu sein: „Nie ist mir der Gedanke gekommen, er (Gott) hätte vor, aus mir einen Pastoren zu machen. Eigentlich wundere ich mich immer noch darüber." Zu bestimmten Gelegenheiten tritt er aus seiner Pastorenrolle heraus, um sich mit „Harry" zu identifizieren: „Ich möchte jetzt nicht als Pastor zu Ihnen sprechen, sondern ganz einfach als Mitsünder, der aber staunenswerterweise Gnade in Christus gefunden hat." Mit solchen Beschreibungen zeigt Hybels, daß er sich des Widerstands gegen seine Pastorenrolle bewußt ist. Wenn er es erreicht, daß man in ihm nicht mehr den Pastoren sieht, hat Hybels bessere Chancen, sich mit „Harry" zu identifizieren.[5]

Hybels stellt fest, daß er „so normal wie jeder andere sein kann. Es gibt keinen Bibelvers, der die falsche Auffassung unterstützt, man müsse eigenartig wirken, wenn man ein ergebener Christ sein will." Er erklärt den zuhörenden „Harrys": „Ich lebe in der gleichen realen Welt wie Sie."[6]

Doch gelegentlich, während seiner Ansprachen, wird ihm klar, daß er „Harry" zu weit aus seiner Sicherheitszone herausbewegt hat. So griff er bei einer Predigt rhetorisch „Harrys" Fragehaltung auf: „Ich dachte, Bill sei ein Bursche wie ich … Ich dachte, er lebt in der gleichen wirklichen Welt, in der ich mich befinde." Indem er diese Fragen verbalisiert, identifiziert sich Hybels aufs neue mit „Harry". Er geht einen Schritt zurück, damit „Harry" wieder Tritt fassen kann.

Hybels Sprechstil

Wenn die Leute zum ersten Mal nach Willow Creek kommen, sind sie oft erstaunt über Hybels Sprechstil. Ein Reporter sagte mir, er gleiche einem David-Letterman-Monolog. Ein anderer Besucher verglich Hybels' Präsentation mit der eines Professors für Stilkunde. Hybels hat die herkömmliche Predigtweise abgeschafft und eine Art der Kommunikation gefunden, durch die er sich mit „Harry" identifizieren kann.

Ein früherer „unchurched Harry", der schließlich gläubig wurde, beschreibt, wie es auf ihn wirkte, daß sich Bill mit ihm identifizierte:

> Bill steht da vorne, bringt seine Botschaft und sieht aus wie ein normaler Mensch. Ich meine damit, er kleidete sich wie ich es tat; er trug keine Robe oder so. Und ich dachte: „Na, das ist ja interessant."

Als Ergebnis konnte Bill das wegräumen, was dieser „Harry" seinen „Defensivmechanismus" nannte. Hybels gelang es, die von diesem „unchurched Harry" aufgebauten Barrikaden zu umgehen und seine Botschaft vertraulich, wie eine persönliche Unterhaltung, an den Mann zu bringen.

Eine persönliche Unterhaltung

Selbst der Ausdruck „Predigt" ist eine irreführende Beschreibung für Hybels Art der Kommunikation. In vieler Hinsicht gleichen seine Ansprachen mehr einer persönlichen Unterhaltung. Dieser Stil ist völlig anders als die populäre Vorstellung der Amerikaner, wie eine Predigt zu sein hat. Peter Berger beschreibt das evangelistische Eifern, das viele Amerikaner mit dem Predigen verbinden:

> Eine besondere Mischung aus Arroganz („Ich weiß die Wahrheit") und Herablassung („Ich möchte euch retten") ist stets das wichtigste psychologische Markenzeichen aller missionarischen Aktivitäten gewesen.[7]

Im modernen Denken gehört zum „Predigen" eine selbstgerechte und richterliche Haltung. Im Gegensatz dazu versucht Hybels eine ebene Fläche zu gestalten, auf der alle vor Gott gleich sind. Nicht aus Zufall gibt es keine Kanzel im Willow Creeker Auditorium. Hybels will nicht „predigen". Ein Mitarbeiter nannte es so: „Sein Lehren gleicht einer Unterhaltung."

Die historischen Wurzeln finden sich in der Son City-Jugendgruppe. Der frühere Pastor in Willow Creek, Don Cousins, schrieb 1979:

> Das Halten von Vorträgen wurde in Son City „sprechen" genannt. Dieses Wort „sprechen" zeigt an, daß eine Unterhaltung stattfindet … eine Unterhaltung zwischen dem Direktor und den Studenten von Son City.
> Diese Unterhaltungen oder Botschaften, wie man auch sagt, sind an Studenten gerichtet, die das Christentum kennenlernen wollen.[8]

All dies hilft, nicht in den alten Predigtstil zu verfallen. Cousins fährt fort: „Im Idealfall sollte dieses Sprechen ohne schriftliche Notizen durchgeführt werden. Dadurch würde der Eindruck einer Unterhaltung verstärkt werden."[9]

Hybels geht seine Reden so an, als unterhielte er sich ausführlich mit einem guten Freund. Tatsächlich benutzt Hybels die Wörter „Freund" und „Freunde" am häufigsten, wenn er die ihn aufsuchenden „Harrys" anredet. Das Wort „Freund" brauchte er 107mal, und das Wort „Freunde" 321mal, also im Durchschnitt 7,93mal pro Ansprache. Die Anwendung dieses Wortes hilft, einen Stil des Miteinanders zu schaffen. Einen guten Freund schreit man nicht an.

Die Gesprächselemente Übereinstimmung und Vertraulichkeit sind in Hybels Wochenendbotschaften zu finden. Es ist nichts Ungewöhnliches, daß Hybels oder die anderen Redner den Hörern dieses oder jenes Kompliment machen. Cousins sagte bei einer Gelegenheit: „Ich glaube, wir haben hier alle etwas gemeinsam an diesem Morgen … Wir möchten alle einen positiven Beitrag zum Leben anderer Menschen liefern." Indem man der Hörerschaft Komplimente macht, betont man den gemeinsamen Grund, den man als Freund mit ihnen teilt.

Wie ich schon gezeigt habe, teilt Hybels während dieser Unterhaltungen oft intime Details aus seinem eigenen Leben mit. Regelmäßig spricht er über sein Verhältnis zu seiner Frau Lynne oder zu seinen Kindern. Es ist nichts Ungewöhnliches, wenn er persönliche oder Familiengeschichten erzählt, die zu dem gerade behandelten Thema passen. Tatsächlich stammten die ausführlichsten Illustrationen, die ich von ihm hörte, aus seinem Leben und aus seiner Familie.

Hybels lehrt die Christen, ihre Zeugnisse gegenüber ihren Freunden so zu gestalten, daß sie nicht wie Predigten und auch nicht wie Anklagen wirken. Er möchte seine Botschaften auf die gleiche Weise sagen. Strobel sagt dazu:

> Kirchenferne Leute mögen nicht angepredigt werden. Früher oder später durchschauen sie Redner, die ihnen etwas vorzumachen versuchen.
>
> Sie reagieren am besten, wenn die Redner sie als Freunde und Ihresgleichen ansprechen und aufrichtig und ehrlich mit ihnen umgehen.[10]

Strobel sagte mir, er dächte bei der Vorbereitung seiner Reden gewöhnlich an eine bestimmte Person. Dann könne er sich vorstellen, wie diese Person reagieren würde, worauf Strobel dann seine Erwiderung in die Rede einbaut.

Was ist das Ergebnis dieser Vorgehensweise? Strobel beschreibt seine Eindrücke, die er von Hybels hatte, als er noch ein „unchurched Harry" war:

> Er war ein anspruchsloser Bursche, der ein aktives und interessantes Leben führte, der sich zu verkaufen wußte und mitten in meiner Welt stand. Mit anderen Worten: Er war ein Mensch, den man gern kennenlernen wollte.[11]

Hybels Sprache

Hybels benutzt „Harrys" Sprache. Als erstes Ergebnis davon kommt das Wort „Evangelium" nur 18mal in den Botschaften eines ganzen Jahres vor. Der ganze Wochenendgottesdienst ist der Verbreitung des Evangeliums gewidmet, doch der Ausdruck selbst fällt nur selten. Diese eigenartige Tatsache wird dadurch unterstrichen, daß der Ausdruck „Evangelisation" nur einmal während des gleichen Jahres erwähnt wurde. Noch einmal: Der ganze Gottesdienst dient der Evangelisation (der Darbietung des Evangeliums); aber das Wort fällt tatsächlich nicht. Warum?[12]

Willow Creek übergibt jedem Teilnehmer seiner Leiterschaftskonferenzen ein „Gemeindeprofil", in dem die Ansichten über die Gemeinde dargestellt sind: „Der Traum war, eine Gemeinde zu bauen, die die Sprache unserer modernen Kultur spricht." Es geht in Willow Creek zutiefst um den Gedanken, die Sprache der „unchurched Harrys" zu sprechen, oder wie Lee Strobel es ausdrückt, „das Kirchenchinesisch in die Sprache des Alltags zu übertragen". Warum ist das so wichtig?[13]

Willow Creeks Sprachgebrauch, wie alles aus seinem Programm, ist die Reaktion auf ihr Verständnis von „Harry". Creeker glauben, daß die amerikanische Kultur in den letzten 30 Jahren zunehmend verweltlicht ist. Hybels und seine Creeker haben einen sprachlichen Abgrund zwischen dem Christentum und dem typischen „unchurched Harry" ausgemacht. Hybels Lösung des Problems ist eine vierfache: 1. christliche Klischees entfernen, 2. „Harrys" Sprache lernen, 3. die Theologie vereinfachen, 4. in normaler Stimmlage sprechen.[14]

Christliche Klischees entfernen

Creeker stimmen darin überein, daß „Harry" evangelikale Klischees nicht verstehen kann. Zum Beispiel berichten Evangelikale oftmals auf folgende Weise, wie sie Christen wurden: „Ich nahm Christus in mein Leben als meinen persönlichen Heiland auf." Mittelberg glaubt, das klänge für einen anwesenden „Harry" so, als ob man das in einem kleinen Geschenkeladen im Tibet kaufen könnte, einen kleinen persönlichen Heiland, den man dann aufs Armaturenbrett stellen kann. Mittelberg meint: „Wir brauchen solche Formulierungen und sind uns nicht im Klaren darüber, in vielen Fällen eine Fremdsprache zu reden."

Hybels vermeidet Klischees. Als Hybels einem Wochenendpublikum erzählte, Gott habe uns „versprochen, unsere Kraft und unser Friede zu sein", entschuldigte er sich beinahe: „Ich weiß nicht, wie ich das ausdrücken soll, ohne so zu klingen, als spuckte ich Klischees aus." Hybels erklärt seine Strategie:

> Der Todesstoß des Seeker Service sind Klischees. Wer hier spricht, muß sich der Terminologie bewußt sein; denn wenn er das nicht ist, reicht das an und für sich schon aus, daß die Leute sagen: „Kerl, das ist Griechisch für mich."[15]

„Harrys" Sprache lernen

Mittelberger bestätigt: „Unsere Zielgruppe hat ihre eigene Sprache. Wir müssen sie erlernen." Willow Creeks Zielgruppe der „unchurched Harrys" spricht die Sprache der amerikanischen Geschäftswelt und ihrer Psychokultur. Hybels und den Creekern geht es darum, diese Sprache zu erlernen und sie bei ihrem Bemühen anzuwenden, „Harry" zu überzeugen und ihm das Evangelium vorzustellen.

Um sich verständlich machen zu können, sprechen Hybels und seine Mitarbeiter nach Möglichkeit „Harrys" Alltagssprache. Darum redet Hybels nie vom „Evangelium" oder von „Evangelisation". Diese Ausdrücke gehören nicht zu „Harrys" gewöhnlichem Wortschatz. „Harry" hört das Wort „Evangelisation" höchstens einmal in den Nachrichten, wenn von Enthüllungen über einen Fernsehevangelisten die Rede ist. Daher leuchten bei „Harry" alle roten Warnlampen auf, wenn er das Wort „Evangelisation" hört; und so vermeidet Hybels ein solches Wort, das „Harry" verwirrt oder ihn erschreckt.

Auf der Bühne in Willow Creek dürfen nur Menschen reden, die „Harrys" Sprache der Geschäftswelt beherrschen. Hybels erklärt: „Wir passen auf, daß diese Leute soviel Umgang mit den Suchern haben, daß sie ganz und gar ihre Sprache reden und nicht in Klischees zurückfallen." Indem sie „Harrys" Sprache sprechen, wollen sie ihm helfen, das Evangelium besser zu begreifen.[16]

Vereinfachung der Theologie

Hybels möchte die Botschaft nicht durch komplizierte theologische Fachausdrücke verdunkeln: „Im Seeker Service muß alles, was wir sagen, gereinigt sein. Damit meine ich, man muß das gesamte Vokabular des Seeker Service entschlacken." Hybels möchte eine einfache Theologie vermitteln.

Wir sehen diese Vereinfachung darin, daß jegliche theologische Terminologie vermieden wird. Während eines ganzen Jahres wurde kein theologischer Grundbegriff wie Ekklesiologie, Soteriologie, Christologie oder Anthropologie jemals verwendet, auch nicht solche Ausdrücke wie „Immanenz" oder „Transzendenz". Heißt das nun, es wurde überhaupt keine Theologie gelehrt? Durchaus nicht. Aber es war eine schlichte Theologie, bei der die Fachausdrücke der akademischen Theologie vermieden wurden. Wenn Hybels das bedeutungsvolle theologische Wort „Buße" brauchte, so erklärte er es den „Harrys" sehr ausführlich.[17]

Der grundlegende Schritt zur Vereinfachung der Theologie ist nach Strobel die Übersetzung. Strobel übernimmt die Idee der Übersetzung von Millard Erickson. Erickson erklärt, Übersetzung bedeute, die Botschaft in mehr zeitgemäßer Form darzustellen, wobei aber der Inhalt „erhalten bleibt, wie bei der Übersetzung von einer Sprache in eine andere". Dazu sagt Strobel, das Ziel dieses Prozesses liege darin, „das Evangelium in die Alltagssprache zu übertragen ... so wie man im Amerika des 20. Jahrhunderts spricht".[18]

In dieser Hinsicht ahmt Hybels die Erweckungsprediger des 19. Jahrhunderts nach. Nathan Hatch sagt von ihnen, diese „ungebildeten Verkündiger ... hatten ihre Predigten zu rasiermesserscharfen Werkzeugen der Werbung geschliffen und alle theologischen Spitzfindigkeiten und Kompliziertheiten einfach beiseite gelassen". Die Vereinfachung der Theologie ist das pragmatische Mittel, sich leichter verständlich zu machen.[19]

Hybels redet über das Evangelium in einer Vielzahl von Beschreibungen. Strobel sagt: „Wir wollen es jedesmal anders erzählen, dieselbe Information, nur in anderem Gewande, damit wir die Ausdrücke anwenden, die von den Leuten verstanden werden." Mit diesen einfachen Umschreibungen versucht Willow Creek eine Laientheologie zu artikulieren. Strobel sagte von einer seiner Ansprachen, sie drücke nur auf andere Weise aus, was man sonst „die Botschaft über die Gnade" nennen würde. Ein „unchurched Harry" erklärte aufgrund dieser Bemühungen: „Ich verstand, daß diese Gottesdienste für mich veranstaltet wurden. Man redet tatsächlich meine Sprache."[20]

In normaler Stimmlage reden

Als Viertes gehört zum Gebrauch von „Harrys" Sprache, daß Redner und Sänger in normalem Tonfall reden. Wenn Bill Hybels und Nancy Beach Besuchern ihr Programm für die Wochenendgottesdienste erklären, kommen sie regelmäßig auf die Bedeutung der Verwendung eines normalen Tonfalls zu sprechen. „Es ist, als ob sich bei Kirchenleuten die Stimme verändert, sobald sie auf der Kanzel stehen." Creeker sind der Ansicht, die anwesenden „Harrys" würden sich bei einer solchen Änderung der Stimme unwohl fühlen. Beach verrät: „Wir dagegen versuchen, einfach ganz normal zu sein und normal zu sprechen und nicht in den ‚Kirchenton' zu verfallen." Das Programmteam trainiert jeden, der auf der Bühne etwas sagt oder dort betet, damit er sich in normalem Gesprächston und nicht „pastoral" äußert.

Was kommt dabei heraus? Strobel erinnert sich, daß er als „unchurched Harry" Alltagssprache hörte. „Wenn die Redner beteten, ergingen sie sich nicht in einem Haufen ‚Thees' und ‚Thous' (altenglische Anredeformen, d. Ü.), sondern sprachen mit Gott, als würden sie ihn tatsächlich kennen." „Harry" identifiziert sich mit Hybels, wenn er „ganz normal" mit ihm spricht.[21]

Hybels Humor

Nachdem ich die Predigten analysiert und nach Themen geordnet hatte, waren sieben Aktenordner dicker als die anderen. Gott, Bibel, Bill und Emotionen waren vier dieser dicken Wälzer. Die Ordner über Gott und die Bibel waren selbstverständlich umfangreicher als alle anderen, will doch Hybels den „unchurched Harrys" erklären, wer Gott ist und benutzt dazu viel die Bibel. Auch sind Hybels Predigten sehr persönliche, intime Gespräche, die oft stark gefühlsbetont gestaltet sind, daher die riesigen Ordner über Bill und die Emotionen. Der fünfte große Ordner befaßt sich mit Humor.

Humor ist in den Willow Creek-Ansprachen ein sehr wichtiges Redemittel. Einer Pastorengruppe gegenüber betonte Hybels die Bedeutung des Humors: „Ihr seid ja auch solche, die regelmäßig sprechen müssen, da wißt ihr, wie gut es ist, über viel Humor zu verfügen." Wer Willow Creek besucht, ist oft erstaunt über die Menge und die Qualität des Humors in Hybels Predigten. Ein „unchurched Harry" erzählte mir: „Der hat einen Sinn für Humor, wie ich es noch in keiner Kirche angetroffen habe." Dieses Lob auf den Willow Creeker-Humor besteht sicher zu Recht.

Allerdings entdecken wir, daß schon seit langem die Prediger das Lachen zu schätzen wußten, um ihre Sache an den Mann zu bringen. J. I. Packer kommentiert das so: „Jedes spontane Lächeln erzeugt weitere fünf Minuten aufmerksamen Zuhörens, und jeder Prediger wird zugeben, daß dies eine prächtige Zugabe ist."[22]

Doch das Maß und die Art des Hybelsschen Humors sind etwas Besonderes. Weiter oben haben wir angemerkt, daß die Wochenendprogramme den Medien, besonders dem Fernsehen nachgestaltet werden. Das gleiche gilt für Hybels Predigten. Marshall McLuhan hat nachgewiesen, daß das Fernsehen ein „cooles Medium ist … in dem intime Unterhaltung, entspannte Diskussion und Humor eine bedeutsamere Rolle spielen als feurige Rhetorik". Darum folgen Hybels Predigten diesem Muster unterkühlter, manchmal scharfzüngiger Ansprachen anstelle hitziger Deklamationen. Kurz gesagt ist Hybels oft sehr spaßig.[23]

Die Art des Humors

Leichter Zynismus. Als ich das erste Mal in Willow Creek war, kam ich mir vor wie in einer christlichen Johnny-Carson-Show. Später entdeckte ich, warum ich Ursache hatte, bei allen Aktivitäten, beim Bühnenbild und besonders beim Humor während des Gottesdienstes an Johnny Carson zu denken. Carson ist Hybels Lieblingsschauspieler und ein Vorbild für jene Art von Humor, die er liebt und selbst handhabt. Hybels findet Carsons „lustige Einfälle" prima. Sie sind realistisch, manchmal zynisch und handeln von der menschlichen Natur und von der Welt, in der wir leben. Ein Schreiber spricht von Carsons Humor als von einem „nicht einzuordnenden Zynismus", der das ganze Leben gleichmütig betrachtet. Hybels nennt ein Beispiel für Carsons Humor:

> Erinnert ihr euch, wie sie feststellten, daß Ferdinand Marcos ungefähr zwanzig Milliarden philippinische Dollar irgendwo in den Vereinigten Staaten versteckt hatte? Er (Carson) sagte dazu: „Wissen Sie, Marcos hat sein Geld auf altbekannte Weise verdient – er hat's gestohlen."[24]

Diese Art Zynismus setzt Hybels Pointen die Glanzlichter auf.

Geschichten. Hybels erzählt oft humorige Geschichten, mit denen sich „Harry" identifizieren kann. So haben viele „unchurched Harrys" genügend oft im Flugzeug gesessen, um sich an einen rüden Mitreisenden erinnern zu können. Darum erzählte Hybels folgende Geschichte:

> Neulich saß ich auf einer Geschäftsreise im Flugzeug auf einem Platz direkt am Mittelgang in der fünfzehnten Reihe. Plötzlich stand ganz vorne ein Kerl mit mindestens fünf Koffern auf und wollte nach hinten gehen.
>
> Während er den Mittelgang entlangging, rempelte er in jeder Reihe die Passagiere, die am Gang saßen, an. Dabei haute er ihnen so richtig seine Kameras und Koffer und was er sonst noch hatte, um die Ohren.
>
> Aber er war sehr rücksichtsvoll. Jedesmal, wenn er die Leute an beiden Seiten belästigt hatte, sagte er: „Tut mir leid, tut mir leid!" Und dann traf es den nächsten. „Tut mir leid, tut mir leid!", und dann ging's eine Reihe weiter.
>
> Ich sah mir diesen Menschen an und beobachtete, wie er näherkam und dachte: „Paß auf, wenn er hier vorbeikommt und mich so traktiert und sich mit seinem ‚Tut mir leid' davonstehlen will, dann schnapp ich mir ihn am Schlips, zieh' ihn runter und sage ihm: „Hör zu, ich glaube dir nicht, daß es dir leid tut, Freundchen, denn sonst hättest du aufgehört und nicht noch weitere Leute mißhandelt!"

Die Zuhörer brachen in lautes Gelächter aus. „Harry" hört nicht nur solche Geschichten gern, sondern er ist auch offener für das, was Hybels sagen will: „Eine der Nagelproben für die Tiefe der Buße eines Menschen liegt darin, wie oft er die Beleidigung wiederholt."

Schrägbilder. Das Wesen des Humors liegt in der Fähigkeit, etwas ein wenig krumm darzustellen. Bob Hope, der berühmteste amerikanische Komödiant, sagte:

> Man kann die Leute jederzeit zum Lachen bringen, wenn man ihnen Dinge erzählt, über die sie bereits nachdenken. Die graden Linien sind schon in ihrem Kopf.
>
> Und wenn du dann kommst und sie ein wenig verdrehst, dann ist das lustig, dann lachen sie. Das ist der ganze Trick.[25]

Hybels benutzt oft das Tagesthema und verdreht es wie Hope oder Carson, um ein Lächeln zu erzeugen. Gelegentlich erzählt er auch eine Geschichte, um ein etwas exzentrisches Bild zu zeichnen. So beschrieb Hybels, wie er einmal auf einen Rastplatz geriet:

> Ich bog also in den Rastplatz ein und hielt neben einem riesigen Strassenkreuzer, einer weißen Limousine, einer enormen Karre – wohl zehn Meter lang.
>
> Eine Reihe spärlich bekleideter Damen hingen da rum, die luden einen

Kasten nach dem anderen mit – wie ich meine – alkoholischen Getränken in den Kofferraum und auf die hinteren Rücksitze.

Dann ging Hybels in den Aufenthaltsraum, wo er sah, wie sich eine Gruppe von Marinesoldaten Zivilzeug anzog:

> Die gehörten auch zu der Limousine und prahlten um die Wette und ließen ihrer Phantasie freien Lauf, wie das heute Abend wohl mit den alkoholischen Getränken und den Frauen gehen würde ...
> Während ich mir das Gerede der Männer anhörte, hätte ich beinahe laut losgelacht bei dem Gedanken, ich hätte ihnen gesagt: „So, Jungs, bevor ihr eure Orgie offiziell eröffnet, habt ihr da wohl fünf Minuten Zeit für eine kurze, ihr wißt schon, nur so unter uns Männern, also eine kurze Bibelbetrachtung, um zu sehen, was Gott uns in der Bibel zu sagen hat. Wie wär's damit?"

Nach diesem lebhaften Bild, wie Seeleute eine Sexorgie planen, setzte er als Kontrast das Bild einer Bibelstunde. Das Publikum brüllte. Hybels zeigte dann, was er damit erreichen wollte:

> Ich muß immer noch fast laut lachen, wenn ich daran denke, wie das ausgelaufen wäre. Denn offensichtlich hatten sie ihren Verstand und ihr Herz und andere Teile ihrer Anatomie darauf gerichtet, etwas Böses zu tun.
> Und daher hätten sie ein entschiedenes Interesse daran zu sagen: „Danke, bloß das nicht. Wir möchten heute Abend ganz gewiß nichts aus der Bibel hören."

Indem er eine Orgie neben eine Bibelstunde stellte, rief Hybels nicht nur ein riesiges Gelächter hervor, sondern hatte auch die Gelegenheit, auf den ernsten Punkt hinzuweisen, daß Kirchenferne oft ein „entschiedenes Interesse" haben, Gott nicht zu suchen.

Necken. Hybels und die anderen Sprecher necken sich oft gegenseitig oder das Publikum. Indem sie sich necken, schaffen sie ein Umfeld wie in einer Familie, die sich liebt und füreinander sorgt. Indem sie das Publikum necken, beziehen sie die Zuschauer in diese liebevolle Familie mit ein. Diese wiederum stöhnen oder pfeifen wegen eines hingeworfenen Witzes oder eines Wortspiels.

Hybels hatte mit einigen leitenden Kollegen aus der Gemeinde eine Segelpartie auf dem Atlantik gemacht; nach seiner Rückkehr berichtete er der Versammlung über die Segelanfänger:

> Der allererste Tag war so, wie ihn ein Seemann erträumt – 25 Knoten Windgeschwindigkeit, drei, vier Meter hohe See, blauer Himmel. Wir lagen so weit auf der Seite, daß die Reling ins Wasser tauchte – einfach toll, so durch die Wellen zu brechen, draußen auf dem offenen Ozean ...
> Ich genoß so richtig alles, was da geschah und bemerkte, daß die anderen Jungs ... ein wenig grün wurden. Da versuchte ich sie aufzumuntern: „Besser kann's doch gar nicht sein, oder?"

Keine Antwort, nur vereinzeltes Stöhnen. Dann gingen einige der Jungs nach unten in ihre Kojen … 'ne andere Gruppe setzte sich nah an die Reling aus Gründen, die ich im Einzelnen nicht zu erläutern brauche, höchstens daß ich berichte, wie unser Lee Strobel einen völlig unvorhergesehenen Proteinregen abbekam.

Hybels und die anderen Sprecher necken sich wegen ihrer ausgehenden Haare, ihrer intellektuellen Fähigkeiten, wegen der Gesundheitskost, die es bei den Hybels gibt, wegen persönlicher Eigenheiten oder des romantischen Getues frisch verheirateter Paare. All das stiftet eine warme und freundliche Familienatmosphäre.

Die Inhalte des Hybelsschen Humors

Eigentlich kann alles Gegenstand des Hybelsschen Humors werden; aber er hat ein Lieblingsobjekt, das ist – er selbst. Hybels und die Zuhörer in Willow Creek lachen oft auf seine Kosten.

Selbstverspottung. Hybels beschreibt, wie die Menschen ihre Gefühle in der amerikanischen Gesellschaft immer freizügiger zur Schau stellen.

Heutzutage platzen die Leute beinah gegenüber jedem mit allem heraus. Haben Sie das auch schon bemerkt?
Ich möchte sagen, daß sich vor mehreren Jahren eine kulturelle Veränderung ereignet hat, als eine attraktive junge Mutter mich nach dem Gottesdienst anhielt und mir über den Segen des Stillens in weit größerer Ausführlichkeit berichtete, als es für einen Burschen wie mich zu hören gut war.
Ich wunderte mich immer mehr, je länger sie auf mich einredete: Warum erzählt sie das nur? Ich bin noch von der alten Schule. Das heißt, ich halte so etwas für zu persönlich. Aber sie machte weiter, über all das zu berichten. Ich sagte mir: Das ist das New Age, jetzt geht's los.

Bei einer anderen Gelegenheit erzählte Hybels, wie er sich entschieden hatte, sein kleines Privatflugzeug vor dem Start nicht erst zu überprüfen. Mitten im Flug hörte er einen metallischen Klang, und ihm war klar, daß er die Tankklappe verloren hatte.

Ich verlor ganz schnell viel Treibstoff. Das war dumm, nicht nach der Tankklappe zu geguckt zu haben. Dämlich, nicht die Scheckliste durchgegangen zu sein.
Dann dachte ich, das ist ein peinlicher Grund für einen Flugzeugabsturz. Ich meine, ein Kampfflieger kann an seine Luftbase melden: Ich bin eben von der Rakete einer russischen Mig getroffen worden – ich stürze ab. Das wäre ein klassischer Grund für einen Absturz.
Ich dagegen mußte per Funk melden: Mayday – ich habe meine Tankklappe nicht kontrolliert und besprühe jetzt die Rasenflächen der Vorstadt mit Treibstoff. Äußerst peinlich!

Was ist das Ergebnis dieser Selbstverspottung? Wie viele andere begabte Redner schafft Hybels dadurch ein Gemeinschaftsgefühl unter den Hörern. Er beschreibt, wie er sich dumm oder peinlich berührt vorkommt, und sie ihrerseits identifizieren sich mit ihm. Ein „unchurched Harry" kam zu dem Schluß: „Es lohnt nicht, bei diesem Burschen nach Fehlern zu stochern, weil er das selbst tut."

Lynne. Ein regelmäßiges Thema für seinen Humor ist die Beziehung zu seiner Frau, Lynne. Hybels erinnert sich, wie er eines Tages nach Hause ging und sich freute, mit ihr reden zu können. Doch Lynne hatte sich den ganzen Tag geärgert, weil sie den Artikel, an dem sie schrieb, nicht zu Ende bekam, und nun war sie gerade nach unten gekommen, um sich körperlich ein wenig auszuarbeiten. So erhielt Bill nicht die gewünschte Aufmerksamkeit. Er begann, sich zu ärgern:

> Ich fühlte, wie meine Temperatur stieg ... „Ja ja", sagte ich mir selbst, als ich die Zeitung durchblätterte, „sie erziehen die Frauen nicht so wie sie sollten: Kuß an der Tür, Hausschuhe, bequeme Jacke, Zeitung, ein Glas Milch, ‚wie war's denn, mein Schatz'?" – Sie erziehen die Frauen nicht mehr so wie früher.

Er seufzte: „June Cleaver wäre nicht zum Bügeln in den Keller gegangen, wenn Ward nach Hause kommt und mit ihr reden will. Ich glaube, sie wäre ihm an der Tür mit einem hübschen Kleid und hohen Absätzen und einem Glas Milch entgegengekommen." Indem er eine – wenn auch unbedeutende – Schwierigkeit in seiner Beziehung zu seiner Frau offenlegt, gibt Hybels den Hörern die Möglichkeit zu lachen und sich mit ihm zu identifizieren, und sie hören aufmerksam zu, wie er die Sache geregelt hat.

Familie. Eine andere Hauptquelle Hybelsschen Humors ist seine Familie. Hybels berichtete von Todd, seinem noch jungen, aber sehr systematisch veranlagten Sohn:

> Er hatte sich ein bißchen in ein Mädchen verguckt ... Ja, es war eine von unseren Sängerinnen.
> Er verlangte sogar, ich sollte ihn mit ihr fotografieren ... So machte ich das Foto mit den beiden, und sie hatte ihren Arm auf seine Schulter gelegt. Na, als wir beide nach Hause fuhren, sagte er: „Junge, Papa, ich denke, sie sieht gut aus." Und ich sagte: „Ja, Kerlchen, da will ich dir nicht widersprechen. Ich denk auch, sie ist ein hübsches Mädchen."
> Darauf sagte er: „Ich wette, sie wird immer adrett aussehen." Ich fragte, was das heißen soll. Er meinte darauf: „Naja, als ich Hühner züchtete, stand das auf meiner Prioritätenliste auch ganz oben."

Diese Art Humor erfüllt mehrere Funktionen. Hybels identifiziert sich mit anderen Eltern, die ihre Schwierigkeiten mit der Kindererziehung haben. Ein spielerischer Hinweis auf Hybels' Vergangenheit entfernt außerdem Hybels' Pastorenimage, das der Kommunikation hindernd im Wege steht. Schließlich findet er dadurch bei „Harry" hörwillige Ohren und kann ihm praktische Erziehungstips geben.

Wiederkehrende Späße. Es ist für Hybels und die anderen Sprecher nichts Ungewöhnliches, manche Witze wiederholt vorzubringen. Die Hörer kennen sie schon und es gefällt ihnen, über die Redner Bescheid zu wissen.

Die Chicago Cubs sind ein beliebter Gegenstand scharfzüngiger Kommentare. Hybels erwähnte am Ende einer Rede über intellektuelle Gründe, an Gott zu glauben: „Ich war versucht, noch einen fünften Grund, an Gott zu glauben, hinzuzufügen, und das wäre: Heute ist schon der 10. September und die Cubs sind noch immer auf Platz eins."

Gern wird in Willow Creek auch über die Gesundheitsnahrung der Hybelsfamilie gespottet. Lee Strobel führte aus, wieviel von den Zukunftsprognosen der 60er Jahre sich als Unfug erwiesen hat: „Sie erzählten uns, wir würden heute Algen und Seetang und künstliche Eiweiße essen. Nun, das traf auch ein; aber nur bei den Hybels." Hybels selbst zieht seine Frau wegen ihrer Kochkünste auf:

> Aus irgendeinem seltsamen Grund will meine Familie die Tradition mit Kuchen und Kerzen und Wunschzetteln in diesem Jahr nicht fortsetzen. Vielleicht, weil die Kinder und ich den Linsenkuchen, den Lynne im letzten Jahr gebacken hat, nicht essen mochten; und sie nimmt uns die alte Geschichte noch immer ein bißchen übel. Dabei wollte nicht einmal der Nachbarshund davon haben; so daß wir genau wissen, wie wenig er taugte.

Weil solche Scherze immer wiederkehrende Neckereien sind, lacht das Auditorium willig, obwohl sie nicht besonders griffig sind.

Aktuelle Themen. Hybels und seine Rednerkollegen nehmen auch oft Nachrichtenthemen oder allbekannte Dinge, um einen beiläufigen Scherz darüber zu machen. Als Shirley MacLaine einigen Ärger wegen ihrer New Age-Ansichten bekommen hatte, sagte Lee Strobel:

> Wissen Sie, Shirley MacLaine kann am Strand stehen und sagen: Ich bin Gott, ich bin Gott", so oft sie will; aber sie wird nie ein Gott mit Namen Shirley werden, wenn Sie sich überhaupt einen Gott mit Namen Shirley vorstellen können.

Die Sprecher witzelten über die Shows *The Simpsons, Roseanne, Thirty Something* und die steigende Popularität von gefrorenem Joghurt. „Unchurched Harrys" und „Marys" kennen sich mit diesen Themen und Fernsehsendungen aus.

Die Sprecher machen sich auch über Allgemeinerfahrungen lustig. Hybels erinnerte sich an einen Mitpassagier in einem Flugzeug: „Wir wetteten, ob wir zur angekündigten Zeit abfliegen würden oder nicht. Ich gewann; ich gewinne diese Wette jedesmal – wir fliegen immer zu spät ab." Hybels erreichte ein wissendes Lächeln von Geschäftsreisenden, deren Flugzeuge regelmäßig zu spät starten. Die Sache ist, daß Hybels und seine Rednerkollegen wissen, daß man seine Späße über Dinge machen muß, die den Zuhörern bekannt sind. Indem er über Tagesthemen und neueste Ereignisse spottet, identifiziert sich Hybels außerdem mit „Harry".

Die Absicht in Hybels Humor

Sich mit „Harry" identifizieren. Hybels sagt, warum er den Humor Johnny Carsons mag:

> Der Grund, weshalb ich diese Art Humor mag, liegt nicht nur darin, daß ich es schätze, wie er aufgebaut ist und ich ihn gerne höre und daß er meine Zielgruppe genau trifft; er sagt noch mehr. Er sagt: Du hast Kontakt mit der Welt.

Diese Art Humor zeigt nicht nur Kontakt mit der Welt, sondern er betont: „Wir sind mit ihnen auf der gleichen Reise." Durch diese Sorte Humor kann sich Hybels mit „Harry" identifizieren, indem er sich selbst als Realisten darstellt, der weiß, wie die Welt wirklich aussieht.

Um „Harrys" seelische Einstellung zu verändern. Indem er „Harry" zum Lachen bringt, kann er dessen seelische Einstellungen verändern, so wie Aristoteles schon vor langer Zeit erklärte: „Unsere Urteile fallen anders aus, wenn wir uns freuen und wir freundlich sind, als wenn wir Schmerzen leiden und feindselig denken." Aristoteles sagte dazu, die Überredung ginge auf die Hörer über, wenn die Rede ihre Gefühle aufrühre. Ist die Hörerschaft „fröhlich und freundlich", kann Hybels sie leichter beeinflussen.[26]

Hybels Humor erreicht mehrere Ziele gleichzeitig. So sagt er: „Ich meine, es ist gut, eine Art von Humor zu haben, der auf mehreren Ebenen Verbindung herstellt." Hybels kann den Humor anwenden, um sich mit dem Auditorium zu identifizieren, die Verteidigungshaltung abzubauen und eine positive Seelenlage herzustellen. „Harry" öffnet sich dadurch leichter dem, was Hybels ihm zu sagen hat.

KAPITEL 10

Das Christentum hat etwas zu sagen

Hybels erklärt, „beinahe jedes Wochenende" käme einer seiner „Zielgruppen-Sucher" auf ihn zu:

> Dann kommt er auf mich zu und sagt: „Junge, ich bin lange in keiner Kirche gewesen. Was du da eben gemacht hast, du liebe Zeit, was du da eben gemacht hast, war, als hätte es jemand für mich vorbereitet."
> Ich sage ihm dann: „Stimmt das? Hast du das wirklich empfunden?" „Ja, es war genau so." „Ich schätze, du kommst wieder?" „Na, klar, wer würde nicht wiederkommen, wenn es so ist wie hier!"

Diese Reaktion ist es, die Willow Creek anspornt. Willow Creeker sprechen von Relevanz (es bedeutet jemandem etwas).

Hybels hat ihn besuchende Pastorengruppen Fragen stellen lassen, die er dann beantwortete. „Die meisten Fragen, die man mir bei dieser Art Seminaren stellt, lauten in etwa: ‚Wie kann man mit Suchern relevant reden?'" Relevanz ist für die Vision in Willow Creek von vitaler Bedeutung. Ich las die Worte Relevanz oder relevant während meiner Studien in Willow Creek viele hundert Mal. Was ist *Relevanz*? Was heißt es, *relevant* zu den Suchern zu sprechen?

Wenn Creeker über den Gedanken der Relevanz diskutieren, wird immer wieder auf die allererste Gemeindebefragung hingewiesen. Wie ich in Kapitel 2 beschrieben habe, hat Hybels mit einigen anderen vor der Gemeindegründung Hunderte von Vorstadtbewohnern gefragt, warum sie nicht zur Kirche gingen. Dabei erfuhr er, daß den Leuten die Kirchenmusik und die Predigtweise nicht zusagte. Die Befragten fanden die Gottesdienste langweilig und irrelevant (sie gingen an ihren Bedürfnissen vorbei), und sie ließen Schuldgefühle aufkommen.

Wie in Kapitel 4 dargestellt, ist der gesamte Wochenendgottesdienst so gestaltet, daß er auf diese Beschwerden Rücksicht nimmt und wie ein Trichter wirkt, der alle einsammelt und sie dorthin bringt, wo Hybels Predigt anfängt. Dieser versucht dann, auf die in dem übrigen Programm aufgeworfenen Fragen Antworten zu geben. Dazu sagt er: „Wir müssen da anfangen, wo sie sind und sie dann mitnehmen."[1]

Relevanz heißt, dort anfangen, wo „Harry" ist. Mit Hilfe der Predigt glaubt Hybels, den Eingang zu „Harrys" und „Marys" Herzen gefunden zu haben, wenn er Themen entdeckt, die diese interessieren: „Kirchenferne Menschen sind Kunden par excellence … Bei jeder unserer Predigten fragen sie sich: *Interessiert mich dieses Thema oder nicht?*"[2]

Empfundene Bedürfnisse

Was „Harry" am meisten interessiert, sind die von ihm empfundenen Bedürfnisse. Lee Strobel bestätigt das: „‚Harry' fühlt sich nicht mehr irgendeiner Denomination verpflichtet, sondern läßt sich von solchen Stätten anziehen, die seinen Bedürfnissen entgegenkommen." So ermahnt George Barna die Pastoren, sich auf das zu konzentrieren, was kirchenfernen Menschen Kummer bereitet:

> Wir können die Kirche den Entkirchlichten und Ungläubigen am besten als zuverlässig und brauchbar erscheinen lassen, wenn wir uns für ihr Dasein relevant machen. Wie können wir das erreichen? Indem wir herausfinden, wo ihnen am meisten der Schuh drückt, und indem wir darauf unmittelbar reagieren.[3]

Was geschieht, wenn man sich so auf die von „Harry" empfundenen Bedürfnisse einstellt? Wie zu erwarten ist, wird der Kirchenbesuch bei Predigtreihen stark zunehmen, die diesem Ziel besonders nahekommen. Lee Strobel hatte über das Thema „der Lohn geistlichen Wagemuts" gesprochen. Damals kamen im ganzen nur 11 425 Zuhörer. Als dann Hybels in der nächsten Woche eine Predigtreihe über Beziehungsprobleme begann, stieg der Besuch sprunghaft um fast 25% auf 14 048 Menschen an. „Harry" reagierte scharenweise. Warum? „Harry" geht es um die Befriedigung seiner von ihm selbst verspürten Bedürfnisse.[4]

Empfundene Bedürfnisse sind der Weg zu Relevanz. Mittelberg erklärt dieses Prinzip so:

> Wir müssen es lernen, für die Leute relevant zu sein, ihnen etwas zu bedeuten und ihnen Botschaften zu vermitteln, mit denen die von uns Erreichten etwas anfangen können. Mit anderen Worten: Unsere Botschaften müssen etwas zu tun haben mit ihrem täglichen Leben, ihren Beziehungen, ihren Familien, ihrem Arbeitsplatz.

Erfüllt die Botschaft diese Kriterien, so ist „Harry" motiviert zu kommen, zuzuhören und nach dem Gehörten zu handeln.[5]

Als Hybels zur Eröffnung seiner Predigtreihe über Beziehungsprobleme von falschen Hoffnungen sprach, die viele mit der Ehe verbinden, war „Harry" ganz Ohr:

> Ich möchte heute Morgen fünf Minuten damit verbringen, drei weitverbreitete Märchen über die Ehe als solche zu entlarven. Nämlich 1., daß die Ehe automatisch Ihr Alleinsein beendet, 2., daß die Ehe automatisch Ihre seelischen Wunden heilt, und 3., daß die Ehe Ihr Glück sicherstellt.

Hybels verbindet seine Predigt mit drei Dingen, die „Harry" sich wünscht oder die er „als nötig empfindet". „Harry" mag nicht allein oder zerbrochen dasitzen, und „Harry" will glücklich sein. Darum will er etwas über dieses Thema erfahren, und darum kommt er.

Daß man sich auf die empfundenen Bedürfnisse eingestellt hat, zeigt die Häufigkeit der während der Wochenendgottesdienste benutzten Worte, die mit den Bedürfnissen in Verbindung stehen. Während des ganzen Berichtsjahres kamen folgende Worte regelmäßig in den Predigten vor: *Nöte, Bedürfnisse, Gefühl, fühlen, Gefühle, Problem, wünschen, Schmerz, zerbrochen, Enttäuschung* und *Hoffnung*. Hybels benutzte diese und andere sich auf das Fühlen beziehenden Worte, während er beschrieb, wie die Leute hoffen, durch die Ehe geheilt zu werden:

> Ich brauche diese Versammlung nicht daran zu erinnern, wieviel Zerbrochenheit es in unserer heutigen Welt gibt.
>
> Immer zahlreicher werden die jungen Leute, die in Häusern aufwachsen, in denen es wenig zu lachen gibt; Häuser, die unter Scheidungen leiden, Häuser, die vom Alkohol verwüstet wurden, Häuser, in denen Gewalt herrscht oder wo sie verbal oder seelisch mißbraucht werden, oder auch nur, wo sich die Liebe aus diesem oder jenem Grund nicht frei entfalten kann …
>
> Dann hofft man ganz gegen alle Hoffnung, daß diese Person unser Zerbrochensein heilen kann, oder wenigstens unsere Schmerzen für eine Zeit zu lindern vermag. Sie sehen, ein junger verwundeter Mensch schleppt eine Menge verborgener Schmerzen und Enttäuschungen mit sich herum.

„Harry" und „Mary" identifizieren sich mit dieser Beschreibung von Schmerzen und Enttäuschungen. Hybels gibt ihnen dann praktische Ratschläge, wie „Harrys" empfundene Bedürfnisse befriedigt werden können.[6]

Diese Bedürfnisse beziehen sich oft auf ganz Alltägliches. Ein Beispiel ist die Predigtreihe über Kindererziehung. „Unchurched Harry" weiß, daß er Rat für die Erziehung seiner Kinder braucht und kommt in Scharen, um zu hören. Die meisten der Hybelsschen Predigten richten sich an das tägliche Leben. So erzählte mir ein „unchurched Harry": „Seine Predigten sind dermaßen treffsicher … Er drückt nur ab und trifft die Leute da, wo's fehlt." Alle Bedürfnisse könnten in einen vorherrschenden Kummer zusammengefaßt werden – „Harry" möchte zu persönlicher Erfüllung gelangen.[7]

Persönliche Erfüllung

In Kapitel 4 haben wir festgestellt, daß „unchurched Harrys" vordringliches Ziel im persönlichen Erfülltsein liegt. So schreibt Barna: „Was suchen wir in unserem Leben? Unsere Untersuchungen wiesen auf vier primäre Ziele hin, und alle haben damit zu tun, daß wir ‚glücklich und zufrieden' sein möchten. Darum lehrt Willow Creek aus dem Wunsch heraus, für ‚Harry' relevant zu sein, viel über menschliches Glück."[8]

Im vorigen Kapitel erwähnte ich, daß nach Abschluß meiner Untersuchungen sieben Ordner viel dicker als alle anderen waren. Fünf von ihnen nannte ich dort. Der sechste riesige Ordner handelt von „persönlichem Erfülltsein", auf die während des Untersuchungsjahres viele hundert Mal hingewiesen wurde. So schreibt Lee Strobel: „‚Unchurched Harry' hört immer gut zu, wenn es darum geht, daß er davon profitieren kann."[9]

Hybels hält jedes Jahr einmal seine „Es-Predigt", bei der es nur ums persönliche Erfülltsein geht:

> Es drängt mich, wieder einmal meine jährliche „Es-Predigt" zu halten. Sie ist nur die schlichte Schilderung meiner eigenen Suche nach seelischer Erfüllung und Befriedigung. Die durchlitt ich während einer existentiellen Krise betreffs Sinn und Ziel des Lebens, als ich ungefähr fünf Jahre alt war. Damals war es so: Nachdem ich im Sandkasten, hinten im Garten, stundenlang meine Seele erforscht hatte, kam ich zu dem Ergebnis, das Sehnen meines Herzens könne nur dann wirklich und auf ewig gestillt werden, wenn ich ein neues Fahrrad bekäme …
> Ich bekam ein neues Fahrrad, und drei Tage später traf mich die verwirrende Erkenntnis: dieses Rad war schön, um in der Nachbarschaft damit herumzugurken, aber dieses Rad war „Es" nicht.[10]

Hybels beschreibt, wie er im Laufe seines Lebens immer wieder ein anderes „Es" zu erkennen glaubte, das ihm Erfüllung bringen sollte. In der Mittelstufe wäre er gern ein guter Basketballer geworden, und in der High School sehnte er sich nach einer Beziehung zu „Betty Lu".

Hybels zeigt dann, wie keines dieser „Es" ihn befriedigen konnte. Er beschreibt, wie die Leute in ihrer Jagd nach Erfüllung „das richtige Auto", „das richtige College", „den richtigen Beruf" und „das richtige Haus" erstreben. Dann schildert er, wie die Leute sich durch Heirat und Kinder Zufriedenheit schaffen möchten. Und er behauptet, daß nichts von all dem für immer befriedigt.

Wenn den Leuten das klar wird, so sagen sie nach Hybels' Ausführungen: „Vielleicht müßte ich mir teureres Spielzeug kaufen, im Geschäftsleben eine bessere Position gewinnen, berühmt werden, mehr Vergnügungspartys arrangieren und jüngere und attraktivere Betty Lus suchen." Dann versucht Hybels die Schwachheit dieser Strategie aufzuzeigen. Er schildert den König Salomo als einen, der versucht hat, „den Code zu menschlichen Erfülltseins zu knacken":

> Der wachte schließlich aus dem Rausch auf und sagte: „Wißt ihr, was man braucht, damit die Menschenseele zufrieden wird? Der Mensch ist dazu bestimmt, Gott zu fürchten und ihm vollkommen nachzufolgen. Denn wenn er das tut, hat Gott versprochen, die Verantwortung für die Herstellung eines zufriedenen Herzens zu übernehmen."

Hybels erklärt, daß, wenn Christen häufig von *Erfüllt-Sein* oder *Erfüllt-Werden* sprechen, sie „vom gestillten Verlangen des Herzens" reden. Hybels fragte die „Harrys" unter den Zuhörern: „Ich möchte wissen, wie viele von Ihnen in der letzten Zeit persönlich erfüllt waren." „Harrys", die sich nicht besonders glücklich vorkommen, sind dann ganz Ohr.[11]

Was sie dann zu hören bekommen, ist die Botschaft, wieso das Christentum die Quelle wahrer Erfüllung ist. Hybels lehrt über den christlichen Lebenswandel:

Diese höhere Art von Traum wird, falls man ihr folgt, nicht nur Sie erfüllen, sondern Sie auch geistlich wachsen lassen, Wärme in Ihre Beziehungen, emotionale Gesundheit und physische Kräfte in Ihr Leben bringen. Hat einer Interesse?[12]

Der Grund, warum das Christentum zu einem erfüllteren Leben führt, liegt nach Hybels darin, daß Gott es folgendermaßen geordnet hat: Gott hat uns erschaffen. Er konstruierte unseren Verstand, unsere Geschmackswarzen, unsere Nerven und unsere Seele ganz tief in uns, und *er* weiß, wie *er* uns wahrhaftig erfüllen und glücklich machen kann. Um die Sprache des Marketings zu benutzen: Hybels verbindet Erfüllung und „Harrys" Bedürfnisse mit dem Christentum – dem Produkt, das Hybels anzubieten hat.[13]

Ich möchte hier klarstellen, daß Hybels kein Reichtums- und Gesundheitsevangelium predigt. Wiederholt betont er, daß das Leben als Christ große Schwierigkeiten kennt und nicht auf Rosen gebettet ist:

Ich will es ganz deutlich sagen: Gott hat nirgends in der Bibel den Christen ein sorgenfreies Leben versprochen …
Wenn Sie sich mit dem Christentum beschäftigen oder versuchen, danach zu leben, erwarten Sie dann bitte nicht, das Leben als Christ sei ein Leben perfekten Glücks.[14]
Er hat sogar Evangelisten, die mit dem Versprechen umherziehen: „Ihr werdet nie wieder Probleme haben", mit betrügerischen Gebrauchtwagenhändlern verglichen. Niemals werden wir von Hybels den simplizistischen Ruf hören: „Jesus kann all deine Schwierigkeiten wegnehmen!"[15]

Statt dessen hören wir sehr wohl: „Gott geht es darum, Sie die Weisheit gewandelter Hoffnungen sehen zu lassen, und Ihnen statt des zum Befriedigtwerden unbrauchbaren American Dream eine höhere Art von Traum anzubieten." Hybels lehrt drei Aspekte der durch das Christentum bewirkten Befriedigung.[16]

Eine vertrauliche Beziehung zu Gott

Hybels glaubt, daß jeder glücklich sein möchte: „Sie können mir nichts vormachen. Jeder von uns will das, jeder hier." Nach Hybels ist „Harrys" Suche nach Glück ein törichtes Unterfangen, weil er an der falschen Stelle sucht. Hybels behauptet, daß nur Leute, die sich zu Gott wenden, wahre Erfüllung erleben werden: „Nur eine vertrauensvolle Beziehung zu Gott kann solche Sehnsucht stillen." Er fährt dann fort:

Wenn Ihre Seele mit der Liebe Gottes erfüllt ist und Sie Gottes Pläne ausführen, werden Sie das Lächeln Gottes empfinden, und das ist Friede für die Seele.

Hybels beschreibt die Beziehung zu Gott als etwas, das Zeit und Aufmerksamkeit zum Wachsen braucht. Und mit der Beziehung wächst auch die Erfüllung:

Entweder befinden wir uns in einer aufsteigenden Bewegung, erheben uns geistlicherweise, und unsere Beziehung zu Gott vertieft sich Tag für Tag, und wir werden immer mehr erfüllt – oder wir bleiben geistlich stecken.

Ein Abenteuer

Ein zentrales Thema in Willow Creek ist die Beschreibung des Christseins als Abenteuer. Strobel berichtet, wie viele „Harrys" zögern, sich Christus zu übergeben – weil sie die Reize ihres bisherigen Lebens nicht aufgeben möchten:

> Sie fürchten, daß, wenn sie Christus als den angenommen haben, der ihre Sünden vergeben hat und sie nun führen will, sie nichts Anregendes mehr im Leben haben.
> Sie wissen ja Bescheid; kann ich dann nie mehr an einer Party teilnehmen? Gibt's dann keinen Spaß mehr? Darf ich mich dann nie mehr bei der Arbeitsstelle durchsetzen?[17]

Darauf erwidert Strobel: „Das Leben als Christ ist einmalig aufregend." Er behauptet: „Wenn Sie diese geistliche Safari buchen … dann wird das aufregender als alles, was Ihnen eine Reiseagentur anbieten könnte." Hybels lehrt: Menschen, die sich dem Christentum ergeben, beginnen ein neues Abenteuer, „das Abenteuer der Nachfolge Christi – einen Nervenkitzel, der wirklich zufriedenstellt".[18]
Strobel beschreibt das Christsein als ein Abenteuer, weil man teilhat an Gottes Mission und an seiner Sache. „Wenn wir an diesem christlichen Abenteuer teilnehmen, haben wir einen Anführer, auf den man sich verlassen kann. Wir haben einen Auftrag, der sich lohnt. Wir haben eine unvergleichliche Ausrüstung." Strobel fragt die am geistlichen Spielfeldrand Sitzenden: „Wer hätte jemals Erfüllung gefunden, wenn er nur so durchs Leben gleitet und es sich gemütlich macht?" Nach Willow Creek erfahren die Freude des Sieges nur solche, die auf dem Spielfeld sind.
Das Erregende des Sieges wird noch gesteigert, weil es sich um eine ewige Angelegenheit handelt. Hybels vergleicht ein Leben, das sich um sich selbst dreht, mit einem, dem es um die Ewigkeit geht: „Ich lebe mit dem kühnen Bewußtsein, daß mein Leben für etwas zählt, was über mich selbst hinausgeht." Dann fährt er fort: „Wenn Sie anfangen, diese gottgegebene Ausrüstung zu gebrauchen, dann achten Sie einmal auf den Faktor Erfüllung und den Faktor Spannung in ihrem Leben. Versuchen Sie's; denn dann werden Sie merken, wie Gott Sie gebraucht, seine Sache voranzutreiben." Hybels lehrt, Gott „will nicht, daß unser Leben ziel- und planlos dahingeht, sondern daß es erfüllt ist und uns befriedigt". Dieses Erfülltsein kommt aus der Teilhaberschaft an Gottes ewigen Absichten.

Anderen Menschen dienen

Hybels und die anderen Lehrer unterrichten das Wochenendpublikum regelmäßig darüber, daß die Sache, zu der sie sich verpflichten, der Dienst an anderen Menschen ist. Doch wird der Dienst nicht in erster Linie als ein Opfer dargestellt, sondern als ein anderes Mittel zur Erfüllung. Don Cousins lehrt:

> Der große Psychiater Karl Menniger wurde einmal gefragt, was eine einsame, unglückliche Person tun sollte. Sein Rat lautete: „Schließ die Tür hinter dir zu, geh' über die Straße und suche dir einen Menschen, der in Not ist und hilf ihm." Das ist ein wirklich vernünftiger Ratschlag.

Cousins ist der Ansicht, viele hätten den entgegengesetzten Rat befolgt – mit katastrophalen Folgen.[19]

So unterstreicht er, daß sich Erfüllung nur einstellt, wenn wir anfangen, anderen zu dienen:

> Die Bibel lehrt uns: Nur an sich zu denken bringt niemals Erfüllung. Nie werden wir dadurch beflügelt, niemals motiviert …
> Wir werden auch keine Kraft dadurch bekommen. Nein, Erfüllung und Begeisterung gibt es, wenn wir uns einbringen und etwas in anderer Menschen Leben investieren. Nur so werden wir etwas wiederempfangen.[20]

Mitgliedern wird beigebracht, Erfüllung sei das natürliche Ergebnis der Mitarbeit in der Gemeinde. „Persönliche Erfüllung ist zum großen Teil das Ergebnis guter Früchte, die man bringt", sagt Hybels. Strobel lehrt die Mitglieder, nicht nur an die positiven Effekte für andere, sondern auch für sich selbst zu denken: „Denke nicht nur an den Nutzen für andere, sondern auch an deinen eigenen Nutzen, wenn die von dir eingeleiteten Veränderungen wirksam werden."[21]

Im Grunde lehrt Hybels, das Christentum werde „Harry" befriedigen und ihn glücklich machen. Das wird sehr deutlich, weil sich Hybels stets an die von „Harry" empfundenen Bedürfnisse wendet.

Während meines Untersuchungsjahres waren es zwölf verschiedene Bedürfnisse, mit denen sich Hybels beschäftigte. Er argumentiert: Das Christentum ist die beste Methode, mit diesen Problemen fertig zu werden und die Menschen zur Erfüllung zu bringen. Hybels lehrte über die individuell empfundenen Bedürfnisse: Angst, Schmerzen, die Sinnfrage, Zorn, Identität und Selbstwertgefühl, dann aber auch über Beziehungsprobleme wie Einsamkeit, Ehe, Sex, Kindererziehung, Arbeitswelt und Erfolg.

Hybels lehrt, wahre Erfüllung entstehe dann, wenn wir anfangen, so zu leben, wie Gott es für uns vorgesehen hat, und wenn wir als Einzelne uns vornehmen, so zu leben, wie Gott es will. Hybels und die anderen Sprecher führen oft Beispiele von erfolgreichen Menschen an, die ihre Erfüllung in der Gemeinde fanden:

Wir haben hier unter uns Firmenchefs und Verantwortungsträger, und sie sagen: „Natürlich gefällt mir meine Karriere. Meine Karriere ist mir viel wert und ich finde sie wunderbar. Ich genieße sie. Aber dies hier, was ich hier tue, gibt mir eine besondere Erfüllung. Dies ist eine Investition, die darüber hinausgeht. Dies hier zahlt sich für die Ewigkeit aus."

Willow Creek stellt das Christentum als die Befriedigung aller von den Menschen empfundenen Bedürfnisse dar. Hybels nennt diese Art der Lehre „Christianity 101" (101 ist in amerikanischen Universitäten die Bezeichnung des Einführungskurses eines Studiengangs).

KAPITEL 11

Christianity 101

Hybels hält das Christentum für das beste Mittel, „Harrys" Schwierigkeiten zu überwinden und ihn glücklich zu machen. Hybels nennt diese hilfebietende Lehre „Christianity 101" oder „Die benutzerfreundliche Doktrin".

Was soll „Christianity 101" bewirken?

Hybels bringt anderen Pastoren bei, wie man relevant predigen kann:

> Was die Sucher vor allem erfahren möchten, ist ein „Aha-Erlebnis". Wenn sie in einen kirchlichen Gottesdienst kommen, ist ihre größte Sorge, daß die Bibel ihnen nichts zu sagen hat, nicht relevant für ihr Leben ist.
> Macht sie also relevant! Schafft das „Aha-Erlebnis", und ihr habt gut gepredigt!

Durch dieses „Aha-Erlebnis" erkennt „Harry" im Christentum eine Hilfe bei seiner Suche nach dem persönlichen Glück.

Evangelisationsleiter Mittelberg sagt dazu: „Wir erkennen je länger je mehr, daß ‚Harry' auf eine Botschaft anspringt, die ihm das Christentum als Hilfe für das tägliche Leben darstellt, das ist ihm wichtiger als sicherzustellen, daß er in dreißig oder vierzig Jahren in den Himmel kommt." Mittelberg meint, „Harry" möchte folgendes wissen:

> Was habe ich heute davon? Wie wirkt das heute und morgen? Und so wollen wir ihm nicht nur zeigen, daß die Erkenntnis Christi uns in den Himmel bringt, sondern auch, daß das Christentum die bessere Lebensweise darstellt.

Strobel lehrt: „‚Harry' fragt nicht nur: ‚Ist das Christentum wahr?' Oft fragt er: ‚Klappt das mit dem Christentum?'" Strobel verrät uns, sein Ziel beim Sprechen sei, „dieser neuen Generation von ‚unchurched Harrys' klarzumachen, daß das Christentum funktioniert". Hybels erklärt: „Die Botschaften müssen hohen Gebrauchswert aufweisen. Wenn ‚unchurched Harry' hier zu uns herauskommt, dann fragt er sich: ‚Welchen Wert hat es für mein Leben, daß ich hier sitze?'"[1]

So leitet sich denn Hybels Agenda von „Harrys" Prioritäten her. Dem liegt die Idee der Marketingtheorie zugrunde. So sagt der Marketing-Guru Philip Kotler: „Das leitende Konzept heißt: *Nützlichkeit* ... Die Nützlichkeit, seinen Bedürfnissen abzuhelfen, ist es, was der Kunde an einem Produkt schätzt." Je deutlicher Hybels die Nützlichkeit des Christentums als Mittel zu innerer Erfüllung nachweisen kann, um so attraktiver erscheint es „Harry".[2]

Der nächstliegende Zweck des Hybelsschen „Christianity 101" liegt darin,

„Harry" zu helfen. Kann Hybels die Nützlichkeit des Christentums nachweisen, und daß es „Harrys" Bedürfnissen entgegenkommt und sein Glück steigert, so wird „Harry" interessiert dabei sein. Hybels' eigentliches Ziel ist es, „Harry" das Evangelium begreiflich zu machen, damit er sich für Christus entscheidet. „Christianity 101" ist ein Mittel zu diesem Zweck.

Ist es auch das vordringliche Ziel, durch die Wochenendansprachen den anwesenden „unchurched Harrys" zu helfen, so soll doch auch den Christen, die gekommen sind, etwas geboten werden. Als ich diese Beobachtung äußerte, antwortete Lee Strobel:

> Das haben Sie gut beobachtet. Denn es herrschen große Mißverständnisse über das, was wir an den Wochenenden tun. Viele, die hören, was wir hier machen, meinen, dies sei ein rein evangelistischer Gottesdienst.
> Würden wir aber nur evangelistisch arbeiten und Woche für Woche ausschließlich zu den Suchern sprechen, so würden die Mitglieder ... allmählich austrocknen und sich nicht mehr motiviert fühlen, zu kommen und Sucher mitzubringen.

Daher gestalten die Redner in Willow Creek ihre Ansprachen so, daß sie zwei unterschiedliche Hörergruppen ansprechen. Einerseits helfen sie den hereingeschneiten „Harrys", den nächsten Schritt in der geistlichen Suche zu vollziehen: „Wer Ihn heute noch nicht kennt ..." Und zweitens bieten sie den Christen Nahrung: „Für alle, die Ihn schon kennen ..." Strobel sagt dazu:

> Man muß beiden Nahrung geben und darum absichtlich Dinge in die Botschaft einbauen, die den Bedürfnissen der Christen entsprechen, damit sie geistlich wachsen, ohne das vordringliche Ziel, den Suchern zu helfen, aus den Augen zu verlieren. So besteht jede Botschaft aus zwei Strängen.

Doch besteht auch der zweite Strang für Christen im Wesentlichen aus „Christianity 101". Denn wenn auch „Christianity 101" zum großen Teil Lebenshilfe ist, so liegt sein Hauptanliegen doch darin, „Harry" von der Relevanz des Christentums zu überzeugen. Letztlich wissen die Creeker aber, daß dieser zweite Strang nicht die ganze Nahrung zur Auferbauung der Christen und zum geistlichen Wachstum sein kann. So sagt Cousins: „Kann ein Lehrer die Gläubigen auferbauen und gleichzeitig die Verlorenen evangelisieren? In Willow Creek sind wir zur Erkenntnis gekommen: Das geht nicht; die zwei Hörergruppen sind zu unterschiedlich." Den Christen wird im Wochenendgottesdienst das gleiche „Christianity 101" beigebracht, das die „Harrys" erhalten.[3]

Inhalte des „Christianity 101"

Es setzt sich aus vier Elementen zusammen: Bibel, Bilder, praktische Ratschläge und Psychologie.

Die Bibel

Die Bibel ist das zentrale Element der Wochenendgottesdienste. Hybels und die anderen Redner sprachen über einzelne Bibelverse während des Untersuchungsjahres insgesamt 169mal. Die Worte *Bibel* oder *Heilige Schrift* wurden 328- bzw. 83mal benutzt. Das ergab eine durchschnittliche Erwähnung der Bibel von 10,74mal pro Predigt während der Wochenendgottesdienste. Doch viel wichtiger als die Frage, wie oft die Bibel benutzt wurde, ist die Frage, wie die Bibel benutzt wurde. Die Bibel wurde themenbezogen benutzt und umschrieben.

Themenbezogen

Hybels lehrt themenbezogen während der Wochenendgottesdienste. Er beginnt die Diskussion, indem er „Harry" klarzumachen versucht, warum dieser ihm zuhören sollte, daher spricht er oft über dessen Bedürfnisse. Hybels versucht, „Harrys" Zustimmung zu erreichen, bevor er überhaupt die Bibel anführt. „Gewöhnlich muß ich erst einmal Übereinstimmung erzielen", sagt er. Erst dann hat Hybels ein gutes Gefühl dabei, wenn er die Heilige Schrift ins Spiel bringt:

> Und dann fahre ich fort und sage: „Die Bibel sagt auch …" Ich habe sie von dem Punkt, über den wir uns beide einig waren, hinübergeleitet zu dem Punkt, an dem die Bibel … im Grundsatz dasselbe sagt.

Hybels zitiert oft einen Bibelvers zu dem anstehenden Thema, um damit seine Argumente zu untermauern. Die Bibel wird themenbezogen benutzt und nicht Vers für Vers ausgelegt. Daraus ergibt sich: Hybels Umgang mit der Bibel neigt dazu, die in dem vorliegenden Buch bisher beschriebene Strategie zu reflektieren. Oft zitiert er Verse, um sein Argument zu unterstützen, das Christentum sei die Lebensart, die zu größtmöglicher Erfüllung führt. Lukas 15 war das am häufigsten während der Wochenendgottesdienste erwähnte Kapitel aus der Bibel. Bei sieben verschiedenen Gelegenheiten sollte mit dieser Stelle Gottes Liebe und sein Bemühen um die Verlorenen unterstrichen werden. Prediger 2 wurde benutzt, um zu beweisen, daß Vergnügen und Arbeit nicht die gewünschte Erfüllung bringen. Johannes 10,10: „Ich bin gekommen, auf daß sie Leben haben und es in Überfluß haben", wurde viermal benutzt, um die Botschaft Willow Creeks besonders hervorzuheben: Die Beziehung zu Jesus bringt Erfüllung.

Ich habe auch einen Themenindex für die 169 während des Berichtsjahres behandelten Verse hergestellt. Bei dem populärsten Thema (21 Bibelstellen) ging es um bessere Beziehungen. Das zweithäufigste Thema (13 Bibelstellen) handelte von der menschlichen Natur, und warum die Menschen zur Verbindung mit Gott geschaffen sind. Ein anderes Thema mit 13 Stellen handelte davon, wie Menschen ein christliches Leben anfangen können. Alle diese Themen standen damit im Zusammenhang, wie das Christentum die Einzelnen zur

Erfüllung bringt (12 Stellen). Willow Creeks Kanon im Kanon dreht sich um die Frage, wie Menschen Erfüllung finden.[4]

Die evangelistische Methode, themenbezogene Predigten zu halten, ist nicht neu. So ist Billy Graham für das Wort bekannt: „Die Bibel sagt", womit er die Bibel zu einem in der Predigt behandelten Thema zitiert. Hybels gebraucht diese Ausdrucksweise häufig, wie auch das entsprechende „Jesus sagt", um einen Bibelvers einzuführen. Was ihn kennzeichnet, ist nicht seine themenbezogene Methode, sondern seine ausgeprägte Botschaft: Das Christentum wird „unchurched Harry" erfüllen.

Umschreibung

Wenn Hybels die Bibel zitierte, so war es oft eine Umschreibung, kein Zitat. Zum Beispiel erzählte Hybels die Geschichte von der im Ehebruch ertappten Frau, die man zu Jesus brachte: „‚Ich vergebe diese Sünde', sagte Jesus, ‚aber der Beweis für deine tiefe Reue liegt darin, daß du willig bist, mit der Kraft des Heiligen Geistes in deinem Leben dein Verhalten zu ändern.'"[5]

Bei diesen Umschreibungen modernisiert Hybels oft die Sprache. Einmal sprach Hybels über Lukas 17,11, wo zehn Aussätzige Jesus um Heilung baten. Hybels sagte: „Sie blickten einander an und sagten: ‚Es soll mich wundern, wenn er Aussatz heilen kann. Ich weiß, er kann alles andere heilen, aber Aussatz?'" Zuweilen kann diese Modernisierung so weit gehen, daß es fast zum Scherz wird, wie bei der Umschreibung von 2. Samuel 24: „‚(König) David drehte sich zu Joab um und sagte: ‚Mach ‚ne Mücke. Wer trägt in diesem Palast das Königsgewand, du oder ich?'"

Anstatt die historischen Einzelheiten einer alten Bibelgeschichte zu beschreiben, faßt Hybels die Geschichten oft in moderne Begriffe. So erzählt er zum Beispiel: „Da gibt es eine Geschichte von einem Steuereinnehmer mit Namen Zachäus. Der war ein reicher Bursche, ein richtiger Managertyp mit weißem Hemdkragen." Die Stelle aus 2. Samuel 24, wo David die Zählung seiner Krieger befiehlt, umschreibt Hybels so: „So brüllte David seine Befehle: ‚Zähle die Truppen. Ich verlange, daß jeder Offiziersbursche, jeder Militärpolizist und jeder Koch mitgezählt wird. Ich will wissen, über welche Militärmacht ich im ganzen verfüge.'"

Durch diese Umschreibungen klingen die biblischen Geschichten manchmal wie ganz moderne Erzählungen. So erscheint Jesus in Hybels Beschreibung wie der Bürgerrechtler Martin Luther King: „Jesus ging von einer Stadt in die andere und sagte sinngemäß: ‚Ich habe einen Traum, ich habe einen Traum – einen Traum, das Reich Gottes hier auf Erden zu errichten.'"

Manchmal umschreibt er den Text, indem er längere Schriftabschnitte zusammenfaßt. So komprimiert er Römer 1 zu der Aussage: „Paulus lehrt, man könne das gesamte Menschengeschlecht in zwei Lager teilen: das eine Lager besteht aus wahren Anbetern, das andere aus solchen, die nicht anbeten." Das Buch „Prediger" faßt er so zusammen: „‚Ich', verkündet Salomo, ‚fand für meine Seele keine Befriedigung, indem ich den Genüssen nachjagte, obwohl ich alle Vergnügungen bis zur Neige ausgekostet habe.'"

Weshalb Hybels zu diesen Umschreibungen greift, ist einsichtig. Er glaubt, „Harry" interessiere sich nicht für die Bibel. „Harry" ist nur mit seinen Bedürfnissen und wie diese zu befriedigen sind, beschäftigt. Nun versucht Hybels durch diese Umschreibungen, einzelne Gedanken eines bestimmten Bibeltextes zu isolieren, um deren Relevanz für „Harry" aufzuzeigen. Hybels versucht, ein biblisches Konzept zu vereinfachen und es in moderne Sprache zu übertragen, mit dem Ziel, biblische Gedanken verständlich und dadurch hilfreich zu machen.

Illustrationen

Von Hybels wird berichtet, er habe in einem Seminar über öffentliches Reden gesagt, es gäbe drei Grundsätze für effektive Gedankenvermittlung: „Nummer eins: Sprecht in Bildern; Nummer zwei: Sprecht in Bildern; Nummer drei: Sprecht in Bildern!"Man übertreibt wirklich nicht, wenn man behauptet, Hybels benutze ständig Bilder, um seine Botschaft an den Mann zu bringen. So befindet sich denn auch in dem siebten und dicksten Ordner meiner Untersuchungen über den Wochenendgottesdienst, was ich über Illustrationen zusammengetragen habe.

Hybels verwendet die Illustrationen, um seine Belehrungen lebendiger und für „Harry" schmackhafter zu machen. Diese Bildersprache benutzt Hybels, um mit „Harrys" Erinnerung und Vorstellungswelt in Kontakt zu kommen. Während eine trockene Wiedergabe theologischer Informationen „Harry" langweilen würde, geben bildhafte Geschichten die Möglichkeit, mit einem Lächeln zu belehren. Hybels benutzt vielfältige Bilder.

Bilder aus dem Gegenwartsgeschehen

Hybels braucht regelmäßig Bilder aus der Gegenwart, um „Harrys" Aufmerksamkeit zu erregen oder wach zu halten. Dazu erklärt er: „Ich suche mir 60 – 70% meiner Illustrationen aus dem Tagesgeschehen." Diese Illustrationen können auch von Politikern oder anderen Prominenten handeln oder aus aktuellen Büchern oder Filmen stammen.[6]

Wird die amerikanische Öffentlichkeit durch ein besonderes Ereignis oder durch ein Problem bewegt, benutzt Hybels auch dies für seine Illustrationen. Ein Bestseller: *Bonfire of the Vanities* war verfilmt worden. Als Hybels das Wesen des Individualismus beschreiben wollte, tat er das anhand dieses betreffenden Buch- bzw. Filmhelden:

> Die Hauptfigur in Tom Wolfes Bestseller *Bonfire of the Vanities* ist ein junger, mit Investmentpapieren handelnder Individualist namens Sherman McCoy. Nun, dieser Sherman McCoy putscht sich selbst auf, um den täglichen Herausforderungen gewachsen zu sein, indem er sich immer wieder vorsagt: Ich bin der Herr des Universums. Ich bin der Herr des Universums.

Hybels beschreibt dann, wie sich McCoys Lebensphilosophie als hohl erweist, wenn er mit seiner Partnerin in einen häßlichen Unfall mit Fahrerflucht verwickelt wird. McCoy bleibt verwirrt und verwundet zurück. Der Herr des Universums endet weder als Herr, noch daß ihm das Universum zur Verfügung stünde. Hybels gebraucht dieses Bild als ein modernes Gleichnis dafür, daß die Suche nach dem Erfolg letztlich nicht das bringt, was man erwartet hat, und um zu zeigen, was Sprüche 14,12 heute für uns bedeutet: „Da ist ein Weg, der einem Menschen gerade erscheint, aber sein Ende sind Wege des Todes." Indem er einen Fernsehfilm der vergangenen Woche anführt, identifiziert sich Hybels mit den vor ihm sitzenden „Harrys". Und weil er das Bild von einem Geschäftsmann benutzte, war dies eine Geschichte, die „Harry" gut verstehen konnte.

Persönliche Bilder

Hybels und seine Kollegen benutzen oft persönliche Bilder, um einen bestimmten Gedanken zu vermitteln. Diese Bilder können aus der eigenen Erfahrung oder aus der anderer Leute stammen. Strobel beschreibt, wie seine Tochter gleich nach der Geburt ernste körperliche Schwierigkeiten zu überwinden hatte:

> Ich sah mein kleines Töchterchen im Brutkasten, nur in einer Windel, und dann blickte ich in ihre Augen und auf all das, was rings um sie her aufgebaut war und sah, wie ihr Herzchen schlug. In dem Augenblick hatte ich keinen Groll gegen Gott ...
> Damals betete ich ein Gebet, das Atheisten manchmal beten, wenn sie es auch nie zugeben: „Lieber Gott, ich weiß nicht, ob es dich gibt, ich glaube nicht, daß es dich gibt; aber wenn du da bist, dann hilf bitte meiner kleinen Tochter; denn ich kann nichts mehr tun."

Strobel erzählt dann, wie seine Tochter schließlich kräftiger wurde, und wie er daraufhin fortfuhr, Gott den Rücken zuzukehren:

> Wir behalten uns diese Möglichkeit irgendwie als letztes Schlupfloch. In meinem Fall glaubte ich nicht einmal, daß mein Gebet erhört wurde und kehrte einfach zu meinem gewohnten Leben zurück. Ich war mit dem Status quo zufrieden.

Durch die Beschreibung der eigenen Notlage erhält Strobel „Harrys" Aufmerksamkeit. Und indem er sein Versagen zugibt, auf Gottes Eingreifen nicht reagiert zu haben, unterstreicht Strobel, wie sehr er „Harry" gleicht. Später macht er dann deutlich, wieviel er versäumt hat, weil er nicht früher auf Gott hörte. „Harry" erkennt sich im Spiegel des Strobelschen Bekenntnisses wieder.

Bilder aus der Bibel

Hybels erzählt manchmal biblische Geschichten, um einen Grundsatz zu illustrieren, den er gerade behandelt. Als Hybels erklären wollte, was Individualismus ist, benutzte er dazu eine biblische Geschichte:

> Am besten kann man den Individualismus beschreiben, indem man sich den Inbegriff des Individualisten in der Bibel ansieht, den Burschen aus Lukas 15 …
>
> Da sehen wir einen jungen Mann, der offensichtlich in einem stabilen, liebevollen Elternhaus unter der Anleitung eines klugen und frommen Vaters aufgewachsen ist. Sicher hatte er auch viele Freunde und eine gute Stellung im Familienunternehmen …
>
> Die Stimme in den Tiefen seines Bewußtseins aber raunte ihm zu: „Warum beugst du dich all dieser Autorität und dieser Lebensweise?"

Indem Hybels die biblische Geschichte ausweitet und dramatisiert, versucht er seinen Gedanken deutlicher zu machen. Er will die Bibelstelle nicht auslegen, sondern sie eher als Illustration für das benutzen, was er zu sagen hat. In diesem Beispiel versucht Hybels, die Gedankengänge des verlorenen Sohnes darzulegen, um dann die Folgen dieser Vorstellungen deutlich zu machen. Hybels warnt „Harry" durch die Geschichte vor einem ähnlichen Fehler, um auf der Hut zu sein.

Bildgeschichten

Oft erzählt Hybels Geschichten. Manche sind nur einige Sätze lang, eine Art verbaler Schnappschüsse. Andere kann man nur als eine verbale Dokumentation beschreiben, die einen großen Teil der Botschaft dieses Tages einnehmen.

In manchen Kurzgeschichten bezieht sich Hybels auf das vorangegangene Schauspiel:

> Einige unter Ihnen stöhnen jetzt und denken: „Na, das macht aber wenig Spaß; ich meine, es würde mir besser gefallen, so wie das Pärchen im Schauspiel auf dem Sofa zu sitzen und zu schmusen, als sich hier bitterernst mit Beziehungsproblemen zu befassen."
>
> Ich denke aber, daß keiner von Ihnen mit seinen Beziehungen schließlich beim Therapeuten landen möchte, wie das Pärchen aus dem Schauspiel. In solche Schwierigkeiten wollen Sie doch nicht geraten, oder? Darum bitte ich Sie dringend, mir noch einige Minuten zuzuhören.

Mit diesem verbalen Schnappschuß beschreibt Hybels die Probleme, die auf junge Paare zukommen, wenn sie schwierigen Themen vor der Ehe ausgewichen sind. Und er unterstreicht seine Warnung mit dem Hinweis auf die Therapeutencouch.

Hybels illustriert auch mit ausführlichen Tatsachenberichten, um etwas Wesentliches zu verdeutlichen. Als er über moralisches Verhalten predigte, erzählte er in einer langen Geschichte, wie er in der vergangenen Woche einem Sitznachbarn im Flugzeug das Christentum erklärt hätte. Zwei Drittel der Predigt (volle 20 Seiten) nahm dieser Bericht über die Unterhaltung mit seinem Nebenmann ein. Und während Hybels das erzählte, erklärte er den Zuhörern das Evangelium.

Weil Hybels eine Geschichte erzählte, schien die Hörerschaft irgendwie besser aufzupassen. Hybels hatte es verstanden, die Menschen in das Drama dieser Begegnung hineinzuziehen, so daß sie von sich aus wissen wollten, wie die Sache weiterging. Mit seinen Geschichten versucht Hybels, „Harry" dazu zu bringen, seine praktischen Unterweisungen anzunehmen.

Praktische Hilfen

Hybels und seine Kollegen erzählen „Harry", was er tun und wie er es anstellen soll. So sagte Cousins während einer Predigtreihe: „Nächste Woche gehen wir einen Schritt weiter und sprechen darüber, wie man so etwas macht."

Viele dieser Hilfen behandeln Beziehungsprobleme. „Harrys" und „Marys", die damit zu kämpfen haben, sind für diese hilfreichen Tips sehr offen. Hybels und seine Lehrkollegen geben regelmäßig praktische Ratschläge, wie man Beziehungen verstärkt. So hielt Cousins zum Beispiel eine Predigtreihe darüber, wie man die guten Seiten in den Menschen unterstützen kann. Dabei gab er zahllose praktische Hinweise:

In der noch verbleibenden Zeit hätte ich Ihnen gern … wie auf einem Einkaufszettel Ideen genannt, von denen – falls sie in die Tat umgesetzt werden – Sie tatsächlich feststellen werden, daß sie das Beste aus anderen Menschen hervorlocken.

Einer der Cousinschen Ratschläge lautete, kurze anerkennende Notizen zu machen. „Wenn immer möglich, schreiben Sie diese auf. Von solchen Notizen geht etwas Magisches aus."

Die Botschaften sind so strukturiert, daß auch Personengruppen, die nicht direkt angesprochen sind, etwas für sich daraus entnehmen können. Als Hybels eine Predigtreihe über die Ehe hielt, versuchte er, sie so zu gestalten, daß auch Singles eine Menge daraus lernen konnten:

Vor einigen Jahren hielt ich eine Predigtreihe darüber, wie man „Öl ins Feuer der Ehe gießt". Ich achtete darauf, daß auch Singles genügend davon profitieren und auf ihre Freundschaftsbeziehungen übertragen konnten.

Gelegentlich gibt Hybels seinen Hörern „Schularbeiten" auf. Gegen Ende einer Predigtreihe über Beziehungsprobleme rief Hybels:

Die erste Hausaufgabe besteht darin, in einer ruhigen Minute ein Gespräch

mit Ihrem Ehepartner zu arrangieren, um herauszufinden, wieviel Trennendes sich während Ihres Lebens aufgebaut hat …
Teil 2 dieser Hausaufgabe: Notieren Sie drei mögliche Wege, wie Sie diesem Auseinanderrennen den Kampf ansagen können.

„Harry" ist bereit, diese Schularbeiten zu machen, weil sie geeignet erscheinen, seinen Bedürfnissen zu entsprechen.

Diese praktischen Ratschläge sind ein durchgehendes Merkmal der Willow Creek-Botschaften. Und bestimmte praktische Grundsätze werden oft wiederholt. So sagte Hybels: „Manche dieser kleinen Tips oder Regeln habe ich schon früher erwähnt, doch lassen Sie mich einige von ihnen in diesem Zusammenhang noch einmal nennen."

Botschaften mit praktischen Hilfen werden von einigen Creekern „horizontale" oder „hilfreiche" Botschaften genannt. Anstatt sich mit „Harrys" vertikaler Beziehung zu Gott zu beschäftigen, sind diese Ansprachen dazu bestimmt, „Harry" beim Umgang mit sich selbst und mit anderen Menschen zu helfen. Hybels stattet „Harry" mit so kleinen Häppchen Christentum aus, daß er sie verstehen und anwenden kann.

Strobel glaubt, während dieses Prozesses geschehe „etwas sehr Subtiles auf der apologetischen Ebene". Er erklärt das so: „Harry" kommt nach Willow Creek und hört diese praktischen Grundsätze und wendet einige von ihnen an:

> Sie kommen und beginnen einige Grundsätze zu begreifen, die sie in ihrem Leben mit Erfolg anwenden. Sie funktionieren, weil sie biblisch sind, weil sie von Gott stammen.
> Sie übernehmen nicht alles; aber sie können besser mit ihren Kindern umgehen, nachdem Bill neulich seine Predigtreihe über Kindererziehung gehalten hat, auch wenn sie keine Christen sind.

Wenn „Harry" nach Hause kommt und diese Grundsätze anwendet, ist er nach Strobels Meinung für das Christentum offener:

> Sie können viele dieser Grundsätze anwenden. Und indem sie das tun, wächst in ihnen die Erkenntnis: „Toll, das hat Bezug zu meinem Leben! Die Bibel scheint für mich und heute relevant zu sein." Ich meine, das schafft Glaubwürdigkeit.

Einige dieser praktischen Grundsätze hat der Sprecher aus der Bibel entnommen. Einige hat er im eigenen Leben erfahren. Cousins hat einmal gesagt: „Ich möchte Ihnen praktische Winke geben, die seit Jahren bei mir funktionieren."

Psychologie

Eine andere Quelle für diese praktischen Grundsätze ist die psychologische Weltsicht der amerikanischen Gesellschaft. Um den Gebrauch der Psychologie in den Willow Creek-Botschaften zu verstehen, muß man einen kurzen Blick auf die wichtige Rolle werfen, die die Psychologie in der amerikanischen Gesellschaft spielt.

Die Psychologie in der amerikanischen Gesellschaft

Melody Beattys Buch *Codependent No More* („Nie mehr co-abhängig") wurde in mehr als vier Millionen Exemplaren verkauft. Die Zeitschrift *Time* nennt Beatty „The Queen of Codependence", und stellt sie dar als jemanden, der uns dringend empfiehlt, „klare Grenzen zu ziehen", „die Opferrolle aufzugeben" und vor allem, „für uns selbst zu sorgen". Obwohl Beatty nie Psychologie studiert hat, gelang es ihr, einen wohlschmeckenden Brei aus psychologischen Gedanken unter Zusatz von „New Age-Mystik" und amerikanischen Selbstverbesserungsideen zusammenzurühren.[7]

Beatty ist eine unter Hunderten von Autoren, durch die eine solche psychologisierte Weltanschauung in der amerikanischen Gesellschaft populär wurde. Die gängige amerikanische Kultur wird von Wertmaßstäben und Kategorien der Psychologie beherrscht. In Ratgeberkolumnen oder in Oprah-Shows diktieren psychologische Kategorien, wie sich Menschen selbst zu verstehen haben und wie sie leben sollten. Tatsächlich ist keine Talkshow vollständig, in der nicht ein Psychologe erklärt, warum der eine Teilnehmer „abhängig" und der andere „beherrschend" ist.[8]

Wir können das am Fernsehprogramm ablesen. Der einzige Unterschied zwischen der alten Mannschaft des *Star Treck* (Raumschiff Enterprise, d. Ü.) von 1960 und der des neuen von 1980: *Star Treck: Next Generation* besteht in der Hinzuziehung eines Beraters. Dieser Berater gibt dem Kapitän laufend Hinweise, oder er therapiert ein Besatzungsmitglied. Diese Veränderung der Mannschaft eines imaginären Raumschiffes ist tatsächlich ein Bild für den wachsenden Einfluß der Psychologie auf die amerikanische Gesellschaft.

Die Sprache der Psychologen wurde zum vorherrschenden Moralvokabular der Amerikaner. Daher benutzen alle, die mit Amerikanern ins Gespräch kommen wollen, gern diese Sprache. Ein Beispiel ist der Präsidentenwahlkampf von 1992: Sowohl Bill Clinton als auch Al Gore konnten erfolgreich und geschickt auf diesem Instrument spielen, um Wähler für sich zu gewinnen. Die Zeitschrift *Time* faßt Clintons Selbstbeschreibung zusammen:

> Clinton nahm die Nation bei dieser Wahlkampfveranstaltung mit auf eine Reise zu den eigenen Lebensstationen – seines Vaters frühen Unfalltod, seines Stiefvaters Trunksucht, die Drogenabhängigkeit seines Stiefbruders, den Brustkrebs seiner Mutter ...
> Es war wie ein 12-Schritte-Programm minus Anrufung einer höheren Macht.[9]

Genauso benutzte Al Gore eine Sprache, die in dieser von der Psychologie beherrschten Kultur erwartet wird. Die Zeitschrift *Time* schildert Gore so:

Ein Musterbeispiel für Selbstbespiegelung. Der Senator fand den richtigen Ton, um einer angstbesetzten Generation aus dem Herzen zu reden … Dem Mann aus Tennessee kommen Ausdrücke wie „Dysfunktion" oder „das Kind in uns" so elegant über die Lippen, wie sich seine Anhänger ihre Birkenstocklatschen zuschnallen.
Er sucht Blickkontakt, wenn jemand vom „Loslassen" spricht. Und er kann Zen-Weisheiten anbieten wie diese: „Manchmal kann man nur etwas finden, indem man es verliert."[10]

Clinton und Gore waren attraktive Kandidaten für alle, die diese Sprache und ihren moralischen Hintergrund für richtig halten.

Psychologie in den Wochenendpredigten

Auch in den Wochenendpredigten in Willow Creek bedient man sich einer psychologisierten Sprache. Hybels und seine Sprecherkollegen benutzen regelmäßig Ausdrücke aus der Psychologie, um das Leben als Christ zu beschreiben. Die Führer in Willow Creek geben in Interviews zu, daß ein bedeutender Teil des Inhalts der Wochenendpredigten aus Psychologie besteht. Ein leitender Mitarbeiter erklärte:

Ein großer Brocken unserer Lehre … befaßt sich mit psychologischen Grundsätzen … Funktionsstörungsprobleme, die Familienwirklichkeit, alles, was mit dem Selbstverständnis zu tun hat – all dieses Zeug – Wut, Beziehungen, Partnerschaft, alles hat viel mit psychologischen Kategorien und Gedanken zu tun.

Jetzt folgt eine kurze Liste dieser Kategorien und Gedanken, denen jeweils ein oder zwei Beispiele angefügt wurden, um zu zeigen, wie sie bei den Wochenendpredigten verwendet wurden.

Eigenidentität. „Für die meisten unter uns, die ehrlich genug sind, es zuzugeben, haben unsere Begabungen etwas mit unserem Gefühl für Eigenidentität und Selbstwert zu tun, (König) David erwischte es mitten in einer Art Identitätskrise."[11]
Temperament. „Genauso wie ein Mensch mit braunen oder blonden Haaren geboren wird, oder mit grauen oder blauen Augen, oder ziemlich groß oder klein, genauso kommt ein Mensch auch mit einem ihm eigenen Temperament auf diese Welt."
Familiengeschichte. „Man untersucht den familiären Hintergrund, weil dieser bei weitem am deutlichsten die persönliche Identität prägt … Man untersucht den familiären Hintergrund, weil die Familie bei weitem die stärkste Ursache tiefer, persönlicher Leiden ist." „Ich schätze mal, daß viele von Ihnen eine Menge Arbeit damit hätten, einige Schichten aus der Vergangenheit beiseite zu kratzen, um an die Lösung der Probleme zu gelangen."

Bedeutung der Emotionen. Hybels fragte die Hörer: „Kennen Sie das Erste-Emotion/zweite-Emotion-Konzept?" Und dann legte er ihnen die Gefühle von Kain und Abel in 1. Mose 4 aus: „Wenn man zwischen den Zeilen liest, kommt einem der Gedanke: Hier ist ein älterer Bruder, der sich von seinem jüngeren Bruder vorgeführt fühlt und daher höchstwahrscheinlich verlegen ist und sich gedemütigt und an die Wand gespielt vorkommt; vielleicht so wie ein richtiger ,Loser'. Aber er haßt derlei Gefühle."

Selbsterforschung. „Eine kleine Bemerkung, die der Apostel Paulus dem jungen Timotheus gegenüber machte, steht in 1. Timotheus 4,16 und ist mir sehr bedeutsam geworden. Dort sagt er: ,Habe acht auf dich selbst.' Habe acht auf dich selbst. Dieser Satz hat mich mehr als einmal motiviert, neugierig den Deckel aufzuheben und richtig in die Tiefe zu schauen, was sich in meinem Leben tatsächlich abspielt." „Wenn man leicht reizbar ist, woher kommt das? Was ist die Wurzel dieser Neigung zum Zorn? Wer quält einen da? Wer hat mich enttäuscht?"

Abhängigkeit. „Die vordringlichste Gefahr, die mit dem Übertreiben der Vergnügungen im Leben einhergeht ... ist das Suchtproblem." „Je intensiver sie es betrieben, um so abhängiger wurden sie davon ... Nach einer gewissen Zeit konnten sie es nicht mehr lassen."

Selbstwertgefühl. Unser Selbstwertgefühl steigt gewaltig, wenn wir begreifen, daß der Sohn Gottes so großen Wert auf uns legt, daß er bereit war, sich für die von uns begangenen Sünden und Fehler am Kreuz töten zu lassen. Ich verstehe nicht, wie es jemand an Selbstwertgefühl mangeln kann, wenn er begriffen hat, auf welche Weise Gott sich um uns kümmert."

Grenzen. „Grenzen umschließen Territorien. Sie helfen uns, Beziehungen zu definieren. Grenzen befähigen uns, enge Beziehungen zu Familienmitgliedern und Freunden aufzubauen, ohne das so wichtige Gefühl für unsere Eigenständigkeit zu verlieren; denn durch sie verstehen wir, wer wir als Individuen sind." Hybels umschreibt die Antwort Jesu an Petrus, als dieser fragte, was mit Johannes geschehen sollte, so: „Grenzen, Petrus! Du hast damit zu tun, was innerhalb deines Territoriums liegt, und überlasse Johannes, was sich innerhalb seiner Grenzlinien befindet. Überschreite nicht deine Grenzen!"

Fragen nach der Verantwortlichkeit und Konfliktlösungen. Höchstwahrscheinlich machen auch Ihnen die Fragen nach der Verantwortlichkeit Kummer. – Wer hat hier versagt?" „Nutzen Sie die Verlobungszeit, um hinter die Konfliktbewältigungsstrategie Ihres Partners zu kommen!"

Hybels lehrt nicht nur psychologische Grundsätze, sondern benutzt die Psychologie auch oft als Interpretatitionshilfe für seine Schriftauslegung. Aus den oben angeführten Zitaten lernen wir, daß der König David eine Identitätskrise durchmachte, der Apostel Paulus den Timotheus ermutigte, sich selbst zu erforschen und Petrus Probleme mit dem Einhalten seiner Grenzen hatte. Das heißt, es werden regelmäßig psychologische Grundsätze in Hybels Belehrungen eingebaut.

Mir wurden mehrere Gründe genannt, weshalb die Verwendung psychologischer Prinzipien notwendig sei. Ein leitender Mitarbeiter erklärte: „Manchmal, damit die Leute begreifen … wie man gewisse biblische Grundsätze anzuwenden hat. Dazu muß man zunächst sich selbst und die Mitmenschen verstehen." Ein Seelsorger in Willow Creek rechtfertigte die Verwendung psychologischer Terminologie und Therapie auf folgende Weise: „Die Art der emotionalen Probleme, mit denen wir es heute zu tun haben, sind meiner Meinung nach komplexerer Natur als damals zur Zeit des Neuen Testaments." Wie auch immer, in Hybels „Christianity 101" ist regelmäßig ein guter Schuß moderner psychologischer Weltsicht enthalten.

KAPITEL 12

Das Christentum ist wahr

Wie schon dargestellt, lautet Hybels erstes Argument für das Christentum: „Es funktioniert." Dieses Argument leitet zum zweiten Argument aus dem Willow Creeker Arsenal über: „Es ist wahr." Strobel sagt dazu:

> Unsere Herausforderung besteht also darin, dieser neuen Generation von „unchurched Harrys" klarzumachen, daß das Christentum wirklich funktioniert ... Aber wir haben auch darzulegen, daß es deshalb funktioniert, weil es wahr ist.[1]

Dann erklärt Strobel: „Weil die Bibel Gottes Offenbarung an sein Volk ist, enthält sie eine Art praktischer und wirksamer Hilfe, die von rein menschlicher Philosophie unerreicht bleibt."[2]

Diese zwiefache Strategie entwickelt sich aus dem Verständnis, das Willow Creek von „Harry" hat. Strobel stellt fest:

> „Harrys" Fragen haben sich im Lauf der Zeit wesentlich verändert. Für viele, besonders aus der jüngeren Generation, ist Wahrheit gar kein Thema mehr, weil sie zu wissen meinen, alle religiösen Standpunkte seien gleich richtig. Es ist das alte: „Du hast deine Wahrheit; ich habe die meine."[3]

So schrieb der Philosoph Allan Bloom, die meisten Collegestudenten seien der Ansicht, „Wahrheit ist relativ". Die Mehrheit der Hörer in Willow Creek mit ihrer Collegeausbildung haben eine starke Dosis dieses Relativismus abbekommen. Das Christentum als *die* Wahrheit zu erklären, kommt ihnen wie eine bedeutungslose Banalität vor.[4]

Darum beginnt Willow Creek mit „Harrys" Bedürfnissen und verwendet das pragmatische Argument: Das Christentum funktioniert. Man möchte auf diese Weise das Interesse am Christentum wecken und „Harry" von dessen Wert überzeugen. Mittelberg erklärt: „Mit dem Nachweis der Relevanz des Christentums soll erreicht werden, daß aus einem ‚feindseligen Harry' ein ‚neugieriger Harry' wird."

Wenn ein „feindseliger Harry" erst einmal aus seiner Passivität und Lethargie aufgeweckt und neugierig geworden ist, öffnet er sich intellektuellen Beweisen. An dieser Stelle behauptet Hybels dann, das Christentum sei die Erklärung der Wirklichkeit. Er möchte mit diesem Schritt in seiner Strategie dem „neugierigen Harry" helfen, ein „ernsthafter Harry" zu werden, um diesem dann den Weg zu zeigen, ein Christ zu werden. Diese Argumentation setzt sich aus zwei Elementen zusammen.

Einerseits argumentiert Hybels, es gäbe für das Christentum als Erklärung der Wirklichkeit substantielle historische und philosophische Beweise. Andererseits stellt Hybels heraus, daß andere gegenwärtige Glaubenssysteme nicht der Wahrheit entsprechen. Ich möchte die diesen parallelen Einsichten entspringenden Beweisführungen „grundlegende Argumente" bzw. „destabilisierende Argumente" nennen. So versteht Willow Creek die christliche Disziplin der Apologetik.[5]

Apologetik wird im Allgemeinen als christliche Disziplin verstanden, die mit historischen und philosophischen Argumenten die Vertrauenswürdigkeit des Christentums beweist. So verstanden ist sie eine defensive Disziplin, die Gründe für die intellektuelle Glaubwürdigkeit des Christentums liefert.

Der Gedanke der Destabilisierung paßt nicht zum landläufigen Verständnis der Apologetik. Destabilisierung ist kein defensiver, sondern ein äußerst offensiver Vorgang. Mittelberg sagt dazu:

> Wir fordern sein („unchurched Harrys") Weltbild heraus und arbeiten darauf hin, daß er die christliche Position einsehen lernt. Wir nehmen ihm seine intellektuellen Gründe – und Ausflüchte –, weshalb er Christus ablehnt.[6]

Diese Strategie attackiert „unchurched Harrys" Überzeugungen, die ihn daran hindern, den Wahrheitsanspruch des Christentums zu akzeptieren.

Destabilisierende Argumente

Über weite Strecken besteht das Hybelssche Argument für die Wahrheit des Christentums aus dem komplementären Argument, daß „Harrys" Sicht der Wirklichkeit falsch ist. Bevor „Harry" es in Betracht zieht, das Christentum als Alternative anzusehen, muß er sein bisheriges Weltbild in Frage zu stellen bereit sein. Hybels führt Argumente an, die „Harrys" Weltbild erschüttern, um diesen Prozeß voranzutreiben. Evangelisationsleiter Mittelberg sagt das so: „Unsere Aufgabe ist es, auf ihre Schieflagen hinzuweisen und ihnen zu beweisen, wie die Tatsachen allen ihren Erklärungsversuchen ohne Gott hohnsprechen, um sie damit herauszufordern."[7]

Destabilisierende Argumente kann man auf verschiedene Weise anwenden. Ein destabilisierendes Argument kann einen „feindseligen Harry" wachrütteln und ihn neugierig auf den Wahrheitsanspruch des Christentums machen. Sobald ein „neugieriger Harry" anfängt, sich für Christus zu interessieren, ist ein destabilisierendes Argument ein Mittel, ihn zu motivieren, sich zu entscheiden und ein ernsthafter Sucher zu werden. Schließlich werden destabilisierende Argumente angewendet, um einem „ernsthaften Harry" zu zeigen, daß seine gegenwärtige Philosophie unhaltbar ist, damit er das Christentum annimmt.

Die soziologische Theorie beschreibt diesen Prozeß mit „Nihilation", einen Vorgang, bei dem eine Weltsicht die entgegengesetzte Weltsicht zu diskreditieren sucht. Das Wort *Nihilation* kommt von „Nihilismus" – dem philosophischen System, das die Existenz jedes Sinns verneint. So treibt der Prozeß der Nihilation den Menschen durch Diskreditierung oder Destabilisierung in den Nihilismus, so daß er in nichts mehr einen Sinn erkennt.

Diese Nihilation bringt Spannungen in „Harrys" Weltsicht und macht, daß er sich seine Welt nicht mehr vernünftig zu erklären vermag. Wenn eines Menschen Weltbild zerstört wurde, fühlt er die Sinnlosigkeit, den Nihilismus. Dazu sagt Mittelberg: „Was wir als Apologeten zu tun haben, ist, „Harrys" Weltsicht auf den Prüfstand zu bringen. Wir müssen dem Ungläubigen bei unserem Bemühen, ihn zu Christus zu bringen, zeigen, an welchem Punkt sein Denken in die Irre ging." Hybels beschreibt das Ziel dieser Strategie so:

Vielleicht können wir durch diese Überfallstrategie, diesen Frontalangriff, genug Bewegung und Chaos in den Köpfen der Leute erzeugen, daß einige Gespräche in Gang kommen, damit am Ende einigen von uns ein wenig geholfen wird.

Hybels sieht diesen Prozeß des „Chaos"-Erzeugens oder des Destabilisierens als wesentlichen Bestandteil des Überführungsprozesses an. Bevor man ein neues Weltbild baut, muß das alte abgebrochen werden.[8]

Das Wort, mit dem gewöhnlich die Erfahrung des Desorientiertseins, dieses Fehlen eines Sinns, in unserem Erleben beschrieben wird, heißt *Anomie*. Peter Berger definiert Anomie als „Zustand der Wurzellosigkeit, der Desorientierung – man fühlt sich nicht mehr zu Hause in der Welt". Die etymologische Wurzel von Anomie ist das griechische Wort für Gesetz – *nomos*. Verliert ein Mensch sein Weltbild, so bleibt er ohne Gesetz, ohne Normen zurück. Erlebt ein Mensch diese Anomie, so fühlt er sich desorientiert und wird entsprechend offen, ein neues Weltbild in Betracht zu ziehen. Diese Anomie herbeizuführen, ist das Ziel der destabilisierenden Argumente.[9]

Diesen Destabilisierungsprozeß anstößig oder aggressiv zu nennen, könnte zu Mißverständnissen führen. Während der Wochenendgottesdienste geht dieser Prozeß weder anstößig noch aggressiv vor sich. Wir sehen bei Hybels, wie er in sanftem, herzlichem und oft humorvollem Ton die verschiedensten Konkurrenten des Christentums oder aber Glaubensblockaden anspricht und danach abweist.

Diese Argumente erscheinen oft innerhalb des größeren Rahmens der Argumente für „Harrys" Bedürfnisbefriedigung. Alternativen werden oft deshalb diskreditiert, weil sie nach Hybels Darstellung untauglich sind, „Harrys" Bedürfnisse zu befriedigen. Hybels gibt als Grund für ihre Untauglichkeit an, daß sie ein falsches Verständnis der Wirklichkeit haben.

Es gibt mehrere Typen dieser Destabilisierungsargumente, die ich hier darstellen möchte: Alternativen zum Christentum, Blockaden für das Christentum, Mißverständnisse über das Christentum und Konsequenzen, wenn man das Christentum verwirft.

Alternativen zum Christentum

Die meisten „Harrys" gehören keiner anderen Religion an. So erklärte Hybels schon nach der ersten Gemeindeumfrage: „Die weitaus meisten Leute bleiben nicht deshalb der Kirche fern, weil sie zum Islam, zum Buddhismus oder zum

Hinduismus übergetreten wären." Im Gegenteil halten viele der „unchurched Harrys" an so manchen zentralen Glaubensinhalten des Christentums fest: Es gibt einen persönlichen Gott; Jesus ist sein Sohn; die Bibel ist Gottes Offenbarung. Es gibt also handfeste gemeinsame Grundlagen zwischen Willow Creeks Weltbild und dem so mancher „Harrys".[10]

„Harrys" verschiedene Philosophien, nach denen er sich richtet, könnte man eher als Methoden, das Leben zu meistern, ansehen, als daß man von klar durchdachten religiösen Weltbildern reden kann. Die Gemeinde sieht sich selbst als Konkurrenz zu den alternativen Philosophien um „Harrys" Aufmerksamkeit und Hinwendung. In einer Predigtreihe mit dem Titel „Die zäheste Konkurrenz des Christentums" beschrieb und kritisierte er drei Konkurrenten des Christentums: Individualismus, Abenteurertum und Moralismus. Er sagt dazu:

> An diesem und den folgenden Wochenenden werden wir die hauptsächlichen alternativen Glaubenssysteme unserer Tage durchdenken, und ... wir werden Sie erkennen lassen ... ob sie tatsächlich ausreichende Antworten auf die dringenden Fragen unseres Lebens geben können, oder nicht.[11]

Individualismus

Hybels wichtigstes Bild für den Individualismus ist der verlorene Sohn aus Lukas 15. Hybels beschreibt einen solchen Individualisten, wenn er sagt: „Ich werde vor niemandem klein beigeben. Es soll gehen, wie ich will, alles andere ist mir einerlei. Ich werde mich niemals vor Gott beugen. Ich werde schon den rechten Weg finden. Ich mache alles ganz allein." Hybels weist darauf hin, daß der Individualismus die ursprüngliche Sünde Adams und Evas war: „Es waren Adam und Eva, die jeder für sich sagten: ‚Ich hab's satt, mich vor Gott zu demütigen. Ich mag seinen Geboten und Programmen nicht gehorsam sein. Ich will selbst entscheiden.'"

Hybels glaubt, daß es mit einem Individualisten am Ende schlecht ausgeht: „Es ist einfach so, daß der Wagen, den ein Individualist steuert, zu Bruch geht. Die Frage ist nicht, *ob*, sondern *wann*. Nächsten Monat? Nächstes Jahr? In zwanzig Jahren?" Hybels warnt: „Die endgültige Bestimmung für alle Individualisten ist der Richterstuhl Gottes. Ich bin mir nicht sicher, ob ich am Tage des Gerichts vor dem heiligen Gott stehen möchte, um ihm zu sagen, das Lied meines Lebens habe geheißen: ‚Ich tat, was mir beliebte'." Hybels destabilisiert „Harrys" Philosophie des Individualismus, indem er argumentiert, sie lande schließlich in Einsamkeit und Frustration. Wenn „Harry" zu fragen beginnt, ob der individualistische Lebensstil tatsächlich das Klügste ist, wird er im gleichen Maße offen für Hybels Evangelium.

Abenteurertum

Hybels sagt, der zweite große Konkurrent für das Christentum sei das Abenteurertum. Er glaubt, viele „unchurched Harrys" seien so „von den amüsanten

Erlebnissen des Lebens eingewickelt, daß sie Gott einfach nicht in die Erregungszustände und Wonneschauer einordnen können, die sie sich ständig zu Gemüte führen".

Hybels macht deutlich auf die Schwachstellen der Vergnügungssucht und des reinen Abenteurertum aufmerksam. Dann aber lenkt er das Interesse an Abenteuern herum und stellt das Christentum als das größte Abenteuer vor. Hybels sagt, das Christsein sei so aufregend wie eine Achterbahnfahrt. Bei der Fünfzehnjahrfeier der Gemeinde wurde dieser Gedanke mit der Show „Welch eine Reise!" hervorgehoben. Strobel sagt dazu: „Der Sinn des Lebens liegt nach meinem Verständnis darin, ein Ziel zu erreichen, etwas von höchster Wichtigkeit aus dem Leben zu machen, etwas, was wirklich zählt."

Hybels lehrt, daß Abenteurertum nicht nur unbefriedigt läßt, sondern letztlich frustriert. Er destabilisiert „Harrys" Philosophie des Abenteurertums, indem er beweist, daß sie kontraproduktiv ist.

Moralismus

Hybels begann seine dritte Predigt über die Konkurrenten des Christentums, indem er lang und breit seine Erfahrung schilderte, die er kürzlich mit dem Raquetball (ähnlich wie Squash, d. Ü.) gemacht hatte. Nachdem er nach einigen Monaten seine Freunde zu schlagen vermochte, entschloß er sich, an einem Turnier teilzunehmen. Man konnte unter drei Leistungsstufen wählen: A, B und C.

> Ich wußte alles, was die Bibel über Demut sagt, darum gab ich mir selbst den Rat: „Gib's zu, Bill, du wirst vielleicht – weißt ja selbst, daß du erst wenige Monate spielst – du wirst in der A-Gruppe vielleicht nicht gewinnen ..."
> Eins war allerdings sicher, ich hatte absolut keine Lust, in der C-Liga zu spielen. Über diese Freizeit- und Anfängerspielerei war ich hinaus.

Während Hybels noch überlegte, ob er sich in der A- oder in der B-Liga anmelden sollte, wurde er von einem durchschnittlichen C-Spieler gefragt, ob er mit ihm spielen wolle. „Das war ein kleiner Bursche mit dickem Bauch und kurzen Armen." Nachdem er zu Null geschlagen war, bekannte Hybels: „Ich hatte meine Fähigkeiten gewaltig überschätzt." Die Menge lachte schallend über Hybels unangemessene Selbstbeurteilung.

Dann wandte Hybels diese Lektion auf die „unchurched Harrys" unter den Zuhörern an: „Nirgends tritt das Problem der Selbstüberschätzung so sehr zutage, wie im geistlichen Bereich. Die meisten Menschen verschätzen sich total bei ihrer Vorstellung, wie gut sie in den Augen Gottes sind." Moralismus ist nach Hybels die Tendenz des Menschen, geistlicherweise zu viel von sich zu halten. Darum benutzte er seine törichte Selbstüberschätzung im Raquetball als Gleichnis für diese menschliche Neigung. Nachdem er sich selbst den Spiegel vorgehalten und beschrieben hatte, wie töricht er war, läßt Hybels „Harry" in den Spiegel schauen.

Wenn wir die Hörerschaft von Willow Creek genauer betrachten, erkennen wir, warum dieses Argument so manche Saite zum Schwingen bringt. Weiter oben erwähnte ich, daß annähernd 50% der Bekehrten in Willow Creek aus der katholischen Kirche stammen. Katholiken stimmen im Allgemeinen mit den zentralen theologischen Aussagen in Willow Creek überein. Der Unterschied besteht aber darin, daß Hybels lehrt, die Menschen müßten den Gedanken verwerfen, ihre Werke würden auf der Himmelsbank genügend Kredit erwerben, um den Eintritt sicherzustellen. Hybels destabilisierende Argumente bringen den abgefallenen Katholiken dazu, daß er einsieht, wie unzureichend diese gutgemeinte Ansammlung „guter Werke" ist. Diese früheren Katholiken werden dann sehr offen für Hybels Evangelium.

Wenn Hybels *es* schafft, „Harry" ins Fragen zu bringen, oder besser, seine alternative Philosophie zu widerlegen, wird „Harry" sich der Hybelsschen Botschaft eher öffnen. Zumindest treibt dieser Destabilisierungsprozeß „Harry" in die Anomie oder Normenlosigkeit. Das sich aus dieser Sinnleere ergebende Gefühl ist das Empfinden, ganz und gar desorientiert zu sein. Berger sagt, eine Lebensphilosophie „schützt das Individuum vor der alles verzehrenden Angst". Wenn die Menschen diesen Schrecken und diese Orientierungslosigkeit spüren, sind sie im gleichen Maße für eine Bekehrung offen. An dieser Stelle sucht Hybels Barrieren abzubauen, die auf „Harrys" Weg liegen.[12]

Blockaden für das Christentum

„Unchurched Harry" hat oft Fragen, die ihn hindern, sich ernsthaft mit dem Christentum auseinander zu setzen. Strobel sagt, „beinahe alle" Sucher, mit denen er ins Gespräch gekommen ist, hätten „diese oder jene Einwände, an denen sie sich festhielten". Creeker nennen diese Fragen und Einwände „Blockaden". Mittelberg sagt, Blockaden versperrten den Menschen den wirklichen Zugang zum Evangelium:

> Blockaden sind intellektuelle Einwände, die sie von ernsthafter Hinwendung zur Evangeliumsverkündigung abhalten … Was wir zu tun haben, ist, diese Blockaden wegzuräumen, indem wir Antworten geben, passende Antworten, die den Weg freizumachen helfen … Wir müssen ihnen Antworten geben, die diese Blockaden wegreißen, damit sie an den Punkt kommen, wo sie auf das Evangelium hören wollen.

Mittelberg erklärt: „Die Apologetik ist die Dienstmagd des Evangeliums. Argumente und Einsichten ersetzen nicht das Evangelium – sie ebnen den Weg dafür und dann treten sie in den Hintergrund." Hybels und seine Kollegen versuchen, die Blockaden abzubauen, von denen sie meinen, sie hielten „Harry" zurück.[13]

Daher ist der erste Schritt zur Destabilisierung der Blockaden ihre Diagnose. Strobel bestätigt: „Wenn ich mit ‚unchurched Harrys' und ‚Marys' spreche, versuche ich herauszufinden, was die Blockade verursacht, damit ich eine Möglichkeit aufzeigen kann, durch die sie wieder auf den Weg zu Gott kommen." Diese Strategie versucht, „Harrys" Bedenken ernst zu nehmen. Ein gewisser Respekt vor der Rechtmäßigkeit solcher Fragen ist Bestandteil dieser Strategie. So sagt Mittelberg: „Wir müssen jeden intellektuellen Aufhänger ernstnehmen, den eine Person als Problem sieht und ihm positive Gründe für die Annahme des Christentums liefern."[14]

Der zweite Schritt zur Destabilisierung ist das „Auseinandernehmen" der Fragen, die ihn vom Christentum fernhalten. Strobel führt mehrere Fragen auf, die er immer wieder von „unchurched Harrys" hört:

> Was ist mit Menschen, die nie etwas von Jesus gehört haben?
> Sind nicht alle „Glauben" gleich richtig?
> Warum läßt Gott unschuldige Menschen leiden?
> Wenn Gott so voller Liebe ist, warum schickt er dann die Menschen in die Hölle?
> Ich bin im Grunde ein guter Mensch. Reicht das nicht?
> Woher wissen Sie, ob man der Bibel trauen kann?
> Sind Wunder nicht unmöglich?
> Widerspricht nicht die Forschung dem biblischen Schöpfungsbericht?[15]

Hybels und seine Kollegen begegnen diesen Fragen entweder mit destabilisierenden oder mit grundsätzlichen Argumenten. So benutzte Strobel zum Beispiel destabilisierende Argumente in einer Predigtreihe, in der er die Schöpfung der Evolution gegenüberstellte. Ein Großteil der Predigten dieser Reihe war dazu bestimmt, „Harrys" Vorstellung zu destabilisieren, die Evolutionstheorie beschreibe die Wirklichkeit der Natur. Dazu führte er aus:

> Alles, was ich erreichen wollte, war, genügend Informationen zu liefern: Es gibt erstens riesige weiße Flecken bei dem Erklärungsversuch durch die Evolution. Weiße Flecken! Und der allergrößte weiße Fleck ist der eigentliche Ursprung des Lebens.
> Ich versuchte, ihnen Mut zu machen, ihren Verstand nicht beiseite zu setzen … Ich habe nur versucht, Barrieren abzubauen.

Im Einzelnen hat Strobel ihnen dann erklärt, man könne als Christ auf unterschiedliche Art das Thema Schöpfung und Evolution angehen und trotzdem der biblischen Botschaft treu bleiben. Sein Ziel war nicht, wissenschaftliche Erkenntnisse mit dem biblischen Bericht in Einklang zu bringen; vielmehr wollte er „Harry" von der Vorstellung befreien, die Evolutionsforschung habe das Christentum widerlegt:

> Meine Absicht in dieser Reihe war es, so weit wie möglich die evolutionistischen Einwände zu entkräften, die so viele Sucher vorbringen …
> Ich habe kein spezielles Dogma oder eine bestimmte Genesisauslegung favorisiert. Darum ging es nicht. Es ist mir ehrlich einerlei, welcher sie folgen, solange sie die Behauptungen der Evolution, der so viele Sucher aufgesessen sind, beiseite lassen.

Die Strategie, die gegnerische Position anzugreifen, ist rhetorisch recht erfolgreich. Jeder Politiker weiß, daß es leichter und gewöhnlich auch überzeugender ist, die Pläne der Gegner anzugreifen, als die eigenen vorzustellen. In diesem Fall beseitigt diese Strategie Blockaden, die von „Harrys" Weltanschauung herrühren. Wenn es Hybels und seinen Verbündeten gelingt, einige dieser Stützen wegzubrechen, kann man damit rechnen, daß „Harry" sich nervös nach einem neuen Weltbild umschaut.

Mißverständnisse über das Christentum

Hybels ist der Ansicht, „Harry" betrachte das Christentum deshalb nicht als mögliche neue Weltsicht, weil er in vielen falschen Vorstellungen darüber befangen ist. Strobel stellt dazu fest, der durchschnittliche „Harry" sei „voller Fehlinformationen, wie dieser, daß die Bibel lehre, die Welt sei nicht älter als 10 000 Jahre, oder daß die Heilige Schrift voller Widersprüche stecke". Bevor Hybels und seine Kollegen diese Vorstellungen nicht destabilisieren können, wird „Harry" das Christentum nicht als vernünftige Alternative ansehen. „‚Harry' wird niemals Christus annehmen", meint Cousins, „bevor solche Mißverständnisse nicht ausgeräumt sind."[16]

Creeker glauben, sie müßten zunächst diese Mißverständnisse herausfinden und sie dann entlarven. Also wieder: Die Diagnose geht der Zerstörung vorauf. „Harry" hat gewöhnlich zwei verschiedene Arten von Mißverständnissen: Erstens über Gott und zweitens über das Christentum im allgemeinen.

Cousins beschreibt einige dieser Mißverständnisse über Gott:

> Wie stellt sich „Harry" Gott vor? Sieht er in ihm einen liebenden, gnädigen, freundlichen und geduldigen Gott? Nein. „Harry" meint, Gott stehe im Himmel irgendwo – wo immer das sein mag – und hält eine Keule in der Hand. Und er hat das Gefühl, daß jedesmal, wenn er die Grenzen überschreitet, Gott jede Sekunde zuschlagen kann.

Cousins meint, „Harry" wolle auf das Evangelium nicht reagieren, wenn er denkt, „Gott ist immer drauf und dran, ihn bei jeder Weggabelung zu verurteilen und zu verdammen". Viele Predigten könnte man daher als Um-Belehrung über Gott bezeichnen.

> Wenn ich dahin gehe, wird die Kirche gleich um Geld bitten – Gott will nur mein Geld. Sie wollen mir dort das Evangelium um die Ohren schlagen und von mir verlangen, ich soll auf der Stelle irgend etwas tun …

Wenn Hybels und die anderen Sprecher „Harrys" Mißverständnisse abbauen, glauben sie, er könne das Evangelium klarer erkennen.

Manchmal ist dieses Destabilisieren der Mißverständnisse über das Christentum ein schwieriger Prozeß. An anderen Stellen fordern die Sprecher „Harry" geradewegs heraus: „Ich möchte Sie heute Morgen einfach bitten, einige ihrer Mißverständnisse über das Christentum fahren zu lassen." Die

Sprecher verfolgen damit das Ziel, diese Mißverständnisse zu entlarven und „Harry" auf die richtige Spur zu setzen. „Wenn er reagieren soll, muß sein Gottesbild verändert werden."

Konsequenzen der Verwerfung des Christentums

Zu dem Destabilisierungsprozeß gehört auch die Darstellung der Konsequenzen, die bei der Ablehnung Christi zu erwarten sind. Nachdem Hybels die Nervenkitzel mancher Konkurrenten des Christentums geschildert hat, zeigt er oftmals, wohin diese alternativen Philosophien letztlich führen: „Der Weg, der Ihnen so sehr vernünftig zu sein schien, bringt Ihnen am Ende Selbstzerstörung, Schmerzen und Enttäuschung ein."

Hybels gibt zu bedenken, daß Menschen, die nicht nach Gottes Plan leben, einmal von den Folgen ihrer eigenen Sünden überrollt werden. Was anfangs ein endloses Vergnügen zu sein verspricht, wird sich – wie er sagt – als Fata Morgana erweisen. Was als Lust begann, endet als Not, Laster und Abhängigkeit.

Cousins zählt die Konsequenzen falscher Philosophien auf:

> Wer mit Schuld lebt, wer mit Gewissensbissen lebt, wer mit Schande lebt, wer mit Neid lebt, wer mit Kummer lebt, wer mit Angst lebt – der wird dadurch wie von einem Fieber aufgezehrt.

Hybels und seine Kollegen warnen, daß die Versprechungen dieser alternativen Philosophien niemals eingelöst werden: „Da gibt's keine Freude, da gibt's keine Kraft, da gibt's keine Energie, nur die Schwermut eines belasteten Gewissens." Hybels weist außerdem darauf hin, daß zu den Konsequenzen der alternativen Philosophie oft auch zerbrochene Beziehungen gehören:

> Einige der traurigsten, frustriertesten und einsamsten Menschen, die ich kenne, sind welche mit einem leeren Herzen. Sie hatten sich in jemand verliebt, von dem sie ganz sicher hofften, er würde ihr Herz füllen, nur um nach einigen Jahren festzustellen, daß sie durch die Ehe zwar einen Körper bekommen hatten, der ihnen nahe war, aber nicht notwendigerweise eine Beziehung, die all ihre schmerzlich empfundene Einsamkeit heilen würde.

Hybels ist sich sicher, daß die Ablehnung des Christentums ein Rezept für Beziehungskatastrophen ist.

Hybels beschreibt die absichtliche Verwerfung Gottes so: Es ist, als „setze man einen Vierjährigen auf den Pilotensessel einer fliegenden Boing 747. Das Kind ist einfach unfähig, mit der Komplexität eines High-Tech-Jumbos umzugehen." Das Ergebnis einer solchen Entscheidung ist ein verpfuschtes Leben mit zerbrochenen Beziehungen.

Durch die Verwendung destabilisierender Argumente versucht Hybels, alles aufzudecken und abzuwerten, was „Harry" hindern könnte, sich für Christus zu entscheiden. Bei einigen könnte das durch eine Predigtreihe geschehen, in der er auf die Schwächen der Evolution als eines wissenschaftlichen Erklärungsmodells hinwies. Bei anderen wieder, wenn sie die Konsequenzen von Individualismus, Abenteurertum und Moralismus erkennen. Für alle geht es darum, die glaubenshindernden Blockaden und Mißverständnisse zu entdecken, um diese zu entfernen. Strobel sagt dazu: „Wenn ich den Einwänden etwas entgegnen kann, werden sie augenblicklich auf das Evangelium blicken; kann ihr Einwand aber nicht entkräftet werden, so bleiben sie im alten Trott hängen."

Begründende Argumente

Das zweite Ziel in Hybels Apologetik liegt darin, geschichtliche und philosophische Argumente für die Glaubwürdigkeit des Christentums zu liefern. Die zwei mit den begründenden Argumenten verfolgten Hauptabsichten in Willow Creek sind 1. die Stabilisierung des Glaubens der Christen durch Beweise für das Christentum, und 2., „unchurched Harry" die Wahrheit des Christentums darzulegen, damit er ein Christ wird.[17]

Den Glauben stabilisieren

Hybels erklärt die erste Absicht der begründenden Apologetik in Willow Creek so:

> Ich möchte den Christen unter Ihnen sagen, Sie haben keinen Grund, verlegen zu werden oder davor zurückzuschrecken, mutig zu bezeugen, daß Sie bei allem, was Sie tun und reden, mit einem Gott rechnen, der wirklich existiert.

Die in Willow Creek immer wieder verkündete Botschaft lautet: Das Christentum ist wahr und vernünftig. „Die Beweismenge für die Existenz Gottes ist beeindruckend." Den Mitgliedern wird wiederholt Mut gemacht, indem man ihnen beibringt: Das Christentum ist die wahre Beschreibung der Wirklichkeit, und auf alle möglichen Fragen der Skeptiker gibt es Antworten. Hybels verkündet:

> Sie brauchen nicht zurückzuschrecken oder sich ängstlich zu ducken, wenn jemand Ihren Glauben herausfordert; denn Ihr Glaube ist nicht auf Treibsand gegründet, er hat ein starkes Fundament, ein rationales Fundament, ein zwingend logisches Fundament.

Die Abteilung, die junge Apologeten ausbildet, hatte ein Flugblatt mit der Ankündigung eines neuen Seminars herausgegeben. Der Text auf dem Flugblatt endete mit dem Satz: „HALT ZUR STANGE – ODER SEI BANGE … vor dem nächsten Atheisten, der dir über den Weg läuft." Diese Furcht möchten die Apologeten in Willow Creek beseitigen. Tausende von Willow Creek-Christen haben die Klassen der New Community besucht (die Gemeinde-Bibelschule, d. Ü.), um zu lernen, was man auf die üblichen Fragen der kirchenfernen Menschen antwortet. Dort wurden sie von Apologetikexperten der Willow Creek-Gemeinde ausgebildet. Tausende von Creekern haben spezielle Apologetik-Programme mitgemacht, wie etwa Debatten zwischen einem Atheisten und einem evangelikalen Gelehrten. All das liefert Beweise, die den Glauben der Creeker stärken.

Hybels lehrt, die Basis eines gesunden Christenlebens liege in der verstandesmäßigen Erkenntnis der Vertrauenswürdigkeit des Christentums. Das Thema für die Gemeinde während meines Studienjahres dort lautete: „Wie werde ich ein vollinformierter Nachfolger Christi?" Die erste Predigtreihe jenes Jahres war eine fünfwöchige Studie über Beweise für die Vertrauenswürdigkeit des Christentums. Hybels leitete sie folgendermaßen ein:

> Wir führen diese Predigtreihe „Der Glaube hat seine Gründe" durch, damit Sie, die Sie bereits glauben, wenn Sie durch Prüfungs- und Zweifelszeiten gehen und von Menschen umringt sind, die zynisch meinen: „Ach, du glaubst nur blind; irgendwann hast du dich in den Glauben gestürzt; welche Beweise hättest du? Womit könntest du belegen, daß Christus der ist, für den er sich ausgibt?" – daß Sie dann einige Gründe haben, liebe Freunde, und nicht sagen müssen: „Ich meine, ich hoffe, ich habe so den Eindruck ..."[18]

Hybels erklärt, viele Christen hielten in schwierigen Zeiten nicht durch, weil sie keine intellektuellen Grundlagen haben: „Gesammelte Anstrengungen sind nötig, um eine intellektuelle und rationale Basis für die Nachfolge Christi zu gewinnen." Er meint, wahre Christen müßten willens sein, „das Wurzelwerk ihres Glaubens zu entdecken und ihren Verstand anzustrengen, intellektuell den Tatsachen auf die Spur zu kommen, die den christlichen Glauben stützen".

„Harry" muß überzeugt werden

Begründende Argumente benutzt man andererseits auch, um „unchurched Harry" zu überzeugen. Regelmäßig versucht Hybels, „Harry" von der Wahrheit des Christentums zu überführen. Hybels und seine Kollegen sind der Meinung, daß, wenn „Harry" aufrichtig fragt, ob das Christentum wahr ist, Gott es ihm zeigen wird. „Er (Gott) hat versprochen, sich von denen finden zu lassen, die ihn ehrlich suchen." Strobel mahnt: „Sie müssen den Schritt wagen, Gott beim Wort zu nehmen und ein aufrichtiger Sucher zu werden – Sie müssen ernsthaft die Wahrheit über Jesus herauszufinden trachten."

Hinter dieser Strategie steht die Ansicht, der Glaube sei auf Beweise gegründet. Strobel beschreibt ein weit verbreitetes Mißverständnis über den Glauben: „Der Glaube ist eine Art Wunschdenken, das der Vernunft zuwiderläuft." Im Gegensatz dazu lehrt Hybels, der Glaube sei eine vernünftige Entscheidung, Christus aufgrund von Beweisen zu vertrauen: „Unser Glaube steht auf einer Menge von Tatsachen."[19]

Analogie zur Rechtsprechung

Hybels stellt die Beweise in Analogie zur Rechtsprechung vor. Er geht von dem Gedanken aus, „Harry" gehöre zu Geschworenen, die über die Vertrauenswürdigkeit des Christentums zu entscheiden haben. Der Vergleich mit der Rechtsprechung besteht aus fünf Elementen.

Das erste Element ist: Der Beweis für Gott sollte als „über einsehbare Zweifel" erhaben betrachtet werden:

> Von Anfang an muß klar sein, daß die Forderung absoluter Beweise für die Existenz Gottes unvernünftig und unrealistisch ist und einem Menschen nicht zusteht.
> Wie wir eben feststellten, funktioniert das Leben eben nicht auf diese Weise. Nicht einmal von dem Rechtssystem der Vereinigten Staaten verlangen wir eine derartige Beweisführung.

Hybels sagt: „Wir alle treffen Entscheidungen aufgrund hoher Wahrscheinlichkeit, selten aufgrund absoluter Sicherheit. Wenn wir an Bord eines Linienflugzeugs gehen, das nach Los Angeles fliegt, wissen wir nicht mit absoluter Sicherheit, daß, wenn es O'Hare verlassen hat, es nachher auch in L.A. landen wird." Hybels möchte „Harry" an den Punkt bringen, daß er sagen kann: „Ich bin jetzt überzeugt, da ich keine *einsehbaren* Zweifel mehr an der Existenz Gottes habe."

Das zweite Element ist der Gedanke an eine Verurteilung. Strobel erklärt, diese Analogie zur Rechtsprechung sei hilfreich, weil sie „die Notwendigkeit, eine Entscheidung zu treffen", deutlich macht. Indem man diesen Gedanken betont, entreißt man das Christentum dem Schattendasein und stellt es in den Vordergrund, damit „Harry" sieht, wie bedeutsam es ist.

Das dritte Element besteht in der Wichtigkeit, die Beweise zu prüfen. Wer zu den Geschworenen gehört, hat die Bedeutung der Informationen zu untersuchen und ehrlich nach den gewonnenen Erkenntnissen zu urteilen. Strobel sagt, die „Vernünftigkeit" dieser Entscheidung werde für „Harry" durch die Analogie zur Rechtsprechung unterstrichen. Hybels bekräftigt den Gedanken, „Harry" sei wie ein Geschworener und habe nach den Beweisen zu entscheiden: „Ich möchte Ihnen, den Suchern, die alles nur von draußen betrachten wollen, sagen: Wenn Sie hinter die Dinge kommen wollen, dann erwägen Sie die Beweise sehr genau und sehr ehrlich!"

Das vierte Element liegt in dem Selbstverständnis der Redner, die sich als Rechtsanwälte auffassen, die den Geschworenen die Beweise präsentieren. Strobel erklärt: „Man kommt in den Gerichtssaal und schildert seinen Fall so überzeugend wie man kann … Ich glaube an seine Wahrheit und ich möchte ihn so ehrlich und so zwingend wie möglich darstellen."

Das fünfte Element besteht darin, daß Hybels wie ein guter Richter mit dem beginnt, worum es den Geschworenen geht. Weiter oben erwähnte ich einige Fragen, die „Harry" immer wieder in Willow Creek stellt. Hybels und seine Mitarbeiter halten diese Fragen für angemessen. Strobel sagt: „‚Harry' hat berechtigte Fragen in bezug auf geistliche Angelegenheiten; aber er erwartet von den Christen keine Antworten." Cousins fragte eine Gruppe von Mitarbeitern, wie man „sinnvoll mit all diesen Fragen umzugehen habe". Einer von ihnen antwortete: „Wir werden sie beantworten müssen."[20]

Die meisten Fragen beantworten die Creeker mit begründenden Argumenten. Es gibt zwei Hauptzweige begründender Apologetik: historische und philosophische Argumente. Willow Creek benutzt beide. Mittelberg erklärt, daß beide nützlich sein können, je nach Kontext, und daß es auf den „richtigen" Weg ankomme. Während die philosophischen Argumente einen interessanten Nebenweg darstellen, verwendet Willow Creek hauptsächlich historische Argumente für seine begründende Apologetik.[21]

Historische Argumente

„Unchurched Harry" fragt oft: „Woher weiß man, daß man der Bibel vertrauen kann?" Hybels Reaktion besteht in der Lieferung historischer Beweise. Er zitiert nicht gleich die Bibel, „weil kirchenferne Leute der Bibel bei weitem nicht die Bedeutung beimessen, wie Gläubige es tun". Hybels sagt, viele „Harrys" betrachteten die Bibel als „eine gelegentlich nützliche Sammlung hilfreicher Ratschläge, etwa wie in einem Bauernkalender". Hybels glaubt: „Wenn man gleich anfängt mit: ‚So spricht Gottes Wort', dann sagen sie: ‚Na, und?'"[22]

Strobel kam am Ende seiner Erforschung des Christentums zu dem Schluß: „Die Ansprüche Christi werden durch historische Beweise über jeden einsehbaren Zweifel erhoben." Was sind historische Beweise? Hybels argumentiert bei seiner Verteidigung der Bibel, daß die Geschichte die Bibel bestätigt, daß das Neue Testament durch mehr und bessere Handschriften bezeugt wird als andere alte Dokumente, und daß das Neue Testament geschrieben wurde, als noch Augenzeugen lebten, die den Zeugnissen der Schreiber widersprochen hätten.[23]

Jesu Auferstehung liegt im Brennpunkt der historischen Argumentation in Willow Creek. Hybels lehrt, daß „der ganze Christenglaube auf der Auferstehung Jesu Christi ruht" und bestätigt, daß auch Jesus seine Auferstehung als Beweis für seine Ansprüche anführt:

Jesus hat wiederholt angekündigt, daß er sterben werde, aber nach drei Tagen wieder auferstehe. Und niemals hat er diese Absicht und Vorhersage zurückgenommen. Er sagte, seine Auferstehung sei ein für allemal der Beweis für seine Gottessohnschaft.
Er sagte, seine Auferstehung werde dem Menschengeschlecht als Merkmal dienen, daß das Christentum wahr ist, daß es historische Wurzeln hat, und daß es durch ein übernatürliches Ereignis ins Leben gerufen wurde, für das es Beweise gibt, die jeder Mensch sehen kann.

Strobel berichtet, wie er begann, sich für die Auferstehung Jesu zu interessieren, als er noch ein skeptischer Zeitungsmann war:

> Ich tat zunächst, was jeder Reporter macht, der etwas überprüft. Und das bedeutet, ich mußte die schlichte Frage stellen: ‚Wie viele Augen waren dabei?' Das heißt: Wie viele Augenzeugen sind aufzutreiben? Denn wir alle wissen, daß den Augenzeugenberichten eine hohe Bedeutung zuzumessen ist.

Erstaunt stellte Strobel fest, daß es zahlreiche Augenzeugen gab. Die Tatsache, daß Tausende von Menschen kurz nach Jesu Tod mit der Nachfolge begannen, verblüffte ihn außerordentlich.

Strobels Schwierigkeiten multiplizierten sich, als ihm klar wurde, daß viele Jünger wegen ihres Glaubens als Märtyrer starben. Strobel sagt, diese Tatsache sei für ihn sehr überzeugend gewesen: „Niemand würde für eine religiöse Überzeugung sterben, von der er weiß, daß sie nicht auf Tatsachen beruht." Strobel sah ein: „Der ganze Christenglaube hängt daran, ob Jesus von den Toten auferstanden ist oder nicht." Alles läuft auf die Frage nach der Glaubwürdigkeit der Jünger hinaus. Und Strobel kam zu dem Schluß, daß sie sehr glaubwürdige Zeugen waren:

> Diese Jünger waren in der Position, die Wahrheit zu kennen, denn sie waren es, die sagten, sie hätten Jesus nach der Auferstehung gesehen ... Glauben Sie wirklich, daß, wenn sie gelogen hätten, sie sich freiwillig für eine Lüge hätten foltern und töten lassen?

Jesu Leben und Tod erfüllten außerdem die alttestamentlichen Prophezeiungen. Hybels stellt fest, daß die Bibel „mutige Vorhersagen auf Ereignisse gemacht hat, die erst in den folgenden Jahrhunderten eintraten". Viele davon bezogen sich auf das Leben Jesu:

Diese Prophezeiungen waren unglaublich detailliert ... aus welchem Geschlecht er abstammen würde, in welcher Stadt er zur Welt käme, die Umstände seiner Geburt, wie sein Werk aussehen, wie er leben, sterben und wieder auferstehen würde.

Hybels sagte in einer Predigt: „Wie hätte sich auch nur ein prophezeites Ereignis buchstabengetreu und Hunderte von Jahren später erfüllen können, wenn Gott nicht bei der Abfassung dieser Prophezeiungen mitgewirkt hätte?" Für Strobel sind diese erfüllten Prophezeiungen von außerordentlicher Bedeutung: „Meiner Meinung nach beweisen erfüllte Prophezeiungen das Christentum an sich schon über jeden einsehbaren Zweifel hinaus."

Wenn Jesus nicht von den Toten auferstanden wäre, welche andere Erklärung würde dann den Tatsachen gerecht? Hybels und Strobel untersuchten alternative Theorien und kamen zu dem Schluß, daß sie alle viele logische „Löcher" enthalten. Strobel kam am Ende seiner Untersuchungen zu dem Schluß: „Für mich gibt es nur eine sinnvolle Erklärung: Die Jünger haben die Wahrheit gesagt."

Aufruf zur Ehrlichkeit

Das letzte Argument in Hybels Apologetik ist ein Appell an die Ehrlichkeit. „Feindselige Harrys" werden aufgefordert, mit intellektueller Redlichkeit das Christentum zu untersuchen. „Neugierige Harrys" wird in den Ohren gelegen, ihre Neutralität aufzugeben und die Vertrauenswürdigkeit des Christentums in Augenschein zu nehmen. „Aufrichtige Harrys" werden ermahnt, die Vertrauenswürdigkeit des Christentums zum Hauptthema zu machen und sich der Gemeindeprogramme und -Hilfsmittel zu bedienen.

Hybels fordert die „unchurched Harrys" heraus, gegenüber der Person Jesu Christi ehrlich zu werden. Hybels fragt sich, ob „Harry" der Tatsache der Auferstehung wirklich ehrlich ins Auge sieht: „Ich frage mich wirklich, ob Sie intellektuell ehrlich sind, wenn Sie alles, was Sie eben gehört haben, einfach beiseite fegen können." Hybels glaubt tatsächlich, daß die Evidenz des Christentums so stark ist, daß es keine „einsehbaren Zweifel" geben kann.

Hybels hegt den Verdacht, daß viele „Harrys", die nach Willow Creek kommen, gewichtige Gründe haben, weshalb sie dem Christentum nicht ehrlich ins Auge blicken mögen:

> Ich fürchte, daß viele Leute genug über die Bibel wissen, um deutliches Interesse daran zu haben, wieder in freies Fahrwasser zu kommen, oder gar über die Bibel herzuziehen, weil sie genau wissen: Wenn wir sie lesen, fängt sie an, uns die Wahrheit zu sagen und unseren Zustand schonungslos offenzulegen. Sie wird uns in die Pflicht nehmen.

Er vermutet, daß „Harrys", die hartnäckig das Christentum ablehnen, ein Vorurteil gegen Gott haben: „Sie haben es da mit einem irrationalen Vorurteil gegen alles Übernatürliche zu tun, das Sie davon abhalten wird, objektiv die Beweiskraft dessen zu untersuchen, worüber wir heute Abend sprechen."

Ein Sucher wird als ein Mensch definiert, der seine vorgefaßten Meinungen beiseite setzt und das Christentum auf seinen Wahrheitsgehalt hin erforscht. Hybels beschreibt einen Sucher als jemand, der „anfängt, aktiv die Ansprüche Jesu Christi nachzuprüfen". Strobel ist der Ansicht, aufrichtige Sucher wären verpflichtet, mehrere Dinge zu tun:

> Sie müssen regelmäßig kommen und Gottes Wort hören.
> Sie sollten zum Buchladen im Erdgeschoß gehen und … sagen: „Verkaufen Sie mir ein Buch, das mir weiterhilft."
> Auch müßten sie unsere Anfängerklassen besuchen und die Grundlagen des Christentums lernen.
> Und Fragen stellen.
> Und ernsthafte Sucher sein.

Das ist die beständige und sich nie ändernde Aufforderung in Willow Creek –, ein ernsthafter Sucher zu werden. „Harrys", die in Erwägung ziehen, Sucher zu werden, wird Strobel dauernd als Vorbild vorgehalten:

Gleich zu Anfang nahm ich mir drei Dinge vor. Als erstes sagte ich: *„Das soll von jetzt an das wichtigste Thema meines Lebens sein."* Das zweite war: *„Ich will mit offenen Augen hinschauen; ich will ernsthaft suchen."* Und das dritte kam, als ich endlich sah, daß alles klar war. Da sagte ich zu mir: *„Jetzt will ich darauf reagieren."*

Hybels und seine Sprecherkollegen gehen davon aus, daß das Christentum Wahrheit ist. Viele „unchurched Harrys" finden dieses Argument glaubwürdig und bekehren sich. Zu was sie sich bekehren, wird im nächsten Kapitel beschrieben.

Kapitel 13

Das Willow Creek-Evangelium

Hybels kommt mit seiner Botschaft. An diesem Punkt des Überzeugungsprozesses ist „Harry" bereitwilliger, zuzuhören.

Alles, was wir bisher betrachtet haben, ist nur die Einleitung. Das Programm hat „Harry" auf das Zuhören eingestimmt. Hybels hat sich mit „Harry" identifiziert, hat ihm das Christentum als relevant beschrieben und seine Wahrheit dargestellt. Jetzt ist „Harry" bereit, auf die Lösung zu hören, die Hybels anzubieten hat, auf die Hauptsache, der alle vorangehende Mühe und Arbeit galt – auf das Evangelium.

Hybels ist nicht der einzige, der dem Evangelium große Bedeutung beimißt. Das Evangelium liegt der gesamten evangelikalen Bewegung zugrunde. Das Wort *Evangelium* bedeutet „gute Nachricht". Das Evangelium oder die gute Nachricht besteht darin, daß Gott in Jesus Mensch wurde und durch seinen Tod und seine Auferstehung alles getan hat, was zur Erlösung nötig ist. Wenn die Menschen, jeder für sich, diese Botschaft verstehen und darauf reagieren, indem sie Christus vertrauen, sind sie für ewig gerettet. Diese Botschaft ist es, die bei jeder Gelegenheit zu predigen das große evangelikale Anliegen ist.

Hybels und Willow Creek fühlen sich dieser historischen evangelikalen Verpflichtung stark verbunden. So lehrt der Willow Creek-Theologe Belizikian: „Die der Kirche übertragene Aufgabe ist die Veränderung der Menschen ... durch Bekehrung." Und Hybels lehrt: „Es gibt nichts Wichtigeres, als Menschen zu einer persönlichen Beziehung zu Gott und zu einer Ewigkeit im Himmel zu verhelfen. Nichts ist wichtiger." Dieses Kapitel nun gibt eine Zusammenfassung des Willow Creek-Evangeliums.[1]

Evangelisationsleiter Mittelberg lehrt, daß, wenn „unchurched Harry" gläubig werden soll, er gewisse Wahrheiten zu verstehen und darauf zu reagieren hat: „Er muß begreifen, das heißt, er muß rational erfassen, was ihm gesagt wird." Die Botschaft mit diesem Bündel bestimmter Wahrheiten nennen die Evangelikalen das Evangelium.

Einige Evangelikale greifen Hybels regelmäßig an, weil er nicht immer bei jeder Wochenendversammlung alle diese Wahrheiten darstellt. „Mir werden von fundamentalistischer Seite bittere, bittere Vorwürfe gemacht, weil ich nicht bei jedem Seeker Service alles predige, was zur Errettung nötig ist." Manche greifen Hybels nach dem Gottesdienst an: „Ihnen ist doch klar, daß das Blut der Suchenden an Ihren Händen klebt", oder: „Wie können Sie zwei-, dreitausend suchende Menschen dasitzen haben und ihnen kein vollständiges Evangelium anbieten?" Hybels Antwort lautet: „Weil wir jede Woche hier sind."

Hybels geht es sehr darum, das Evangelium weiterzusagen. Allerdings hält er die Strategie des Überzeugungsprozesses für die wirkungsvollere Methode der Weitergabe. Sie erfordert einen ziemlich langen Zeitraum. Denn ein typischer „unchurched Harry" versteht das Evangelium nur langsam. So sagt Mittelberg: „Es ist wie das Zusammensetzen eines Puzzles aus Inhalten und Informationen … und es dauert in der Regel eine Weile, bis alles verstanden und zusammengefügt ist." In dem Berichtsjahr haben Hybels oder andere Sprecher nur sehr selten das ganze Evangelium in einer Predigt verkündet.

Tausende von Creekern haben in den gemeindlichen „Impact Seminaren" geübt, wie man seinen Glauben anderen mitteilt. Evangelisationsleiter Mittelberg faßt in diesen Seminaren das Evangelium in vier „Haltegriffe" oder Kategorien zusammen: Gott, Mensch, Christus und (unsere) Antwort. Diese vier Punkte sind die Summe dessen, was Willow Creek unter Evangelium versteht.[2]

Gott

Dem evangelistischen Impact-Seminar zufolge ist der erste „Haltegriff" das Verständnis über Gott. Die Willow Creek-Mitarbeiter sind der Ansicht, „Harry" habe ein verdorbenes Gottesbild. „Wir haben das Gefühl, Gott werde total mißverstanden." Hybels und seine Mannschaft glauben, daß, wenn sie „Harry" helfen können, Gott so zu sehen, wie er wirklich ist, „Harry" eher positiv reagieren wird.

Sie glauben nicht, daß sich dieser Wandel leicht oder schnell erreichen läßt. So sagt Cousins dazu: „Wir haben uns entschieden, nur dem Evangelium zu vertrauen, um so allmählich die Vorstellungen der Ungläubigen zu verändern." Das Wort *Gott* wurde mehr als jedes andere Substantiv (1 882mal) während der Wochenendpredigten gebraucht (34,85mal bei jeder Predigt). Wer ist Gott? Nach der Darstellung des Evangeliums, wie es im Impact-Seminar gelehrt wird, ist Gott Liebe, er ist heilig und gerecht.[3]

Gott ist Liebe

Dem Impact-Seminar zufolge ist der erste Wesenszug Gottes die Liebe. Der erste Vers, den Creeker dort lernen, steht in 1. Johannes 4,16: „Gott ist Liebe." Das ist eine konstante Willow Creek-Botschaft. Das Wort *Liebe* wurde während meines Studienjahres im ganzen 489mal gebraucht. Hybels lehrt, Gottes Liebe zeige sich an seiner Freundlichkeit und Gnade.

Gottes Freundlichkeit

Strobel zitiert Nehemia 9,17: „Du aber bist ein Gott der Vergebung, gnädig und barmherzig, langsam zum Zorn und groß an Güte", und erklärt, daß Gott „uns mit einem weichen Herzen betrachtet". Im Jahr meiner Studien wurde das Wort *freundlich* 448mal benutzt.

Verse, die Gottes Freundlichkeit beschreiben, werden während der Predigten regelmäßig zitiert. Ein Beispiel ist 1. Petrus 5,7: „… indem ihr alle eure Sorge auf ihn werft; denn er ist besorgt für euch." Ein Sprecher umschrieb die

Worte Jesu so: „Ich bin sanft, ich habe ein demütiges Herz, mir liegt nichts daran, euch zu verletzen. Und ihr werdet Ruhe für eure Seelen finden; denn mein Joch ist sanft und meine Last ist leicht."

Gottes Gnade

Hybels lehrt, Gott gehe es sehr darum, zu vergeben: „Er brennt darauf, uns zu vergeben; tatsächlich besteht seine instinktive Reaktion darin, uns gegenüber vergebungsbereit zu sein." Hybels beschreibt das Evangelium als das von Gott zubereitete Mittel, um seinen Kindern zu vergeben: „Die gute Nachricht heißt: Sie sind ihm so wichtig, daß er ein Mittel geschaffen hat, durch das Ihre Sünden vergeben werden können." Diese Gnade und Liebe wird nur zurückgehalten, weil die Menschen sie nicht annehmen wollen. Hybels vergleicht die „anklagenden, hochmütigen und selbstgerechten Augen des Pharisäers" mit den „vergebenden, mitleidigen und wiederherstellenden Augen Jesu".[4]

Gott ist heilig

Der zweite Wesenszug Gottes, wie er in den Impact-Evangelisations-Übungsklassen dargestellt wird, ist Gottes Heiligkeit. Der kirchliche Mitarbeiterstab lehrt, für „unchurched Harry" sei es wesentlich zu wissen, daß Gott ihn liebt, daß er aber auch heilig und gerecht ist. Wird eine dieser Wahrheiten ausgelassen, so ist nach ihrer Meinung „Harrys" Gottesverständnis gestört. So glaubt zum Beispiel Mittelberg, daß vielen „unchurched Harrys" nur die Vorstellung gefällt, Gott sei Liebe:

> Sie sagen, Gott sei Liebe – weiter nichts … Sie machen ihn zu so etwas Süßlichem, das über den Wolken schwebt und nichts als ein wenig Wärme und undefinierbares Wohlbefinden erzeugt, natürlich auch noch warme, liebevolle Gefühle.

Hybels bestätigt, daß die meisten „unchurched Harrys" Gottes Heiligkeit nicht begreifen. Einige „Harrys" stehen auf dem Standpunkt: „Ich habe keine Veranlassung, mir in dieser Welt darüber Gedanken zu machen, daß ich am Tage des kommenden Gerichts vor einem heiligen Gott stehen soll." Zahllose „Harrys" fragen immer wieder: „Wie kann ein liebender Gott so prächtige Leute in die Hölle bringen?" Andere „Harrys" meinen, Gott „schreie" sie „in unbarmherziger Wut an: ‚Ihr erbärmlichen Sünder!'"[5]

Hybels glaubt, daß, wenn „Harry" die Heiligkeit Gottes begriffen hat, er versteht, warum er und andere verantwortlich sind, und warum Gott sie nicht „anschreit". Hybels gibt Römer 1 so wieder:

> Der Apostel Paulus sagt im ersten Kapitel des Römerbriefes, daß man das gesamte Menschengeschlecht in zwei Gruppen teilen kann. Die erste Gruppe würde aus solchen bestehen, die sich selbst die Wahrheit über die Heiligkeit und Majestät Gottes erzählen.

Und wenn sie sich selbst die Wahrheit über diese Wirklichkeit sagen, unterwerfen sich die Leute dieser ersten Gruppe, sie demütigen sich und ehren den majestätischen, heiligen Gott, der ihnen das Leben gab.

Hybels meint, daß auch die zweite Gruppe „die Heiligkeit Gottes sieht“, aber „in ihrem Geist unwahr ist und sich von der Realität der Heiligkeit und Majestät Gottes abwendet“. Die erste Gruppe beschreibt Hybels als solche, die Christen geworden sind. Als Reaktion darauf, den Spiegel des göttlichen Angesichts erblickt zu haben, erkennen sie sich und geben ihre Sündhaftigkeit zu.[6]

Gott ist gerecht

Das dritte Charakteristikum Gottes, das in den Evangelisations-Übungsklassen der Impact-Seminare gelehrt wird, ist seine Gerechtigkeit. Mittelberg erklärt, das sei „möglicherweise heutzutage der unpopulärste“ Wesenszug Gottes. Er ist der Ansicht, ein Weg zum Verständnis dieses göttlichen Wesenszuges sei die Vorstellung, Gott „sei ein guter Richter“, und „ein guter Richter läßt die Gesetzesbrecher nicht davonkommen“.

Viele „Harrys“ fragen, warum Gott nicht einfach einen Zauberstab schwingen und ihnen vergeben kann. Hybels und seine Creeker antworten, das komme daher, weil Gott fair und gerecht ist und „das Gesetz aufrecht halten muß“. Sie brauchen oft das Bild eines Richters, um diesen Gedanken auszudrücken:

Ein Mädchen wurde angeklagt, irgend ein Gesetz übertreten zu haben und stand vor dem Richter, der sie des Vergehens für schuldig erklärte. Der Richter, weil er ein guter Richter war, konnte sie nicht laufen lassen …
Er ist ein guter Richter und hat die vom Gesetz vorgeschriebene Strafe zu verhängen. Und so verhängte er als ein guter Richter die Strafe … eine Strafe, die sie nicht zu zahlen in der Lage war …
Doch dann tat er etwas Ungewöhnliches. Er stand auf, zog die Robe aus und legte sie auf den Richtertisch, dann ging er von seinem Platz, … trat zu ihr, … nahm sein eigenes Portemonnaie, … übergab es ihr und bezahlte für sie. Das tat er deshalb, weil er ihr Vater war.

Hybels und seine Kollegen benutzen dieses Gleichnis, um darzustellen, was Christus getan hat, als er die Strafe für die Menschheit bezahlte. Sie zeigt, daß Gott sowohl gerecht als auch voll Liebe ist.

Nancy Beach erklärt, daß Gottes Gerechtigkeit eines von den beiden Dingen ist, die im Wochenendprogramm beständig vorkommen: „Man muß das Gleichgewicht halten zwischen der Gnade und dem Erbarmen und der Liebe Gottes … und der Gerechtigkeit oder den Forderungen Gottes.“ Die andere Seite der Gerechtigkeit Gottes ist, daß, wenn die Menschen nicht Buße tun, sie eines Tages gerichtet werden.

Der Mensch

Die zweite Kategorie beim Evangelisationstraining der Impact-Seminare ist ein regelmäßiges Thema in Hybels Predigten. Tatsächlich ist nach *Gott* das Wort *Menschen* oder *Leute* das meistgebrauchte Hauptwort während der von mir untersuchten Wochenendgottesdienste (1 357mal). Das ist das Ziel des Hybelsschen Evangeliums: zu erklären, wie Menschen mit Gott in Verbindung kommen.

Dem Impact-Seminar zufolge muß die Evangeliumsbotschaft in bezug auf den Menschen drei Punkte beachten: Der Mensch ist sündig; der Mensch hat den Tod verdient; der Mensch ist geistlich hilflos. Wir werden uns ansehen, was Hybels in seinen Predigten über diese drei Punkte sagt. Doch bevor wir darüber reden, müssen wir noch ein viertes Charakteristikum des Menschen beachten, über das Hybels an den Wochenenden regelmäßig spricht und das nicht auf der Impact-Liste steht:

Der Mensch ist wertvoll

Hybels beschreibt die Menschen immer wieder als wertvoll, weil sie „nach dem Bilde Gottes geschaffen sind". Strobel macht geltend, daß „unchurched Harrys" vom Evolutionismus bestimmte Betrachtungsweise der menschlichen Natur „unser Bild vom Wert des Menschen beschädigt. Denn wenn das stimmte, so hätten wir in uns überhaupt keinen Wert. Wir wären nur Tiere." Hybels und seine Kollegen lehren: Die biblische Vorstellung von der Gottesebenbildlichkeit des Menschen macht ihn wertvoll.

Der zweite Grund, weshalb die Menschen wertvoll sind, liegt in der Liebe Gottes zu ihnen. Hybels predigt: „Ihr seid Gott wichtig, ihr seid ihm wichtiger als ihr denkt!" Ja, das Motto der Gemeinde: „You matter to God" (Du bist Gott wichtig), ist ein Ausdruck dieser Liebe Gottes zu den Menschen, wodurch ihnen Wert beigemessen wird.

Der Mensch ist sündig

Die erste Aussage, die in der Evangelistenschulung der Impact-Seminare über den Menschen gemacht wird, ist, daß sie „sündig" oder „in Auflehnung gegen Gott" sind. Während meines Studienjahrs in Willow Creek wurden Wörter für „Sünde" 487mal benutzt.[7]

Doch berichteten mir die Mitarbeiter, daß „Harry" Schwierigkeiten mit dem Begriff „Sünde" hat. Einer von ihnen erzählte von einem Pärchen, das zusammen lebte und nicht verstehen konnte, was daran falsch war: „Zunehmend stoßen wir auf Leute, die nicht einmal ein moralisches Konzept besitzen, nach dem das Sünde und Rebellion gegen einen heiligen Gott ist." So war es nichts Ungewöhnliches, wenn Hybels andere Begriffe zur Hilfe nahm, um den Gedanken an die Sünde zu vermitteln, wie „die dunkle Seite", „Schattenseite", „Selbstsucht", „sündige Natur", „böse Gedanken", „kosmischer Verrat" und „die Prüfung nicht bestanden haben".

Cousins erklärt den Begriff der Sünde, indem er seine Kinder als Bild benutzt: „Eins meiner Kinder ist zweieinhalb Jahre, und das andere ist elf Monate alt. Ich habe dem Zweieinhalbjährigen nie gesagt, es solle selbstsüchtig sein, und doch ist es unglaublich, wie schnell es ‚Meins!' sagen kann." Hybels versucht regelmäßig, „Harry" einen Spiegel vorzuhalten, um ihm sehen zu helfen, daß „wir alle auf schändliche Weise gegen Gott rebellieren".[8]

Hybels fügt der Bedeutung des Wortes Sünde noch eine eigene, pragmatische Wendung hinzu. Er nennt sie nicht nur Selbstsucht und Rebellion gegen Gott, sondern auch eine falsche Strategie zum persönlichen Erfülltsein. Er erklärt, die Bibel sage dazu: „In deinem Leben ist eine fehlerhafte, selbstzerstörerische Kraft am Werke, die man Sünde nennt." Und er stellt fest: „Wenn Sie nichts dagegen tun, wird diese Kraft Ihnen arg zu schaffen machen und Ihr Leben ruinieren."

Der Mensch verdient den Tod

Der nächste Punkt des Menschenverständnisses ist, daß dieser „den Tod verdient". Mittelberg erklärt, unter dem Tod sei „die ewige geistliche Trennung von Gott" zu verstehen und zitiert Römer 6,23: „Der Lohn der Sünde ist der Tod."

Hybels stellt fest, daß diese geistliche Trennung zwischen Gott und dem Menschen in Ewigkeit fortdauern wird, wenn der Mensch nicht auf Gott hört. Hybels lehrt, der Tag des Gerichts sei weniger eine Verdammung, als die Bestätigung der Entscheidung, die der Mensch bereits getroffen hatte: „Am Gerichtstag wird Gott nicht die Kerkertür zuknallen. Er wird Ihnen nur geben, was Sie unbedingt haben wollten und dabei sagen: ‚Bitteschön, wie ihr wollt!'" Dann fügt er hinzu:

> Für Ungläubige, deren größtes Verlangen darin bestand, sich selbst von Gott, der Kirche, der Bibel und den Christen zu distanzieren, gewährt Gott in der Hölle ein riesiges Maß an Distanz von ihm, und das für immer.

Der Mensch ist geistlich hilflos

Die letzte Lehre über den Menschen in den evangelistischen Impact-Seminaren ist seine geistliche Hilflosigkeit. Mittelberg erklärt: „Der Mensch ist sündig; wir haben den Tod verdient, und wir können gar nichts dagegen tun." Ein anderer Ausdruck, mit dem dieser Zustand beschrieben wird, lautet: „moralisch bankrott". Mittelberg hält fest: „Wir haben nichts auf unserem moralischen Bankkonto, womit wir Gott die Schuld erstatten könnten, die wir durch unsere Sünden und unsere Rebellion auf uns geladen haben."

Mittelberg betont, daß bis zu diesem Punkt die „gute Nachricht" in Wirklichkeit eine „böse Nachricht" ist. Es ist für die Menschen wichtig, diese böse Nachricht aufzunehmen. Es ist für die Menschen wichtig, die mißliche Lage zu erkennen, daß wir alle von Christus getrennt sind."

Christus

Während der Wochenendpredigten ist Jesus immer im Mittelpunkt als die Lösung für die „böse Nachricht". Tatsächlich wurde Jesus bzw. Christus im ganzen 1 421mal während des Berichtsjahres genannt. Damit waren die drei während der Wochenendpredigten am häufigsten verwendeten Hauptwörter *Gott, Menschen* und *Jesus Christus*. Das ist der Kern des Hybelsschen Evangeliums: zu erklären, wie Jesus Menschen befähigt hat, mit Gott in Beziehung zu treten. Mittelberg formuliert dazu drei Unterpunkte:

Gott wurde Mensch

Mittelberg wiederholt die von „unchurched Harrys" immer aufs neue gestellte Frage: „Ist es nicht sinnlos, daß Jesus für die Sünden am Kreuz gestorben ist? Ich meine, warum sollte er sterben müssen? Warum ist Jesus die Lösung für das menschliche Dilemma?" Mittelberg empfindet darum die Menschwerdung als lebenswichtig für das Evangelium. Gott benutzte Jesus nicht als eine Art kosmischen Prügelknaben; Christus ist der menschgewordene Gott, und es gefiel ihm, sich selbst zu opfern. „Gott bezahlte selbst. Christus ist Gott in menschlicher Gestalt. Er ist im Besitz sowohl der göttlichen als auch der menschlichen Natur." Dadurch war er in der Lage zu tun, was kein gewöhnlicher Mensch tun konnte: „Derjenige, gegen den wir sündigten, mußte den Preis für die Vergebung bezahlen."

Die Inkarnation ist im kirchlichen Glaubensbekenntnis so ausgedrückt: „Jesus Christus ist die ewige Person in der Dreieinigkeit, die auf immer mit der menschlichen Natur verbunden wurde." Gelegentlich lehrt Hybels, wie Christi göttliche und menschliche Natur das Mittel zur Errettung wurden: „Jesus Christus, der wahrer Gott und wahrer Mensch ist, trat an unsere Stelle und ließ sich willig für die Sünden verurteilen, die wir begangen haben, damit wir mit Gott versöhnt werden konnten." Diese Wirklichkeit, so stellt Hybels fest, ist es, die Christi Handeln so bewunderns- und liebenswert macht.

Er starb als unser Stellvertreter

Hybels sagt, daß, wenn jemand wahrhaft vergibt, er echt bezahlen muß. Wenn der Besitzer einer Lampe mir vergibt, daß ich sie zerbrochen habe, ist er es, der die Kosten für die neue Lampe zu tragen hat. Vergebung kostet etwas.

Hybels legt großen Nachdruck auf die Kosten:

> Dies müssen Sie verstehen; denn wenn Sie hier nicht folgen können, werden Sie das Christentum nie begreifen … Während Christus am Kreuz starb, geschah etwas Erstaunliches. Gott sorgte dafür, daß das Versagen und die Sünden der ganzen Welt, auch meine und Ihre, auf Jesu Schultern gelegt wurden; und in Jesu Tod übernahm er die volle Verantwortung für sie alle.

Jesus war der Stellvertreter der Menschheit. Strobel sagt: „Warum, um alles in der Welt, war er willens, die Herabsetzungen und Demütigungen und die

Schmerzen eines solchen Todes auf sich zu nehmen? Damit Ihnen und mir vergeben werden kann." Diese Stellvertretung war die einzige Bezahlung, die für die Schuld der Menschen ausreichte. Strobel erklärt: „Damit wir mit Gott versöhnt werden könnten, mußte jemand die Strafe für alle diese bösen Taten auf sich nehmen, die wir begangen hatten." Christus, als der menschgewordene Gott, ist der einzige, der das tun konnte.

Er bietet kostenlose Vergebung an

Mittelberg bemerkt, daß Christi Gabe „umsonst ist, aber sehr viel gekostet hat". Diese Gabe ist für die Menschen umsonst, weil Christus dafür bezahlt hat.

Hybels sagt dazu, diese Gabe sei das Herzstück der guten Nachricht des Evangeliums: „Diese gute Nachricht besteht darin: Sie sind Gott so wichtig, daß er für ein Mittel sorgte, durch das Ihre Sünden vergeben werden können." Hybels wird nicht müde zu verkünden, biblisches Christentum unterscheide sich durch Christi kostenloses Angebot von den Religionen. „Religionen muß man so buchstabieren: T-U-N. Sie basieren auf dem, was ich tun kann. Soviel ich tun kann, muß ich auch tun, um Gott zu gefallen, um sein Wohlgefallen zu erringen, damit ich in den Himmel komme." Im Gegensatz dazu stellt Hybels heraus:

> Das Christentum ist nicht nur eine Religion. Man muß es anders buchstabieren, nämlich: G-E-T-A-N. Der Grund, weshalb es G*etan* heißt, liegt darin, daß Christus für uns getan hat, was wir selbst nicht für uns tun konnten.

Unsere Antwort

Mittelberg lehrt: Zu einer angemessenen Übergabe gehört eine persönliche Entscheidung, Christus als den anzuerkennen, der unsere Sünden vergibt und dem wir uns unterstellen.

Eine persönliche Entscheidung

Mittelberg stellt fest, es gäbe „viele Menschen, die bis zu einem bestimmten Grade über Gott, seine Liebe und Gerechtigkeit Bescheid wissen, auch über sich selbst und ihre Sünden und über den Preis, den Christus bezahlt hat", aber sie begreifen nicht, daß sie darauf zu reagieren haben. Er predigt: „Es reicht nicht, das zu hören. Es reicht nicht, das zu verstehen. Es reicht nicht einmal, das intellektuell einsehen zu können. Man muß eine persönliche Antwort geben."

Die Botschaft, daß man auf das Evangelium reagieren muß, wird in den Wochenendgottesdiensten regelmäßig wiederholt. Die Wörter *Entscheidungen, Entscheidung, entschieden, übergeben, Hingabe, eine Wahl treffen* und *entscheiden* wurden im Berichtsjahr insgesamt 502mal benutzt (das ist ein Durchschnitt von 9,2mal pro Predigt). Hybels versucht diesen Gedanken durch eine Vielzahl von Bildern und Erklärungen verständlich zu machen. Bei einer Predigt beschrieb er Jesus als den großen „Keil", der die Menschen in die eine oder die andere Richtung treibt: „Wie kommt es, daß er die Menschen in das eine oder andere Lager treibt?" Hybels besteht darauf, daß es unmöglich ist, Jesus gegenüber neutral zu bleiben. Man muß sich für Jesus entscheiden, oder man hat – wenn man sich weigert – ihn verworfen.

Wie oben schon vermerkt, ist Hybels der Ansicht, daß Gott den Menschen erlaubt, ihren eigenen Weg zu gehen, wenn sie es ablehnen, seine Vergebung anzunehmen. Diese Lehre betont sehr stark die menschliche Willensfreiheit. Hybels lehrt, daß Gott niemand zwingt, seine Vergebung anzunehmen: „Wenn man anfängt, in dieser Richtung Druck auf die Menschen auszuüben, behandelt man sie nicht mehr als menschliche Wesen, sondern als Automaten. Sie wären dann nur eine Art Marionetten."

Immer wieder unterstreicht Hybels die Möglichkeit für die Menschen, Gottes Vergebung zu empfangen, indem er sagt, „was wie eine Wiederholung klingt": „Freunde, Sie haben eine Entscheidung zu treffen. Sie haben eine Entscheidung zu treffen."

Christus als Erlöser und Herrn annehmen

Mittelberg lehrt im Impact-Seminar: „Wir empfangen ihn als Erlöser. Er nimmt uns unsere Sünden ab … Aber das ist nur die erste Hälfte. Die andere heißt: ,Nun kontrolliere Du mein Leben. Führe mich!'"

Hybels lehrt deutlich, daß die Menschen ihre Sünden bekennen und Christus um Vergebung bitten müssen. Dieses Selbst-Verständnis kommt aus der klaren Erkenntnis, wer Gott ist und führt dazu, sagen zu können: „Oh Gott, ich sehe, wer ich bin. Ich sehe auch Deine Heiligkeit, und ich weiß, daß ich sie nicht erreichen kann. Ich tue Buße, Herr, auf meinen Knien tue ich Buße!"[9]

Das Zweite, worauf es bei dieser Entscheidung ankommt, ist, Jesus als Führer anzunehmen. Das Wort *Buße* ist besonders wichtig, um die Führerschaft Christi zu verstehen. Hybels benutzt das biblische Wort *Buße*, weil es dafür keinen adäquaten Ersatz gibt:

> *Buße* ist kein Wort, das wir noch häufig verwenden, nicht wahr? Also, in der täglichen Umgangssprache kommt es kaum vor. Es klingt daher sehr altmodisch.
> Das im Urtext der Bibel verwendete Wort ist in Wirklichkeit aus zwei Wörtern zusammengesetzt, *d*as eine heißt um(tauschen), und das andere heißt Gesinnung: die Gesinnung umtauschen.
> Das bedeutet, wir müssen eingestehen, geistliche Rebellen zu sein, Gott mißachtet und seine Gesetze gebrochen zu haben. Und darum müssen wir buchstäblich unsere Gesinnung umtauschen.

Buße schließt die Verpflichtung ein, Jesus auf einem neuen Lebensweg zu folgen. Bei einem Taufgottesdienst bat einer der Pastoren den Bekehrten um ein Bekenntnis seines Glaubens:

Jeff, laß mich einige Fragen stellen: Hast du deine Sündhaftigkeit vor einem heiligen Gott zugegeben? Hast du Vergebung und Gnade durch Jesus Christus und seinen Kreuzestod empfangen? Und hast du dich ihm für dein ganzes Leben als Jünger übergeben?

Diese Fragen fassen die Elemente dieser Entscheidung zusammen: 1. das Sündenbekenntnis und die Bitte um Vergebung, und 2. die Verpflichtung, Jesus in der Zukunft zu folgen und ihm zu gehorchen.

Die Herausforderung zur Nachfolge Christi

Den größten Teil seiner Predigten redet Hybels von seinen Erfahrungen und von dem, was er mit „Harry" gemeinsam hat. Doch um die Leute zu bewegen, muß er sie herausfordern. Und um sie herauszufordern, schaltet Hybels von Vertraulichkeit und Identifikation um, indem er sie mit einem „Sie" (bzw. „Ihr", „Ihnen") konfrontiert. Hybels brauchte das Wort „Sie" 6 152mal während des Berichtsjahres. Indem er das tut, zeigt er verbal mit dem Finger auf die vor ihm sitzenden „Harrys" und nötigt sie, ehrlich zu werden und sich zu entscheiden.

Hybels ermutigt zunächst die „unchurched Harrys" und identifiziert sich mit ihnen, indem er sagt: „Gott verspricht, die Schuldenlast abzunehmen, die viele von uns fühlen." Aber er macht ganz deutlich, daß ein grundlegender Schritt nötig ist, bevor das geschieht. Er fordert die Nichtgläubigen heraus, ehrlich gegen sich selbst zu werden:

> Bevor *wir* gereinigt werden können, müssen *wir* mit Gott ins reine kommen, indem *wir* unser Versagen zugeben.
> *Sie* wissen selbst: wenn *Sie* angezogen ein Duschbad nehmen, werden *Sie* nicht besonders sauber werden. Und *Sie* werden auch nicht rein werden, wenn *Sie* nicht *Ihren* Rationalismus, *Ihre* Entschuldigungen, *Ihre* lautstarken Rechtfertigungen und *Ihre* glatte Fassade aufgeben und mit Gott ins reine kommen, damit er *Sie* rein macht.

Einfach zu sagen, Hybels fordere die „unchurched Harrys" heraus, Christus anzunehmen, ist nicht ganz richtig. Tatsächlich schmeichelt er, rät er, fleht er sie an, bittet und fordert er. Intuitiv erfaßt er, welcher Art die Herausforderung in einer bestimmten Situation sein muß.

In einem Fall identifizierte sich Hybels mit „Harry", indem er sich in seine Beschreibung mit einschloß: „Wir müssen demütig genug sein und genügend Vertrauen haben, um unsere Herzen vor ihm auszuschütten und ihm dann zu erlauben, uns zu lieben und uns zu dienen." Hybels schmeichelt „Harry", damit dieser diese Vorstellung akzeptiert, indem er sie auf sich selbst anwendet.

Hybels macht den „Harrys" oftmals Vorschläge. „Lassen Sie mich Ihnen ein paar Vorschläge machen", ist eine häufig gebrauchte Wendung in seinen Predigten. Don Cousins ermutigt „Harry" sanft: „Das einzige Angebot, das ich für ein betrübtes Gewissen habe, ist Gottes Vergebung durch seinen Sohn

Jesus Christus." Manchmal bietet Hybels etwas nur als Möglichkeit an, von dem er aber felsenfest überzeugt ist: „Wenn dieses Buch Gottes Wort ist … wenn dies Gottes Botschaft an Sie und die Welt ist, wäre es sicher gut, wenn Sie herausfänden, was es Ihnen mitzuteilen versucht." Hybels glaubt, „Harry" würde seinen Rat eher annehmen, wenn er als Vorschlag verpackt ist.

Manchmal läßt sich Hybels darauf ein, „Harry" inständig anzuflehen: „Ich bitte Sie von ganzem Herzen, liebe Freunde, als Ihr Pastor, als ein Bruder, versuchen Sie nicht, hier auszuweichen." Bei anderer Gelegenheit rief er aus: „Und wieder bitte ich Sie alle von ganzem Herzen, auf das zu hören, was Gott in der Bibel sagt." Hybels versucht, „Harry" für den ewigen Ernst dessen, was er sagt, wachzurütteln: „Ich flehe Sie an, sich zu Christus zu wenden. Zögern Sie nicht länger, wenden Sie sich zu Christus!"

Schließlich tritt Hybels „Harry" gelegentlich mit eindeutiger Entschiedenheit entgegen. So forderte er zu Weihnachten eine riesige Menge heraus: „Ihre Wahl an diesem Christfest ist einfach, ganz und gar einfach. Sie brauchen nur dazustehen und ein weiteres Weihnachtsfest verstreichen zu lassen, oder Sie können auf Ihre Knie fallen und Buße tun." Bei einer anderen Gelegenheit sagte er ohne Umschweife: „Ohne ein Blatt vor den Mund zu nehmen oder mich zu entschuldigen, möchte ich Ihnen die Wahrheit sagen; gerade heraus frage ich Sie: Wann haben Sie sich zu Gott gewandt? Wann haben Sie sich zu Gott gewandt? Haben Sie es wirklich getan?"

Je nach der Situation benutzt er verschiedene Argumente, um „Harry" in Frage zu stellen. Alles sind aber Werkzeuge, die er benutzt, um „Harry" zu einer Entscheidung zu drängen.

Wie man aus den angeführten Beispielen ersieht, spricht Hybels die „unchurched Harrys" oftmals sehr emotional an. Mit dieser emotionalen Haltung kann Hybels „Harrys" Aufmerksamkeit wecken und ihn dahin bringen, Christus als seinem Retter zu vertrauen.

Hybels und seine Rednerkollegen benutzen oft emotionale Beschreibungen, um dem, was sie sagen wollen, Nachdruck zu verleihen. Zum Beispiel:

„Seine Fragen haben mich monatelang gequält."

„Als er mir seine Verzweiflung beschrieb, hatte ich Mühe, meine Tränen zurückzuhalten."

„Wenn die Gemeinschaft mit Gott auch nur einen Tag aus meinem Leben verschwände, würde ich alle Hoffnung verlieren und aufgeben; denn meine Zukunft läßt mich nur trostlose Einsamkeit erwarten."

„Harry" bekommt keine knochentrockene Geschichte über das Christentum vorgesetzt, sondern er erlebt mit eigenen Augen ein emotionales Schauspiel aus Fleisch und Blut. Diese Art emotionaler Darstellung läßt das Christentum lebendig und für „Harry" als brauchbare Alternative erscheinen.

Zu Hybels Evangeliumspredigt gehören gewöhnlich emotionale Geschichten. Wenn er seine eigenen Schmerzen oder die anderer Leute beschreibt, lauschen „Harry" und „Mary" nicht nur der Schilderung des Problems, sondern auch der angebotenen Lösung. „Harry" und „Mary" erkennen oft ihre eigenen

Schmerzen in den Hybelsschen Geschichten. Indem sie sich darin wiedererkennen, werden sie offen für die von Hybels angebotene Lösung: Die Beziehung zu Jesus Christus.

Als glänzender Redner kann Hybels seine Gefühle durch die Stimme ausdrücken. Seine Stimme kann, wie ein fein gestimmtes Instrument, seine Gefühle übertragen. Dadurch wirkt er sehr überzeugend. Ein zu Willow Creek gehörender Seminarist berichtete mir, wie er sich manchmal zu Anfang des Wochenendgottesdienstes vorgenommen hatte, sich von Hybels Predigt nicht beeindrucken zu lassen: „Ich hatte mich entschlossen, ihn diese Woche nicht an mich herankommen zu lassen." Und doch wurde er jede Woche wieder innerlich bewegt. Emotionen sind die Steine, die Hybels benutzt, um „Harry" aus seiner geistlichen Trägheit aufzuscheuchen.

Ganz selten fordert Hybels die Menschen auf, die Hand als Zeichen ihrer Übergabe zu heben:

> Wenn es Ihnen hilft, sich durch eine körperliche Symbolhandlung zu vergewissern, daß Sie es ernst meinen, wenn sie von der falschen Seite zur Seite Jesu Christi überwechseln wollen, indem Sie ihm vertrauen, dann heben Sie Ihre Hand richtig in die Höhe.[10]

Wie Strobel dazu sagt: „Wir bitten manchmal zum Abschluß um das Handzeichen ... dann überschreiten die Menschen die Grenzlinie."

TEIL 2

Bewertung der Art und Weise, wie Willow Creek „Kirche macht"

KAPITEL 14

Was wir von Willow Creek lernen können

Ich habe versucht, Willow Creek sorgfältig und unparteiisch zu erforschen und zu beschreiben. Die Goldene Regel: „Tue anderen, wie sie dir tun sollen", ist in diesem Zusammenhang eine prächtige soziologische Richtschnur. Ich habe mir Mühe gegeben, Willow Creek so fair und exakt darzustellen, wie ich auch dargestellt werden möchte.

Die Beschreibung, die Sie bisher gelesen haben, hätte von jedem Soziologen angefertigt werden können. Bei der Analyse und Bewertung allerdings kommt unvermeidlich die persönliche Ansicht des Autors mit ins Spiel. Bewertung erfordert einen bestimmten Standpunkt. Weil ich ein Evangelikaler bin, betrachte ich Willow Creek aus dieser Perspektive. Während die ersten zwei Drittel dieses Buches relativ normale Soziologie sind, verbinden sich im letzten Drittel soziologische Analyse und theologische Bewertung. Daher werde ich vor allem für meine Mit-Evangelikalen schreiben, sozusagen im Sinne einer Familiendiskussion. Ich hoffe allerdings, daß alle interessierten Beobachter meine Ausführungen zwar provokant, aber doch auch hilfreich finden.[1]

Dieser Hintergrund ist wichtig, weil er ein bezeichnendes Licht auf meine abschließende Bewertung Willow Creeks wirft. Ich habe am Ende herausgefunden, daß ich so richtig zu keiner Seite der Kontroverse um das „Marketing" innerhalb des Evangelikalismus gehöre. Ein evangelikaler Kritiker verwirft die gesamte Strategie in Willow Creek als eine unannehmbare Verwässerung des biblischen Glaubens. Das tue ich nicht. Ein Befürworter Willow Creeks verteidigt die Strategie dieser Gemeinde, wie sie jetzt gehandhabt wird. Das tue ich auch nicht. Als Ergebnis dieser ins Einzelne gehenden Studie bin ich zu einem kritischen Befürworter der Methoden geworden, mit denen Willow Creek die kirchenfernen Menschen erreichen will.

Ein kritischer Befürworter wie ich bestätigt, daß das grundlegende Sendungsbewußtsein richtig ist, doch hat er fundamentale Fragen dazu, wie Willow Creek das in die Tat umzusetzen versucht. Der Rest des Buches gilt der Entfaltung dieser Fragen. Dieses Kapitel enthält eine kritische Darstellung dessen, was ich meine, von Willow Creek lernen zu können. Die folgenden sechs Kapitel erläutern ausführlich fünf Fragen oder Kritiken.

Ich glaube, es gibt zwei wichtige Prinzipien, die wir aus dem Willow Creek Seeker-Service lernen können. Erstens enthält die Idee von der „Kirche" für die Entkirchlichten eine kreative Innovation, die ein großes Potential für die Verbreitung des Evangeliums darstellt. Zweitens beschreibt Willow Creek als Basismodell für die Verkündigung sehr deutlich einen gangbaren Weg zum Überzeugen und Gewinnen.

Eine Kirche für die Entkirchlichten

Wir sehen in der Heiligen Schrift, daß Jesus regelmäßig mit Leuten sprach, die nicht zu seinen Jüngern gehörten. Ein großer Teil seines Dienstes bestand aus öffentlichen Predigten an Berghängen und Straßenecken. Erst nachdem sie Jesus bei diesen öffentlichen Gelegenheiten gehört, ihm Fragen gestellt und ihn in seiner Lebenswirklichkeit beobachtet hatten, entschlossen sich die Menschen, seine Jünger zu werden.

Genauso hat sich der Apostel Paulus regelmäßig mit ungläubigen Juden und Griechen abgegeben, wo immer sich in der Öffentlichkeit Gelegenheit dazu bot. In Apostelgeschichte 17,17 heiß es: „Er unterredete sich nun in der Synagoge mit den Juden und mit den Anbetern, und auf dem Markte an jedem Tage mit denen, die gerade herzukamen." In Ephesus unterhielt sich Paulus zwei Jahre lang täglich in der „Schule des Tyrannus" mit dem Erfolg, „daß alle, die in Asien wohnten, sowohl Juden als Griechen, das Wort des Herrn hörten" (Apg 19,10). Paulus nutzte die verschiedensten öffentlichen Gegebenheiten, um seinen Hörern das Evangelium zu verkündigen oder zu erläutern.[2]

Wir erkennen durch die gesamte Kirchengeschichte hindurch diese gleiche Bereitschaft, jede öffentliche Gelegenheit zu nutzen, das Evangelium auszubreiten. George Whitefield und John Wesley machten im 18. Jahrhundert Freiluft-Gottesdienste zu einem hervorragenden Mittel, das Evangelium unters Volk zu bringen. Viele Menschen kritisierten sie wegen ihrer „ungebührlichen" Methoden, außerhalb der Kirchen zu predigen. Wesley sagte dazu: „Ich habe es mir gefallen lassen, so erbärmlich zu sein, daß ich die gute Botschaft von der Erlösung auf der Straße verkündige." Diese Methode erwies sich als äußerst fruchtbar, weil Zehntausende kamen, um das Evangelium zu hören und danach zu tun.[3]

In der heutigen amerikanischen Kultur sind Freiluftgottesdienste im allgemeinen keine brauchbare Methode, große Menschenmengen anzuziehen und sie von der Vertrauenswürdigkeit des Christentums zu überzeugen. Nur wenige interessieren sich für Wanderevangelisten, die in einer Waldlichtung oder an der Straßenecke predigen. Viele Amerikaner haben das Empfinden, ihr unsichtbarer Kokon der Anonymität würde durch solche Veranstaltungen verletzt. Es gibt zur Zeit kein neutrales und allgemein akzeptiertes Forum, das man benutzen könnte, die Menschen von der Wahrheit über Jesus Christus zu überzeugen.

Von biblischem und historischem Blickwinkel aus betrachtet, ist der Gedanke an einen Seeker-Service eine moderne Gestaltungsform der Wesleyschen Freiluftgottesdienste, der Paulinischen Diskussionen in der „Schule" von Ephesus oder der Gleichnisreden Jesu an den Berghängen Galiläas. Ich glaube, daß selbst die schärfsten Kritiker Willow Creeks diesem Punkte zustimmen werden. Selbst wenn man mit dem *Wie* der Darbietung des Evangeliums in Willow Creek gar nicht einverstanden ist, muß doch das Konzept, ein Forum zu schaffen, wo das Evangelium verkündigt wird, als wunderbarer Gedanke anerkannt werden.

Unterschiedliche Methoden erweisen sich an unterschiedlichen Stellen der Geschichte und in unterschiedlichen Kulturen als nützlich. Weil der Apostel das Evangelium auf dem Marktplatz verkündigte, müssen wir uns nicht auf unserem örtlichen Gemüsemarkt auf eine Apfelsinenkiste stellen. Anstatt am Berghang, auf einem Markt oder an der Straße finden die evangelistischen Versammlungen in Willow Creek in einem modernen Auditorium statt.[4]

Ich meine, der Gedanke an einen Gottesdienst für Entkirchlichte könnte an vielen Stellen der Welt aufgegriffen werden. Allerdings mag ein solcher Gottesdienst in einer Reihe von Ländern auch weniger brauchbar sein. Er eignet sich möglicherweise besser für säkularisierte, moderne und verstädterte Gesellschaften. Menschen aus solchen Kulturen fühlen sich außerhalb des Gespinstes ihrer alltäglichen Beziehungen nicht wohl; so bietet ihnen ein Seeker Service ein sicheres Umfeld, das sie anonym bleiben läßt und wo ihnen das Evangelium dargeboten und erklärt wird. Dies führt zu dem zweiten wichtigen Grundsatz, dem des kreativen Überzeugens.

Kreatives Überzeugen

Evangelikale sind bereit und oftmals mit Feuereifer dabei, anderen die „gute Botschaft" von Jesus weiterzusagen – daß er der Sohn Gottes ist und sein Leben als Opfer für fremde Sünden hingab. Wie sehr man an die Einzigartigkeit des Evangeliums glaubt und darauf drängt, anderen von diesem Glauben und den mitgeteilten Erfahrungen mitzuteilen, ist ein Barometer für das evangelistische Engagement eines Menschen.

Historisch betrachtet besteht dieser Prozeß der Vermittlung des Evangeliums zum Teil aus innovativem Überzeugen. Die Geschichte der christlichen Kirche ist in gewisser Hinsicht eine Geschichte von verschiedenen christlichen Einzelpersönlichkeiten und Gruppen, die versucht haben, Nichtchristen von der Vertrauenswürdigkeit des Christentums zu überzeugen. Doch haben moderne Evangelikale die Verkündigung betont und dafür die Wichtigkeit des Überzeugens teilweise oder völlig außer acht gelassen.[5]

Viele Evangelikale haben das Empfinden, Ungläubige überzeugen zu wollen sei irgendwie falsch. Im Gegensatz dazu möchte ich behaupten, ein kräftiges Engagement, andere zu überzeugen, ist ein Zeichen für gesundes biblisches Christentum. Das Leben des Augustinus von Hippo (354-430) zeigt, wie wichtig das Überzeugen ist.

Augustinus, vormals ein Professor der Rhetorik, hatte sehr wohl einen Blick für den möglichen Mißbrauch von Überzeugungsmethoden. Er beschrieb die Grundsätze des Überzeugens als „die Regeln der Beredsamkeit" und stellte fest: „Man kann sie sowohl im Zusammenhang mit wahren als auch mit falschen Grundsätzen verwenden; sie selbst sind nicht schlecht; aber die Bosheit, sie zu mißbrauchen, ist schlecht." Augustinus argumentiert, wenn man auch die Überredungskunst zu falschen Zwecken und mit schlechten Absichten anwenden kann, so sollten Christen diese Methoden doch nicht verwerfen.[6]

Augustinus selbst benutzte das Überzeugen in seinem Kampf für die rechte Lehre und gegen verschiedene Ketzerbewegungen. Während seines ganzen Lebens stritt er abwechselnd mit den Manichäern, den Donatisten, den Pelagianisten und den Neuheiden. Wir sehen in Augustinus einen aktiven Menschen, dessen Theologie weißglühend in der Hitze der theologischen Kontroversen geschmiedet und gestählt wurde. Er war ein intellektueller Kämpfer, der seine Taktiken und Argumente auf die Gegner abstellte.

Kreatives Überzeugen ist für die christliche Botschaft wesentlich. Der Apostel Paulus ist das biblische Musterbeispiel für einen Evangelisten. Er ging nicht nur von Stadt zu Stadt und sagte überall die gleiche auswendig gelernte Predigt auf, um dann weiterzuziehen. Das Neue Testament berichtet von einem Evangelisten, der das Evangelium zu verkündigen, zu erklären und verteidigen suchte, und zwar so, daß es zu dem jeweiligen Kontext paßte. Auf dem Athener Areopag ging Paulus auf den Glauben seiner heidnischen Hörer an den „unbekannten Gott" ein, zitierte einen heidnischen Dichter und fing dann an, das Evangelium auszulegen (Apg 17,16-34). Als im Gegensatz dazu Paulus in die Synagoge in Thessalonich kam, „unterredete (er) sich an drei Sabbaten mit ihnen aus den Schriften, indem er eröffnete und darlegte, daß der Christus leiden und aus den Toten auferstehen mußte" (Apg 17,1-3). Paulus suchte jede Hörerschaft zu überzeugen, indem er kreativ auf Sachverhalte hinwies und eine Sprache benutzte, die gerade sie verstehen konnte.

Willow Creeks Seeker Service entdeckt aufs neue die Bedeutung des kreativen Überzeugens. Warum bekehren sich Menschen in Willow Creek? Ich glaube, der Heilige Geist benutzt diesen Überzeugungsprozeß, um Ungläubige zu überführen. Das Ergebnis? Tausende von „unchurched Harrys" haben sich während des Berichtsjahres und meiner Arbeit an diesem Buch Christus ausgeliefert.[7]

Vieles aus dem Willow Creeker Seeker Service möchte ich mit Abstrichen bestätigen; wobei ich betone: *mit Abstrichen*. Ich glaube, daß die zentralen Gedanken des Verstehen-Könnens, der Glaubwürdigkeit, der Identifikation und so weiter als Teil einer biblischen Überzeugungsstrategie anerkannt werden können, doch muß eine Menge der Inhalte dieser Gedanken überprüft werden. Der Rest des Kapitels ist der kritischen Darstellung all dieser Gedanken gewidmet, der dann Warnungen und Kritik beigefügt sind.

Die Soziologie ist in der Lage, die beabsichtigten Ergebnisse zwischenmenschlicher Einrichtungen darzustellen. Die zwei beabsichtigten Ergebnisse des Willow Creeker Seeker Service sind 1. die Gestaltung eines attraktiven Umfeldes zur Verkündigung des Evangeliums, und 2. ein Überzeugungsprozeß, der kirchenfernen Menschen hilft, gläubig zu werden. Wie schon bemerkt, war Willow Creek bei der Erreichung dieser beiden Ziele sehr erfolgreich.

Doch das Besondere an der Soziologie ist, daß sie unter die Oberfläche zwischenmenschlicher Realität blicken kann, und dort verschiedene verborgene Folgen sozialen Verhaltens analysiert, die weder bekannt noch beabsichtigt sind. Diese beabsichtigten und die verborgenen Folgen könnten mit Ebbe und Flut im Ozean und den dadurch verursachten Sogwirkungen verglichen werden. Wie das Hochwasser am Strand können die beabsichtigten Folgen gesehen und leicht gemessen werden. Verborgene Folgen sind dagegen wie Strudel in der Tiefe des Meeres und durch die Gezeitenkräfte hervorgerufene Sogwirkungen. Und in jedem Überzeugungselement des Willow Creeker Seeker Service stecken eine ganze Reihe verborgener Wirkungen und unbeabsichtigter Folgen.

Das Verstehen-Können

Grundvoraussetzung für einen erfolgreichen Gedankenaustausch ist das Verstehen-Können dessen, mit dem man in Beziehung treten will. Missionare tun gut daran, die Kultur, die Geschichte und die Sprache der Leute zu erlernen, die sie zu erreichen suchen. Sie wissen, daß eine nutzbringende Beziehung das einfühlsame Kennen ihrer Hörer voraussetzt. Dieser Grundsatz wird von den besten Predigern anerkannt. Ein führender Evangelikaler, John Stott, beschrieb den Prediger als einen, der „zwischen zwei Welten" steht, zwischen dem Wort Gottes und der Welt. Er sagt, Prediger müßten über beides Bescheid wissen.

Wir sehen das Verstehen dieses Zusammenhangs in dem Dienst Jesu. Jesus hatte es vor allem mit ländlicher Bevölkerung zu tun. Seine Gleichnisse reflektieren diesen ländlichen Hintergrund: Er lehrte über Bäume mit guten und schlechten Früchten, über Samen mit unterschiedlicher Fruchtbarkeit und über Bäume, die beschnitten werden müssen. Jesus kannte seine Hörer und benutzte Bilder, die sie verstanden. Wie ich oben anführte, hat auch der Apostel Paulus versucht, seine unterschiedlichen Hörer zu verstehen und dem entsprechend verschiedene Strategien anzuwenden, damit er sie erreichte. Bevor man nicht bewußt oder intuitiv seine Hörerschaft durchschaut hat, kann man sich nicht verständlich mitteilen.

Willow Creeks Ziel, seine kirchenferne Zuhörerschaft zu verstehen, ist richtig. Man will „unchurched Harry" und „Mary" begreifen, um ihnen beim Verstehen der erstaunlichen Botschaft behilflich sein zu können, daß Gott in die Geschichte eingebrochen ist, um sich selbst zu offenbaren und uns eine ewige Beziehung anzubieten. Ich glaube auch, daß die Motivation der Creeker biblisch ist, weil sie wahrhaftig ihre kirchenfernen Freunde und deren Familien lieben und es ihnen darum geht, daß sie Jesus so kennenlernen, wie sie selbst es tun. Eine Schwäche ihrer Strategie steckt darin, *wie* sie „Harry" kennenlernen: durch die Terminologie und die Strategie des „Marketing", der Absatzpolitik.

Sollten wir unsere kirchenfernen Freunde verstehen lernen? Ja! Sollten wir zu diesem Zweck eine Marktanalyse erstellen? Ich denke nicht. Das Thema „Marketing" ist eines der widersprüchlichsten Elemente des Willow Creeker Seeker Service. Es ist so schwierig und kompliziert, daß man es nicht mit ein paar Sätzen abtun sollte. Darum werde ich das Thema „Marketing" in Kapitel 18 etwas gründlicher untersuchen.

Programmgestaltung

Befürworter der Willow Creek-Methoden glauben, um Entkirchlichte zu erreichen, müsse man deren Sprache und Verhaltensweisen anwenden. Das ist nicht nur richtig als Beschreibung, wie Kommunikation funktioniert, es ist auch biblisch.

Wer völlig das Willow Creek-Programm verwirft, sollte sich die Geschichte über den Propheten Nathan und den König David ins Gedächtnis rufen (2. Sam 12,1-7). Auf Gottes Anweisung erzählte Nathan dem König die Geschichte von einem reichen Mann, der Schafe und Rinder in großer Menge besaß und das einzige geliebte Lamm eines Armen stahl und schlachtete. David „entbrannte im Zorn". Daraufhin rügte Nathan den König, weil er die schöne Bathseba geraubt und ihren Ehemann ermordet hatte, indem er ihn in die vorderste Reihe im Kampf gegen die Feinde Israels hatte stellen lassen.

Der Prophet Nathan inszenierte ein Drama, um es David als Spiegel vorzuhalten. David lehnte sich in seinem Zorn immer weiter aus dem Fenster und tat dann einen tiefen Fall, als er begriff, daß er gemeint war. „Ich habe gegen den HERRN gesündigt!" war alles, was er sagen konnte. Dies war ein „Drama", das Gott selbst befohlen hatte und das bei seiner Auslegung David seine Sünde zeigte. Gott hält offensichtlich etwas von kreativer Kommunikation und – wie in diesem Fall – vom Drama.

Wir sehen in der Bibel auch die Bedeutung der Musik, um den Geist zu beeinflussen. Wenn der König Saul von einem bösen Geist gequält wurde, bat man David, auf der Harfe zu spielen. Das Ergebnis? „... so nahm David die Laute und spielte mit seiner Hand; und Saul fand Erleichterung, und es wurde ihm wohl, und der böse Geist wich von ihm" (1. Sam 16,23). Als David König wurde, setzte er viertausend Musikanten ein, die im Tempel singen und Gott loben sollten (1. Chr 23,5). Musik ist ein Mittel, um Menschen in eine gesunde Beziehung zu Gott zu bringen.

Die Schrift berichtet auch, daß Gott und seine Gesandten oftmals durch Bilder und Handlungen redeten, um Gottes Absichten verständlich zu machen. Nachdem zum Beispiel Israel den Jordan durchquert hatte, gab Gott dem Josua den Auftrag, zwölf Steine als Denkmal für das Aufhalten des Wassers aufzurichten: „Wenn eure Kinder künftig fragen und sprechen: Was bedeuten euch diese Steine? so sollt ihr zu ihnen sagen: daß die Wasser des Jordan vor der Lade des Bundes des HERRN abgeschnitten wurden" (Jos 4,6-7). Wenn Gott beabsichtigte, daß Jeremia das Volk zur Umkehr rufe, gab er ihm oft ein sichtbares Zeichen von der Botschaft, die er Israel zu bringen hatte (Jer 19,1-11).

Wer völlig die Verwendung der Künste bei der christlichen Verkündigung ablehnt, muß sich mit diesen und ähnlichen Stellen auseinandersetzen. Trotzdem sollten die Künste mit einiger Vorsicht eingesetzt werden. Die Kritiker der Programmgestaltung in Willow Creek haben etliche berechtigte Besorgnisse.

Das erste Problem, das sich möglicherweise aus der Verwendung der Künste ergibt, liegt darin, daß sich letztendlich die Gestaltung des Gottesdienstes auch auf die Predigt niederschlägt. Wir sehen das deutlich, wie die Übermittlung von Nachrichten durch das Medium Fernsehen umgestaltet wurde. Robert MacNeil, Mitherausgeber der *MacNeil-Lehrer News Hour*, weist auf einige wichtige Voraussetzungen für die modernen Nachrichten hin: daß „Komplexität zu vermeiden ist, Nuancen dabei überflüssig sind, genauere Erklärungen nur eine einfache Botschaft verhindern, daß visuelle Reize das Nachdenken ersetzen, und daß sprachliche Genauigkeit als Anachronismus gilt".[8]

In vielem gelten diese Tendenzen auch für Willow Creek. Creeker suchen im allgemeinen Komplexität zu vermeiden, und auch sie glauben, auf Nuancen verzichten zu können. Creeker ersetzen oft das Nachdenken durch visuelle Reize, und auf sprachliche Exaktheit legen sie ebenfalls nicht viel Wert. Wer das Christentum „sichtbarer" macht, neigt dazu, es weniger zu Wort kommen zu lassen. Einfachheit wird sehr geschätzt, und begriffliche Komplexität steht nicht hoch im Kurs. Ein Gemeindemitglied sagte mir, er empfinde nach dem Gottesdienst eher ein „Leberschauern" als Klarheit in der Wegweisung. Die Creeker müssen sich ernsthaft selbst prüfen, damit sie ihre Botschaft nicht verwässern.

Das zweite Problem, das bei der Verwendung der Künste in der christlichen Verkündigung auftreten kann, liegt in dem möglichen Mangel an Bereitschaft, „Harry" zu ärgern oder gegen ihn aufzutreten. Wenn dem Darbieten einer guten Unterhaltung größere Priorität als der Verkündigung der Botschaft beigemessen wird, so zerstört dieses Vorgehen die Botschaft. Die Botschaft wird sich dann in ein allzeit fröhliches Christentum einfügen, das nicht schriftgemäß ist. Ich glaube nicht, daß dies allgemein auf Willow Creek zutrifft. Die leitenden Mitarbeiter sind sich der Versuchung bewußt, die darin besteht, noch einen Lacherfolg zu erzielen, oder die Botschaft abzuschwächen oder zu verschleudern. Sie möchten die Künste „inhaltsbezogen" oder „von der Botschaft her" einsetzen.

Das dritte mögliche Problem beim Einsatz der Künste ist ihre kulturelle Anpassungsfähigkeit. Man kann sie in anderen Kulturen verwenden, doch wird man sie höchstwahrscheinlich stark modifizieren müssen. Wie in den amerikanischen Medien sind auch die Willow Creek-Programme stark gefühlsbetont. Diese Art der Mitteilung wird bei der Übertragung auf andere Kulturen auf manche Schwierigkeit stoßen.

So sagte zum Beispiel der Direktor der internationalen Arbeit in Willow Creek nach einer Pastorentagung in Frankreich: „Einige Kritik ging dahin, daß es oberflächlich so scheint, als zeige unser Programm eine Menge Glamour – mehr Show als Inhalt." Der Direktor stellte sich auch die Frage, ob Willow Creeks typisch amerikanische Betonung des Gefühls überhaupt auf europäische Verhältnisse übertragen werden kann: „Unsere gesamte Vorstellung von gefühlsmäßiger Intimität ist ein weiterer Bereich, der sicher schwierig zu übertragen ist … dort sind die Beziehungen weit förmlicher." Die Mitarbeiter sind sich dieses Problems bewußt und warnen gezielt andere Kirchen, Willow Creeks Methoden zu imitieren. Jeder habe seinen eigene „kulturellen Code zu knacken".[9]

Die vierte Schwäche bei der Verwendung der Künste ist die Versuchung, sie zur „Imagepflege" zu verwenden, worauf ich in Kapitel 16 näher eingehen werde.

Alle diese potentiellen Schwächen reichen nicht aus, die Künste zu diskreditieren, da sie ein brauchbares Werkzeug zur Kontaktaufnahme sind. Wir erleben in unserer heutigen Welt eine Wiederbelebung der Bedeutung und der Einflußnahme visueller Mitteilungsformen und in dieser Hinsicht eine Rückkehr zu jenen Zeiten, in denen die meisten nicht lesen konnten. Vor Einführung der öffentlichen Schulpflicht empfingen die meisten Menschen ihre Informationen durch Bilder. Damals war die Verwendung von Bildern und Zeremonien für die Christen wesentlich. Das christliche Glaubensgut wurde in Bildern durch die Jahrhunderte tradiert. Ich glaube, daß Christen moderne visuelle Formen der Verständigung vorsichtig und kritisch unter der Herrschaft Christi handhaben sollten.

Glaubwürdigkeit

Hybels ist es klar, daß seine Glaubwürdigkeit in weitem Maße bestimmt, ob er überzeugen kann und Einfluß gewinnt. Er will authentisch sein und aufrichtig, einfühlsam und mit warmem Herzen Kontakte knüpfen. Wenn „Harry" kommt und ihm vertraut und ihn mag, dann wird er auch offen für seine Botschaft sein.

Niemand zweifelt an der Bedeutsamkeit der Glaubwürdigkeit für das Verständnis untereinander. Darum beschrieben die Griechen einen authentischen Redner als „einen guten Menschen, der außerdem Sprechtalent hat". Aristoteles sagte dazu:

> Überzeugung gelingt durch den persönlichen Charakter des Sprechers, wenn dieser so redet, daß er uns glaubwürdig erscheint.
> Wir glauben guten Menschen mehr und bereitwilliger als anderen; das gilt ganz allgemein, einerlei, um was es geht, und es ist absolut wahr, wo exakte Gewißheit nicht zu erlangen ist und die Meinungen auseinandergehen.[10]

Die Glaubwürdigkeit überzubetonen birgt allerdings Gefahren in sich. Die erste Gefahr liegt in der Möglichkeit, das Mitzuteilende von dem Wunsch formen zu lassen, gut aufgenommen zu werden. Don Cousins meint, daß „wir als Gemeinde alles tun, … um klarzumachen, daß Gott und seine Nachfolger weder rückständig, noch zweite Wahl, noch langweilig sind". In dem Wunsch, „nicht zweite Wahl" zu sein, steckt aber der Wunsch, geliebt und bewundert zu werden.[11]

Hybels ist sich bewußt, daß der Erfolg dessen, was er sagt, größer ist, wenn er etwas überbetont oder ein wenig übertreibt. Er gibt zu, daß daher das Übertreiben eine seiner Schwächen ist. Enge Freunde halten ihm manchmal seine Neigung, die Wahrheit zu schönen, vor. Hybels selbst berichtet, wie ihm einmal seine engsten Vertrauten vorhalten: „Bill, du machst dir was vor – du meinst, du hättest es im Griff; aber das stimmt nicht. Als du von der Massenkarambolage mit sieben Autos sprachst, Bill – wir waren dabei. Es waren in Wirklichkeit nur drei."

Einfach gesagt: Es besteht die Gefahr der Übertreibung oder der Vortäuschung. Ein Sprecher achtet dann mehr darauf, wie ihn die Hörer sehen, als wie Gott ihn sieht. Hybels Ehrlichkeit, mit der er diese Versuchung beschreibt, ist nachahmenswert.

Eine zweite Gefahr der Glaubwürdigkeit liegt darin, mehr Wert auf das zu legen, wie man sich mitteilt, als darauf, wer man ist. Das gewinnt in unserer modernen therapeutischen Kultur immer stärker an Bedeutung, in der ein gefühlsbestimmter Umgangston Mode geworden ist.

Die Sprecher in Willow Creek identifizieren sich oft mit „Harry", indem sie die verschiedensten Schwächen zugeben. „In manchen Zusammenkünften wird über Siege berichtet, und die Hörer fühlen sich degradiert, sie denken: ‚Das könnte ich nie – du bist besser als ich.' Aber mein Lieber, wenn du von deinen Pannen und von deinem Versagen erzählst, dann ist das eine ganz andere Sache."

Als Reaktion auf die Bekenntnisse des Sprechers unterbleiben bei „Harry" Neidgefühle und Selbstmitleid, statt dessen werden Mitleid und freundliche Gesinnung erweckt. Wenn ein Sprecher seine Schwächen bekennt, empfindet „Harry" zutiefst mit ihm, kann ihn verstehen und bemitleidet ihn gar. „Harry" hat nicht das Gefühl, der Prediger zeige mit dem moralischen Zeigefinger auf ihn. So gewinnt der Sprecher bei „Harry" durch diese Methode des Bekennens an Glaubwürdigkeit.

Dieses Sich-Offenbaren beim Umgang miteinander ist eine besondere Erscheinungsform der modernen amerikanischen Gesellschaft. Nach den Vorstellungen der Psychologen ist der erste Schritt zur Wiederherstellung die Anerkennung, daß ein Problem vorhanden ist. Hybels bemerkt: „Vor dreißig Jahren hatte niemand Probleme … Und selbst wenn sie welche gehabt haben, so hätten sie um alles in der Welt nicht darüber gesprochen!" Heute hat die moderne Weltanschauung ungeschminkte emotionale Ehrlichkeit zur Morallehre erhoben. Innerhalb dieses Rahmens ist das Zugeben von Fehlern nicht nur annehmbar und anständig, sondern schick: man „verleugnet sich nicht".

Somit finden die Bekenntnisse der Redner bei „unchurched Harry" als Ausdruck einer weithin psychologisierten Kultur ein wohlwollendes Echo. Der Sprecher kann sich mit „Harry" identifizieren, und „Harry" seinerseits mit ihm, und die Glaubwürdigkeit des Redners nimmt zu.

Doch einen Führer hauptsächlich deshalb für glaubwürdig zu halten, weil er gut mit den Menschen ins Gespräch kommt, bedeutet nur ein seichtes Verständnis biblischer Glaubwürdigkeit. Biblisch verstanden ist Glaubwürdigkeit (Respekt und Anerkennung) das Ergebnis von Rechtschaffenheit. Hat jemand durch seine Taten und durch innere Reife bewiesen, daß man ihm vertrauen und ihn ehren kann, so sollte man ihm Glaubwürdigkeit (Respekt und Ehre) zugestehen. Paulus weist die Philipper an, den Epaphroditus zu ehren: „Haltet solche in Ehren." Warum? Paulus beschreibt ihn als „Mitarbeiter" und „Mitstreiter", der eine tiefe Zuneigung für die Philipper empfand und „um des Werkes willen … dem Tode nahe gekommen (ist)" (Phil 2,25-30).

Ich möchte hier nicht mißverstanden werden. Ich glaube, die Sprecher in Willow Creek versuchen, integer zu sein, und man sollte ihnen Respekt und Glaubwürdigkeit zuerkennen. Mir geht es bei dieser Diskussion darum, auf die Versuchung hinzuweisen, die in einem sehr das Gefühl ansprechenden Redestil liegt.

Die möglichen Fallgruben auf der Suche nach Glaubwürdigkeit schmälern nicht deren Bedeutung. Doch kann man sich biblische Glaubwürdigkeit (Respekt und Anerkennung) nicht zum Ziel als solches setzen. Ironischerweise wird es einem um so weniger gelingen, Glaubwürdigkeit zu erwerben, je mehr man sich darum müht. Integrität sollte unser Ziel sein, dann ergibt sich daraus die Glaubwürdigkeit von selbst.

Das Identifizieren

Hybels und Willow Creek sind nicht die einzigen, die Wert auf Identifikation legen. Der Historiker Peter Brown stellte fest, daß Augustinus' großes Predigttalent zum Teil auf seiner Fähigkeit beruhte, sich mit den Hörern zu identifizieren:

> Dies ist das Geheimnis der enormen Kraft der Augustinischen Predigt ... Er konnte sich so weit mit den Hörern identifizieren, daß er sie dazu brachte, sich mit ihm zu identifizieren.[12]

Der Apostel Paulus ist das Musterbeispiel für jemand, der sich bei seinem Bemühen, mit anderen ins Gespräch zu kommen, mit den unterschiedlichsten Hörergruppen identifizierte. In 1. Korinther 9,19-22 legt Paulus seine Überlegungen dar:

> Denn wiewohl ich von allen frei bin, habe ich mich allen zum Sklaven gemacht, auf daß ich so viele wie möglich gewinne. Und ich bin den Juden geworden wie ein Jude, auf daß ich die Juden gewinne; denen, die unter Gesetz sind, wie unter Gesetz (wiewohl ich selbst nicht unter Gesetz bin), auf daß ich die, welche unter Gesetz sind, gewinne; denen, die ohne Gesetz sind, wie ohne Gesetz (wiewohl ich nicht ohne Gesetz vor Gott bin, sondern Christus gesetzmäßig unterworfen), auf daß ich die, welche ohne Gesetz sind, gewinne. Den Schwachen bin ich geworden wie ein Schwacher, auf daß ich die Schwachen gewinne. Ich bin allen alles geworden, auf daß ich auf alle Weise etliche errette.

Paulus betont seine Ähnlichkeit mit jeder Gruppe, die er anspricht. Was kommt bei diesem Identifikationsprozeß heraus? Die Leute hören Paulus zu. Das Evangelium fand Eingang bei den unterschiedlichen Gruppen, wenn Paulus sich so weit wie möglich seinen Hörern näherte. Henry Chadwick sagt dazu: „Der Paulinische Genius als Apologet liegt in der erstaunlichen Fähigkeit, die Kluft zwischen ihm und denen, die er bekehren wollte, verschwindend klein zu machen und sie doch für das christliche Evangelium zu gewinnen."[13]

Hybels und Willow Creek haben versucht, dem Beispiel des Paulus nachzueifern. Die übrige Kirche kann von Hybels Talent lernen, sich mit seinen Hörern zu identifizieren.[14]

Will jemand überzeugen, so muß er die Sprache seiner Hörer sprechen. Nachdem die Ungarn ihre kommunistische Vergangenheit abgeschüttelt hatten, errang eine Gruppe junger Politiker (FIDESZ) die Aufmerksamkeit und die Loyalität eines großen Teils der Bevölkerung. Warum? Die Kommentatorin Tina Rosenberg erklärte, daß sie „eine Sprache benutzten, die jeder verstand ...

FIDESZ wußte, wie man mit Ungarn redet". Andere, ältere Kritiker, hatten seit langem dasselbe gesagt, aber sie waren so „schwer erträglich und spitzfindig in ihren Ausführungen, daß sie keiner verstehen konnte".[15]

Eine Stärke der Evangelikalen ist ihre Fähigkeit, sich anzupassen und in Sprache und Kultur derer einzusteigen, die sie erreichen wollen. Der Historiker Nathan Hatch stellte fest, daß die Sprecher der Erweckung des 19. Jahrhunderts in Amerika theologisch ungebildet waren, „aber sie hatten sich ein tiefes Mitempfinden für ihre Zuhörer erhalten, was Philip Schaff ‚eine hingegebene Fähigkeit zu volkstümlicher Rede und Ermahnung' nannte". Im Gegensatz dazu argumentiert Peter Brierly, der Herausgeber des *UK Christian Handbook*, daß die englischen Katholiken im Vereinigten Königreich in ihrem Bemühen, die Arbeiterklasse zu gewinnen, durch ihre theologische Bildung behindert werden: „Das bedeutet, sie sprechen eine andere Sprache als die Arbeiterklasse." Indem sie die allgemeine Volkssprache benutzen, können Evangelikale das christliche Evangelium einfacher darlegen.[16]

Allerdings liegt die Gefahr bei der Identifizierung mit den Hörern in der Verwässerung des Evangeliums. Die der evangelikalen kulturellen Flexibilität eingebaute Schwäche liegt in der Versuchung, die Grundlagen der Botschaft aufs Spiel zu setzen. Es gibt bestimmte biblische Wahrheiten wie Sünde, Gottes Heiligkeit, Buße und andere, die man nicht einfach in gängige Begriffe fassen kann. Bei dem Versuch, die Botschaft des Evangeliums in die Sprache der Hörer zu übertragen, besteht die Möglichkeit, durch diesen Prozeß das Evangelium schleichend, unbemerkt zu verändern.[17]

Man kann die biblische Botschaft mit Ausdrücken umschreiben, die der biblischen Botschaft nicht genau entsprechen. So wird zum Beispiel von den Creekern die *Heiligkeit Gottes* als *Gottes Reinheit* wiedergegeben. Durch diese beiläufige Veränderung geht die erhabene Größe der göttlichen Vollkommenheit verloren, die den Menschen dazu bringt, seine Sündhaftigkeit zu erkennen. Als Jesaja die Heiligkeit Gottes erblickte, mußte er ausrufen: „Wehe mir! denn ich bin verloren; denn ich bin ein Mann von unreinen Lippen" (Jes 6,5). Ohne das Mühen um biblisches Verständnis der Heiligkeit, wird viel von dem Evangelium verdunkelt und verstümmelt.

Die Sprache der Heiligen Schrift muß in jede einzelne Kultur übertragen werden; aber das Austauschen der biblischen Wahrheiten gegen gängige Umschreibungen kann schließlich zu deren Verzerrung führen. Man muß in Willow Creek noch eine Menge tun, um die einzigartige Sprache und Weltsicht der Bibel zu begreifen und zu beschreiben.

Das zweite Problem bei der Identifizierung mit dem Publikum ist die mögliche Verwässerung der eigenen ethischen Grundsätze. Wie der Wunsch nach Glaubwürdigkeit kann auch der Wunsch, den Hörern so nahe wie möglich zu kommen, die Sprecher und Sänger dazu verleiten, etwas zu betonen, das in bezug auf sie selbst nicht stimmt. Menschen können mehr damit beschäftigt sein, zu überlegen, was die Hörer von ihnen halten, als damit, was Gott über sie denkt.

Werden diese Schwierigkeiten erkannt und erfolgreich in Schach gehalten, kann das Identifizieren ein wertvoller Bestandteil im biblisch fundierten Überzeugungsprozeß sein.

Relevanz

Kein Aspekt der Willow Creek-Strategie wird kontroverser beurteilt als die Vorstellungen über die Relevanz. Das kommt zum Teil daher, weil „Relevanz" unterschiedlich interpretiert wird. Barna, ein Befürworter Willow Creeks, lehrt, Relevanz bedeute notwendigerweise, man begegne den Bedürfnissen der Menschen. MacArthur, ein Willow Creek-Kritiker, ist der Ansicht, Relevanz führe automatisch zu Kompromissen. Wir müssen hier vorsichtig sein. Die Ansichten über „Relevanz" werden durch die jeweilige Begriffsbestimmung festgelegt.[18]

Keine dieser Ansichten über Relevanz ist sachgerecht. Auf der einen Seite betont das Verständnis in Willow Creek und bei Barna unnötig stark die Bedürfnisse. Diese Überbetonung stammt aus der Marketingtheorie, durch die ihre Strategie bestimmt wird und die zu einer Theologie führt, die das Christentum als Bedürfnisbefriedigung beschreibt.

Andererseits braucht dieses Konzept nicht in der Weise abgelehnt zu werden, wie MacArthur es getan hat. Mit einem Menschen in eine relevante Beziehung zu treten, heißt nicht notwendig, daß ich die Wahrheit preisgegeben habe. Die Hülse der „Bedürfnisse" kann man fallen lassen und den wahren Kern biblischer Relevanz bewahren.

Relevanz, biblisch betrachtet, ist die Fähigkeit, die Jesus offenbarte, indem er mit den Menschen ins Gespräch kommen konnte, wo sie waren. Jesus lehrte die Wahrheit den Menschen, wo sie wohnten. Seine Botschaft war keine schablonenhafte Rede, die vor jeder neuen Menschenmenge verlesen wurde. Vielmehr erkennen wir in Jesus eine Flexibilität, die für jede neue Situation das rechte Wort hatte. Als die Schriftgelehrten ihren Mangel an Aufrichtigkeit gezeigt hatten, antwortete Jesus ihnen mit einem Gleichnis, das ihre Herzenshärtigkeit beschrieb: „Sie erkannten, daß er das Gleichnis auf sie geredet hatte" (Mark 12,12).[19]

Jesus sah die Menschen, nicht nur die vorgestellte Wahrheit, die er ihnen brachte. Dabei veränderte sich die Wahrheit nicht; nur das, worum es jeweils ging, paßte er dem entsprechenden Kontext und den Personen an. Diesen Widerhall weckenden Stil erkennen wir sowohl in seiner Lehre als auch in seiner Evangelisation. Walter Hollenweger erklärt:

> Überall finden wir das gleiche Muster: Der Ausgangspunkt für Jesu Evangelisation ist meistens (aber nicht immer) eine Frage oder die konkrete Situation der Menschen um ihn her ... Neutestamentliche Evangelisation geht nicht von einem Plan, sondern von der Situation aus.[20]

So verstanden fängt „Relevanz" bei den Menschen an, aber nicht notwendigerweise bei deren Bedürfnissen. Das letzte Ziel des Dienstes Jesu war die Verherrlichung seines Vaters im Himmel. Verherrlichen heißt zum Teil auch, sie zu reflektieren. Jesus widerspiegelte in jeder Lage, in die er geriet, seines Vaters Wesen und was den Vater bewegte. Das bedeutete manchmal, sanft die kleinen Kinder zu umarmen oder freundlich einen Aussätzigen zu heilen. Mit anderen

Worten, mitunter begegnete er den Bedürfnissen der Einzelnen. Aber Jesus hatte auch den Auftrag zur Konfrontation, und immer wieder wies er solche zurecht, die mit ihm in Berührung kamen. Man kann wohl kaum von Jesus sagen, er sei dazu dagewesen, Bedürfnisse zu befriedigen, wenn er einige Leute „übertünchte Gräber" nannte, oder etwas im Zorn sagte und die Geldwechsler aus dem Tempel trieb.[21]

Wenn wir Jesus folgen, wird unser Hauptziel sein, Gott in allem, was wir tun, zu verherrlichen. Das mag sich manchmal darin äußern, daß wir Gottes Liebe und Mitgefühl widerspiegeln, indem wir die Bedürfnisse der Menschen befriedigen. Zu anderen Gelegenheiten wird dies seine Heiligkeit und sein prophezeites Gericht gegenüber hartnäckigen religiösen Leuten reflektieren. Das Kriterium für den Umgang mit den Menschen sollte es sein, in jeder einzelnen Situation Gott in seinem Wesen und in seinen Belangen zu verherrlichen.

Immerhin heißt das nicht, wir dürften nicht relevant mit den Menschen umgehen. Mit Menschen in eine relevante Beziehung treten heißt nach meiner Definition, zu Personen, die wir anreden und mit denen wir Kontakt suchen, so zu reden, daß es in ihre bestimmte Situation spricht. Wir sehen dieses Prinzip am Werke bei den Evangelienschreibern und bei dem Apostel Paulus.

Warum haben wir denn vier verschiedene Evangelien? Weil die vier besonderen Autoren verschiedene Hörerschaften hatten. Das Matthäusevangelium ist für jüdische Hörer geschrieben, und so betont es die Erfüllung der alttestamentlichen Verheißungen in Jesus. Verändert sich die Wahrheit über Jesus? Nein. Aber jedes Evangelium hat einen eigenständigen Schwerpunkt und schildert Jesus auf andere Weise.

Wir erkennen dieselbe Relevanz in den Briefen des Apostels Paulus. Wenn er den Philippern schreibt, will er, daß sie sich auf das zurückbesinnen, was die Gemeinde ausmacht. Sie hatten internen Streit und Mißklänge erlebt (4,2). Paulus bestätigt sie (1,1-11) und macht ihnen Mut, sich auf das Evangelium zu konzentrieren (1,12-26), eins zu sein (1,27-30), demütig zu sein (2,1-11), zu gehorchen (2,12-30), auf das Ziel sich auszurichten (3,1-11), an das Zukünftige zu denken (3,12-4,1) und dankbar zu sein (4,2-23). Mit anderen Worten: Ohne im geringsten den Inhalt des Glaubens zu verwässern, redet Paulus mit den Philippern auf relevante Weise, indem er da anfängt, wo die Philipper sind. Er lehrt sie, wie man in der Gemeinde Einigkeit übt, weil dies ihr Problem war. Im Gegensatz dazu weist Paulus die Galater zurecht und wundert sich, „daß ihr so schnell von dem, der euch in der Gnade Christi berufen hat, zu einem anderen Evangelium umwendet" (1,6). Wir erkennen in den Briefen des Apostels Paulus an die verschiedenen Gemeinden ein profundes Wissen um die jeweilige örtliche Situation und eine dementsprechende relevante Ausformung der Wahrheit.

Mitteilung, wenn sie denn ankommen soll, muß die Situation des Hörers mit bedenken. Läßt man das außer acht, wird das Gesagte leicht vergessen oder völlig abgelehnt.

Dabei bleibt es allerdings wahr, daß die Wahrheit, indem man sie relevant macht, verwässert werden kann. Als unbeabsichtigte Folge dieser Methode geraten bei Hybels gewaltige Brocken der amerikanischen psychologisierten

Weltanschauung in seine grundlegenden Lehren, was dazu führt, daß er verkündet, das Christsein führe zur Erfüllung all unserer Wünsche. Den Creekern fehlt es an kritischer Durchleuchtung ihres Bemühens, relevant zu sein. Diese bedürfnisorientierte Relevanz verdirbt am Ende ihr Christentum.

Ein mehr biblischer Weg, mit der Fixierung der Amerikaner auf Erfüllung umzugehen, wäre es, dies als den Götzendienst zu bezeichnen, der er tatsächlich ist. Jesus garantiert nicht, daß die Nachfolge alle Wünsche erfüllt. Tatsächlich sagt er in manchen Punkten das genaue Gegenteil: „Weil ihr aber nicht von der Welt seid, sondern ich euch von der Welt auserwählt habe, darum haßt euch die Welt" (Joh 15,19); „Ich bin nicht gekommen, Frieden zu bringen, sondern das Schwert" (Matth 10,34); „Wenn sie mich verfolgt haben, werden sie auch euch verfolgen" (Joh 15,20). Die Versuchung, zu sagen, das Christentum werde alle Bedürfnisse befriedigen und Erfüllung garantieren, tut dem biblischen Christentum Abbruch.

Die zweite Gefahr oder Schwäche, die beim Relevantmachen des Christentums auftritt, liegt in der Möglichkeit, zu manipulieren. Ein tüchtiger Redner kann die Bedürfnisse der Hörer als Mittel zur Manipulation benutzen. Lenin, der Führer der russischen Revolution, rief aus: „Die Menschen brauchen Frieden. Die Menschen brauchen Brot. Die Menschen brauchen Land. Und sie geben euch Krieg, Hunger und kein Land ... Wir müssen für die soziale Revolution kämpfen!" Lenin verband seine marxistische Ideologie mit der Armut der Menschen und war dadurch imstande, die bedürftigen Russen zu überreden, seine revolutionären Ziele voranzutreiben.[22]

Sowohl den theologischen Kompromissen als auch der Manipulation braucht man nicht zu verfallen – wenn man an dem Ziel festhält, Gott zu verherrlichen. Hat sich jemand der Verherrlichung Gottes geweiht, bekommt die Mitteilung biblische Substanz und ist sie dort theologisch verankert. Bei dieser biblischen Relevanz kann man mit dem Verständnis für die Hörer beginnen; man wird dann aber vom Wesen und Willen Gottes geleitet. Somit diktiert die Heilige Schrift – und nicht das Bedürfnis der Hörerschaft – den Inhalt der Botschaft. Allerdings, eine biblische Hingabe an die Verherrlichung Gottes erfordert oftmals, daß man den Hörern entgegentritt und sie zurechtweist und wenig Rücksicht auf ihre Bedürfnisse nehmen kann.

Ich will damit nicht sagen, man dürfe nie über die Bedürfnisse reden. Vielmehr meine ich, der angemessene Weg zum Erkennen, *wie* man ihnen begegnet, liegt in der Frage, wie Gottes Wesen und seine Interessen in der jeweiligen Situation zu ihrem Recht kommen. Der Herzenswunsch, Gott zu verherrlichen und seinem Wesen und seinen Interessen gerecht zu werden, leitet auch die Motivation und das Verhalten des Redners. Wenn der Redner Gottes Interessen verfolgt, manipuliert er die Hörer nicht; er gestaltet seine Predigt so, daß die Hörer sich frei entscheiden können und sich nicht genötigt fühlen, ihm zuzustimmen. Indem ein Mitteilender die Zeitlichkeit der Relevanz mit der Zeitlosigkeit der Verherrlichung Gottes verbindet, kann er sowohl zeitnah als auch treu sein.

Das Christentum ist wahr

Keinen Aspekt des Wochenendgottesdienstes kann ich so befürworten wie den Einsatz Willow Creeks für die Vertrauenswürdigkeit des Christentums. Viele Evangelikale haben eine negative Haltung gegenüber allem, was mit dem Überzeugen zu tun hat und sagen oft: „Man kann niemanden in den Himmel argumentieren." Obwohl das stimmt, unterschätzt dieses Argument die Bedeutung, die die Bibel dem Verstand beimißt, und es verdunkelt die zentrale Stellung der Wahrheit. So schreibt John Stott: „Der Heilige Geist ist der Geist der Wahrheit. Der überführt die Menschen durch die Wahrheit und nicht trotz der Wahrheit."[23]

Ich glaube, die zwei Elemente der apologetischen Strategie in Willow Creek sind deutlich biblischer Natur. Der Apostel Paulus benutzt destabilisierende Argumente: „Indem wir Vernunftschlüsse zerstören und jede Höhe, die sich erhebt wider die Erkenntnis Gottes, und jeden Gedanken gefangen nehmen unter den Gehorsam des Christus" (2. Kor 10,5). Petrus beschreibt die Wirkung grundlegender Argumentation in positiven Antworten, wenn er ermahnt: „Seid aber jederzeit bereit zur Verantwortung gegen jeden, der Rechenschaft von euch fordert über die Hoffnung, die in euch ist" (1. Petr 3,15).

Diese beiden Argumente passen in eine Strategie. Einerseits destabilisiert Hybels „Harrys" augenblickliches Glaubenssystem oder seine Philosophie. Hybels entlarvt und beseitigt alle Vernunftgründe, die den Menschen vom Glauben an Christus abhalten. Indem er „Harrys" Vorstellungen und Illusionen aufdeckt, zerrt Hybels ihn aus seiner Neutralität und Gleichgültigkeit. Indem er „Harrys" Weltanschauung unter Druck setzt, möchte er ihn in den Nihilismus treiben, damit „Harry" von innen her gezwungen wird, nach einem neuen und glaubhaften Weltbild Ausschau zu halten.

Dies bewirkt einen innerlichen Druck oder eine erkenntnismäßige Dissonanz in den „Harrys" unter seinen Hörern. Der Soziologe James Hunter beschreibt diese verstandesmäßige Dissonanz als „eine Erfahrung der Verwirrung und der Furcht, seinem eigenen Wiklichkeitsverständnis nicht mehr trauen zu können". „Harry" beginnt, sein Vertrauen in seine Weltsicht und Philosophie in Frage zu stellen. Und aus dieser Desorientiertheit heraus betrachtet er das Evangelium weit positiver.[24]

Gleichzeitig versucht Hybels die intellektuelle Glaubwürdigkeit des Christentums zu zeigen. Das von Hybels und seinen Kollegen präsentierte Christentum ist plausibel, und Hybels Argumente wirken sehr effektiv auf den typischen „unchurched Harry".

Wie die anderen Grundsätze des überzeugenden Gesprächs, wie sie weiter oben diskutiert wurden, ist auch die Vorstellung von der Plausibilität nicht neu. „Wenn es darum geht, wie man mit einem öffentlichen Publikum umgeht", kommentiert Aristoteles, „müssen wir bei unseren Überzeugungsargumenten auf Dinge zurückgreifen, die alle gemeinsam besitzen." Hybels greift auf den „gesunden Menschenverstand" zurück, den er mit „Harry" teilt.[25]

Hybels sagt oft, daß der gesunde Menschenverstand die biblische Botschaft bestätigt: „Der gesunde Menschenverstand, Weltgewandtheit, Geschäftstüchtigkeit und biblische Lehre würden alle zu dem gleichen Schluß kommen." Instinktiv sucht Hybels solche Überzeugungen anzusprechen, die er mit „Harry" teilt, um die Glaubwürdigkeit des Christentums zu beweisen.

Indem er seine Botschaft und seine Argumente auf „unchurched Harry" abstimmt, der sich stark auf seinen gesunden Menschenverstand verläßt und weniger den Experten glaubt, mißt Hybels „Harrys" Vernunftsgebrauch großen Wert bei. Das Ergebnis? Hybels gelingt es, „unchurched Harry" zu überzeugen. Warum?

Erstens benutzt Hybels kein akademisches oder Fachvokabular. Er vereinfacht komplexe philosophische und theologische Begründungen und macht sie „genießbar". Seine kurzen verbalen Sketche und verschiedenen philosophischen Argumente erwecken die Erkenntnis, daß das Christentum etwas mit der Wirklichkeit zu tun hat.

Zweitens bevorzugt Hybels historische Argumente gegenüber philosophischen Begründungen. Historische Beweise und Argumente werden durch eine gewöhnliche Zuhörerschaft eher als philosophische Beweisführungen angenommen und erscheinen daher plausibler zu sein. Hybels praktiziert populäre historische Apologetik für den Normalbürger.

Drittens sind Hybels destabilisierende Argumente gegen „Harrys" Philosophie und seine Glaubenshindernisse sehr erfolgreich. „Harry" wird nicht nur ermutigt, die Glaubwürdigkeit des Christentums wahrzunehmen, nein, gleichzeitig wird auch seine gegenwärtige Philosophie vor seinen Augen demontiert. Wenn „Harrys" Fragen bezüglich seines Weltbildes überhand nehmen, wird er im gleichen Maße offener für das Evangelium.

Viertens betont Hybels, wie wichtig es für jeden persönlich ist, die Frage der Glaubwürdigkeit des Christentums mit sich selbst abzumachen. Der wichtigste Maßstab, den Hybels dringend zur Beurteilung der Beweise empfiehlt, ist der eigene „gesunde Menschenverstand". Wieder findet man die frappante Parallele der Hybelsschen Strategie zu der, die in den Erweckungen des 19. Jahrhunderts angewendet wurden. Hatch sagt von einem der damals führenden Prediger:

> Müller hatte keine Verwendung für akademische Theologie ... Er lud das Volk ein ... ihren intellektuellen Fähigkeiten zu vertrauen, und sich nicht so sehr von Antworten aus Colleges und Seminaren abhängig zu machen.[26]

Schließlich gibt es in Willow Creek viele Beispiele für Menschen, die „Harry" ganz ähnlich sind, bis auf die Hingabe an Christus. Diese Ähnlichkeit läßt den Schritt zum Glauben als eine vernünftige Option erscheinen.

Der Gedanke, daß die Menschen die Beweise für das Christentum hoch schätzen, spiegelt sich in den Zeugnissen in Willow Creek wider. Ein Mann erklärte während des Taufgottesdienstes seine Bekehrung so:

> Ich lege Wert darauf zu betonen, daß dies mehr eine logische als eine gefühlsmäßige Entscheidung meinerseits ist. Ich bin als Ingenieur tätig und sitze dauernd über Zeichnungen, Testergebnissen und Rechnungen. Ich

weiß sehr wohl, wie man zu Daten kommt und bestmögliche Berechnungen trifft. Für mich ist der Heilsplan Gottes von brillanter Logik.[27]

Das Evangelium

Das in Willow Creek verkündigte Evangelium ist an sich nicht besonders überzeugend. Seine überzeugende Wirkung wird durch das Drumherum erzeugt, das ich oben darzustellen versuchte. „Harry" ist jetzt bereit, oft brennt er sogar darauf, die vier „Haltegriffe" des Evangeliums (Gott, Mensch, Christus und wie wir darauf antworten) kennenzulernen.

Verständnis wecken ist der nächste Schritt bei dem Überzeugungsprozeß. Allmählich begreift „Harry" die vier „Haltegriffe" des Evangeliums. Dieser Schritt des Verstehens versteht sich zwar von selbst, muß aber doch erwähnt werden. Wenn eine Person Hybels' Evangelium annehmen soll, muß sie es zunächst verstanden haben.

Der nächste Schritt im Überzeugungsprozeß besteht für „Harry" darin, tatsächlich zu glauben, daß das christliche Evangelium wahr ist. In diesem Fall hat er genügend Beweise für das Christentum erhalten, daß er es für intellektuell überzeugend hält. Dadurch wird die Botschaft von einem heiligen und liebenden Gott, der in Christi Werk am Kreuz eine Rettungsaktion bewerkstelligte, immer attraktiver. „Harrys" letzter Schritt in diesem Überzeugungsprozeß liegt in seiner glaubenden Hinwendung.

Der zweite Grund für die Überzeugungskraft des Evangeliums in Willow Creek liegt in der deutlichen und klaren Lehre, wie man die Errettung erlangen kann. Die meisten „unchurched Harrys" bestätigen manche orthodoxe christliche Glaubenssätze, trotzdem kennen sie das Evangelium oftmals nicht.

Eine Gruppe von „Harrys" tut sich lange sehr schwer mit der Lehre. Sie begreifen oder glauben nicht, was ihnen in den ersten drei „Haltegriffen" des Evangeliums gesagt ist. Erst nach Wochen und Monaten, in denen sie Willow Creek aufsuchen, kommen einige von ihnen zur Einsicht über die dargestellten Wahrheiten.

Eine andere Gruppe von „Harrys" hat mit der „Methode" ihre Mühe. Sie können nicht begreifen, wie man die von Gott angebotene freie Gnade annehmen kann. Mit anderen Worten haben sie bisher noch nicht von dem vierten „Haltegriff" gehört, sie haben noch nicht darauf reagiert, Christus als Erlöser und Herrn anzunehmen. Wie oben erwähnt, kommen ungefähr 50% der in Willow Creek Bekehrten aus der katholischen Kirche. Viele dieser früheren Katholiken meinen, sie müßten durch gute Werke zu der Erlösung beitragen. Aber die Botschaft von dem persönlichen Vertrauen auf Christus als Erlöser und Herrn ist es, was Hybels so deutlich predigt.

Mit diesen vier „Haltegriffen" bietet Hybels ein klares und kraftvolles Weltbild oder Musterbeispiel an, um das wahre Leben zu begreifen. Doch ist Hybels' Botschaft mehr als ein Weltbild, es ist eine warme Einladung, daran teilzuhaben. Hierin liegt die große Kraft der Hybelsschen evangelikalen Botschaft: Sie bietet eine einfache Zusammenfassung dessen, was Menschen nötig haben, um ein geistliches Leben zu beginnen. Hybels zeigt den Menschen einen Weg, mit Gott in Beziehung treten zu können. Der Historiker Hatch stellte diese gleiche Stärke bei den Evangelisten des 19. Jahrhunderts fest: „Die evangelikale Botschaft breitete sich wie eine Ansteckung aus, weil in ihr der entscheidendste Schritt für alles missionarische Bemühen klar herausgearbeitet war: Wie man die Schwelle zur christlichen Kirche überwinden kann."[28]

Zusammenfassend glaube ich sagen zu können, daß die weltweite Kirche vom Willow Creeker Seeker Service zwei grundlegende Lektionen lernen kann:

Ein Gottesdienst für Ungläubige ist etwas Neues und möglicherweise weltweit fruchtbar.

Willow Creek hat eine Grundmethode kreativer Überzeugung entwickelt (Warnungen sind dabei sehr angebracht), die in der weltweiten Kirche nützlich sein können.

Dieses Modell biblischer Überzeugung könnte wie folgt zusammengefaßt werden:

Verständnis: Ein leidenschaftliches Verstehenwollen der kirchenfernen Menschen.

Programmgestaltung: Der Gebrauch der Künste, um Entkirchlichten beim Überzeugtwerden zu helfen.

Glaubwürdigkeit: Wichtig sind für den Sprecher und andere Mitwirkende persönliche Integrität und Glaubwürdigkeit.

Identifizierung: Sprecher und Programm betonen die Gemeinsamkeiten mit ihrem kirchenfernen Publikum.

Relevanz: Man muß da anfangen, wo die Entkirchlichten sind.

Wahrheit: Einsatz für die intellektuelle Glaubwürdigkeit des Christentums und gegen deren Alternativen.

Evangelium: Klare, kraftvolle Darstellung des Evangeliums.

Ich halte sowohl den Gedanken an den Gottesdienst, der sich an kirchenferne Menschen richtet, als auch das Basismodell zur Überzeugung für richtig.

Bill Hybels, seine Mitarbeiter und Helfer sind für ihre hingegebenen Anstrengungen, das Evangelium weiterzusagen, sehr zu loben. Als Ergebnis ihrer 20 Jahre währenden Bemühungen hat ihnen der Herr wunderbare Mittel gegeben, das Evangelium zu predigen, um Tausende von Menschen vor einer Ewigkeit in der Hölle zu retten. Wir sollten sie in Ehren halten für ihre Anstrengungen und wegen der Frucht, die aus ihrer Arbeit hervorgegangen ist. Der Herr hat sie gebraucht und braucht sie noch.

Aber wir haben auch ehrlich die Schwächen zu konstatieren, die Teil ihrer Strategie sind. Das biblische Weltbild wird von einem strengen Realismus beherrscht. Wir Evangelikalen haben eine höhere Autorität über uns als die menschlicher Führer oder Bewegungen. Wir sind der Aufrichtigkeit verpflichtet, die sich aus der Verbindung zu dem Herrn ergibt. Ein Teil dieser Aufrichtigkeit besteht darin, daß wir anerkennen, als menschliche Wesen zerbrochene Kreaturen zu sein. Wir alle leiden unter der Tatsache, in einer gefallenen Welt zu leben und haben viele Charakterschwächen. So steht es um uns Menschen. Wer das leugnet, offenbart dadurch nur seine Ignoranz über unseren tatsächlichen Zustand. Jeder Mensch, jede Organisation, jede Bewegung hat ihre Schwächen. Hier auf dieser Erde müssen wir uns damit abfinden, daß das Reich Gottes noch nicht in Vollkommenheit erschienen ist. Wir müssen bereit sein, diese Schwächen zur Kenntnis zu nehmen, wenn wir dem Herrn die Ehre geben wollen.

Die Creeker versuchen aufrichtig, in Liebe ihren Familien und Freunden nachzugehen. Sie haben eine systematische Strategie entwickelt, wie sie das machen. Doch gibt es Konsequenzen ihres Tuns, deren sie sich nicht bewußt sind.

KAPITEL 15

Die christliche Weltanschauung und Kultur

Bevor ich die ungewollten Konsequenzen der in Willow Creek angewandten Methoden zur Verbreitung des Evangeliums beschreibe, möchte ich das Wort *unbeabsichtigt* unterstreichen. Hybels und seine Mitarbeiter wollen dem Herrn bei ihrem Bemühen, die Entkirchlichten ihres Wohnortes zu erreichen, treu sein. Tatsächlich sind sie ernsthaft, hingegeben, demütig und unablässig tätig.

Doch benutzen sie bei ihrem Bemühen, die Entkirchlichten zu gewinnen, Methoden des „Marketing", verwenden die Sprache der Psychologie und knüpfen ihre Beziehungen mit Hilfe der modernen Medien. Mit anderen Worten, Willow Creek benutzt Elemente aus der umgebenden Kultur, um Menschen zum Christentum zu bekehren.

Die Probleme des Willow Creeker Seeker Service sind die durch eine unangemessene Reaktion der Christen auf die amerikanische Kultur entstehenden Pannen. Um dies zu verstehen, müssen wir kurz zwei Konzepte einer christlichen Weltanschauung und Kultur erklären.

Eine christliche Weltanschauung ist das christliche Verständnis von der Wirklichkeit. Es gibt viele Synonyme für eine christliche Weltanschauung; dazu gehören „christlich denken", „eine christliche Gesinnung", „Integration von Glauben und Wissen" und „eine christliche Betrachtung der Kultur". Der klassische Begriff der christlichen Weltanschauung bedeutet, daß ein Mensch die Welt mit Hilfe der christlichen Theologie versteht. Eine christliche Weltanschauung zu haben, bedeutet, die Welt so zu sehen, wie sie wirklich ist, weil man so darüber denkt, wie Gott es tut. Ein Mensch mit einer christlichen Weltanschauung sieht das ganze Leben im Rahmen der von Gott offenbarten Wahrheit. So betrachtet im Grunde eine christliche Weltanschauung die Welt mit den Augen Christi .

Zur Kultur gehört „die ganze Art einer bestimmten Gesellschaft zu leben, und das in materieller, intellektueller und geistlicher Hinsicht". Eine Kultur umschließt Wissenschaft, Künste, Rechtsprechung, Moral, Verhaltensweisen und Lebensart eines Volkes zu einem bestimmten Zeitpunkt. Weil die Kultur sich anpaßt und mit der Zeit entwickelt, ist jede Kultur ein spezielles Gefüge sozialer Tatsachen in einem breiten historischen Prozeß.[1]

Wir erkennen in der heutigen evangelikalen Bewegung in Amerika eine Vielzahl von Antworten und Reaktionen auf diesen und jenen Aspekt der Kultur. So ist zum Beispiel James Dobsons „Die Familie im Mittelpunkt" ein Versuch, die amerikanische Familie wieder herzustellen, als Reaktion auf die zerstörerischen Kräfte der Kultur. Das Gleiche gilt für Pat Robertsons „Christliche Koalition", mit dem auf die politischen Strukturen der Kultur Einfluß genommen werden soll.

Diese evangelikalen Bewegungen stehen nicht allein da. Die gesamte Kirchengeschichte könnte als eine lange Reihe von Bemühungen betrachtet werden, auf die jeweilige Kultur zu reagieren. Bei dem Versuch, seine Zeitgenossen zu beeinflussen, begann Augustinus die Waffen der augenblicklich vorherrschenden philosophischen und besonders der platonischen Terminologie zu verwenden:

> Wenn solche, die sich Philosophen nennen, besonders die Platoniker, Dinge gesagt haben, die tatsächlich wahr sind und zu unserem Glauben passen, sollten wir sie nicht fürchten; vielmehr sollten wir ihnen das, was sie gesagt haben, als unrechtmäßigen Besitzern nehmen und für unsere Zwecke umformen.[2]

Augustinus verglich dieses Ausleihen philosophischer Werkzeuge mit dem Berauben der Ägypter durch die Israeliten unter Mose nach dem Befehl Gottes.

Etwas Ähnliches könnte tatsächlich von jeder Periode der Kirchengeschichte gesagt werden. Zu verschiedenen Zeiten waren in den unterschiedlichen Kulturen stets andere Gedanken, Methoden und Handhabungen besonders einflußreich. Die christliche Kirche hat sich ihrer oft bemächtigt und sie zu ihren Zwecken verwendet. Die Gefahr für die christliche Kirche und ihre Botschaft liegt darin, daß sie durch diese Art kultureller Synthese oft tiefgreifend geformt wurde.

Willow Creeks unbeabsichtigtes Versagen läßt sich aus der unkritischen Verwendung verschiedener Methoden und Gedanken der Gegenwartskultur erklären. Das gilt im Besonderen von ihrem oberflächlichen Verständnis der amerikanischen Kultur und ihrem unangemessenen Umgang mit der Theologie. Die Komplexität der amerikanischen Kultur zu verstehen, erfordert einen Riesenaufwand an Zeit und Mühe. Genauso kostet das Verstehen der Schönheit des allumfassenden christlichen Weltbildes enorme Zeit und Anstrengung. Daraus ein spezifisch christliches Verständnis der amerikanischen Kultur zu entwickeln, würde weitere Zeit und Besinnung erfordern.

Willow Creeker sind indessen Tatmenschen. Zahlreiche Mitarbeiter haben mir erklärt: „Wir sind Aktivisten und Pragmatiker." Sie wissen, was sie wollen („unchurched Harry" mit dem Evangelium erreichen) und haben ein intuitives und pragmatisches Kulturverständnis entwickelt, um das auszuführen.

Ihr Eifer und ihre Findigkeit sollte von der Kirche als solche anerkannt werden. Wie ich schon bemerkt habe, kann die evangelische Kirche viel von Willow Creek lernen. Doch ist das Versagen in Willow Creek nicht zu übersehen. Der Mangel an durchdachtem christlichem Verständnis für die Dynamik der amerikanischen Kultur führt zu zahlreichen schwerwiegenden Kompromissen.

Hybels und seine Mitarbeiter benutzen die verschiedenen Aspekte der Kultur nur als pragmatische Mittel zur Förderung ihrer Evangeliumspredigt. Sie begreifen nicht, daß diese Werkzeuge zweischneidige Schwerter sind und oft den verletzen, der sie schwingt. Worin bestehen die Wunden, die unbeabsichtigten Konsequenzen aus dem Seeker Service in Willow Creek?

Creeker benutzen die Methoden der Medien, um ihre Botschaft voranzutreiben und geraten dadurch in Gefahr, ihr „Image" pflegen zu müssen. Psychologische Denkmuster und Konzepte werden benutzt, um sich besser

mit den Entkirchlichten zu identifizieren und dienen darüber hinaus als
Grundlage für Hybels „Grundkurs des Glaubens."

„Marketing"-Methoden werden angewendet, um die kirchenfernen Nachbarn besser verstehen und mit ihnen ins Gespräch zu kommen. Diese „Marketing"-Methoden und -Gedanken formen das angebotene Christentum.

Willow Creek versucht, „unchurched Harry" ein ihm gemäßes (relevantes)
Christentum anzubieten. Als Ergebnis davon formen „unchurched Harrys"
Denkmuster, seine Sprache und Vorlieben die Botschaft über das Wesen
Gottes.

Weil Willow Creek auf pragmatische, meßbare Ziele ausgerichtet ist, wird
auf das Denken und die Schulung nicht sehr großer Wert gelegt. Dadurch
verliert die Wahrheit ihre zentrale Bedeutung.

Eine einzelne Kultur aus dem Blickwinkel christlicher Weltbetrachtung zu
analysieren ist ein mühsamer Prozeß. Die meisten Menschen sind vielfach taub
und farbenblind, wenn es um die Beurteilung der Inhalte ihrer eigenen Kultur
geht. Ein Mittel, diesen Mangel an Wahrnehmung zu durchdringen, ist die Frage: „Wie sieht Christus diese bestimmte Äußerung unserer Kultur an?" Die folgenden fünf Kapitel richten diese Frage an fünf Aspekte der Willow Creek-
Strategie.

KAPITEL 16

Die Versuchung, das „Image" zu pflegen

Weil Hybels und seine Mitarbeiter hoffen, „Harry" zu überreden, Christ zu werden, betonen sie, wie ähnlich sie ihm seien. So fragt Evangelisationsleiter Mittelberg: „Wie weit können wir auf sie zugehen, um die Kluft so schmal wie möglich zu machen?" Ihr Ziel ist es, sich mit „Harry" und „Mary" zu identifizieren und mit ihnen ins Gespräch zu kommen, damit sie am Ende Christen werden.

Hybels und das Programmteam sind bei der Identifizierung mit „unchurched Harry" und „Mary" sehr erfolgreich gewesen und haben erlebt, daß sie sich zum Christentum bekehrten. Aber diese Identifikationsstrategie hat eine unbeabsichtigte Konsequenz. Durch sie erlangt die Frage nach der Imagepflege große Bedeutung.

Hybels ist der Meinung, Imagepflege sei ein bedeutender Teil der Willow Creek-Strategie:

> In dieser Gemeinde spielt das Image tatsächlich eine große Rolle ... Wenn er („Harry") auf das Gemeindegelände fährt, nimmt er schon unser gemeinsames Image und die Effizienz unserer Organisation wahr, bevor die Botschaft sein Leben auch nur berührt hat.

Hybels glaubt, daß „Harry" „sehr viel Wert auf das äußere Erscheinungsbild legt". Wenn das Image für „Harry" so viel bedeutet, kann es nicht verwundern, daß es auch für Hybels wichtig ist: „Wir sagen uns: ,Wir wollen hart für unser Image arbeiten.'"

Willow Creeks Bemühen, das Image zu pflegen

Hybels ist sich deutlich darüber im klaren, wie „Harry" das Gelände, die Gebäude und das Auditorium in Willow Creek betrachtet. Beach bestätigt, daß „Harry" „entweder positiv oder negativ auf die Organisation an sich, auf die Menschen und Mitarbeiter reagiert, je nachdem wie es hier ausschaut".

Mitarbeiter und Helfer verbringen wöchentlich Hunderte von Stunden, um die gesamte Anlage in denkbar bestem Zustand zu präsentieren. Wir erkennen dieses Imagebewußtsein auch in dem Bühnenbild, bei den Darstellern und in dem gesamten Programm.

Bühne

Beach erklärt, „Harry" sei eine „visuelle Person". „Das erste, woran mein Team, wir zehn Leute, denken, ist die Frage, wie das ganze wirkt. Was wird auf der Bühne zu sehen sein?" Das Programmteam entwickelt eine Strategie, um „Farbe, Licht und Spannung" auf die Bühne zu bringen. Für die Wochenendprogramme ist es nicht ungewöhnlich, daß man Bühnenrequisiten aller Art verwendet, um die Wirkung zu steigern.

Schauspieler

Wer auf der Bühne erscheint, wird auch genau auf das Image hin überprüft. Als ich einmal ganz vorne saß, war ich erstaunt über die farbenprächtigen und abwechslungsreichen Bekleidungen des Gesangsteams. Man erklärte mir, dies sei alles bis hin zum letzten hellblauen Hemd geplant. Mittelberg ergänzt dazu, daß zur Identifikation „alles gehört, was wir tun, um ins Gespräch zu kommen. Davon hängt sogar ab, wie wir uns kleiden."

Von jedem Sänger und jeder Sängerin wurden Bilder angefertigt mit allen Kleidungsstücken, die sie auf der Bühne tragen könnten. Ein Mitglied des Programmteams sucht dann aus, welche Bluse, welches Hemd, welche Hose oder welchen Rock jeder Sänger tragen wird. „Wir bereiten sorgfältig ihre Kleidung und deren Stil und Farben vor, damit sie professionell auftreten", sagt Beach. „Die Sänger kleiden sich, wie sich Leute in den 90er Jahren kleiden."

Das Programm

Der letzte und wichtigste Punkt: jeder Aspekt des Programms ist eine sorgfältig ausgesuchte Reihe von Imagegestaltungen. Beinahe jeder Augenblick ist schriftlich festgehalten. Die Programm- und die Produktionsmannschaften wissen genau, was sie tun wollen und wie sie es zu tun gedenken. Nichts bleibt dem Zufall überlassen. Die Produktionsmannschaft hat eine detaillierte „Partitur", nach der sie die Beleuchtung zu jeder Sekunde richtig einstellen kann.

Zufällig saß ich während der Programmprobe im Auditorium. Jeder Schritt, jede Handbewegung wurde auf Bühnenwirksamkeit untersucht. Während einer Gesangsprobe sagte der Direktor, die Sänger sollten so nach vorne schreiten, „wie sie es tatsächlich meinten". Ein Sänger führte sein Solo auf und probte seine Handbewegungen und seinen tief aufrichtigen Blick – in einen leeren Zuschauerraum.[1]

Damit soll nicht die Aufrichtigkeit des Programmteams angezweifelt werden. Den Vokalisten wird beigebracht, nur zu singen, wenn sie zu dem Text stehen können. Aber dieser Methode wohnen Gefahren inne. Die Willow Creeker haben in ihrem Bemühen, sich mit „Harry" zu identifizieren, eine Darstellungsmethode entwickelt, die keine Spontaneität zuläßt. Sie versuchen, eine Reihe von Eindrücken zu erzeugen, die „Harry" zu bestimmten Gefühlen und Gedanken veranlassen sollen. Die Creeker sind sich dieser Absicht bewußt. Hybels ermahnt andere Pastoren, sich eine Programm-Mannschaft anzuwerben; dann „entsteht zunächst das Empfinden, das später zur Wirklichkeit wird, daß dies ein ganz besonderer Ort ist".

Die Unterscheidung zwischen Empfinden und Wirklichkeit gehört zum Gedankengut in Willow Creek. Hybels beschreibt einer Pastorengruppe, wie wichtig es sei, ihren Versammlungen zu zeigen, daß sie sich ihrer Verantwortung in finanziellen Dingen voll bewußt sind: „Wir tun alles in unserer Macht

Stehende, um uns als solche zu präsentieren, denen es sehr um diese Dinge geht." Solche Worte wie „Empfinden", „Wirklichkeit" und „sich präsentieren" zeigen, wie deutlich man sich der Imagebildung bewußt ist. Ängstlich ist man darauf bedacht, stets den rechten Eindruck zu machen.

George Barna ermutigt die Gemeinden ausdrücklich, über ihr Image gegenüber den Kirchenfernen nachzudenken: „Sie sollten in der Lage sein, das gewünschte Image zu entwickeln und die Menschen deutlicher auf das aufmerksam zu machen, was Sie als Gemeinde treiben, und wie die Leute von Ihrem Angebot profitieren könnten." Dieses Muster stammt aus der modernen Imagepflege unserer Kultur.[2]

Imagepflege

Imagepflege macht einen großen Teil unseres Miteinanders aus. Leute, die mit Unterhaltung, mit dem Handel und in der Politik beschäftigt sind, sind Fachleute in Sachen Imagepflege und wie sie sich ihren Zuschauern, Kunden und Wählern präsentieren.[3]

Unterhaltung

In einem Artikel der *Chicago Tribune* stand über eine gerade aktuelle Musikgruppe: „In einer launischen Branche, wo die Verpackung über Aufstieg oder Niedergang einer Band entscheidet, ist Image alles." Weiter stand in dem Artikel, die Band achte „sehr sorgfältig auf ihre Garderobe während ihres Auftritts". Wenn die Band ein wirkliches Ereignis daraus machen will, muß sie sorgsam das rechte Image erzeugen.

Die National Football League (NFL) bringt ihren Spielern in einem den Medien gewidmeten Büchlein bei, auf ihr Image zu achten: „Ein Großteil des Eindrucks, den Sie bei Fernsehinterviews machen, hängt von Ihrem persönlichen Verhalten – von Ihrer Körpersprache – ab." Die Spieler werden darauf hingewiesen, daß sich ihre Fähigkeit, ihr Image zu gestalten, auf ihr Bankkonto auswirkt:

Stellen Sie sich einen sonnenbebrillten, kaugummmikauenden, krumm dasitzenden Spieler mit dreckigem T-Shirt vor, der nie lächelt und den fragenden Reporter nicht anschaut.
Wie anders wirkt dagegen ein lächelnder, aufrecht stehender, deutlich sprechender und Enthusiasmus ausstrahlender Spieler! Es gehört kein großer Genius dazu, um zu wissen, welcher der beiden Spieler die besseren Chancen für ein Engagement und weitere Arbeitsmöglichkeiten hat.[4]

Verkauf

Eine neue Methode, Wohnungen zu verkaufen, besteht darin, das Image glücklichen Wohnens zu vermitteln. Die *Chicago Tribune* berichtet von einer neuen

Immobilienfirma: „Im ersten Haus backt ein ‚Ehemann' zusammen mit seiner fünfjährigen ‚Tochter' Schokoladenplätzchen, während seine ‚Frau' mit einer ‚Freundin' Backgammon spielt." Nur hat das Bild einen Haken: Die Leute sind Schauspieler, die dafür bezahlt werden, daß sie den potentiellen Käufern eine herzliche und freundliche Nachbarschaft vormachen. Eine der Schauspielerinnen, die „Mutter", erklärte: „Wir erzählen den Besuchern, wir seien eben vom Schwimmen im städtischen Zentrum nach Hause gekommen, und dann berichten wir ihnen, welche wunderbaren Einrichtungen es hier sonst noch gibt." Warum gibt die Firma soviel Geld für diese großangelegte Imagepflege aus? Ein Marketingmanager erklärte: „Wenn man nur eine leere Straße vorweisen kann, erlangt man nie dieses warm-verschwommene Gefühl." Die Immobilienfirma weiß, daß man mit warm-verschwommenen Gefühlen überreden kann, und darum heuert sie Fachleute an, um eben genau das Image zu erzeugen, das diese Empfindungen ausstrahlt.[5]

Politik

Für Politiker ist die Imagepflege eine Ganztagsbeschäftigung. Politiker werden deshalb gewählt, weil sie die Anliegen ihrer Wähler in einer Sprache ausdrücken können, die von diesen verstanden wird und dabei ein attraktives Image zur Schau stellen. Sie haben raffinierte Methoden entwickelt, die Sprache und Ideale derer kennenzulernen und zu verwenden, die sie beeinflussen wollen. So verschickte zum Beispiel die politische Organisation Gopac ein Büchlein „Sprache, ein Schlüsselmechanismus der Macht" an die republikanischen Kandidaten während der Wahlen in den Einzelstaaten im Jahre 1990. Dort stand zu lesen:

Wie Sie wissen, ist ein zentrales Anliegen der Gopac-Kassetten die Tatsache, daß „Sprache nicht unwichtig ist" ... Wir glauben an einen durchschlagenden Erfolg bei Ihrem Wahlfeldzug, wenn wir Ihnen ein wenig helfen. Und zwar, weil wir diese Liste von Wörtern und Redewendungen zusammengestellt haben.[6]

Das Heft fährt dann fort, die Kandidaten aufzufordern, „diese optimistischen, positiven und beherrschenden Wörter" zu erlernen und in ihren Ansprachen, Briefen, Veröffentlichungen und Medieninformationen anzuwenden und die Gegenteiligen zu vermeiden. Zu diesen optimistischen Wörtern gehören *gesunder Menschenverstand, Mut, Familie, Freiheit, Bewegung, leidenschaftlich, Stolz, Grundsatz, Wahrheit* und *Vision.* Man ist der Ansicht, diese Wörter stimmten mit dem typischen amerikanischen Wähler an diesem Punkt der Geschichte überein. Das Heft geht davon aus, daß, wenn die Politiker diese „optimistischen" Wörter anwenden und die „Kontrastwörter" vermeiden, sie mehr Erfolg haben werden. Sie werden ein attraktiveres Image darstellen können.[7]

Unterhaltung, Handel und Politik haben folgendes gemeinsam: 1. Man arbeitet an sich, um ein Image zu präsentieren, und 2. hegt man den Wunsch, ein nach außen gerichtetes und meßbares Ziel zu erreichen.

Imagepflege – kritische Selbstbeobachtung

Unterhalter, Verkäufer und Politiker, die wie oben beschrieben arbeiten, sind sich darüber im klaren, daß sie ein Image aufgebaut haben. Sie haben sich entschlossen, einen bestimmten Typus zu adoptieren. Um ihrer Klientel willen tragen sie wie griechische Schauspieler eine Maske. Im Grunde spielen sie Theater.

Im Dezember 1992 führte der Präsidentschaftskandidat Clinton mit seinem Stab eine Wirtschaftsgipfelkonferenz durch. Der Ökonom John White, der den Ross-Perot-Wirtschaftsplan entworfen hatte, besaß nach Ansicht der Medien starke Glaubwürdigkeit. Er wurde vom Clinton-Stab gebeten, Clinton über einige neue schlechte Wirtschaftsdaten die „ungeschminkte Wahrheit" zu sagen. Leute vom Stab versahen White sogar mit Daten und Statistiken, die das Dilemma offenbarten. Bei Whites Vortrag zeigte sich Clinton aufmerksam, lernfähig und als guter Fragensteller. Abschließend faßte er Whites Hauptthesen zusammen und fragte: „Ist das so richtig wiedergegeben?"

Aber auch dieses Bild hat einen Haken. Obwohl White und die Zuschauer es nicht wußten, hatte Clinton schon vorher alle Informationen von seinen Wirtschaftsberatern erhalten. Tatsächlich waren die von White verwendeten Statistiken vorher in Clintons Auftrag entwickelt worden. White wurde ausgenutzt und das Publikum hinters Licht geführt. Das ganze war ein Pseudoereignis, ein Schauspiel, inszeniert, um die von Clinton beabsichtigte Information des Publikums zu erreichen und dabei zu zeigen, wie offen und lernfähig er war. Ein *Time*-Reporter schrieb daraufhin:

> Nachdem er sich versichert hatte, genau das wiedergegeben zu haben, was sein Stab von ihm erwartet hatte, bemerkte der Präsidentschaftskandidat: „Vielen Dank! Das war ein hartes Stück Arbeit." Denen, die wußten, was gespielt wurde, kam Clintons Lächeln ein bißchen boshaft vor.[8]

Nicht ohne Grund haben Politiker ein geringes Ansehen: Sie setzten alles daran, ein Image zu erzeugen, das sie im besten Lichte erscheinen läßt; doch erweckt das bei den meisten Amerikanern den Eindruck, man könne Politikern nicht trauen.

Schuller, Hybels früherer Gemeindewachstums-Mentor, hat dieses Ziel bekräftigt, an sich zu arbeiten, um das richtige Image zu erreichen. Er lehrt die Pastoren: „Sie müssen ein inspirierender Verschaffer von Eindrücken sein!" Diese Art Image wird mit voller Absicht gewählt, weil man den Entkirchlichten imponieren will.

Das Geheimnis, wie man die entkirchlichten Menschen in die Kirche bekommt, ist in Wirklichkeit ganz einfach. Sie müssen herausfinden, was auf kirchenferne Menschen Ihrer Stadt Eindruck machen würde und wer sie beeindruckt.

Er rät Pastoren, sie sollten es machen wie er:

Wer sind die Helden in Ihrer Stadt? Wer sind die öffentlichen Führer, die Schriftsteller, die Schauspieler und andere prominente Persönlichkeiten Ihres Ortes, die von den kirchenfernen Menschen bewundert werden? Hängen Sie sich an die Rockzipfel dieser Helden! Laden Sie sie in Ihre Kirche ein! Nutzen Sie sie unverschämt aus! Es ist Ihre Aufgabe, den kirchenfernen Menschen zu imponieren!

Nach diesem sollte es nicht verwundern, daß Schuller die Prediger als Händler beschreibt: „Erfolgreiches Verkaufen ist nichts anderes, als den Leuten eine Wahrheit zu vermitteln, der sie sich bis dahin nicht bewußt waren."[9]

Hybels und Willow Creek folgen Schuller nicht, indem sie öffentliche Helden benutzen, um das Publikum zu beeindrucken; aber sie haben sich für ein Programm und eine Sprache entschieden, die dauernd selbstkritischer Überprüfung bedarf. Die Rollen, die jemand spielen soll, sind bis zu den während des Schauspiels zu vergießenden Tränen genau schriftlich festgehalten, wie auch jede Handbewegung während eines stimmungsvollen Liedes. Mich interessierte es, herauszufinden, ob Hybels' Predigten auch identisch waren, wenn er sie in verschiedenen Versammlungen hielt. Die Ähnlichkeit war verblüffend – tatsächliche Spiegelbilder. Hybels verwendete nicht nur die gleiche Vorlage und dieselben Gesten, sondern machte auch die gleichen eindrücklichen emotionalen Pausen. Seine Predigten sind messerscharf geschliffen und bis ins Letzte ausgefeilt.

Mehrere Leute, die ich befragte, nannten Hybels einen „geschliffenen" Redner. Einer meinte sogar: „Er hätte Politiker werden sollen." Das war kein negatives Votum, sondern eher ein Kompliment, weil er so geschickt mit dem sehr empfindlichen Thema der Homosexualität umzugehen verstand. Einer der Reporter, die ich befragte, kam ebenfalls auf Hybels politikerhafte Eloquenz zu sprechen:

Ich mag Politiker, die klug genug sind, die Sprache zu ihren Gunsten zu verwenden. Er lügt nicht, und er stellt auch nichts unrichtig dar. Er will nur seine Botschaft so effektiv wie möglich an den Mann bringen.

Imagepflege hat ein meßbares Ziel

Unterhalter, Verkäufer und Politiker haben ein äußeres, meßbares Ziel. Je nach Darsteller mag dies eine Eintrittskarte, ein Handel oder eine Wählerstimme sein. Sie möchten ihr Publikum durch ihre Vorführungen in einem solchen Maß beeindrucken, daß sie damit ihr Ziel erreichen.

Manchmal geht der Bühnenvorhang auf und wir können die Wahrheit hinter den Kulissen erkennen. Jerry Markbreit, der frühere Inlands-Verkaufsmanager von 3M, ist außerdem ein führender Referent beim NFL:

Ich bin Geschäftsmann; ich kann alles verkaufen. Wenn ich Reklameflächen verkaufen will, muß ich überzeugend auftreten und einen positiven Eindruck machen.

Wenn ich so daherkomme, hat der Käufer auch zu dem Vertrauen, was ich ihm verkaufen möchte. Predigen funktioniert genauso. Mit einer zuversichtlichen, lebhaften, positiven Attitüde verkauft man Glaubensentscheidungen.[10]

Menschen, die das Geschäft der Imagepflege betreiben, wissen, daß ihr Image ihre Produkte verkauft. Wenn ein bestimmtes Verhalten – die Modifizierung meines Images – den Verkauf steigert, so entsteht der Druck, diese Veränderung vorzunehmen. Mit anderen Worten: Es besteht ein soziologischer Druck, mich so darzustellen, wie mein äußeres Ziel es erfordert.

Hybels und Willow Creek haben ebenfalls ein äußeres Ziel, auf dessen Erreichen Programm und Botschaft abgestellt sind: Sie wollen, daß „unchurched Harry" zum Glauben kommt. Die von mir beschriebene Strategie ist ein Produkt, das sich schließlich aus Hunderten von Versuchen mit unterschiedlichsten Ergebnissen herausgebildet hat. Mit der Zeit haben Hybels und Willow Creek intuitiv erfaßt, worauf „unchurched Harry" anspricht. Sie haben pragmatisches Sachwissen erworben. Allerdings wird das Imagepflegen durch zwei Versuchungen bedroht.

Manipulation

Die erste Gefahr bei der Imagepflege ist die Manipulation. Wie ich oben erwähnte, hat die US-Army ein Handbuch über nachrichtendienstliche Befragungen herausgegeben; darin werden Abwehroffiziere belehrt, wie man Gefangene ausfragt. Das Handbuch weist die Befrager an, „die Emotionen der Gefangenen zu manipulieren". In dem Kapitel „Anknüpfung und Entfaltung persönlicher Beziehungen" finden sich folgende Methoden, den Gefangenen zu manipulieren:

> Täuschen Sie Erlebnisse vor, die denen der Quelle gleichen.
> Zeigen Sie durch ihre Stimme und durch lebendige Körpersprache, daß Sie sich für den Gefangenen interessieren.
> Verhelfen Sie der Quelle zu Schuldeinsicht.
> Zeigen Sie Freundlichkeit und Verständnis für die mißliche Lage der Quelle.
> Entlasten Sie die Quelle von der Schuld.
> Schmeicheln Sie der Quelle.[11]

Diese Methoden der Manipulation können von jedem genutzt werden, der etwas mitteilt. Ein Mitarbeiter in Willow Creek definierte Manipulation so: „Man bringt die Leute dahin, zu tun, was man will, ohne ihnen ehrlich zu sagen, wie man das anstellt." Ein Lehrer gab zu, daß jeder gute Sprecher in der Versuchung steht zu manipulieren: „Wenn man sich selbst gut kennt, weiß man, wie man alle Kräfte mobilisieren kann, um die Leute zu manipulieren … Ich weiß die Empfänglichkeit für Manipulation auszunutzen. Ich kenne alle möglichen Tricks zum Manipulieren." Bei seinem Versuch, sich mit „Harry" zu identifizieren, kann ein Sprecher authentisch sein, oder eine Ähnlichkeit herauskehren, die in Wahrheit nicht vorhanden ist.

Ein Sprecher oder Sänger kann zum Beispiel gefühlsmäßige Nähe zum Publikum ausstrahlen. Aber diesem emotionalen Nahesein fehlt es in Wirklichkeit an wahrer Beziehung. Ein „Harry" mag da ganz allein für sich sitzen und tatsächlich niemanden in der Kirche kennen. Die emotionale Nähe ist anonym und kann für falsche Zwecke mißbraucht werden.

Ich muß betonen, daß der Druck, von dem ich hier rede, auf allen lastet, die in dieser Weise mit Imagepflege zu tun haben. Wenn irgend ein Verhalten die Wahrscheinlichkeit erhöht, daß man sein Ziel erreicht, steht der Darsteller unter dem Druck, eben dieses Image zu zeigen, das zu dem gewünschten Ergebnis führt. Im Kontext der Hochleistungswelt von Willow Creek fühlen sich die Einzelnen unter Leistungszwang und darum unter dem Druck, etwas zu schauspielern und einen Schein zu erwecken.

Nur Schein

Die zweite Gefahr der Imageplege liegt darin, nur auf den äußeren Schein bedacht zu sein. Wenn ein bestimmtes Verhalten die Reaktionen des Publikums erhöht, entsteht die Versuchung, dieses Verhalten vorzutäuschen. Die Zeitschrift *Willow Creek* beschreibt, wie ein führender Creeker der ersten Zeit anfing, nur noch zu schauspielern:

> Der Druck verursachte innere Veränderungen. Swetman sagte, er „finge jetzt wieder mit dem Frommspielen an." Um mit dem Druck als Leiter fertigzuwerden, zog er sich in seine Kinderwelt des „Äußerlich-alles-richtig-Machens" zurück. So verstand er es stets gut, genauso zu sein, wie die anderen ihn haben wollten.[12]

Ich fragte Jim Dethmer, einen der Lehrer in Willow Creek, welche Gefahren er darin sähe, daß die Gemeinde so sehr auf ihr Image bedacht ist. Er antwortete: „Eine mögliche Gefahr liegt darin, daß es an Authentizität fehlt." Dazu erklärte er:

> Es beginnt ein gefährlicher Balanceakt, wenn man mit Begriffen wie „innerlich" und „äußerlich" arbeitet ... Natürlich kann man äußere Dinge benutzen, um innere Dinge zu beschreiben. Aber es muß ein Gleichgewicht bestehen. Die Probleme beginnen, wenn dieses Gleichgewicht nicht mehr da ist.

Wenn erst einmal das Mühen, mit anderen ins Gespräch zu kommen, hinterfragt und das Image auf Effekt hin überprüft wird, steigt die Versuchung, etwas vorzumachen, noch weiter. Dethmer sagt zu diesem Punkt: „Sobald man sich der äußerlichen Kommunikation bewußt wird und daran arbeitet oder sie verbessern will, hat man die Tür geöffnet."

Dethmers Kommentar erwies sich als prophetisch. Zwei Jahre später, im Sommer 1993, kündigte Jim Dethmer. Er hatte angefangen, Hybels einen großen Teil der Lehrarbeit, sowohl an den Wochenenden, als auch in den New Community-Gottesdiensten abzunehmen, und so verursachte sein Abschied einigen Wirbel in Willow Creek. Mitten in diesen kreisenden Gerüchten schrieb er einen Brief an die Gemeinde, um seinen Weggang zu erklären. Dethmer bekannte, daß seine „Fähigkeiten und Gaben (ihm) ermöglichten, Dinge *zu tun*, die das, was *er war*, überstiegen. Solch Mißverhältnis zwischen Tun und Sein ist bestenfalls gefährlich und schlimmstenfalls zerstörerisch, weil es zum Verstellen verleitet." Er berichtete der Versammlung: „Ich will nun Schritte unternehmen, die mich vor dem Scheinen bewahren, der subtilsten Form der Heuchelei." Dethmer tat einen mutigen Schritt, weg vom äußeren Scheinen, und nahm seinen Abschied.

Hier ist es wichtig, zu erkennen, daß die Versuchung, etwas vorzumachen, zu diesem Modell des Gemeindebaus gehört. Diese Versuchung wird noch erhöht durch den gesellschaftlichen Druck, etwas hervorzubringen. Der Status, den man in der Organisation genießt, ist an die Fähigkeit gebunden, etwas vorzustellen und zu produzieren.

Einer der Hauptgründe, weshalb Willow Creek relativ stabil ist, liegt darin, daß Bill Hybels vergönnt ist, beständig für die Besucher von Willow Creek präsent zu sein. Hybels ist ein außergewöhnlich begabter Vermittler, der auch versucht, ehrlich und authentisch zu sein. Diese Wesensmerkmale stiften eine emotionale Nähe, die frisch und anziehend ist.

Doch, wie ich gezeigt habe, ist sich Hybels intuitiv bewußt, was die Leute gut verstehen und wie gut es ankommt, wenn er seine Fehler bekennt. Man hört regelmäßig von seinen Fehlern, Pannen und Verwechslungen – doch hört man es aus der Distanz. Seine Nähe von der Bühne her wird bewußt erzeugt.

Während der wenigen Monate vom November 1989 bis zum März 1990 hatte sich Hybels selbst als emotional erschöpft bezeichnet. Das erste Mal hörte ich im Mai 1990 auf einer Pastorenkonferenz von dieser anstrengenden Zeit. Obwohl ich während jener mühevollen Monate regelmäßig die Gottesdienste besuchte und die Mitschriften seiner Ansprachen studierte, konnte ich keinen Fall entdecken, in dem er in irgend einer Predigt auf diese höchst schwierige Zeit Bezug nahm. Die Hörer erfuhren von diesen Schwierigkeiten, aber aus der sicheren Distanz von Zeit und Selbsterforschung.

Ein seltsames Ereignis unterstreicht diesen Punkt. Lynne Hybels spricht nur selten von der Bühne in Willow Creek. Sie kann nicht so geschliffen reden wie ihr Mann und scheint das Sprechen auch nicht zu lieben. Doch gelegentlich wird sie zum Reden aufgefordert. Bei einer Pastorenkonferenz äußerte sie sich über die Lektionen, die sie im Laufe der Jahre in dieser Gemeinde gelernt hatte. Als sie zur Gegenwart kam, meinte sie: „Eigentlich möchte ich darüber heute nicht sprechen; es ist fast noch zu frisch; es ist noch ein wenig zu real; es ist noch nicht abgeschlossen." Lynne beschrieb, wie sie zu einer riesigen Frauengruppe der Gemeinde sprechen sollte:

Ich schrieb die beste Botschaft auf, die mir möglich war; es war eine sehr persönliche Botschaft. Als ich sie fertig hatte und durchlas, dachte ich: *„Ich* *kann die Botschaft nicht weitergeben. Ja, man redet davon, sich den Hörern ganz bloß darzustellen – ja, und hier tu ich das nun."*

In Lynnes Rede war eine wirkliche, intime und spontane Ehrlichkeit, die sich irgendwie von den gewöhnlichen Bekenntnissen unterscheidet, die man von der Willow Creek-Bühne aus zu hören bekommt. Warum?

In jedem Fall von selbstbespiegelter Imagepflege besteht ein soziologischer Druck, sich darstellen zu müssen. Dieser Druck schafft eine Situation, bei der bestenfalls die Spontaneität auf der Strecke bleibt; im schlimmsten Fall führt sie zum Schauspielern. Willow Creek steht mit der Erfahrung dieses Drucks nicht allein da. In jedem Fall von Imagepflege gibt es diese soziale Spannung.

Die Ethik der Identifikation

Wie ich in Kapitel vier gesagt habe, antworteten die Creeker auf meine Frage, wie man auf dieses Dilemma reagieren kann, verschwommen und mit allgemeinen Floskeln. Als Antwort auf mein eindringliches Bohren an dieser Stelle gab Hybels zu:

> Ich habe keine Rede über die acht Verse zusammengestellt, die den Umgang mit dem Schauspiel beschreiben. Es bewegt mich aber, wenn Sie davon sprechen, wir sollten ein wenig mehr darüber nachdenken, wie man unseren Leuten vom Schauspiel und von der Musik helfen kann.

Von mehreren Mitarbeitern erfuhr ich aber sehr wohl die allgemeinen Richtlinien: Wahrheit, Authentizität und Zurückhaltung.

Wahrheit. Mittelberg argumentiert, das Paulinische Prinzip des „Allen-alles-Werdens" habe Grenzen. Er kennzeichnet sie so:

Alles, was innerhalb der biblischen Maßstäbe für richtig und so weiter liegt; dazu gehören aber nach meiner Meinung auch einige Parameter dessen, was ich wirklich bin – durch die Kultur, in der ich lebe, auch persönlichkeitsbedingt und so weiter.

Es gibt also zwei Grenzen, die der Identifikation durch die Wahrhaftigkeit gesetzt werden: biblische Grenzen und persönliche Grenzen.

> Man braucht keinen Bikini zu tragen, da ginge man zu weit, um mit den Leuten Beziehungen anzuknüpfen. Aber man braucht auch keine Jutesäcke überzuziehen …
> Ich will mit den Leuten, die ich erreichen möchte, ins Gespräch kommen; aber ich will es tun, ohne mich zu kompromittieren.

Es gibt nach Ansicht Willow Creeks klare biblische Kriterien, die nicht bei dem Bemühen, sich mit „Harry" zu identifizieren, verwässert werden dürfen. Nach Mittelbergs Beispiel würde eine Frau, die einen Bikini anzieht, zu weit auf „Harry" zugehen. Genauso gibt es persönliche Grenzen der Identifikation.

Authentizität. Beach erklärte, sie ließe sich im Umgang mit Leuten, die am Programm mitwirken, durch das Prinzip der Authentizität leiten. „Wir wollen nicht, daß jeder alles macht, weil das vor allem ein unnatürliches Verlangen gegenüber dem wäre, was sie sind." Als Erstes gehört zur Authentizität, daß man nicht anders handelt als es zu der jeweiligen Persönlichkeit paßt. Mittelberg entfaltet diesen Gedanken:

> Wenn ich als stark introvertierter Typ eine Rolle als Betriebsnudel spiele, oder ich will auf solche Weise einen Partner finden … dann versuche ich etwas zu erzwingen, was nicht vorhanden ist.

Mittelberg erklärt, die Grenzen der Identifikation seien „die Parameter dessen, wie Gott mich geplant hat". Das Ziel ist:

> Soweit man es auf authentische Weise vermag, sich anderen Menschen zu nähern. Aber sobald man diese Grenze überschreitet, wirkt man sofort nicht mehr authentisch und richtet mehr Schaden als Nutzen an.

Mittelberg faßt zusammen: „Wir versuchen, mit den Leuten auf eine Weise in Kontakt zu treten, bei der wir uns und sie sich treu bleiben."

Das zweite wesentliche Element der Authentizität ist das der Motivation. Man kann Freundlichkeit vortäuschen, oder man kann wirklich Anteilnahme zeigen. Wir haben weiter oben schon gesagt, daß Hybels betont, „Harry" könne merken, wenn der Sprecher ihn nicht mag. Hybels meint, es sei nicht genug, seine Ähnlichkeiten herauszukehren; man müsse „Harry" tatsächlich gern haben und sich über ihn freuen.

Ich möchte an dieser Stelle unterstreichen: mein allgemeiner Eindruck ist, daß es den Mitarbeitern wirklich darum geht, vertrauenswürdig und authentisch zu sein. Hybels Hingabe und Persönlichkeit reißen die anderen mit. Wir haben schon erwähnt, daß sein Sprechstil, bei dem er sich selbst voll einbringt, transparent und authentisch ist. Hybels glaubt ganz fest an die Bedeutung von Ehrlichkeit und Authentizität:

> Wirkliches geistliches Leben offenbart sich in Authentizität; dann können Menschen aufeinander zugehen und Konflikte lösen, ohne aufeinander loszugehen … Oder Pastoren können vor ihre Gemeinden hintreten und sagen: „Um die Wahrheit zu sagen, ich habe mich gestern Abend mit meiner Frau schrecklich gestritten und fühle mich leer und elend" … all diese Dinge, die dich ganz wahrhaftig sein lassen.

Zurückhaltung. Als ich Strobel nach der Möglichkeit emotionaler Manipulation fragte, antwortete er, Hybels brächte den anderen Rednern bei, was die Gefühle angeht, nicht „Vollgas" zu geben. Den Sprechern ist bewußt, daß sie die Hörer manipulieren können. Sie haben sich gewissenhaft im Zaum zu halten.

Hybels verteidigt sich gegen den Angriff, Jesus zu verkaufen.

Die Leute ärgern mich, indem sie sagen: „Du bist bloß ein Händler, und deine Ware ist, wie du selbst gut weißt, Jesus Christus", und ähnliches Zeug. Ich antworte: „Ihr habt total unrecht. Ihr habt total unrecht. Man mag mich ein Sprachrohr nennen; denn ich versuche mit aller Kraft die machtvolle Botschaft von Jesus Christus weiterzusagen; aber ein Händler bin ich nicht. Ich predige und bete. Bekehrungen sind Gottes Sache."

Hybels versuchte, den Unterschied zwischen Verkündigung und Verkauf so darzustellen: „Ich lasse den Leuten stets ein Schlupfloch. Ich drehe ihnen nicht die Arme um. Ich bin dazu da, die Botschaft zu präsentieren." Nach Hybels Sicht gehört zum Verkündigen, daß man nicht „emotional Vollgas gibt" und nicht „die Arme umdreht". Emotionale Manipulationen zu vermeiden lehrt er auch die anderen Sprecher.

Einschätzung

Wie nahezu alle unbeabsichtigten Konsequenzen der Willow Creek-Strategie sind auch die Gefahren der Imagepflege nicht genügend durchdacht worden. Ich habe versucht, in fairer Weise die grundlegenden Prinzipien zusammenzusuchen, auf die sich die Creeker intuitiv zurückziehen, wenn man sie zwingt, über diese Sachen nachzudenken.

Als Creeker dieses Kapitel lasen, meinten sie: „Wir versuchen, nur das, was wirklich ist, weiterzugeben", und erklärten: „Wir versuchen doch nur das weiterzugeben, was schon existiert." Ich glaube, daß diese Behauptung, authentisch zu sein, wahr ist. Nach vielen Interviews und Unterhaltungen während meiner zweieinhalbjährigen Untersuchungen glaube ich, daß die Mitarbeiter in Willow Creek den Herrn aufrichtig ehren wollen.

Doch die von ihnen gewählte Mitteilungsmethode (der selbstkritische Versuch, ein Image aufzubauen, durch das „Harry" dazu gebracht wird, bestimmte Dinge zu fühlen und zu denken) enthält gewisse eingebaute Versuchungen. Ich habe mir Mühe gegeben, diese Gefahren und Schwächen aufzuzeigen und muß in diesem Zusammenhang auf etwas Grundsätzliches hinweisen.

Wodurch sich Christen leiten lassen

In 1. Thessalonicher 2,1-12 beschreibt Paulus sein Verständnis von Integrität als ein Zusammenspiel von richtiger Motivation und Handlungsweise. Das Hauptanliegen des Paulus war die Ehre Gottes: „... wir reden, nicht um Menschen zu gefallen, sondern Gott." Bei allem, was er tat, hatte er dieses grundsätzliche Ziel vor Augen.

Die Gefahr, sowohl des Versuchs, sich mit den Hörern zu identifizieren als auch ihnen glaubwürdig zu erscheinen, liegt darin, daß man die horizontale Dimension der Predigt zu sehr im Blick hat. Je mehr man darauf achtet, wie man „ankommt", um so größer ist die Gefahr, die Botschaft zu verwässern, um die gewünschten Ergebnisse zu erreichen. Ich will betonen, daß ich diese Bemühungen nicht grundsätzlich ablehne. Ich glaube, daß Identifikation und Glaubwürdigkeit Elemente biblischer Überführung sind. Aber losgelöst vom umfassenderen christlichen Weltbild, können sich diese Wahrheiten leicht in Unwahrheiten wandeln.

Das biblische Prinzip der Integrität stellt eine korrigierende vertikale Richtschnur dar. Anstatt in erster Linie daran zu denken, wie er anderen gefiel oder was sie von ihm dachten, ging es Paulus darum, Gott zu gefallen. Paulus lehrt, daß gleich dem Nordstern diese vertikale Achse, Gott zu gefallen, den rechten Weg weist, einerlei, in welcher Situation man sich befindet.

Alles, was Paulus sonst noch tat, ergab sich aus seinem Ziel, Gott zu gefallen. Wegen dieses Zieles wußte Paulus sehr genau, was er tun sollte und wie das zu machen sei. Dieses Paulinische Verständnis der Integrität, das aus seinem Wunsch, Gott zu gefallen entsprang, besteht aus zwei Elementen: den Handlungen und der Motivation.

Insbesondere sagt Paulus, daß seine Handlungen (er litt, erklärte, unterhielt sich, arbeitete, predigte, ermahnte, ermutigte und strafte) seinem Wunsch entsprangen, Gott zu gefallen und wegen seiner Liebe zu den Thessalonichern. Paulus beschreibt in diesem Abschnitt seine Handlungen als gerechtfertigt, weil sie auf dem klaren Verständnis dessen beruhen, was wahr ist. Mit anderen Worten: Paulus war auf ein ethisches Ideal ausgerichtet, auf das er sich berufen konnte. Raymond Collins kommentiert diesen Abschnitt so: „Der Gott, auf den er sich beruft, ist ein moralischer Gott, der will, daß die Menschen sich würdig dieses sie berufenden Gottes betragen."[13]

Das zweite Element des Paulinischen Verständnisses von Integrität ist die richtige Motivation. Paulus sucht Gott zu gefallen und vermeidet Motivationen aus Irrtümern, Unreinheit, Betrug, Menschengefälligkeit, Schmeichelei, Habgier und Ehrsucht. Außer der Motivation, Gott zu gefallen, legt er Wert auf positive Motivationen wie Mut, Freundlichkeit, Zuneigung und Liebe. So sagt Haward Marshall zu dieser Stelle: „Gott geht es nicht in erster Linie um den äußerlichen Eindruck, den die Menschen machen, sondern um die inneren Motive, die das Betragen diktieren."[14]

Die Integrität des Paulus war eine Kombination aus Betragen und Haltung, die eine vertikale Achse hatten. Paulus wollte nicht Menschen, sondern Gott gefallen. Als Ergebnis dieser Integrität in seiner Hingabe an Gott, suchte Paulus die Thessalonicher zu lieben und für sie zu sorgen.

Was man bei dieser Lebensweise zu sehen bekommt, ist ein Dreieck aus Erkenntnis – Handlung – Erkenntnis. Wie Paulus müssen wir klare Überzeugungen von dem haben, wie wir vor Gott leben sollen. Dann müssen wir in der Kraft des Geistes das ausleben, was wir erkannt haben. Dann ergibt sich aus den Handlungen, die wir unseren Überzeugungen gemäß vollführten, das Wissen, in Übereinstimmung mit unseren Überzeugungen gelebt zu haben. Wir sind zuversichtlich, weil wir, wie Paulus, wissen, daß wir treu danach trachten, Gott zu gefallen. Anstatt in erster Linie damit beschäftigt zu sein, wie wir erscheinen oder was andere von uns denken (Image), konzentrieren wir uns auf das, was wir sind (Integrität).

Jeder, der mit Predigen, Singen, Schauspiel und Programmgestaltung befaßt ist, ob in Gemeinden wie Willow Creek oder auch in anderen, muß sein

Herz vor dem Kreuz prüfen und sich die Frage stellen: *„Warum tue ich das? Wem will ich damit gefallen? Habe ich Hunger und Sehnsucht danach, Jesus Christus zu verherrlichen?"* Wer bei seinem Engagement nicht die Reife und Integrität hat, nur Gott zu gefallen, sollte nicht zu einem Leiteramt zugelassen werden.

KAPITEL 17

Im Morast der Psychologie

Hybels' Wunsch nach Relevanz motiviert ihn, auf Sprache und Ziele der Kultur der breiten Masse zuzugehen. In diesem Nachdruck auf Relevanz liegt eine große Stärke und zugleich eine große Schwäche. Die Stärke dieser Strategie haben wir bereits beschrieben: Wer mit Relevanz spricht, kann sich einer breiten Zuhörerschaft effektiver mitteilen. Die Methode von Willow Creek bedient sich der Sprache, Denkkategorien und Lebensziele der umgebenden vorherrschenden Kultur. Sie fängt dort an, wo die Menschen sind.

Ihre Schwäche besteht darin, daß sie die Menschen vielfach auch dort läßt, wo sie sind. Diese Methode der Relevanz wird durch einen Mangel an selbstkritischem Denken beeinträchtigt. Ohne die Korrektur durch christlich-kritisches Denken wird eine schwammige Denkweise beibehalten und sogar gefördert. Infolgedessen werden viele Vorstellungen akzeptiert oder aufgegriffen, obwohl sie möglicherweise einigen Überzeugungen widersprechen, an denen man tief im Herzen festhält.

Hybels' Verständnis von Relevanz bestätigt die Kultur der Umwelt *per definitionem*. Das ist durchaus ein Problem, und es geht auf Hybels Bestreben zurück, sich mit „unchurched Harry" zu identifizieren und dabei so nah wie möglich an ihn heranzukommen. Wenn man „Harrys" Sprache, Denkkategorien, Lebensziele und Sehnsüchte aufgreift, wird es äußerst schwierig, dabei Kritik an dieser Kultur zu üben.

Dieses Phänomen bringt für Willow Creek tiefgreifende Konsequenzen mit sich. Willow Creek geht mit seiner theologischen Botschaft auf die Kultur zu und eignet sich einen erheblichen Teil der amerikanisch-psychologischen Weltanschauung an. Bevor wir nun den speziellen Einfluß der psychologischen Weltanschauung auf Willow Creek untersuchen, sollten wir einen kurzen Blick auf die allgemeine Antwort der Evangelikalen auf das amerikanisch-psychologische Weltbild werfen.

Die Evangelikalen und das amerikanisch-psychologische Weltbild

Wie reagieren die Evangelikalen auf das amerikanisch-psychologische Weltbild? Peter Berger meint, Religion habe „zwei grundsätzliche Möglichkeiten", auf das symbolische Universum der modernen Gesellschaft zu reagieren: „Anpassung" und „Widerstand". Der Soziologe James Hunter erklärt:

> Religiöse Organisationen müssen sich entscheiden, entweder ihre Glaubensüberzeugungen den verstandesmäßigen Maßstäben außerhalb ihrer Tradition anzupassen oder aber sich selbst in eine Defensivhaltung von diesen Maßstäben zu distanzieren, um somit theologisch plausibel zu bleiben.[1]

Widerstand

Der Widerstand gegen die psychologische Weltanschauung kam, was von vornherein klar war, von seiten des konservativen, sogar fundamentalistischen Flügels der Evangelikalen. In seinem Buch „Our Sufficiency in Christ" lehnt der fundamentalistische Prediger John MacArthur den Gebrauch von Psychologie bei Evangelikalen entschieden ab:

> Psychologie ist genausowenig eine Wissenschaft wie die atheistische Evolutionstheorie, auf welcher sie basiert ...
>
> Moderne Psychologie und Bibel können nicht miteinander vermischt werden, ohne dabei einen ernstlichen Kompromiß einzugehen oder das Prinzip der Hinlänglichkeit des Wortes Gottes gänzlich preiszugeben.

MacArthur predigt, „Christliche Psychologie", so wie dieser Begriff heute verwendet wird, sei ein Oxymoron, eine Kombination völlig gegensätzlicher Worte.[2]

Die Stärke, Widerstand zu leisten, ist die Fähigkeit, auch angesichts der Kultur der breiten Masse ein in sich schlüssiges Weltbild aufrechtzuerhalten. Bei Widerständlern, die kulturorientiert sind, findet sich eine Bereitschaft zur Verteidigung kultureller Werte und Normen. In manchen Gruppierungen wird ein solcher Widerstand als ein Zeichen von Reife angesehen.

Widerstand kann darüber hinaus die Kultur vor eine Herausforderung stellen. Solche Widerständler investieren ihre meiste Kraft in die Aufrechterhaltung ihres Weltbildes und ihrer Subkultur, anstatt viel Mühe für eine Änderung der Kultur aufzuwenden. Ironischerweise bewahrt dieses Bestreben den Samen für eine potentielle Erneuerung der allgemeinen Kultur, da Widerständler grundsätzlich konterkulturell sind.

Der Soziologe Hunter meint, eine potentielle Schwäche der Widerstandsreaktion sei, daß sie „aufgrund ihres Zurückziehens vom Rest des Lebens zu derartig starren ‚Grenzen' (engl. ‚Boundaries') führt, daß Religion dadurch eigentlich bedeutungslos wird". Für eine religiöse Gruppierung, die sich von der umgebenden Kultur samt ihrer vorherrschenden symbolischen Weltanschauung völlig zurückzieht, ist es äußerst schwierig, eine Beziehung zu ihren kulturellen Nachbarn aufzubauen oder mit diesen zu kommunizieren. Wenngleich es sich um eine falsche Karikatur handelt, ist doch die bekannteste Klischeevorstellung von Evangelikalen ein bibelschwingender, schlechtgekleideter, rotgesichtiger, den moralischen Zeigefinger erhebender, schwitzender Prediger. Vom Standpunkt der vorherrschenden Kultur aus betrachtet ist diese Figur sowie der gesamte evangelikale Glaube, den sie repräsentiert, bedeutungslos und unattraktiv.[3]

Anpassung

Die Masse der Evangelikalen, einschließlich Willow Creek, finden wir auf seiten der „Anpassung". Marshall Shelley, Herausgeber der evangelikalen Zeitschrift *Leadership*, beschreibt, wie die psychologische „Recovery"-Bewegung „uns alle wie eine Flutwelle überschwemmt hat":

> Man kann heute einfach nicht mehr zu einer Gemeinde gehören, ohne eine neue Sprache zu lernen über Sucht, Mißbrauch, Abhängigkeit, Co-Abhängigkeit, gestörte Familienbeziehungen, Kindheitstraumen, bedingungslose Akzeptanz, Neu-Beelterung, das Kind im Erwachsenen usw.[4]

Die Infiltration mit dieser psychologischen Weltanschauung hat die Evangelikalen zutiefst geprägt. Heute gibt es Recovery-Bibeln, evangelikale Zwölf-Schritte-Programme, psychoevangelikale Bestseller und eine florierende evangelikale Psychobranche. Kurz gesagt, das moderne psychologische Weltbild formt die evangelikale Welt in signifikanter Weise: Viele Evangelikale denken in seinen Kategorien und Prioritäten. Hinsichtlich dieses Einflusses der Psychologie auf die Evangelikalen sind sowohl positive wie negative Auswirkungen zu verzeichnen.[5]

Wenn ein Prinzip des allgemeinen psychologischen Weltbilds mit den grundlegenden Lehren des christlichen Glaubens übereinstimmt, kann der Beitrag der Psychologie positiv sein. Da die Psychobewegung großen Wert auf Ehrlichkeit hinsichtlich der eigenen Fehler legt, ist es für viele Evangelikale einfacher, der biblischen Aufforderung Folge zu leisten und ihre Fehler und Sünden einzugestehen (Jak 5,16).

Zweifellos kann das Heranziehen einer psychologischen Theorie Einsicht in die menschliche Persönlichkeit, in Verhalten und Beziehungen verschaffen. Einige haben behutsam versucht, solche Einsichten in ein biblisches Weltbild zu integrieren. Derartige geduldige Bemühungen haben der christlichen Seelsorge und Psychotherapie segensreiche Erkenntnisse eingebracht.

Eine weitere Starke der Haltung der Anpassung besteht darin, daß Einzelpersonen wie Gemeinden mit dieser Haltung effektiv mit ihren kulturellen Nachbarn kommunizieren können. Christen, die sich der Kultur anpassen, sind eher bereit, auf andere Personen in der Kultur einzugehen, sie zu verstehen und sich tiefergehend mit ihnen zu beschäftigen. Diese Christen können auf die Menschen in der Welt einen mächtigen Einfluß ausüben.

Eine wesentliche Schwäche dieser kulturellen Anpassung ist, daß die Welt ebenso einen mächtigen Einfluß auf die Gemeinde ausüben kann. Das Merkwürdigste am Einfluß der psychologischen Weltanschauung ist, daß nur sehr wenige Evangelikale darüber besorgt oder sich auch nur dieses Einflusses bewußt sind. Die Mehrzahl der gewöhnlichen konservativen Evangelikalen haben diese Anpassung mit offenen Armen begrüßt. Stellt jemand die Gottheit Jesu Christi in Frage, würden die Evangelikalen eine solche Ketzerei schleunigst verwerfen. Doch das psychologische Weltbild ist wie ein Tarnkappenflieger unter die theologischen Radarwellen der Evangelikalen geschlüpft. Die Zeitschrift *Christianity Today*, Flaggschiff der evangelikalen Publikationen, hat diesen Prozeß mit schmeichelnden Artikeln und Editorials abgesegnet und verteidigt.[6]

Die Frage nach den Konsequenzen des psychologischen Weltbildes für die Evangelikalen steht immer noch zur Antwort aus. Glücklicherweise ist unsere

Fragestellung etwas eingeschränkter. Welches sind die unbeabsichtigten Konsequenzen von Willow Creeks Verwendung dieser psychologischen Kategorien?

Die psychologische Weltanschauung bei Willow Creek

Bevor ich nun mit der Analyse der Auswirkungen der Psychologie beginne, muß ich herausstellen, daß ich persönlich an den Wert der Sozialwissenschaften (zu denen im englischen Sprachgebrauch auch die Psychologie gerechnet wird) glaube. Mein Studium bis hin zum Erlangen des Doktorgrades umfaßte Kurse und Examen in Persönlichkeitstheorie, Sozialpsychologie und sozialwissenschaftlichen Forschungsmethoden und -theorien. Zentrales Thema meiner Dissertation war „Religion in Persönlichkeit und Gesellschaft", und gegenwärtig bin ich Mitglied eines fachspezifischen sozialwissenschaftlichen Verbandes. Selbst das vorliegende Buch ist zu weiten Teilen das Ergebnis einer sorgfältigen sozialwissenschaftlichen Untersuchung. Ich stelle hiermit nicht das vernichtende Urteil eines fundamentalistischen Predigers vor, sondern die Vorbehalte eines Profis auf diesem Gebiet.

In Kapitel 11, Unterpunkt I, habe ich aufgezeigt, daß psychologische Kategorien ein wesentliches Merkmal der Wochenendverkündigungen in Willow Creek darstellen. Die Besucher wissen, daß diese psychologischen Kategorien häufig als Bestandteil von Hybels' Lehren verwendet werden. Der frühere NFL-Linebacker (Spielerposition im American Football; NFL: National Football League) Mike Singletary, der bekannteste Willow Creek-Besucher, schreibt über diese Gemeinde:

> Zeitweise schien es, daß die Betonung mehr auf Positivem Denken lag als auf dem Wort Gottes, und das machte mir Sorgen ...
> Ich war besorgt, weil wir anscheinend mehr über die Methoden eines Robert Schuller oder eines Norman Vincent Peale hörten ...
> Mir machte das ernstlich zu schaffen. Ich sagte zu Kim: „Es muß schleunigst irgend etwas passieren, denn mir ist es egal, wohin ich gehe oder wieviel ich mich um Bill Hybels schere; wenn ich nicht mehr das Wort Gottes höre, wird es Zeit, zu gehen."[7]

Die amerikanisch-psychologische Weltanschauung findet sich ferner in den psychologischen Selbsthilfebüchern, die von Willow Creek-Besuchern gelesen werden, sowie im Anpreisen und Verwenden professioneller Psychotherapie.

Psychologiebücher

In vielen der Bücher, die im Willow Creek-Buchladen verkauft werden, wird das amerikanisch-psychologische Weltbild gelehrt. Im Lauf des Jahres, in dem ich meine Studien durchführte, waren die psychologischen Selbsthilfebücher – neben den Büchern von Bill Hybels – die Spitzenreiter der verkauften Bücher. Die Mitarbeiter der Buchhandlung waren sich darüber im klaren und bestückten dementsprechend das Lager. Im Buchladen gibt es drei Regale mit Büchern zum Thema Psychologie, ein Regal zum Thema „Recovery" und insgesamt nur ein Regal für die Bereiche Theologie und Gemeindeleben. Als ich jedoch einen näheren Blick auf das Theologie-Regal warf, fand ich kaum einen theologischen Titel. Die meisten Bücher auf diesem Regal handelten von Gemeindewachstum.[8]

Ein Grund, weshalb diese Psychologiebücher Bestseller sind, besteht darin, daß sie von Hybels und anderen Mitarbeitern empfohlen werden. Drei der am meisten empfohlenen und gelesen sowie einflußreichsten Bücher der Gemeinde sind drei psychologische Selbsthilfebücher mit den (hier ins Deutsche übertragenen) Titeln „Nicht mehr co-abhängig sein", „Bitte versteh mich" und „Wenn deine Welt sinnlos ist". Die ersten beiden sind weltliche Bücher, die sich als für Willow Creek-Christen sehr schmackhaft erwiesen haben. Beim letzten handelt es sich um ein christliches Psycho-Selbsthilfebuch.[9]

Hybels ruft das Wochenendpublikum auf: „Bitte kauft Dr. Clouds Buch mit dem Titel ‚Wenn deine Welt sinnlos ist', denn das Kapitel über ‚Grenzen' ist die allerbeste Abhandlung zu diesem Thema, die ich je gelesen habe." Das Ergebnis dieser Art psychologischer Wertschätzung war, daß im Lauf meiner Untersuchungen besagtes Buch von Hunderten von Willow Creek-Besuchern und -Mitarbeitern gelesen wurde. Von den verschiedensten Mitarbeitern wurde mir gesagt, dieses Buch sei momentan die einflußreichste Literatur für ihr Leben und für ihre Gemeinde.

Der Autor Cloud plädiert für eine Veränderung der Art und Weise, wie Christen ihr Leben bewältigen:

> Im ganzen Land suchen die Leute zunehmend nach Antworten auf emotionale und psychologische Probleme, und sogar Christen merken, daß ihre „geistlichen" Antworten bisweilen unbefriedigend sind.

Cloud erläutert, wie er dazu kam, dieses Buch zu schreiben:

> Ich selbst und andere haben die christlichen „Standard"-Antworten ausprobiert, und ich kam zum selben Ergebnis wie Job: Sie sind wertlose Medizin. Ich habe auch versucht, psychologische Erkenntnisse zu „taufen", damit sie mir irgendwie „christlich" genug vorkommen und mich denken lassen, daß meine „theologischen" Antworten und gelernten Weisheiten der wirkliche Schlüssel zur Heilung seien. Doch irgendwie funktionierte auch das nie.[10]

Clouds in diesem Buch vorgeschlagene Lösung ist, psychologische Konzepte als grundsätzliche Richtlinien fürs Leben heranzuziehen.

Das Problem besteht nicht darin, daß Cloud nicht die Bibel zitieren würde. Das Buch ist von vorn bis hinten von Bibelversen durchzogen. Doch das Raster, das Cloud in erster Linie zur Auslegung der Bibel verwendet, besteht aus vier psychologischen Gedanken: „1.) sich binden, 2.) ‚Grenzen', 3.) Lösungen für Probleme mit Gut und Böse, 4.) Autorität erlangen." Cloud lehrt sogar, diese Prinzipien seien „vier Aspekte seiner [Gottes] Person". Die Konsequenz eines solchen Ansatzes ist eine neuartige Legierung von biblischen Geschichten und Versen zu einer psychologischen Matrix. Das Ergebnis? Psychologische Begriffe wie „Grenzen" werden zu den primären ethischen Kategorien, mit denen man beschreibt, wie ein Mensch leben sollte.[11]

Psychotherapie

Bei den Wochenendbotschaften während des Jahres meiner Studien kam es mindestens 21mal vor, daß Bill Hybels oder ein anderer Redner das Publikum ermunterte, eine Therapie mitzumachen. Hybels ermahnt:

> Wir haben ein Seelsorgezentrum. Vielleicht hat es jemand von euch nötig, heute morgen aufgefordert zu werden, Schande und Schatten hinter sich zu lassen, in denen er oder sie bisher gelebt hat. Niemand wird dich weniger wertschätzen, wenn du bei uns Hilfe suchst. Im Gegenteil – du wirst höher geachtet werden.

Die Folge dieser Betonung von Therapie ist, daß sich viele Leute in psychologische Behandlung begeben. Während des einen Jahres meiner Studie suchten fast 1.000 Personen das Willow Creek-Seelsorgezentrum auf. Etwa zwei Drittel dieser Personen wurden dann an eines der über 90 Therapiezentren im Einzugsgebiet von Chicago weiterverwiesen. Bei vielen dieser Zentren handelt es sich um keine christliche Einrichtung. Ein Therapeut schätzte, daß die Zahl der Therapiebewerber auf 2.000 – 3.000 hochschnellen würde, wenn die Leute in der Gemeinde sicher wären, daß sie in Willow Creek selbst behandelt und nicht an ein anderes Zentrum verwiesen werden.[12]

Im Lauf weniger Jahre haben Tausende von Willow Creek-Teilnehmern das Therapieangebot wahrgenommen. Diese Tausende beeinflussen wiederum ihre Familienangehörigen und Freunde bei Willow Creek mit ihren neuen analytischen Kategorien. Diese psychologischen Begriffe werden zu den ethischen Kategorien, nach denen ein Willow Creeker sein Leben ausrichtet.

Willow Creeks Abhängigkeit von Therapie und deren psychologischem Weltbild zeigt sich ferner in der großen Anzahl von Mitarbeitern, die eine Therapie absolviert haben. Während meiner Studien haben schätzungsweise 50% der Willow Creek-Mitarbeiter eine Therapie im Seelsorgezentrum durchlaufen. Die Gemeinde ist vom Nutzen von Therapie derart überzeugt, daß sie jedem einzelnen Mitarbeiter jährlich 400 Dollar für eine Therapie im Seelsorgezentrum zuteilt. Auch in Willow Creeks Verständnis von Dienst wird Therapie samt ihrer psychologischen Grundlage als notwendiges Werkzeug akzeptiert. Doch im dortigen Seelsorgezentrum existiert kein anerkanntes Modell, wie Psychologie und Theologie miteinander vereinbar sein könnten. Die Seelsorgeleiter kümmert es nicht, ob ein Seelsorger nun einen behavioristischen, psychoanalytischen, familienbezogenen oder kognitiven Ansatz wählt. Somit wird ein Mischmasch von verschiedensten psychologischen Theorien herangezogen, ohne dabei über eine in sich schlüssige theologische Beurteilung oder Orientierungshilfe zu verfügen.[13]

Was kommt als Ergebnis einer derartigen Durchtränkung der willowcreek-schen Lehren und Praktiken mit dem psychologischen Weltbild heraus? Psychologische Kategorien sind keine wertneutralen medizinischen Begriffe. Sie formen und prägen das Denken – und somit das Leben – der Menschen.

Psychologische Theorien

Die Sozialwissenschaften (im folgenden wiederum im amerikanischen Sinne einschließlich der Psychologie gemeint) gründen sich auf die Wissenschafts-theorie, die eine klare Unterscheidung zwischen Theorie und empirischen Daten trifft. Nach diesem Verständnis wird eine Theorie zur Analyse und Inter-pretation von empirischen Daten benutzt. Sozialwissenschaftliche Theorien, ob psychologischer oder soziologischer Art, werden demnach zur Erklärung des menschlichen Verhaltens entwickelt.

Sozialwissenschaftliche Theorien dienen mehreren Zwecken. Sie werfen Fragestellungen auf, deren Untersuchung lohnenswert erscheint. Sie verhelfen zu einem besseren Verständnis von Forschungsergebnissen, indem sie diese in einen breiteren Zusammenhang stellen. Sie verdeutlichen die Wichtigkeit der empirischen Evidenz. Sie stellen den Zusammenhang her zwischen den Ergeb-nissen einer einzelnen Studie und dem weiteren wissenschaftlichen Umfeld. Kurz gesagt, sozialwissenschaftliche Theorien dienen als interpretierende Bril-len zur Deutung menschlicher und zwischenmenschlicher Phänomene. Will man von daher diese Theorien in richtiger Weise verwenden, muß man zwi-schen Theorie und empirischen Daten unterscheiden und die Theorie als eine Brille gebrauchen, die bei der Auswertung einer spezifischen Datenstatistik hilfreich ist.

Was gegenwärtig in Willow Creek praktiziert wird, entspricht jedoch in keiner Weise diesem Gebrauch psychologischer Theorien. Dort sind psycholo-gische Kategorien vielmehr zu einem integralen Bestandteil des Weltbildes geworden, mit dem die Menschen die Wirklichkeit sehen. Anstelle des wissen-schaftlichen Gebrauchs psychologischer Theorien als interpretierende Brillen, die bei der Analyse empirischer Daten behilflich sind, bauen die Willow Cree-ker diese Theorien auf naive Weise in ihr Weltbild ein. Die Leute erkennen sich selbst als „co-abhängig" und lamentieren, daß andere ihre „Grenzen" verletzt haben. Anstatt psychologische Theorien als theoretisches Mikroskop zum bes-seren Verständnis von spezifischen Datenstatistiken heranzuziehen, haben vie-le Creeker dieses psychologische Mikroskop – vom Effekt her – an ihre Köpfe geschlagen. Viele Creeker sehen nicht nur alles und jeden mit diesen Denkka-tegorien, sondern sind darüber hinaus nicht imstande, von ihrem Gebrauch los-zukommen.

Auf diese Weise werden psychologische Theorien als sinngebende Instru-mente verwendet. Aus diesem Grund bringt der Psychologe Paul Vitz vor, daß Psychologie dem modernen Menschen nunmehr als wichtiges Sinn-System – als Religion – dient. Die Menschen deuten und gestalten ihr Leben auf der Grundlage dieses psychologischen Weltbildes. Das ist eine entscheidende Veränderung – denn das Weltbild eines Menschen ist die Grundlage für seine Ethik. Das *Oxford English Dictionary* definiert Ethik als „die moralischen Prinzipien, von denen eine Person geleitet wird". Das Weltbild bietet dieser Person die grundlegenden Kategorien und Prioritäten für ihre Ethik. Um diese Dynamik anschaulich zu erklären, ist ein Beispiel nötig. Manchmal hilft uns ein Blick zurück auf die Geschichte der Christenheit, wo wir ähnliche Phänomene entdecken, damit wir uns selbst besser verstehen können.[14]

Der Neoplatonismus von Augustinus

Im 4. Jahrhundert n.Chr. führte Augustinus von Hippo eine neue Interpretation des christlichen Weltbildes ein. In der griechisch-römischen Welt sahen die Christen sich selbst einem geistlichen Konflikt ausgesetzt. Der Feind wurde als Bedrohung von außen dargestellt, als „die Welt" oder „Satan". Augustinus wollte die Existenz dieser Feinde keineswegs abstreiten, argumentierte jedoch, „das Fleisch" sei eine innere Konfliktquelle für das christliche Leben. „Man darf nicht dem Teufel die Schuld an allem geben; bisweilen ist der Mensch sein eigener Teufel."[15]

Das Ergebnis von Augustinus' neuer Interpretation des christlichen Weltbildes war eine gänzlich andersartige Ethik. Vor Augustinus dachten die Christen, der Schauplatz des geistlichen Kampfes läge außerhalb ihrer selbst, und kämpften gegen äußere Feinde. Augustinus stellte diese Auffassung auf den Kopf und erklärte, das christliche Leben sei ein Kampf gegen sich selbst. Wie der Historiker Dennis Groh erläutert, war Augustinus überzeugt, daß der menschliche Körper „einen Rebell gegen seinen eigenen Schöpfer beherbergt".[16]

Aufgrund dieses neuen Verständnisses vom Wesen des Menschen änderte sich das Zielobjekt von Augustinus' Ethik. Heute meinen viele Christen, das Ziel des christlichen Lebens sei Vollkommenheit, doch Augustinus vertrat die Meinung, das Ziel des christlichen Lebens sei Demut. Augustinus glaubte, daß Vollkommenheit als Ziel für einen Christen sowohl falsch als auch gefährlich sei. Augustinus' neues Verständnis des christlichen Weltbildes prägte auf jedem Gebiet eine neue Auffassung von Ethik – eine neue Auffassung, wie Christen leben sollten.[17]

Oberflächlich betrachtet, scheint diese Veränderung ein hilfreicher Schritt hin auf eine biblischere Auffassung des christlichen Lebens zu sein. Doch unter dem äußeren Schein dieser neuen Interpretation des christlichen Weltbildes verbirgt sich Augustinus' enge Bindung an den Neoplatonismus. Vor seiner Bekehrung zum Christentum war Augustinus ein Anhänger des Neoplatonismus, und als er Christ geworden war, ließ er etliches Gedankengut dieser Philosophie in seine christliche Weltanschauung mit einfließen.[18]

Die den Neoplatonismus kennzeichnende Trennung zwischen dem Geistlichen und dem Natürlichen verzerrte Augustinus' Ethik erheblich. Der Historiker Peter Brown beschreibt Augustinus als einen „echten Anhänger Plotins" (des Vaters des Neoplatonismus) und erklärt, daß „die Konturen von Augustinus'

Denken in seinen Predigten von seiner tiefen Bindung an den Neoplatonismus bestimmt sind". Ich möchte nun kurz auf die zwei hauptsächlichen von diesem Einfluß herrührenden Verzerrungen in der Ethik von Augustinus eingehen.[19]

Der erste neoplatonische Einfluß auf Augustinus' Ethik findet sich in seiner vorrangigen ethischen Fragestellung. Der Historiker John Burnaby schreibt: „Ausgangspunkt war die von einer heidnischen Ethik aufgeworfene Frage; nämlich: ‚Was ist das Gute für den Menschen?'" Augustinus betrachtete für erhebliche Zeit seines Lebens das Leben als eine einzige große Herausforderung an, Glück zu erlangen. Burnaby merkt dazu an, daß „es nicht einfach war, anhand derartiger Prinzipien ... die Ethik vor Egozentrismus zu bewahren"[20].

Der zweite neoplatonische Einfluß auf Augustinus' Ethik ist sein Herabspielen, sogar Verunglimpfen des Körpers und seiner Sinne. „Allein Gott gebührt es, daß man ihn liebt: Diese ganze Welt, das heißt die gesamte Welt der Sinne, muß man verachten und darf sie nur für die notwendigen Dinge des Lebens gebrauchen." Diese Abwertung sollte uns nicht überraschen, wird doch Augustinus' neoplatonischer Meister als jemand beschrieben, der „sich anscheinend schämte, sich in einem Körper zu befinden". Brown schreibt, daß Augustinus als Neoplatonist „von ihnen [seiner Gemeinde] eigentlich nur erwarten konnte, die Geschlechtlichkeit ihrer Ehe und die natürlichen Familienbande nur insofern zu lieben, wie sie als Christen ihre Feinde lieben sollen"[21].

Als Augustinus eine neue Interpretation des christlichen Weltbildes einführte, hatte dies eine tiefgreifende Wirkung auf die von ihm aufgestellte Ethik. Auf den ersten Blick schien die von ihm gelehrte Ethik ein hilfreicher Beitrag zu sein. Doch bei näherem Hinsehen wird deutlich, daß die fremdartige Philosophie des Neoplatonismus in Augustinus' Weltbild eindrang und folglich seine Ethik verzerrte.

Bei den Willow Creekern sehen wir einen ganz ähnlichen Vorgang in ihrem naiven Gebrauch psychologischer Theorien als Teil ihres Weltbildes. Das moderne amerikanisch-psychologische Weltbild ist eine Art neuzeitlicher Neoplatonismus. Genau wie Augustinus' Neoplatonismus, so scheint auch dieses neue Weltbild hilfreiche und für Christen nutzbringende Kategorien zu bieten. Doch wie der Neoplatonismus der Antike bringt diese fremdartige Philosophie bedeutende Konsequenzen für die christliche Ethik mit sich.

Die in Willow Creeks Lehren, Büchern und Therapien verwendeten Kategorien werden zu den Kategorien, mit denen die Creeker sich selbst, ihre Beziehungen und das Leben an sich verstehen wollen. Diese psychologischen Kategorien werden zu den Prinzipien, mithilfe derer die Creeker ihre wichtigsten Entscheidungen treffen. Kurz gesagt, psychologische Kategorien durchdringen das Weltbild der Creeker und prägen ihre Ethik – „die moralischen Prinzipien, von denen eine Person geleitet wird".

Psychologie und die Ethik von Willow Creek

In der Ethik von Willow Creek entdecken wir viele zentrale und entscheidende Inhalte des amerikanisch-psychologischen Weltbilds wieder. Wer sich das oben beschriebene Weltbild aneignet, läßt sich damit auf eine ethische Verpflichtung ein, die seine psychologische Identität klarstellt, seine Beziehungen gemäß den psychologischen Kategorien ordnet und stets auf persönliche Bedürfnisbefriedigung bedacht ist. In diesem Kapitel werden wir uns die ersten beiden Punkte ansehen, den dritten in Kapitel 18.

Psychologische Identität

Der Soziologe Hunter beobachtet, daß die ständige Beschäftigung der Amerikaner mit Identität das Ergebnis einer sozialen Verschiebung ist. „Die Frage [wer bin ich?] ist nur in einer Gesellschaft verständlich, in der Identität deinstitutionalisiert worden ist." Es ist kein Zufall, daß sich die Menschen mit der Deinstitutionalisierung von Identität mehr und mehr psychologisch orientierten. Mit dem Verlust der Beziehungen, Rollen und Institutionen, die einst den Sinn für das Selbst verliehen, ist Identität für den modernen Menschen zu einem zentralen Problem geworden.[22]

Somit liefern psychologische Kategorien den Amerikanern generell und den Evangelikalen insbesondere das Mittel zur Selbsterkenntnis. Die Evangelikalen haben sich dem Trend der modernen Gesellschaft – hin auf Subjektivität – mit dieser ständigen Sorge um psychologische Selbstidentität angepaßt. Hunter erläutert, wie die Evangelikalen versuchen, den Gebrauch dieser psychologischen Kategorien zu rechtfertigen:

Auf höchster Ebene findet sich eine Synthese aus Biblizismus und humanistischer oder Freudscher Psychologie. Hier wird der Sprache dieser Sichtweise (z.B. Bewußtsein, Einschätzung, Selbstverwirklichung) eine biblische Grundlage sowie geistliche Bedeutung verliehen ... Ihnen allen gemein ist ein psychologischer Christozentrismus.[23]

Derselbe Gebrauch psychologischer Terminologie tritt auch in Willow Creek zutage. Hybels versucht den Leuten zu helfen, ihre psychologische „Identität" zu klären, indem er über Themen wie z.B. die vier Temperamente, Familiengeschichte, Emotionen und Verhaltensmuster bei Sucht spricht. Hybels hielt eine fünfwöchige Vortragsreihe mit dem Titel „Entdecke den Weg, wie Gott mit dir Verbindung aufnimmt". In einem anderen Jahr wurde das Zwölf-Schritte-Programm der Recovery-Bewegung in einer dreimonatigen Reihe von Wochenendbotschaften zusammengefaßt. Die Vermittlung dieser Art der Selbsterkenntnis stellt ein Hauptthema der Lehrveranstaltungen bei den Wochenendgottesdiensten von Willow Creek dar.

Für mich war es nicht ungewöhnlich, persönliche Zeugnisse darüber zu hören, wie bei jemanden eine bestimmte psychologische Einsicht weitergeholfen hat oder sogar lebensverändernd war. Ein Mitglied des Managementteams berichtete, wie Hybels psychologische Lehren sein Leben gravierend verändert haben:

All das hat mir geholfen, mit der Vergangenheit fertig zu werden und mich für die Zukunft vorzubereiten. Verstehen Sie? All diese psychologischen Sichtweisen ... Da ich jetzt meine Vergangenheit bewältigt habe, kann ich mein Elterndasein besser wahrnehmen und bin darauf vorbereitet, auf angemessene Weise für meine Kinder zu sorgen.

Diese psychologische Selbsterkenntnis ist von solcher Bedeutung, daß sie ein Kriterium für die Auswahl der Mitarbeiter der Gemeinde darstellt. Hybels erklärt:

> Wir suchen selbstbewußte Persönlichkeiten, die bereit sind, ihren Schmerz und ihre Verletzungen anzupacken ...
> Wer auf dem Weg zur psychischen Gesundheit ist, kann im allgemeinen zwei wichtige Fragen mit Ja beantworten: 1.) Bist du bereit zuzugeben, daß du Lasten aus der Vergangenheit mit dir herumschleppst? und 2.) Bist du bereit, aufrichtig daran zu arbeiten, so daß deine Beziehungen und deine Arbeit im Team nicht darunter leiden?[24]

Doch die Tatsache, daß Identität für Amerikaner eine so hohe Bedeutung hat, ist nicht der entscheidende Punkt. Aufgrund der gesellschaftlichen Vorgänge innerhalb der amerikanischen Kultur ist und bleibt das Identitätsproblem für viele Amerikaner ein großes Anliegen. Schwierig wird es, wenn man die Quelle von Willow Creeks Antwort auf diese Frage versteht. Das klassische evangelikale Denken hat die Wichtigkeit von Selbsterkenntnis oftmals betont. Johannes Calvin schrieb: „Fast alle Weisheit, die wir besitzen, als wahre und lautere Weisheit, besteht aus zwei Teilen: die Erkenntnis Gottes und unserer selbst." Bisher hat das klassische evangelikale Denken Selbsterkenntnis als das Ergebnis von Gotteserkenntnis dargestellt: „Es steht fest, daß der Mensch niemals eine klare Erkenntnis seiner selbst erlangt, solange er nicht zuerst zu Gottes Angesicht aufgeschaut hat und dann von der Betrachtung Gottes hinabsteigt, um sich selbst zu prüfen."[25]
Im Gegensatz zu dieser an Gott ausgerichteten Selbsterkenntnis bietet Willow Creek häufig eine psychologische Selbsterkenntnis. Anstelle des Blickes nach oben zu Gottes Angesicht fordert diese Lehre auf, in den verzerrten Spiegel der modernen Psychologie zu schauen. Im Willow Creek-Magazin wurde ein junges Paar als Beispiel dargestellt, wie man als Christ zu geistlicher Reife gelangen kann. Doch so, wie sie beschrieben wurden, erinnerten sie vielmehr an rehabilitierende Suchtkranke auf einem Treffen der Anonymen Alkoholiker:

> Bei ihrer Teilnahme an den einzelnen Kursen lernten sie etwas über Thematiken wie Abhängigkeit, unterdrückte Aggression bei Kindern, erlerntes destruktives Verhalten, Sucht und zu geringes Selbstwertgefühl.
> Ein Mitarbeiter erklärte: „Sie sind mit ihren Altlasten in Berührung gekommen."[26]

Bei der Beschreibung des Reifungsprozesses dieses Paares machte der Reporter keinen Gebrauch von biblischen Begriffen (wie z.B. Frucht des Geistes, Liebe, Heiligkeit, Selbstbeherrschung, Gottesfurcht), sondern beschränkte sich auf eine psychologische Terminologie der Heiligung.

Willow Creeks Gebrauch psychologischer Kategorien ist ein ungewollter Versuch, empirische Realität zu beschreiben. Ein ungewollter Gebrauch psychologischer Kategorien führt jedoch sowohl zu einem Verständnis dessen, was ist, als auch zu einer Ethik, was sein sollte. Anders ausgedrückt: Psychologische Kategorien prägen die Problematik auf eine solche Weise, daß sie letztendlich die Richtung angeben, wie man leben sollte. Ein erheblicher Teil dieser Lebensanweisung besteht der psychologischen Ethik zufolge in der inneren psychologischen Suche nach der Selbstidentität.[27]

Der Philosoph Robert Roberts erläutert die Wirkung psychologischer Vorstellungen auf das menschliche Verhalten:

Wir sind verbal geprägte Wesen; die Worte, die wir kauen, schlucken und verdauen, werden bestimmen, wie wir die Welt sehen, was wir für wichtig halten und wie unser Verhalten, unser Charakter und unser ganzes Leben gestaltet ist.[28]

Wenn jemand anfängt, psychologische Kategorien als grundlegende Elemente der Selbstwahrnehmung zu benutzen, hat er oder sie auch eine psychologische Ethik übernommen. Man fühlt sich moralisch verpflichtet, weder „co-abhängig" zu sein, noch die „Grenzen" von anderen zu verletzen. Diese Terminologie regt Creeker nicht an, Gott kennenzulernen und zu lieben, sondern regt sie statt dessen an, sich selbst kennenzulernen und zu akzeptieren und ein starkes Selbstwertgefühl zu entwickeln. Die Ziele und Mittel der eigenen Ethik verändern sich von einer theozentrischen zu einer humanistischen Orientierung.

Roberts skizziert das Ergebnis dieser psychologischen Prägung:

Die verschiedenen derzeit einflußreichen Psychotherapien und Persönlichkeitstheorien sind keine lediglich wertneutralen medizinischen Technologien oder wissenschaftliche Theorien; es handelt sich hier um Lebensphilosophien, die sich für bestimmte Tugenden, Charakterzüge oder Persönlichkeitsmerkmale stark machen.

Das sind dann die Eigenschaften einer Person, wenn der Therapeut ihn oder sie erfolgreich zu einer funktionierenden und reifen Persönlichkeit gemacht hat – reif natürlich in den Augen des Therapeuten. Und das sind die Eigenschaften, zu deren Förderung die Therapie eigens entworfen ist.[29]

Die Christen von Willow Creek haben den psychologischen Rahmen als Grundlage ihrer eigenen Selbsterkenntnis und als vertrauenswürdige Anleitung zum täglichen Leben angenommen. Das Ergebnis dieser psychologischen Kategorien sind psychologische Identitäten. Roberts erklärt: „Wer sich selbst ernsthaft in christlichen Ausdrücken beschreibt, neigt dazu, ein christliches Selbst zu haben; wer sich dagegen ernsthaft in Begriffen eines Rogers oder Jung beschreibt, neigt zu einem Rogerschen oder Jungschen Selbst."[30]

Ein von mir befragter Creeker berichtete mir beispielsweise, er habe ein populärwissenschaftliches Psychologiebuch gelesen, in dem fünf Bedürfnisse von Ehepartnern aufgelistet werden. Dann erklärte er: „Ich habe alle fünf Bedürfnisse von Susie erfüllt, doch sie hat kein einziges von mir gestillt." Wie er sagte, sei er infolgedessen in Versuchung geraten, sich auf eine Affäre mit seiner Sekretärin einzulassen. Ausgehend von den Kategorien seiner „Bedürfnisse" verfügte er über eine äußerst schwache moralische Grundlage, um dieser Versuchung zu widerstehen.

Ich möchte nochmals herausstellen, daß ich keinesfalls die Sozialwissenschaften – weder die Psychologie noch die Soziologie – angreifen möchte. Aber ich greife einen naiven und unangemessenen Gebrauch von Sozialwissenschaft – und in diesem Fall von Psychologie – an. Säkulare psychologische Persönlichkeitstheorien stellen alternative und rivalisierende Auffassungen zum christlichen Menschenbild dar. Der christliche Glaube hat den höchsten Anspruch, eine wahre „Psychologie" – oder eine Lehre über die Seele – zu bieten. 2000 Jahre lang sind Christen im Geschäft des „Seelenheilens". Wenn Christen nicht konsequent die biblische Lehre über die menschliche Natur in bezug auf eine wahre Gotteserkenntnis vertreten, wird ihr Denken und Handeln weiterhin von einem oberflächlichen psychologischen Einfluß geprägt sein.

Psychologische Beziehungen

Die Lehrvorträge der Wochenendveranstaltungen in Willow Creek sprechen die Beziehungen der Besucher in psychologischen Begriffen an, wie z.B. „Grenzen", „Co-Abhängigkeit", „Kontrolle", „Konfliktlösungen" usw. Ein Beispiel für die richtungsweisende Bedeutung der Psychologie bei Beziehungen ist das Buch „Nicht mehr co-abhängig sein" von Melody Beattie. Es ist einer der Bestseller unter den populärwissenschaftlichen Psychobüchern und eines der einflußreichsten Bücher im Umfeld von Willow Creek. Gleich zu Beginn des Buches diskutiert Beattie reale Schmerz- und Enttäuschungssituationen. Viele vom Leben geschundene Leser können sich mit diesen Beschreibungen des Leides identifizieren und glauben, die Autorin habe gerade ihre ureigensten Probleme aufgezeigt.

Beattie beginnt ihre Lösung mit dem zweiten Teil des Buches, „Die Grundlagen der Selbstpflege", in einem Kapitel mit der Überschrift „Loslösen". Die Autorin erklärt, weshalb zuerst Loslösen vonnöten sei: „Ich wählte dieses Thema, weil es grundlegend ist." Sie vertritt die Auffassung, der erste Schritt bei der Lösung von Beziehungsproblemen sei es, sich von der betreffenden Person, mit der man Schwierigkeiten hat, zu trennen:

> Es kommt häufig vor, daß Leute in Entsetzten zurückschaudern, wenn ich ihnen vorschlage, sie sollten sich von einer Person oder einem Problem loslösen. „O nein!" schreien sie. „Das könnte ich niemals tun. Dafür liebe ich ihn oder sie viel zu sehr. So etwas könnte ich nie fertig bringen. Dieses Problem oder dieser Mensch ist mir zu wichtig. Ich muß den Kontakt beibehalten."
> Ich antworte dann darauf: *„Wer sagt, du mußt?"* Ich habe eine Neuigkeit – eine gute Nachricht. Wir „müssen" nicht. Es gibt einen besseren Weg. Er heißt Loslösen.[31]

Beattie lehrt eine Ethik – schlicht und einfach. Sie versucht, Trennung zu rechtfertigen, indem sie sagt, es sei eigentlich ein Mittel für bessere Beziehungen. In der Praxis jedoch rechtfertigt diese Theorie ohne weiteres Trennung als Problemlösung bei schwierigen oder schmerzhaften Situationen. Beattie rät ihren Lesern, ihren gefühlsmäßigen Sehnsüchten nach Frieden und Erfüllung zu folgen. Eine andere Kapitelüberschrift fordert auf: „Gehen Sie eine Liebesaffäre mit sich selbst ein!" Sollte uns da die Widmung des Buches überraschen? – „Dieses Buch ist mir gewidmet."[32]

Wer in naiver Weise die Begriffe Beatties oder andere psychologische Formulierungen übernimmt, übernimmt damit auch eine lebensbestimmende Ethik. Sowohl bei Teilnehmern als auch bei führenden Mitarbeitern bei Willow Creek bin ich auf eine Akzeptanz gegenüber diesen psychologischen Theorien gestoßen. Von der Kanzel aus befürwortet Hybels die Theorie der „Co-Abhängigkeit" als Frucht der 80er Jahre. Ein Willow Creek-Seelsorger sagte mir, daß Beatties Buch die auf die Gemeinde einflußreichste Literatur der letzten Jahre sei. Bei meinen Interviews behaupteten die Leute immer wieder, sie seien „coabhängig", und erläuterten, wie sie von dieser Perspektive aus an Beziehungsprobleme herangingen.

Wer psychologische Theorien heranzieht, um seine persönlichen Beziehungen zu strukturieren, macht nicht von biblischen Prinzipien Gebrauch. Anstatt die Verantwortung bei persönlichen Beziehungen mit den biblischen Begriffen wie Liebe, Demut, Hingabe, Vergebung, Versöhnung, Beharrlichkeit und Geduld zu beschreiben, verwendet er psychologische Vorstellungen wie „Grenzen" und „Loslösung". Diese Verschiebung ist von tiefgreifender Wirkung. Da man in anderen Kategorien denkt, handelt man auch auf andere Weise. Zwei Illustrationen sollen hier die Konsequenzen dieser Herangehensweise an zwischenmenschliche Ethik verdeutlichen.

Hybels hat in öffentlichen Veranstaltungen geäußert, daß im Lauf der Jahre Hunderte von Willow Creeker-Ehen gescheitert seien. „Loslösen" wird als Rechtfertigung dafür herangezogen, daß Willow Creeker sich von ihren Ehepartnern trennten und sich scheiden ließen. Willow Creeks offizielle Scheidungspolitik erlaubt sogar, sich scheiden zu lassen, wenn „der Mann oder die Frau nicht bereit ist, ein tauglicher Ehepartner zu sein". An diesem Punkt hat der psychologische Kodex, der ein „Loslösen" aus gestörten Beziehungen legitimiert, Willow Creeks Theologie geformt. Es ist höchst erstaunlich, daß mit dieser Richtschnur 2000 Jahre christlicher Lehre beiseite gesetzt werden. Das Gebot unseres Herrn, „So sind sie nun nicht mehr zwei, sondern ein Fleisch; was nun Gott zusammengefügt hat, das soll der Mensch nicht scheiden" (Matth 19,6), wurde während des achttägigen Seminars über Ehescheidung nicht ein einziges Mal erwähnt. Das ist eine alarmierende Entwicklung und eine folgenschwere Preisgabe.[33]

Das zweite Beispiel psychologischer Ethik in Willow Creek ist das erstaunliche Ergebnis von Barnas Umfrage unter Willow Creeks Wochenendbesuchern. 91% der Befragten gaben an, ihr „höchster Wert" sei „eine tiefe persönliche Beziehung zu Gott". Doch von derselben Gruppe gaben 25% der Singles, 38% der Alleinerziehenden und 41% der Geschiedenen zu, „innerhalb der letzten sechs Monate unrechtmäßige sexuelle Beziehungen gehabt zu haben". Zumindest bei diesem beträchtlichen Teil der Gemeinde setzte die psychologische Ethik den sexuellen Wünschen keine Grenzen.

Was kommt bei ihrer psychologischen Ethik heraus? Willow Creeks psychologische zwischenmenschliche Ethik hat zur Schaffung psychologieorientierter Christen beigetragen, die zwar einerseits eine persönliche Vertrauensbeziehung zu Gott befürworten, sich andererseits jedoch „unrechtmäßige sexuelle Beziehungen" gönnen. Es ist äußerst schwierig, Aufopferung und Gehorsam zu rechtfertigen, wenn die eigene Ethik keine Zügel bietet, um die eigennützigen Begierden zu beherrschen.[34]

Die Anpassung des evangelikalen Glaubens

Willow Creeks Anpassung an das psychologische Weltbild geschieht unbeabsichtigt. Hybels und sein Mitarbeiterteam versuchen nur, den christlichen Glauben für Distanzierte relevant zu machen. Sie wollen erleben, daß die „Harrys" zum Glauben kommen. Sie verwenden psychologische Kategorien, um zeigen zu können, wie Christentum funktioniert, damit die „Harrys" besser auf das Evangelium vorbereitet sind.

Willow Creek ist kein Einzelfall auf dem Gebiet der Lehre einer psychologisch-christlichen Ethik. Traurigerweise beruht die Selbsterkenntnis und Lebensführung vieler Evangelikaler auf einem psychologischen Weltbild. Das Problem entsteht, wenn Gläubige auf naive Weise die eingebaute Ethik akzeptieren, die eine solche psychologische Theorie mit sich bringt.

Es wäre ein Mißverständnis meiner Argumentation, wenn man meint, Psychologie sei an sich etwas Böses und müßte stets bekämpft werden. Wie ich bereits an früherer Stelle erklärt habe, kann ein weiser Umgang mit psychologischen Theorien bisweilen für das Verstehen menschlichen Verhaltens hilfreich sein. Ein solches Verstehen kann beim Aufdecken sündiger Verhaltensmuster helfen. An diesem Punkt muß ein anderer Interpretationsansatz gewählt werden. Wird das Problem nicht auf die Grundlage biblischer Terminologie gestellt, landet man eher bei der eingebauten psychologischen als bei einer biblischen Ethik. Psychologische Theorien können hin und wieder für das Verstehen menschlichen Verhaltens nützlich sein, doch sollten sie niemals unsere Ethik bestimmen.[35]

Wie ist diese Anpassung in den Augen Jesu Christi? Creekers und andere Evangelikale, die sich dieses Weltbild angeeignet haben, sind oft von guten Absichten geleitet. Viele versuchen entweder, anderen zu helfen, oder Heilung für ihr eigenes Leben zu finden. Diese Wünsche und Ziele sind nicht falsch. Der Herr ist voller Mitgefühl denen gegenüber, die Hilfe brauchen oder Hilfe geben:

Wir haben nicht einen Hohenpriester, der nicht Mitleid haben könnte mit unseren Schwachheiten ... Laßt uns nun mit Freimütigkeit hinzutreten zum

Thron der Gnade, damit wir Barmherzigkeit empfangen und Gnade finden zur rechtzeitigen Hilfe (Hebr 4,15-16).

Doch denen gegenüber, die seine Wahrheit preisgeben, gebraucht er strenge Worte. In Offenbarung 2,13-16 lesen wir seine Botschaft an die Gemeinde in Pergamus:

> Du hältst fest an meinem Namen und hast meinen Glauben nicht verleugnet ... Aber ich habe ein weniges wider dich, daß du solche dort hast, welche die Lehre Balaams festhalten, der den Balak lehrte, ein Ärgernis vor die Söhne Israels zu legen, Götzenopfer zu essen und Hurerei zu treiben. Also hast auch du solche, welche in gleicher Weise die Lehre der Nikolaiten festhalten. Tue nun Buße; wenn aber nicht, so komme ich dir bald und werde Krieg mit ihnen führen mit dem Schwert meines Mundes.

Die Nikolaiten waren „eine Gruppierung in der frühen Christenheit, die einen Kompromiß mit dem Heidentum suchte, damit Christen ohne weitere Nachteile an bestimmten gesellschaftlichen und religiösen Aktivitäten der eng verwobenen Gesellschaft, in der sie lebten, teilnehmen konnten". Christen sind stets versucht, ihren Glauben mit den vorherrschenden kulturellen Vorstellungen und Praktiken in Verbindung zu bringen. Der Herr drückt sehr klar aus, daß gegen eine Preisgabe seiner Wahrheit angegangen werden muß. Die Gemeinde in Pergamon rief er zur Buße auf, weil sie dieser Lehre (und ihren Verfechtern) in ihrer Mitte Einlaß gewährt hatte.[36]

Die Prinzipien dieses psychologischen Weltbildes zu lehren, bringt tiefgreifende Konsequenzen mit sich. Kurioserweise ist das den Christen von Willow Creek sonnenklar. Willow Creek-Mitarbeiter schätzen, daß es sich bei mindestens einem Drittel des Willow Creek-Publikums um Gäste handelt. Somit sind dieser Schätzung zufolge von den 14.000 bei den Wochenendveranstaltungen anwesenden Personen über 4.600 sogenannte „Unchurched" – Kirchendistanzierte.

Diese Schätzung scheint mir zu hoch gegriffen. Volle 91% der bei einem Willow Creek-Wochenendgottesdienst Anwesenden bezeichneten ihren „höchsten Wert" als „eine tiefe persönliche Beziehung" zu Gott. Es ist unwahrscheinlich, daß ein Kirchendistanzierter eine Beziehung zu Gott als höchste Priorität angeben würde, zumal lediglich 31% der Kirchendistanzierten angeben, daß Religion in ihrem Leben „sehr wichtig" sei.[37]

Diesen Zahlen zufolge würde ich den Anteil der Kirchendistanzierten bei den Wochenendgottesdiensten mit einem Wert zwischen 10 und 20% veranschlagen. Was ich damit sagen will, ist, daß sich Hybels' Hauptbotschaft an einen relativ kleinen Prozentsatz des Publikums richtet. Wahrscheinlich haben 80-90% der Anwesenden Christus bereits angenommen.

Die von Hybels vermittelten psychologischen Kategorien werden für die Christen von Willow Creek jedoch zu grundlegenden Denkkategorien für die Einschätzung ihrer selbst, ihrer Beziehungen und des Lebens an sich. Während Hybels einerseits die Menschen aus der Welt zum Christentum evangelisiert,

evangelisiert er ironischerweise andererseits auch Christen zur Welt. Im gleichen Maß, wie die „unchurched Harrys" unter den Zuhörern (10%) dem christlichen Glauben näher kommen, werden die Christen im Publikum (90%) vielfach psychologischer und weltlicher.

Diese Tendenz zur Preisgabe christlicher Wahrheit ist in diesem Gemeindemodell von vornherein eingebaut. Eine unbeabsichtigte Folge dieser Art von Gemeinde ist die latente Versuchung, die biblische Botschaft mit den Kategorien der Kultur zu verwässern.

Manchmal wird Hybels sich dieser Abschwächung seiner Botschaft bewußt. In einem vorangegangenen Kapitel habe ich bereits erwähnt, daß das Willow Creek-Magazin davon berichtet, daß in der ersten Zeit dieser Gemeinde das Wort *Sünde* in den Botschaften kaum vorkam. Im Jahr 1979 bereute Hybels diese Verwässerung des Evangeliums und predigte von da an über die Heiligkeit Gottes.

Doch schließlich tauchten die Probleme wieder auf. Nach seinem 1988er Sommerurlaub und Studienferien ließ Hybels sowohl seinen Mitarbeitern als auch dem Wochenendpublikum gegenüber verlauten, er sei nun überzeugt, daß seine Botschaften zu gefällig und nicht biblisch genug gewesen seien. Mike Singletary erinnert sich an Hybels' Bekenntnis vor dem Publikum:

> Er sagte, der Herr habe ihn hinsichtlich seiner Predigten überzeugt. Von jetzt an werde er geradewegs von der Bibel her predigen; das sei das einzig Ehrliche, was er vor Gott tun könne – ganz gleich, wie das bei den Leuten ankomme.[38]

Hybels widmete das folgende Missionsjahr dem Thema „Ein völlig hingegebener Jünger Christi sein".

Doch schon bald griff er in seinen Botschaften wieder auf die Psychologie zurück. Nur neun Monate nach Hybels' Bekenntnis und neuem Vorsatz, allein von der Bibel her zu lehren, nahm ich meine ein Jahr dauernden Studien der Wochenendveranstaltungen auf. In anderen Worten: Alle gesammelten Anhaltspunkte hinsichtlich der enormen psychologischen Inhalte in den Botschaften, der Psychobücher und Psychotherapien bei Willow Creek stammen aus einer Zeit wenige Monate nachdem Hybels gelobt hatte, er würde nur noch „geradewegs von der Bibel her" predigen.

Die Creeker haben versucht, den Kompaß psychologischer Kategorien als Leitfaden auf ihrer Reise durch die amerikanische Kultur zu benutzen. Als Ergebnis dieser Strategie sind sie wieder und wieder in einen Morast der Psychologie gestolpert. Mit periodischer Regelmäßigkeit werden sie sich ihres Dilemmas bewußt und versuchen, festeren Boden unter die Füße zu bekommen. Sie müssen noch lernen, daß gerade der von ihnen zum Entkommen aus dem Morast verwendete Kompaß des psychologischen Weltbildes sie immer wieder dorthinein zurückführt.

Der Effekt dieses Eindringens des psychologischen Weltbildes auf die Lehre von Willow Creek ist tiefgreifend. Diese Art der Anpassung „führt zu einem Verschwinden der Grenze zwischen religiösem Glauben und anderen Glaubensarten, da diese von einem säkularen Standpunkt aus nicht mehr zu unterscheiden sind, und stellt Religion somit als irrelevant dar". Bei allen Bemühungen um Relevanz läuft Willow Creek ironischerweise Gefahr, irrelevant zu werden.[39]

KAPITEL 18

Der Reiz des Marketing

Die Vermarktung des christlichen Glaubens ist heute eines der am kontroversten diskutierten Themen unter den Evangelikalen. Viele Pastoren und christliche Führungspersönlichkeiten sind gegenüber Marketingmethoden instinktiv kritisch eingestellt und verurteilen jeden Versuch, Gemeinde zu vermarkten. Andere christliche Führungspersönlichkeiten finden Marketingmethoden hilfreich für ihr Bestreben, treue Verwalter zu sein, und weisen Kritik zurück. Beide Gruppen benötigen dasselbe: eine sorgfältige Analyse der Dynamik des Marketings.

Beurteilung von Marketing

Marketing ist eine zentrale Eigenschaft der Marktwirtschaft, die als Nachwirkung des Zusammenbruchs des Kommunismus den Globus überschwemmt. Die Frage nach der Vereinbarkeit von Christentum und Marketing ist kontrovers, da die Meinungen unter den Evangelikalen bezüglich der angemessenen Reaktion auf die Kultur weit auseinandergehen.

Auf der einen Seite preisen die Verfechter wie z.B. George Barna das Marketing enthusiastisch an und glauben, daß mit Hilfe dieser Werkzeuge das Evangelium effizienter verkündigt werden kann. Ihr Eifer und ihre ethische Motivation sollten nicht in Frage gestellt werden. Die christlichen Verfechter des Marketing sind bereit, mit der modernen Welt zu interagieren, um deren Ressourcen zu verstehen und sich diese für ihre christlichen Ziele und Vorgehensweisen nutzbar zu machen.

Auf der anderen Seite lehnen die Kritiker des Marketing jeglichen Gebrauch von Marketingstrategien für den christlichen Glauben ab. Der Kritiker John MacArthur sagt unverblümt: „Die einfache Wahrheit ist: Niemand kann marktorientierten Strategien folgen und der Schrift treu bleiben." Die Kritiker des Marketing sind besorgt, daß beim Gebrauch moderner Methoden die Wahrheit des Evangeliums preisgegeben wird. Ihr bewundernswertes Ziel ist die Verteidigung der Wahrheit. Genau wie die Verfechter wollen auch die Kritiker dem Herrn und seinem Wort treu sein. Auch ihr Eifer und ihre ethische Motivation sollten nicht in Frage gestellt werden.[1]

Wie sollen wir dieses Rätsel nun verstehen? Beide Seiten wollen dem Herrn treu sein. Warum sind sie so verschiedener Meinung?

Von der Perspektive der modernen Geschäftswelt aus gesehen, ist Marketing die Kunst und Wissenschaft, Kunden und Märkte zu verstehen und Produkte dahingehend zu schaffen oder zu gestalten, daß sie die bestehenden Bedürfnisse erfüllen. Erfolgreiches modernes Geschäftsleben erfordert effektives Marketing. Von daher ist Marketing ein integraler Bestandteil der amerikanischen – wie auch immer mehr der weltumspannenden – Kultur.

Creeker bringen vor, sie stünden im Geschäft des Werkes Gottes. Sie sind davon überzeugt, daß sie ihre Kunden und deren Bedürfnisse verstehen, ein Zielgruppenprofil erarbeiten und Produkte zur Erfüllung dieser Bedürfnisse entwickeln oder präsentieren sollten, wenn ihr Geschäft erfolgreich sein soll. Schließlich gilt das für alle anderen Geschäftsbranchen auch. Hybels sagt: „Wenn Geschäftsleute auf lange Sicht erfolgreich sein wollen, müssen sie die Aufmerksamkeit von sich selbst abwenden und ihre gesamte Energie auf den einzigen Grund ihres Daseins richten: dem Kunden zu dienen."[2]

An dieser Stelle sollten wir einen kurzen Blick zurück in die Geschichte werfen. Historische Untersuchungen des Christentums in Amerika stellten fest, daß Amerika dem Evangelium einen offeneren Markt geboten hat als es beim staatlich geförderten Christentum in Europa der Fall war. Amerikas Umfeld der „unbegrenzten Möglichkeiten" bot dem unternehmerischen Christentum einen beträchtlichen Spielraum. Methodisten und Baptisten legten besondere Fähigkeiten an den Tag, im ganzen Land das Evangelium zu verkünden und Tausende von neuen Gemeinden zu gründen.[3]

Ein unternehmerisches Christentum, welches das Evangelium auf kreative Weise verkündet und begeisternd neuen Bewegungen voranschreitet, ist nicht das, was ich an Willow Creeks Marktstrategien beschreiben will. Willow Creek paßt zwar sicherlich ausgezeichnet in dieses historische Muster, doch hat es die Terminologie und Methodik der modernen Geschäftskunst des Marketing angenommen. Willow Creeks Strategie der „Zielgruppenprofile", „empfunde-nen Bedürfnisse" und „Produkte" unterscheidet sich gänzlich vom beispiels-weise Anfang des 19. Jahrhunderts von den Methodisten verwendeten Evan-gelisations- und Erweckungsmethoden. Willow Creek versteht sich selbst als Anbieter auf einem Marktplatz und bedient sich moderner Marketingkate-gorien, um eine optimale Vorgehensweise zu erzielen. Welche Wirkung zeigt diese Methode?

Die Logik christlichen Marketings

Die Anwendung von Marketingstrategien auf den christlichen Glauben stellt eine neue Art dar, wie man die Ziele und Mittel des christlichen Lebens verste-hen kann. Dieses Prisma der Interpretation identifiziert mehrere Elemente des Christentums als hochrangige Prioritäten. Einige der vom Marketing betonten Ideen können von der Gemeinde im allgemeinen behutsam und produktiv ein-gesetzt werden.

Vision. Creekers argumentieren zu Recht, daß die amerikanische Kirche ihre Vision nach außen verloren habe. Viele Gemeinden haben sich zu etwas entwickelt, was der Soziologe Robert Bellah als „Lebensstil-Enklave" bezeichnet und mit einem gemütlichen Clubhaus verglichen werden kann. Sol-che Gemeinden befriedigen soziale Bedürfnisse, bieten jedoch wenig geistli-che oder moralische Wirkung. Die Marketingstrategie bemängelt den Verlust von Vision in den amerikanischen Gemeinden und versucht aufs neue heraus-zustellen, wie wichtig es für die örtliche Gemeinde ist, sich um Evangelisation nach außen zu bemühen. Diese zielgerichtete Perspektive kann der ganzen Gemeinde helfen.[4]

Verwalterschaft. Hybels und seine Anhänger argumentieren, die Gemeinde müsse die Verantwortung für ihr Potential übernehmen und treue Verwalter bereitstellen. Dieses biblische Prinzip ist von weiten Teilen der evangelikalen Gemeinde oftmals vernachlässigt worden, und Hybels' Ermahnung ist hilfreich wie auch notwendig.

Strategie. Das Wort *Strategie* stammt von dem griechischen Wort *stratiotes*, was *Soldat* bedeutet. Die Bibel beschreibt Christen als Soldaten in der Armee Christi (2. Tim 2,3). Die Leute von Willow Creek haben dieses biblische Thema aufgegriffen und die Gemeinde als Streitmacht Gottes dargestellt. Als Armee Gottes glauben die Creeker, daß die Gemeinde gefordert ist, effektive Strategien zu entwickeln. Eine Strategie von Willow Creek ist beispielsweise die Schaffung von offenen Gottesdiensten für Suchende. Wie ich oben bereits erklärt habe, besuchen viele Kirchendistanzierte diese offenen Gottesdienste, die ansonsten nie auf die Idee kämen, in eine traditionelle Kirche zu gehen.

Überzeugende Kommunikation. Willow Creeks Marketingstrategie hat wahrscheinlich zur Schaffung der überzeugenden Wirkung der offenen Gottesdienste beigetragen. Der offene Gottesdienst (mit den dazugehörigen Vorbehalten und Kritiken) führt Ungläubige auf überzeugende Weise zu Christus. Ein zentrales Element der Marketingmethode von Willow Creek ist zum Beispiel die Hingabe, mit der man versucht, Distanzierte zu verstehen.

Im Rahmen ihrer Marketingstrategie wird in Willow Creek – in mehr oder weniger großem Ausmaß – auf alle diese Prinzipien Wert gelegt. Insofern diese Ideen letztlich erst durch Marketing angeregt wurden, war das Marketingprinzip hilfreich. Doch diese Ideen sind darüber hinaus grundsätzlich biblisch. Die Prinzipen der Verwalterschaft und Stratcgie sind zum Beispiel keine Neuerfindungen des Marketing. Marketing hat vor allem dazu verholfen, bestimmte biblische Prinzipien hervorzuheben und auf den Leuchter zu stellen.[5]

Auf der anderen Seite liegt die Gefahr bei der Verwendung von Marketingmitteln in der Versuchung, das Christentum davon prägen zu lassen. Die von Willow Creek benutzte Marketingsprache und -denkweise ist in Bausch und Bogen vom Marktplatz übernommen worden. Das Problem ist, daß die Marketingperspektive von Angebot, Nachfrage, Bedarf, Zielmärkten, Marktanteilen, Zielgruppenprofil und Produkten zwangsläufig den Menschen beeinflußt, auf den sie sich richtet.

Viele Verfechter der Vermarktung der Kirche sind sich nicht über die Wirkung von Marketingideen und -methoden im klaren. George Barna beschreibt voller Begeisterung das Evangelium in Marketingterminologie:

> Unterschätzen Sie nicht die Marketinglektionen, die Jesus lehrte. Er kannte *sein Produkt* durch und durch, stellte ein *innovatives Vertriebssystem* auf die Beine, entwickelte eine *Werbemethode*, die bis in die hintersten Winkel der Kontinente vordrang und bot sein *Produkt* zu einem *Preis* an, der für jeden Konsumenten erschwinglich ist [Hervorhebungen zugefügt].[6]

Das ist eine gefährliche Verzerrung des christlichen Evangeliums. Das Denken in Marketingkategorien bestimmt die Methode der Evangelisation. Marketing verzerrt bei Christen die Sicht von Ungläubigen und der Verkündigung des Evangelium an diese. Konsequent befolgt, entstellt die Marketingstrategie sogar das Evangelium an sich.

Die Beeinflussung durch eine bestimmte Formulierung kann man mit dem Start einer Rakete vergleichen. Auf den ersten Blick scheint der Gebrauch einer Marketingterminologie die christliche Botschaft nur um eine feine Nuance vom Kurs abzubringen. Doch die letztendlichen Folgen sind genauso katastrophal, wie auch eine kleine Ungenauigkeit beim Justieren einer Rakete diese das Ziel verfehlen oder gar abstürzen läßt.

Earl Shorris hat die meiste Zeit seines Lebens als profilierter Marketingspezialist gearbeitet. Kürzlich schrieb er eine Art Bekenntnis seiner Marketingmachenschaften, wobei er u.a. die Übernahme des Kaffeeherstellers *Folger* durch *Proctor & Gamble* beschreibt:

> Als *Proctor & Gamble* die Firma übernahm, wurde von der *P & G*-Zentrale in Cincinnati eine Gruppe humorloser Männer ausgesandt, um das Marketing von *Folgers Kaffee* im Westen der USA in Augenschein zu nehmen. Sie waren die Jesuiten des Marketing, knallharte Denker, Inspektoren, eiskalte Männer, getrieben von den Regeln der Marketinglogik, damit jeder einzelne Aspekt des Unterfangens geprüft werde.
> Sie spannten die Firma auf die Folterbank, legten die Daumenschrauben an und begannen ihre Inquisition im Namen der Business-Religion ... Sie hatten die Macht; sie standen auf der Seite des Herrn und Meisters der Geschäftswelt; sie waren die großen Macher.[7]

Wo Folger bisher sein Geld in den Erwerb hochqualitativer, auf hochgelegenem vulkanischen Boden gewachsener Kaffeebohnen investiert hatte, floß das Geld nunmehr in einen hochgepuschten Fernsehwerbe-Etat. Die Logik war schonungslos: „Jeder in Verkauf und Werbung investierte Dollar brachte mehr Profit ein als ein Dollar, der für hochwertige Bohnen ausgegeben wurde." Die Verkaufszahlen schossen in die Höhe, als die Marketingmanager Mrs. Olsen, diese Schamanin der Kaffeebohnen, kreierten.

Marketing bestimmt, wie man die Welt sieht. Menschen werden zu „Verbrauchern" und „Zielgruppen". Diese Verbraucher haben „Bedürfnisse", deren Aufdeckung durch „Marktforschung" auf die Optimierung des „Produkts" abzielt, damit diese Bedürfnisse erfüllt werden. Marketing prägt sowohl den kommunikativen Prozeß als auch schließlich das Produkt selbst. Im Fall von Folgers Kaffee diktierte die Marketinglogik eine Veränderung am Produkt: „Die Qualitätsminderung und Beeinträchtigung des Produkts war nicht nur möglich, sondern auch profitbringend."[8]

Marketing ist keine wertfreie Sammlung von Ideen und Methoden, die man ohne jegliche Folgen übernehmen kann. Christen, die sich gegenwärtig des Marketings bedienen, sind sich nicht darüber im klaren, daß Marketing Form und Inhalt ihrer Kommunikation bestimmt. Christen sollten weder die Kirche noch das Evangelium vermarkten. Durch den Fleischwolf der Marktanalyse gezogen, wird das Evangelium zu einem „Produkt", Kirchendistanzierte werden zu „Verbrauchern", Christen werden „Anbieter", und die Bedürfnisse der Distanzierten werden zu einem wirksamen Werkzeug der Manipulation. Was sind nun die verzerrenden Effekte der Marketingstrategie?

Die Versuchung durch das Bild, der Morast der Psychologie, das Verschwinden eines biblischen Gottesbildes und der Verlust der zentralen Wahrheit sind die unmittelbaren Folgen einer Marketingmethodik. Wenn man den Prinzipien des Marketing durchweg folgt, landet man schließlich bei einem Christentum à la Robert Schuller, das Leistung und Psychologie betont und eine unbiblische Auffassung von Gott und Mensch präsentiert. Der gesamte zweite Teil dieses Buches ist ein Versuch, bei der Strategie der offenen Gottesdienste von Willow Creek den Weizen von der Spreu zu trennen. Die Spreu, die eingesammelt und verworfen werden sollte, ist die Terminologie, Strategie und Denkweise des Marketing. Der Weizen, der eingesammelt und in die Scheunen gefahren werden sollte, ist ein biblisches Modell, wie man Menschen für Christus gewinnt.

Darüber hinaus wären zahlreiche weitere Konsequenzen der Marketingmethode aufzuzeigen.

Die Verlockung des Erfolgs

Wie ich bereits in Kapitel 4 herausgestellt habe, ist das eigene persönliche Glück und Erfüllung das vorderste Ziel der meisten Amerikaner, dicht gefolgt von ihrem Erfolgsstreben. Der bekannte Soziologe Robert Bellah beschreibt einen typischen, erfolgsorientierten Amerikaner: „Seine Arbeit definiert er anhand seines Ranges in der Firma, quantifiziert in Begriffen von Bruttoeinkommen, Verdienstspanne, Teamgröße und Einflußbereich." Das Erfolgsziel ist der immer aufwärts- und vorwärtsstrebende Drang nach Leistung, Errungenschaften, Status und Prestige.[9]

Das höchste Ziel der Marketingstrategie ist letztendlich der Erfolg – ausgedrückt in Zahlen. Marketing kümmert sich nicht um die Qualität des Produkts, die Ästhetik der Werbung oder die Wünsche des Verbrauchers. Marketing hat im Grunde nur eines vor Augen: höhere Zahlen. Ein bestimmtes Marketingprogramm ist dann erfolgreich, wenn es die Verkaufszahlen steigert. Ist das nicht der Fall, taugt es nichts. Alle anderen Kriterien treten angesichts dieses ultimativen Ziels in den Schatten.

Marketingexperte Shorris erinnert sich, wie er einen Werbespot für *Spare Tire* entwickelte, eine mit Latex gefüllte Spraydose, die einen undichten Reifen wieder mit Luft füllen sollte:

Der Spot zeigte einen Mann, der in seine Garage ging, einen Plattfuß am Auto bemerkte, eine Dose *Spare Tire* aus dem Handschuhfach holte, damit den Reifen abdichtete und aufpumpte, ins Auto stieg und losfuhr. Ich erinnere mich, daß dabei eine Zeile eingeblendet wurde, die in etwa lautete: „Ein Plattfuß, eine Minute, eine Dose *Spare Tire*."

Der Werbespot gewann mehrere Auszeichnungen, das Produkt verkaufte sich sehr gut und die Kunden waren vollauf zufrieden – solange die Dose im Handschuhfach blieb. Das Produkt funktionierte nicht. Kam die Dose zum Einsatz, quoll der Latex aus dem Loch des Reifens heraus. Bevor er den Spot entwarf, hatte Shorris das vorgeführte Produkt nie zu Gesicht bekommen und gesteht ein: „Ich glaubte den Behauptungen des Herstellers und wurde so zum Narren und Komplizen zugleich." Doch das Marketing war erfolgreich, gewann sogar Auszeichnungen, und das aufgrund der Verkaufszahlen.[10]

Wenn ein bestimmtes Produkt oder eine Dienstleistung keinen Profit abwirft, ist das sein bzw. ihr Todesurteil. Der Vorsitzende von *Perfect International* erklärt: „Es müssen meßbare Ergebnisse vorliegen – das ist unsere Firmenmethode."[11]

Somit überrascht es nicht, daß die Christen, die in der Gemeindearbeit bewußt Marketingstrategien einsetzen, in aggressiver Weise auf „meßbare Ergebnisse" – auf Zahlen – fixiert sind. Robert Schuller, in Sachen Gemeindewachstum Hybels' Lehrmeister, beschreibt das zentrale Prinzip seines „Instituts für erfolgreiche Gemeindeleitung": „Das einzige, worauf es ankommt, ist das Wachstum der Gemeinde." George Barna, ein wahrer Fan von Willow Creeks Einsatz von Marketingmethoden, sagt: „Wenn eine örtliche Gemeinde ein erfolgreicher Betrieb sein will, muß sie einen immer größeren Teil ihres Marktbereiches umfassen." Das Ziel der Vermarktung des Christentums ist zahlenmäßiges Wachstum.[12]

Wie in den Kapiteln 3 und 4 gezeigt, ist der Einsatz von Marketingterminologie und -methodik für Willow Creeks Strategie grundlegend. Wenn jedoch Creeker diese Kapitel lesen, geraten sie in eine gewisse Unruhe. Im Gegenzug auf wachsende Kritik haben Hybels und sein Team versucht, ihren Einsatz von Marketingkategorien herabzuspielen. Beispielsweise beschreibt ein Artikel im Willow Creek-Magazin Willow Creeks Auswahl einer „Zielgruppe". Das Redaktionsteam des Magazins erhielt bald darauf eine Mitteilung von Hybels, mit der er dazu aufforderte, den Ausdruck „Zielgruppe" ausschließlich in den eigenen Reihen zu verwenden. Willow Creek bedient sich der Marketingterminologie und fühlt sich doch nicht so recht wohl dabei. Das spiegelt sich auch in seiner Einstellung Zahlen gegenüber wider.

Einerseits ist Hybels sich darüber im klaren, daß Zahlen das moderne Erfolgsdenken beherrschen. Er berichtet, wie das Abendessen bei einem Pastor, den er besuchte, ganz im Zeichen der Fragen stand: „*Wieviele* Leute kommen in Ihre Gemeinde? *Wie hoch* ist Ihr Etat? *Wie groß* ist Ihr Mitarbeiterstab?" Er kommentierte ironisch: „Wir maßen unsere Kräfte durch sorgfältiges Zählen" (Hervorhebungen zugefügt).[13]

Auf der anderen Seite stellte ich fest, daß die Mitarbeiter von Willow Creek ihre Arbeit und Dienste immer wieder mit Verweisen auf Zahlen rechtfertigen: „Wir haben mehr als dreihundert Kleingruppen-Leiter"; „letztes Jahr haben wir fast tausend Leute getauft"; „letztes Jahr haben wir fast tausend Leute in der Seelsorge betreut"; „jede Woche treffen sich über fünfhundert Leute in unseren Selbsthilfegruppen"; „jeden Tag gehen bei uns mehr als 1.800 Telefonanrufe ein"; „während der Woche der Jahresfeier gingen mehr als 43.000 Leute durch unsere Gebäude"; „fünftausend Leute besuchten unsere Seminare".

Da in Amerika Erfolg dermaßen beweihräuchert und dieser Erfolg anhand von Zahlen gemessen wird, wirkt zahlenmäßiges Wachstum dort auf die Leute äußerst anziehend. Ein Creeker erklärte: „Wenn ich Leuten von der Gemeinde erzähle, sind sie zutiefst beeindruckt und meinen, da müsse wirklich etwas im Gange sein." Wie Barna unverblümt sagt, wollen Amerikaner „nichts mit einem Verlierertypen zu tun haben, ganz gleich, ob es sich um eine Person oder um eine Organisation handelt". Eine Schlüsselfigur in der Leitung von Willow Creek erklärte mir: „Nichts kann Zweifel schneller beseitigen als Erfolg." In diesem Fall ist das der sichtbare Erfolg in Zahlen.[14]

Das ist die Welt des Marketing, die das geistliche Leben prägt. Unter dem Vorwand des geistlichen Wachstums kann es das Ziel einer Gemeinde werden, Zahlen, Erfolg und Leistung zu bringen, anstatt Gott zu ehren und zu verherrlichen. Wachsender Einfluß wird zum Lebenselixier und wachsende Statistiken zum Zeichen des Heiligen Geistes.

Ich muß nochmals herausstellen, daß ich davon überzeugt bin, daß die Willow Creek-Mitarbeiter Gott ehren wollen. Doch ist ein ständiges Streben nach Erfolg und Zahlen in ihre Gemeindestrategie eingebettet. Willow Creek und auch andere Gemeinden inmitten dieses amerikanischen Götzendienstes am Erfolg müssen sich vor einer Marketingterminologie und der dazugehörenden Strategien in Acht nehmen, die unversehens die besten Absichten prägen und verzerren.

Eine Gemeinde kann möglicherweise geistlich völlig tot sein und dennoch steigende Zahlen schreiben und an Einfluß gewinnen. Marketingmethoden können ohne jede Integrität und geistliche Reife eingesetzt werden. Hohe Zahlen sind nicht unbedingt ein Zeichen für Gottes Gegenwart. Wir tun gut daran, auf Paulus' Warnung zu hören:

Denn es wird eine Zeit sein, da sie die gesunde Lehre nicht ertragen, sondern nach ihren eigenen Lüsten sich selbst Lehrer aufhäufen werden, weil es ihnen in den Ohren kitzelt (2. Tim 4,3).

Die Versuchung der Manipulation

Was die Ausbeutung der Zielgruppe betrifft, sind die Marketingexperten äußerst clever und geistreich. Der Angelhaken des Verkaufs wird mit den Bedürfnissen eines typischen Zielgruppenmitglieds als Köder bestückt. Diese Dynamik verbessert die Möglichkeit der Manipulation, mit der die Bedürfnisse der Zielgruppe aufgespürt und gesteuert werden sollen. Diese Bedürfnisse werden von den Marketingexperten als Brechstange benutzt, damit sie den potentiellen Endverbraucher auf Biegen und Brechen zum Kauf bewegen.

Als die *Interval Research Company* plante, einen Verkaufsstand in Lollapalooza (ein Felsen, Touristenattraktion und zugleich Kulturfestival) zu eröffnen, gab sie eine Marketingstudie in Auftrag. Der Bericht listete mehrere Merkmale eines typischen Festivalbesuchers auf und schlug dann verschiedene Strategien vor:

> Allen gemein ist die drängende Frage nach persönlicher Identität ... Mit hoher Wahrscheinlichkeit interessieren sie sich für Darbietungen, die ihnen eine Kontrolle über die verschiedenen Elemente der Persönlichkeitsidentität ermöglichen.
> Sie fühlen sich als Randfiguren der normalen Gesellschaft ... Das Zelt samt seinen Inhalten sollte eine kontrakulturelle Ästhetik widerspiegeln.
> Zum Prozeß der Selbstfindung gehört bei dieser Gruppe häufig das Schockieren der Eltern, Familienangehörigen, Freunde und der Gesellschaft. Sie wollen ein Exempel der sozial unannehmbarsten Selbstbilder statuieren, um sich von ihren Eltern abzugrenzen.
> Sie wollen auf keinen Fall versagen, vor allem nicht in der Öffentlichkeit. Deshalb müssen wir ihnen ein Erfolgserlebnis bieten. Die Ausstellungsstücke sind speziell darauf hin entworfen und getestet, daß eine mögliche Frustration unterbunden wird.
> Sie werden in der Mehrzahl betrunken, high, auf einem Trip oder auf andere Weise mit chemischen Mitteln der Wirklichkeit entrückt sein ... Sie brauchen ein konstruktives Ventil, um ihre Gefühle auszudrücken, insbesondere Aggression und Frustration.[15]

In jedem dieser Punkte ist die Raffinesse dieser Marketingmethode ersichtlich. Die Marktforscher sind in der Lage, ein Profil des Publikums von abgedrehten Cyberpunks zu erstellen und aufzuzeigen, wie man sie am besten steuern kann, damit die Ziele ihrer Organisation erreicht werden. Marketing ist das Mittel für diese geschäftsmäßige Manipulation.

Die Fähigkeit, die Emotionen der Zielgruppe auszumachen und anzufachen, ist ein umfangreicher Bestandteil der Marketingstrategien. Der Marktforscher Shorris beschreibt die wesentlichen Merkmale eines erfolgreichen Geschäftsmannes:

> Er kann sein Produkt in solcher Weise präsentieren, daß er den Kunden davon überzeugt, daß – erstens – er dieses Produkt braucht und – zweitens – daß dieses Produkt besonders gut ist. Und worauf es vor allem ankommt: daß gerade jetzt der Zeitpunkt ist, wo die Entscheidung für dieses Produkt getroffen werden sollte.[16]

Eine echte Marketingmethode hat etwas Eiskaltes und schonungslos Hartes an sich. Ein gutes Beispiel, wie es hier bisweilen vonstatten geht, liefert uns das Geschäftsgebaren bei Beerdigungsinstituten. Wer ein solches Geschäft aufsuchen muß, um die letzten Vorkehrungen für einen Verwandten zu regeln, fühlt sich besonders verwundbar. Oftmals werden solche Leute von Schuldgefühlen geplagt, weil sie meinen, sie hätten dem lieben Verstorbenen nicht genug Liebe und Fürsorge entgegengebracht. Ein Bekannter von mir, der in dieser Branche tätig ist, berichtete mir, wie einige Bestattungsunternehmer diese Gefühle ausnutzen, um Verwandte zum Kauf von Särgen oder Urnen zu bewegen, die bis zu 1000% teurer sind als einfache Ausführungen. Manche Modelle sind sogar wasserdicht und garantieren hohe „Lebensdauer" – als ob das nun noch etwas nütze. Das durch die Schuldgefühle aufgrund früherer Versäumnisse hervorgerufene Bedürfnis wird geschickt kanalisiert, so daß die Angehörigen zur Entscheidung zugunsten eines teureren Modells manipuliert werden.

Als ich einen Willow Creek-Mitarbeiter über Marketingmanipulation befragte, antwortete er: „Ich denke, daß man dabei zur Kalkulation des reinen, simplen, menschlichen Marketing den Heiligen Geist zufügt." Er führte sich auf, als würde die bloße Erwähnung des Heiligen Geistes diese Vorgehensweise geistlicher machen. Das Problem bei dieser Denkweise besteht darin, daß der Heilige Geist uns zur Anbetung (und Evangelisation) in Geist und Wahrheit aufruft. Wahrheit ist jedoch, daß Marketingmacher oftmals ihre potentiellen Kunden ausnutzen, indem sie deren Bedürfnisse gezielt manipulieren. Wir können zu einer korrupten Methode nicht „den Heiligen Geist zufügen". Wir müssen diese Marketingmethode samt allem oberflächlichem Denken, das diese befürwortet, entschieden ablehnen.

In der Marktforschung wird eine Geschäftslogik angewendet, die alles auf den zu erwartenden Nutzen reduziert. Das sehen wir in Barnas Zusammenfassung der christlichen Marketingmethode: „Darum geht es bei der Vermarktung der Kirche: unser Produkt (Beziehungen) als Lösung für die Bedürfnisse der Leute anzubieten."[17]

Wenn die Apostel als solche bezeichnet werden, die „‚Filialen' (örtliche Gemeinden) eröffnet haben, um das Produkt großflächiger anzubieten", müssen wir diese krasse Charakterisierung zurückweisen. Das Evangelium ist kein BigMac, und Jesu Sterben war nicht der erste Schritt einer Markteroberung. Die Hingabe und Liebe Jesu, der über Jerusalem weinte, geht in diesem Marketingdenken völlig unter. Gottes Liebe wird von den Machenschaften einer globalen Marketingstrategie verdunkelt. Das ist eine moderne Mutation des Evangeliums.[18]

Die Marketingmethode verzerrt außerdem die Motivation des Evangelisten. Das Evangelium ist Gottes Offenbarung an die Welt, daß er uns liebt. Wer diese wunderbare Botschaft angenommen hat, dem ist es eine Freude, diese Botschaft und Gottes liebendes Herz an andere weiterzugeben. Doch ohne diese Motivation der Dankbarkeit und Hingabe wird das Evangelium zu einem Mittel für himmlische Bonuspunkte geistlicher Geschäftsleute. Die Perspektive des Marketing mißt den Wert eines Gläubigen an seiner Fähigkeit, geistliche Kunden zu bekehren. Das Resultat ist, daß ein solcher Geschäftsmensch in der Versuchung steht, einen Ungläubigen nur als potentielle Gelegenheit anzusehen, um ein Kreuzchen mehr in seiner Bibel zu vermerken.

Diese Perspektive des Marketing ist eine feine, aber todbringende Verschiebung des christlichen Glaubens. Jemanden nur deshalb zu lieben, um ihm das Evangelium sagen zu können, verzerrt gerade dieses von uns weitergegebene Evangelium. Wenn wir unsere Liebe nur dazu benutzen, um bei unserem potentiellen geistlichen Opfer eine Offenheit zu erzeugen, ist diese unsere Liebe nicht echt. Wir müssen andere lieben, weil Gott uns geliebt hat und diese anderen ebenso liebt. Und weil wir sie lieben, sagen wir ihnen die frohe Botschaft von Jesus. Manipulation ist ein Versagen hinsichtlich der hingegebenen Achtung vor der Person, die wir erreichen wollen.

Die Creeker werden sich allmählich der Versuchung dieser Marketingmanipulation bewußt. Ich stellte fest, wie sie Gott die Ehre geben wollen, wenn sie die lebensverändernde Botschaft des Evangeliums weitergeben. Insbesondere bringen sie den Teilnehmern ihrer Seminare zum Thema „Persönliche Evangelisation" bei, die Außenstehenden zu lieben und zu achten.

Doch immer wieder verfallen die Creeker – die meiner Überzeugung nach im allgemeinen biblische Ziele und Motive haben – in einen Sprachgebrauch, der diese utilitaristische Motivation widerspiegelt. Diese Haltung tritt unterschwellig auch auf dem Seminar zutage, auf dem Gemeindebesucher das Zeugnisgeben über ihren Glauben lernen sollen. Die Creeker werden aufgefordert, eine Liste von Freunden und Familienangehörigen zu erstellen, mit denen sie über Jesus reden wollen. Die Art und Weise, wie die Seminarleiter diesen Plan als „Abschußliste" bezeichnen, hat einen Beigeschmack von typisch utilitaristischer Marketingmanier. Als Ergebnis dieser Marketingmethode werden Menschen zu geistlichen Zielobjekten.

Biblische Evangelisation und christliches Zeugnis erfordern eine hingegebene Achtung vor dem Zuhörer. Diese hingegebene Achtung ist wie eine Bremse, die das Abrutschen der Kommunikation in Manipulation verhindert. Ohne hingegebene Achtung wird der Redner zu einem geistlichen Lastwagen, der nur auf der Suche ist, wo das nächste Ziel ist, an dem er seine Botschaft abladen kann. Sollten wir uns bemühen, die Außenstehenden zu verstehen? Ja. Sollten wir das Evangelium vermarkten? Nein.

Eine Befriedigungstheologie

Meine hauptsächliche Kritik an Willow Creeks Verwendung von Marketing beruht auf der Verzerrung des Evangeliums, die unausweichlich aus dessen Fixierung auf die Bedürfnisse der Zuhörer resultiert. Marketing macht den Kunden zum König, denn es gestaltet oder kreiert die Produkte gezielt so, daß sie die Bedürfnisse und Wünsche des Kunden erfüllen.

Ein Journalist beobachtete, daß der meiste Teil der amerikanischen Werbung auf aggressive Verkaufstaktiken abzielt: „Weil es gut schmeckt oder weil es leichter geht." Die Werbung bedient sich der tagtäglichen Lebensinhalte der Amerikaner, denn nur so funktioniert sie. Amerikaner wollen glücklich sein und sind bereit, Produkte zu kaufen, die Glück versprechen.[19]

Ein treffendes Beispiel für dieses Abzielen auf das Glück des Kunden ist der Marketingtest, dessen Durchführung von vielen Filmstudios gefordert wird, bevor sie die Produktion eines neuen Kinofilms aufnehmen. In vorstädtischen Einkaufszentren wird ein repräsentatives Publikum zu Probevorführungen von Filmausschnitten rekrutiert. Am Schluß der Vorstellung werden die Zuschauer gefragt: „War das Ende für Sie gut? Welche Rollen und Schauspieler finden Sie eher lästig? Gab es Szenen, die Sie unangenehm berührt haben? Würden Sie Ihren Freunden diesen Film empfehlen?" Paula Silver, Marketingleiterin bei Columbia Pictures, erklärt: „Es ist genau dasselbe, was man auch bei anderen Produkten macht – man probiert es: Ist es zu süß? Ist es zu scharf?" Gegebenenfalls ziehen die Studios sich dann wieder in ihre Filmküche zurück und tüfteln ein für das Publikum angenehmeres Geschmackserlebnis aus.[20]

Diese marktorientierte Produktgestaltung spiegelt sich auch in der Sorge des Fernsehevangelisten Robert Schuller um sein Publikum wider: „Ich bin den Leuten da draußen gegenüber unheimlich empfindsam. Ich möchte sie auf keinen Fall verletzen oder in Verlegenheit bringen." Schuller argumentiert, wenn er dem Distanzierten das Christentum nützlich macht, wird dieser bereit sein, wiederzukommen. Die Befriedigung der Bedürfnisse von Kirchendistanzierten ist ein wesentliches Merkmal von Schullers Marketingmethode. Schuller sagt, das Bedürfnis nach Selbstwert ist das entscheidende Bedürfnis, das Ungläubige am Evangelium interessieren wird: „Gibt es einen Knopf, den ich drücken und sie dadurch erreichen kann? Ich glaube, ihr Wunsch nach Selbstwertgefühl ist dieser Knopf."[21]

Von seinem Lehrmeister Schuller erbte Hybels diese Betonung des Wertes des christlichen Glaubens für das tägliche Leben. In den ersten Jahren von Willow Creek stellte Hybels, der den Fußstapfen Schullers folgt, Selbstwertgefühl besonders heraus:

> Bereits am Anfang meines Dienstes fiel mir die Wichtigkeit des Selbstwertgefühls auf ... Für mich war es unglaublich aufregend zu sehen, wie die Leute ein gesundes Selbstwertgefühl entwickelten, als ich zusammen mit einigen anderen Gemeindemitarbeitern anfing, über die Liebe Gottes und den Wert des Menschen zu lehren. Uns war klar, daß das der Schlüssel zu ihrer persönlichen Befriedigung und Produktivität ist.[22]

Nach dem „Train Wreck" von 1979 behielt Hybels Schullers Idee des Anknüpfens an die Bedürfnisse der Distanzierten bei, änderte jedoch das Thema. Hybels kam zu der Überzeugung, die größte Sorge von „unchurched Harry" sei seine persönliche Zufriedenheit. Hinsichtlich der Frage, was dem typischen „unchurched Harry" am allerwichtigsten ist (Glück und Zufriedenheit), denkt Hybels soziologisch differenzierter und hat damit eine attraktivere Botschaft als Schuller.

Als ich diese Sorge vor Willow Creek-Mitarbeitern äußerte, stritten sie sofort jeglichen Versuch ab, das Evangelium abzuändern oder zu verschieben. Sicherlich stimmt es, daß man in Willow Creek nicht die dreiste theologische Modifikation findet, die Robert Schuller vertritt. Die Verlagerung, die ich beschreibe, beginnt ganz sanft und unbemerkt. Doch wie bei der Nase eines Kamels, das in ein Zelt eindringen will, werden der Marketingmethode enorme Konsequenzen folgen. Willow Creeks Verwendung der von Schuller übernommenen Marketingmethode wirft das Schlaglicht im Verständnis von „unchurched Harry" notwendigerweise auf dessen Bedürfnisse. Wie in den Kapiteln 10 und 11 dargestellt, lehrt Hybels, daß der christliche Glaube Harrys Bedürfnisse befriedigen und ihm persönliche Erfüllung einbringen werde.

Hybels argumentiert, Harrys Bedürfnisse könnten nur dann erfüllt werden, wenn er eine Beziehung zu Gott aufnimmt und darin wächst. Er richtet die Frage ans Publikum: „Ich frage mich, wie viele wirklich glauben, daß die Befriedigung seelischer Bedürfnisse nur in einer lebendigen Beziehung zu Gott gefunden werden kann." Hybels und andere Redner verurteilen nicht die Suche nach Erfüllung und Glück. Vielmehr zeigen sie auf, daß Harry bisher am falschen Platz gesucht hat. Die Frage bleibt dieselbe, doch die Antwort ist anders. Harry fragt: „Wie kann ich glücklich werden?" „Nimm Jesus an!" antwortet Hybels.[23]

Wie ich in Kapitel 11 bereits gezeigt habe, besteht Willow Creeks Kanon innerhalb des Kanons darin, wie der christliche Glaube Erfüllung und Glück bringt. In Willow Creek wird der christliche Glaube als Antwort präsentiert auf Ängste, Schmerzen, Sinnlosigkeit, Identität, Selbstwert, Einsamkeit, Ehe, Sexualität, Elternschaft und Arbeit. Hybels motiviert Harry durch seine Versprechen, daß ein Leben des Glaubens positive Auswirkungen haben werde und warnt vor negativen Konsequenzen, die zu erwarten sind, wenn jemand diese Botschaft ablehnt.

So wie Willow Creek die christliche Lehre vermarktet, prägt in gleicher Weise auch das Marketing die christliche Lehre von Willow Creek. Die Logik des Marketing bleibt nicht ohne Auswirkung auf das Produkt. Vielmehr ist die Anpassung des Produkts eines der entscheidendsten Aspekte einer konsequenten Marketingmethode. Die unbequemen oder unbeliebten Aspekte der christlichen Botschaft werden von der Marketingmethode glattrasiert. Das Evangelium wird verarbeitet, verpackt und verschickt und gleicht dabei immer mehr der Vorstellung der Zielgruppe des Anbieters.

Die Bedürfnisorientierung des Marketing paßt wie die Faust aufs Auge zum psychologischen Weltbild, das Hybels in seinen Predigten immer wieder heranzieht. Wie in Kapitel 17 erwähnt, ist das Streben nach persönlicher Erfüllung und Glück das dritte Element des psychologischen Weltbildes. Philip Rieff erklärt: „Der religiöse Mensch wurde geboren, um errettet zu werden; der psychologische Mensch wurde geboren, um glücklich zu werden." Willow Creeks Wochenendbotschaften kombinieren den Marketingschwerpunkt der Bedürfnisbefriedigung mit der psychologischen Ethik der Glückssuche. Willow Creeks Befriedigungstheologie schwingt auch im Gleichklang mit der langen amerikanischen Tradition eines Christentums, das als Mittel zu Erfolg und Glück präsentiert wird.[24]

Amerikanischer Eigennutz

Hybels Botschaft ruft im amerikanischen Charakter eine Erinnerung wach. In den 30er Jahren des letzten Jahrhunderts verfaßte Alexis de Tocqueville eine aufschlußreiche Analyse über Charakter und Kultur der Amerikaner. De Tocqueville schrieb, das „eigennützige Denken" sei unter Amerikanern eine „unwiderstehliche Kraft" und präge die Präsentation des christlichen Glaubens von Grund auf.[25]

De Tocqueville berichtete, daß die Gemeindeleiter alle Hoffnungen aufgegeben hätten, dem tiefverwurzelten Eigennutz der Amerikaner noch etwas entgegenbieten zu können. Er verglich das eigennützige Denken der Amerikaner mit einem strömungsstarken Fluß. Anstatt zu versuchen, gegen den Strom zu schwimmen, hätten sich die Gemeindeleiter entschlossen, das Boot flußabwärts zu geleiten.

Alle ihre Gedankenkraft wenden sie in diese Richtung [des Eigennutzes]. Deshalb streiten sie nicht ab, daß alle Leute ihren eigenen Interessen folgen sollten; aber mit großem Eifer stellen sie sicher, daß es im Interesse von allen Leuten ist, tugendhaft zu sein.[26]

Die Pastoren und Gemeindeleiter lehrten die Amerikaner, daß sie zu ihrem eigenen Nutzen den tugendhaften Weg des christlichen Glaubens einschlagen sollten. Somit verstanden die Amerikaner ihren Eigennutz als etwas, das sie nicht von einem moralischen Lebenswandel weg-, sondern dazu hinführt.

De Tocqueville schrieb, daß infolgedessen die meisten Amerikaner überzeugt waren, daß Hingabe an den christlichen Glauben und dessen Morallehre das beste Mittel zum Glück sei: „Eigennutz ist das vornehmliche Mittel, welches Religionen von sich aus zum Beherrschen des Menschen heranziehen." De Tocqueville verstand dieses als völlig neuartige Herangehensweise an Moralität. Klassische Moralität, so argumentierte er, solle Gutes um des Guten willen tun, oder um der Würdigung der Schönheit der Tugenden willen. Eigennützige Moralität sieht Eigennutz als das eigentliche Mittel an, um den Menschen zur Tugend zu motivieren.[27]

Von diesem Standpunkt aus betrachtet, ist Hybels' Botschaft völlig sinnvoll als moderne Fassung dessen, was de Tocqueville seinerzeit an den Gemeindeleitern beobachtete. Amerikaner widmen sich immer noch mit Haut und Haaren ihren eigenen Interessen. Gegenwärtig beinhaltet dieses Interesse an sich selbst eine Suche nach Erfüllung und Bedürfnisbefriedigung. Wenn Hybels Harry überzeugen kann, daß der christliche Glaube das beste Mittel zum Erreichen dieser Ziele ist, wird er auf den Zug des Glaubens aufspringen. Hybels hat nicht versucht, den fließenden Strom des Eigennutzes umzuleiten, sondern argumentierte wie die Prediger aus de Tocquevilles Zeit, er habe das schnellste Boot.[28]

Eine Bewertung der Befriedigungstheologie

Hybels versucht die „unchurched Harrys" zu überzeugen, daß eine Beziehung zu Christus ihnen die Türen zur Stillung ihrer Bedürfnisse öffne und als Endergebnis persönliche Erfüllung und Zufriedenheit sein werde. Wie sollen wir nun auf diese Befriedigungstheologie antworten? Wie schon Augustinus widmet sich Hybels der heidnisch-ethischen Frage: „Was ist das Gute für den Menschen?" An dieser Stelle mag es hilfreich sein, wenn wir zunächst einen Blick darauf werfen, wie Augustinus im Lauf seines Lebens diese Frage beantwortet hat.

Augustinus' Suche nach Glück

Sein ganzes Leben lang war Augustinus vom Glücklichsein fasziniert: „Ist nicht das glückliche Leben das, was alle Menschen begehren, buchstäblich jeder Mensch ohne Ausnahme?" Auch vor seiner Bekehrung war er völlig von der Suche nach Glück eingenommen. Cicero hatte ihn überzeugt, daß Wahrheit und Weisheit der Weg zum Glück seien. Als Augustinus sich als junger Mensch bekehrte und ein eifriger Christ wurde, versuchte er einen genauen Plan zu entwerfen, wie er und andere leben sollten. In einem seiner ersten Bücher, *Das glückliche Leben*, schreibt er, Glück bestünde in wahrer Erkenntnis und Religion: „Was anderes ist das glückliche Leben, als ein ewiges Gut zu besitzen, indem man es erkennt?" Da Augustinus die Quelle des Glücks als die Erkenntnis eines ewigen Guts verstand, schloß er, daß Glück nur durch die vollkommene Erkenntnis Gottes zu erlangen sei.[29]

Zwei Jahre später sagte Augustinus, die Menschen könnten nur dann glücklich sein, wenn sie gut sind. Er war überzeugt, daß die Aneignung der Kardinaltugenden ihm zum Glück verhelfen würde: „Die Aufgabe dieser Tugend ist es, jene Leidenschaften im Zaume zu halten und zu stillen, die uns Dinge ersehnen lassen, welche uns von den Gesetzen Gottes, der Freude an seiner Güte und folglich vom glücklichen Leben wegwenden." Augustinus glaubte, daß der Mensch seine Leidenschaften beherrschen und somit glücklicher werden könne, wenn er nur in der Tugend wachse.[30]

Außerdem behauptete Augustinus, Liebe sei zum Erlangen von Glück unerläßlich: „Das glückliche Leben mag gefunden werden – wenn man das Beste für den Menschen sowohl liebt als auch besitzt." Er glaubte, daß niemand glücklich werden könne, wenn ihm „fehlt, was er liebt". Augustinus schloß daraus, daß Gott am meisten wertzuschätzen und zu lieben ist. Diese Vorstellung wird später zusammengefaßt in dem wohlbekannten Satz aus der *Confessio*, dem „Bekenntnis": „Du hast uns für dich selbst erschaffen; und ruhelos sind unsere Herzen, bis sie Frieden finden in dir." Augustinus verdeutlicht diese Vorstellung noch weiter und schreibt: „Wenn ich dich suche, mein Gott, suche ich das glückliche Leben", und „Das ist das glückliche Leben – sich zu freuen – sich zu freuen in dir und dir zuzujubeln und sich zu freuen über dich."[31]

Doch als der eifrige Jungbekehrte zum erfahrenen älteren Bischof wurde, hatte die Suche nach Glück ihren rosigen Glanz verloren. Augustinus hatte feststellen müssen, daß viele der Gebiete, auf denen er sein Glück gesucht hatte, letztlich keine Befriedigung boten. Er schätzte zwar persönliche Beziehungen, seufzte jedoch: „Alle zwischenmenschlichen Beziehungen sind geprägt von solchen Mißverständnissen ... Die ganze Menschheitsgeschichte ist eine Sage von ‚Streit und Leid und zankenden Geistern', und wir müssen solche Unannehmlichkeiten als gewiß erwarten." Diese Enttäuschung, so sagte er, gilt sogar für die eigene Beziehung zu Gott: „Der Apostel hoffte auf eine vollkommene Erkenntnis Gottes – die großartigste, die ein Mensch nur haben kann – im zukünftigen Leben, denn nur das kann als glückliches Leben bezeichnet werden."[32]

Als er dann zu einem gestandenen Gläubigen heranreifte, wurde ihm klar, daß es für seine bisherige Fixierung auf ein glückliches Leben keine biblische Begründung gab. Als er sich der Entstellungen durch sein platonisches Denken in seinen früheren Schriften bewußt wurde, war er bereit, diese Vorstellungen zu verwerfen. Eine dieser irrigen Vorstellungen war seine Darstellung des christlichen Lebens als Weg zu Erfüllung und Glück.

Die biblische Sichtweise von Befriedigung.

Um Willow Creek gegenüber fair zu sein, sei zunächst darauf hingewiesen, daß in der Bibel vielfach und mit Nachdruck gelehrt wird, daß das Glaubensleben oftmals eine Art gesunder Befriedigungen ist. Die Weisheitsliteratur des Alten Testamentes führt immer wieder die positiven Auswirkungen eines Lebens im Glaubensgehorsam sowie die schrecklichen Folgen des Unglaubens auf:

> Denn wer mich findet, hat das Leben gefunden und Wohlgefallen erlangt von Jahwe. Wer aber an mir sündigt, tut seiner Seele Gewalt an; alle, die mich hassen, lieben den Tod (Spr 8,35-36).

Viele Schriftstellen heben die Freude des christlichen Lebens hervor, sprechen beispielsweise davon, wie Jesus die Last seiner Jünger erleichtert, und von der Wichtigkeit eines frohen Herzens.

Ist es für einen Christen falsch, ein glückliches Leben zu haben? Nein. Lange Zeit hat die Kirche den Fehler begangen, Opfer und Leid als prinzipiell geistlicher als Freude und Glück einzustufen. Es war kein Versehen, daß das erste Wunder des Herrn die Beschaffung von Wein auf einer Hochzeitsfeier war. Fröhlichkeit, Freude und Frieden gehören zum christlichen Leben dazu. Es gibt Zeiten besonderer Freude und Fröhlichkeit. Wir sollten diese Zeiten mit Dankbarkeit von unserem gütigen Herrn annehmen. Der von Gott für uns vorgesehene Weg des Lebens ist sehr zuträglich: „Der Pfad der Gerechten ist wie das glänzende Morgenlicht, das stets heller leuchtet bis zur Tageshöhe" (Spr 4,18).

Was kommt bei diesem gerechten Weg des Lebens heraus? Empirische Untersuchungen belegen, daß Amerikaner, die „geistlich sehr hingegeben" sind, zu höherer Zufriedenheit mit ihrem Leben neigen als die übrigen Amerikaner. George Gallup jr. faßt das Ergebnis seiner Studie zusammen:

> Insgesamt 68% der „geistlich sehr Hingegebenen" sagen, daß sie „sehr glücklich" sind, im Vergleich zu lediglich 46% der geistlich weniger Hingegebenen, 39% der kaum Hingegebenen und 30% der überhaupt nicht Hingegebenen.[33]

David Larson, ein ehemaliger Forscher am *National Institute of Mental Health*, schreibt, daß psychologische Studien tatsächlich weitreichende positive Auswirkungen von religiöser Hingabe aufzeigen: „Aus den Daten ging hervor, daß Religion äußerst segensreich ist – in über 80% der in der psychologischen Untersuchung beobachteten Fälle waren positive Auswirkungen zu verzeichnen." Es leuchtet ein, daß Menschen, die so leben wollen, wie Gott sie als seine Kinder geschaffen hat, im Normalfall überdurchschnittlich zufrieden sind.[34]

Doch diese Befunde der Psychologie werden oft als Rechtfertigung für die Lehre herangezogen, daß der christliche Glaube notwendigerweise Glück und Zufriedenheit mit sich bringe. Das ist jedoch eine unzulässige Art von Theologie. Hat Willow Creek recht mit seiner Lehre, eine Beziehung zu Christus werde ein glückliches und zufriedenes Leben garantieren? In einem Wort gesagt: nein.

Willow Creeks Befriedigungstheologie ist eine Art amerikanischer, auf den Kopf gestellter Befreiungstheologie. Die Befreiungstheologie ist eine in den 70er und 80er Jahren populäre lateinamerikanische Lehre, die Theologie mit Marxismus kombinierte. Sie inspirierte die politische Mobilisation der Armen zum Erreichen sozialer Gerechtigkeit. Das führende Werk der Befreiungstheologie ist das Buch *Eine Theologie der Befreiung* von Gustavo Gutierrez. Gutierrez bringt vor, Erlösung sei die politische Befreiung der sozial Unterdrückten. Er behauptet, der zentrale Inhalt des christlichen Lebens sollte nicht das geistliche Jenseits sein, sondern vielmehr der Kampf um politische Gerechtigkeit im Hier und Jetzt.

Das Problem bei der Befreiungstheologie besteht darin, daß an die Bibel als eine Sammlung von Beweistexten zur Illustration und Bestätigung vorausgesetzter Annahmen herangegangen wird. Das Ergebnis dieser Methode ist aus dem Verzeichnis der Bibelstellen ersichtlich: Das Gros der von Gutierrez zitierten Schriftstellen stammt aus den Büchern 2. Mose, Jesaja und Lukas. Die Zitate aus 2. Mose werden als Rechtfertigung für politische Befreiung des Volkes Gottes herangezogen; Jesaja, insbesondere Jesaja 40 (von Gutierrez besonders betont) spricht vom Schmerz und Leid von Gottes Auserwählten sowie von Gottes Gericht, seiner Gerechtigkeit und Gnade; und das Lukasevangelium wird als Portrait Jesu verwendet, das Jesu Anliegen für soziale Gerechtigkeit und seine Lehre hinsichtlich der Armen am eindrücklichsten darstellt.

Die lateinamerikanische Befreiungstheologie rechtfertigt Revolution und zieht den christlichen Glauben als politisches Mittel heran. Diese Theologie kommt bei den Armen Lateinamerikas natürlich sehr gut an, weil sie deren politische Hoffnungen unterstützt und ihre Gegner verurteilt. Das zentrale Problem der Befreiungstheologie ist, daß sie nicht der Bibel als Ganzes gerecht wird. Wenn man an die Bibel mit einer Reihe vorgegebener Grundannahmen herangeht, fällt es sehr leicht, eine Auswahl von Bibelversen zusammenzustellen, in denen diese Grundannahmen – zumindest scheinbar – gelehrt werden. Gutierrez sucht sich solche Verse und Themen heraus, die zum Ziel der politischen Mobilisation passen.

Doch diese unlautere Vorgehensweise führt stets zu einer verzerrten Theologie. Die Bibel ist eine von Gott inspirierte, komplexe Sammlung verschiedener Gattungen von Literatur. Eine biblisch-systematische Theologie ist das sorgfältige Lehren der ganzen Schrift und nicht dieses Herauspicken und Auswählen bestimmter Verse, die die eigene Lebensweise oder politische Hoffnung bestätigen. Von der nordamerikanischen Perspektive aus ist eine solche oberflächliche Rationalisierung eines lateinamerikanischen politisierten Christentums natürlich einfacher zu erkennen.

In ähnlicher Weise sind Creeker (und viele andere Evangelikale), im amerikanischen Luxusleben schwelgend, einer anderen Versuchung ausgesetzt: dem Götzendienst persönlicher Erfüllung. Persönliche Erfüllung und Zufriedenheit ist das vorderste Ziel der allermeisten Amerikaner. In diesem Zusammenhang bedeutet es für amerikanische Evangelikale eine schwere Versuchung, die Auffassung zu vertreten, der christliche Glaube sei ein Mittel zu einem zufriedeneren Leben. In diesem gesellschaftlichen Kontext wird das Evangelium zu einem Mittel zur persönlichen Befriedigung, und die Gemeinde wird ein weiterer Ort, an dem Erfüllung der emotionalen Bedürfnisse versprochen wird. Die voreingenommene Methode des Herauspickens von Versen zur Unterstützung der eigenen Absichten, wie sie auch von der Befreiungstheologie angewendet wird, ist genauso unlauter, wenn sie von Amerikanern herangezogen wird, die beweisen wollen, daß Gottes Kindern ein glückerfülltes Leben verheißen ist. Es ist genau dieselbe oberflächliche kulturelle Bibelauslegung, diesmal jedoch praktiziert vom Standpunkt nordamerikanischen Überflusses.[35]

Genau wie Gutierrez' Ziel politischer Mobilisation verzerrt diese Fixierung auf das psychologische Wohlergehen die Theologie. Wer den christlichen Glauben zum Erreichen seiner Ziele benutzt (seien es politische oder emotionale), verzerrt die daraus resultierende Theologie. Der christliche Glaube ist keine Ideologie, die für pragmatische Zwecke herangezogen werden könnte. Die christliche Wahrheit bewertet und beurteilt alle menschlichen Systeme.

Wenn man für den christlichen Glauben eintritt, indem man in erster Linie auf dessen Nützlichkeit hinsichtlich der Bedürfnisbefriedigung hinweist, verkauft man ihn letztlich unter Preis. Den christlichen Glauben als ein Mittel darzustellen, bedeutet letztlich, daß er überflüssig sei. Sobald jemand Bedürfnisse auch ohne Christus erfüllen kann, erübrigt sich die christliche Botschaft. Evangelisation würde sich nur noch an Neurotiker oder emotional Gestörte richten, und bei intellektuellen Agnostikern und Atheisten würde die Herausforderung des Evangeliums auf völlig verschlossene Türen stoßen. Das Entscheidende, weshalb Menschen umkehren und Gott anbeten sollten, ist, weil Gott es verdient.

Befriedigungstheologie spiegelt nicht die Lehre der Bibel wider. In der Schrift finden wir viele Aussagen, daß Christsein oftmals nicht „befriedigend" ist. Jesus verheißt seinen Jüngern: „In der Welt habt ihr Drangsal" (Joh 16,33). Paulus schreit Timotheus: „Alle aber auch, die gottselig leben wollen in Christo Jesu, werden verfolgt werden" (2. Tim 3,12). Der Schreiber des Hebräerbriefes teilt uns mit, daß viele Gott treu waren und dennoch Folter, Schläge, Steinigung und Zersägen erlitten und in „Mangel, Drangsal und Ungemach" umhergingen (Hebr 11,35-39). Paulus erinnert uns daran, daß er gegeißelt und gesteinigt wurde und Schiffbruch erlitt und gibt zu, daß er an einem Tiefpunkt sogar „am Leben verzweifelte" (2. Kor 1,8).

Die Botschaft des Herrn an die Gemeinde in Smyrna ist eine erschreckende Warnung vor bevorstehenden Leiden:

> Fürchte nichts von dem, was du leiden wirst. Siehe, der Teufel wird etliche von euch ins Gefängnis werfen, damit ihr geprüft werdet, und ihr werdet Drangsal haben zehn Tage. Sei treu bis zum Tod, und ich werde dir die Krone des Lebens geben (Off 2,10).

Der Herr versprach kein glückliches Leben, noch nicht einmal Erleichterung, für diese Welt, aber für die zukünftige. Im Garten Gethsemane rief sogar unser Herr selbst die Worte aus: „Meine Seele ist sehr betrübt bis zum Tode" (Matth 26,38). Glücklichsein ist kein geistliches Geburtsrecht von Christen.[36]

Das Ziel des christlichen Lebens ist nicht Glücklichsein, sondern Glaubenstreue. Es ist nicht falsch, sich nach Glück zu sehnen. Die Frage ist nur: Inwiefern prägt oder bestimmt dieses Sehnen nach Glück unser Leben? Übt es einen störenden Einfluß auf unsere Entscheidungen aus? Macht es sich darin bemerkbar, wie wir Ungläubigen gegenüber das Evangelium präsentieren? Von biblischer Perspektive aus betrachtet, ist Glück kein Ziel, sondern ein Geschenk.

Der Befriedigungstheologie liegt ein unangemessenes Verständnis der biblischen Wahrheit über die Verdorbenheit dieser Welt und die Bedeutung von Leid im Leben des Christen zugrunde. Die Bibel lehrt uns, daß wir in einer gefallenen, auf vielerlei Weise von der Sünde verdorbenen Schöpfung leben. Die Beziehung des Menschen zu Gott, zur Schöpfung, zu seinen Mitmenschen und zu sich selbst ist nicht nur ge-, sondern zerstört. Paulus schreibt: „Wir wissen, daß die ganze Schöpfung zusammen seufzt und zusammen in Geburtswehen liegt bis jetzt" (Röm 8,22). Diese Zerstörung wird erst dann wieder vollständig aufgehoben sein, wenn der Herr wiederkommt. In diesem Leben ist das Leid ein beständiger Begleiter. Wer die Meinung vertritt, daß Christen ein glückliches, sorgenfreies Leben haben müßten, fügt zur Last der Bedrängnis noch die Peitsche der Geistlichkeit hinzu.

Verheißt Gott für dieses Leben Glück und Zufriedenheit? Fragen wir das die Tausende von Märtyrern und ihren geliebten Angehörigen, die allein in diesem Jahrhundert für ihren Glauben starben. Heute noch, kurz bevor ich diese Zeile schreibe, las ich Berichte von weiteren Märtyrern in Nordafrika, die buchstäblich gekreuzigt wurden, wie unser Herr, und ihre Frauen und Kinder hat man in die Sklaverei verkauft. Ist das ein glückliches und zufriedenes Leben?

Gott verheißt nicht, daß unser Leben als Christen auf dieser Erde auf Glück und Bedürfnisbefriedigung hinauslaufen wird. Diese Art von Lehre ist eine typisch amerikanische Verzerrung des biblischen Glaubens.

Marketing bietet moderne Mittel zum Ansprechen und Erreichen der Menschen auf, die wesentliche Bestandteile der amerikanischen Kultur sind – und in zunehmendem Maße der Kultur der Welt. Die Creeker haben sich diese Mittel für ihr Anliegen, ihre kirchendistanzierten Freunde und Familienangehörige zu erreichen, zunutze gemacht. Wenngleich sie gute Absichten verfolgen, so neigen die Methoden zur Verzerrung des christlichen Evangeliums. Bei ihrem Unterfangen, das Evangelium zu vermarkten, ist das Evangelium an sich entstellt worden.

KAPITEL 19

Der Spiegel von Gottes Angesicht

Hybels und sein Mitarbeiterteam wollen das biblische Evangelium verkünden. Fragt man sie, bestätigen sie unverzüglich, daß ihre Botschaft das unveränderbare Evangelium sei und verurteilen jeden Versuch, es abzuändern. Lee Strobel unterstreicht diesen Punkt:

> Lassen Sie mich nachdrücklich betonen, daß ich keineswegs dafürhalte, das Evangelium zu verändern, um es somit für Kirchendistanzierte künstlich attraktiv zu machen. Eine Verwässerung oder Eliminierung der schwerverständlichen Aspekte wie Sünde oder Buße ist gänzlich untragbar.[1]

Nur wenige Evangelikale werden mit dem Verständnis des Evangeliums, wie ich es in Kapitel 13 zusammengefaßt habe, ernstlich Probleme haben. Wenn wir jedoch die Schwerpunkte des Evangeliums von Willow Creek unter die Lupe nehmen, stellen wir fest, daß der Kern seiner Botschaft unterschwellig abgewandelt wurde. Die Leute von Willow Creek selbst sind sich gar nicht bewußt, wie ihre Art und Weise, das Evangelium rüberzubringen, auch die Botschaft an sich prägt. Wenn wir die Auswirkung dieses Vorgehens verstehen wollen, müssen wir zunächst eine grundsätzliche Dualität in der christlichen Theologie darstellen.

Die Immanenz und die Transzendenz Gottes. Diese Eigenschaften beziehen sich auf Gottes Beziehung zur Schöpfung.

Die Immanenz Gottes bedeutet, daß er in der Welt gegenwärtig ist und aktiv darin handelt. Sie zeigt sich in seiner Liebe und Güte und wird gänzlich offenbar in Jesu Christi Fleischwerdung sowie der aktiven Gegenwart des Heiligen Geistes.

Im Gegensatz dazu bezieht sich die Transzendenz auf Gottes Getrenntsein von der Welt. Er ist allmächtig, allwissend, heilig und gerecht und übersteigt (lateinisch *transcendere* = hinübergehen) Raum und Zeit. Der Theologe Millard Erickson erläutert, wie wichtig es ist, ausdrücklich diese *beiden* Wahrheiten über Gottes Wesen zu lehren: „Wo die eine Seite auf Kosten der anderen überbetont wird, geht die orthodoxe theistische Konzeption verloren."[2]

Wir werden das Evangelium von Willow Creek besser verstehen, wenn wir seine Lehre über Gottes immanente Liebe sowie transzendente Heiligkeit begreifen.

Gottes immanente Liebe

Während des Jahres meiner Studien in Willow Creek betonte Hybels gegenüber dem Wochenendpublikum immer wieder Gottes Liebe. Von den 54 Predigten betonten 38 (über 70%) in hohem Maß Gottes immanente Liebe und ihre Auswirkungen auf das Leben der Menschen. In einem typischen Monat handelten drei von vier Wochenendbotschaften von Gottes barmherziger Liebe. Dieses Thema der Liebe Gottes ist zusammengefaßt im Motto der Gemeinde: „Du bist wichtig für Gott", sowie einem weiteren bekannten Slogan von Willow Creek: „Was für einen wunderbaren Gott haben wir!" Ein Lied, das Hybels als „entscheidend" für das Verständnis von Willow Creek beschreibt, betont Gottes Liebe:

> In den Augen des Himmels gibt's keine Verlierer,
> In den Augen des Himmels keinen hoffnungslosen Fall;
> Nur Menschen wie dich, mit Gefühlen wie ich;
> Staunend, staunend über die Gnade,
> Die wir in des Himmels Armen finden können.[3]

Wenn Hybels am Ende seiner Predigten betet, nennt er Gott stets den „liebenden Vater", wie z.B. in folgendem Gebet:

> Vater, ich bete, daß die Suchenden, die jetzt mit geballten Fäusten oder ihren Händen in den Hosentaschen dastehen – wenn sie dir jetzt auch noch nicht vertrauen –, so hoffe ich, daß sie merken, daß sie dir immer noch wichtig sind und dein Auge auf sie gerichtet ist und deine Liebe ihren Weg bewacht.[4]

Hybels beschreibt Gott häufig als diesen barmherzigen Vater, der tiefe Gefühle der Liebe zu den anwesenden „Harrys" und „Marys" hegt. Einer der besonderen Schwerpunkte in Hybels' Lehre ist sogar die Vorstellung, daß Gott sehr emotional sei: „Auch Gott hat Gefühle; auch Gott hat Gefühle. Und die können genau wie deine und meine Gefühle verletzt und gebrochen werden." Hybels sagt, Gottes stärkstes Gefühl sei Liebe: „Gottes tiefstes Gefühl für sein ganzes Volk und für die Welt ist Liebe."[5]

Hybels stellt heraus, wie Gottes Liebe die Bedürfnisse des Menschen erfüllt. Diese Schilderung Gottes ist aus dem Inhaltsverzeichnis seines Buches *The Seven Wonders of the Spiritual World* („Die sieben Wunder der geistlichen Welt") ersichtlich:

> Du bist wichtig für Gott
> Gott liebt mich
> Gott kann man vertrauen
> Gott vergibt mir
> Gott gestaltet mich um
> Gott leitet mich
> Gott gebraucht mich
> Gott macht mich zufrieden
> Was nun?[6]

Es sollte hier nicht überraschen, in den meisten der Kapitelüberschriften das Wort *mich* zu finden. Hybels betont Gottes immanente Liebe und deren Wert für die Menschen.

Der Soziologe Robert Wuthnow meint, daß im derzeitigen Amerika Gott zur Befriedigung der menschlichen Bedürfnisse umgeformt worden sei:

> Gott existiert nicht mehr als metaphysisches, transzendentes oder allmächtiges Wesen, sondern ist, in gewissem Sinn, „subjektiviert" worden ...
> Gott ist den heutigen Amerikanern hauptsächlich nur deshalb wichtig, weil der Sinn für die Gegenwart Gottes subjektiv als tröstend empfunden wird, d.h. Religion löst eher persönliche Probleme, als daß sie weitergehende Fragen anspricht.[7]

Dieses subjektive, immanente Verständnis von Gott wird auch deutlich in Hybels' Beschreibung, wie Gott die Bedürfnisse der Menschen erfüllen und sie glücklich machen will:

> Gott macht zufrieden.
> Er tut Dinge für uns und in uns, die wir für uns selber nicht tun können.
> Gott erfüllt innere Bedürfnisse.
> Er bringt Rastlosigkeit und Chaos zur Ruhe.
> Er kümmert sich um Sehnsüchte.
> Er behandelt Wunden.
> Er beruhigt Ängste.
> Er befriedigt unsere Seelen.[8]

Hybels' optimistisches Portrait Gottes gegenüber „unchurched Harry" könnte wie folgt zusammengefaßt werden: „Gott liebt dich und wird dir begegnen, wo du auch bist; er wird dir vergeben, deine Bedürfnisse stillen und dir ein erfülltes Leben bereiten."

„Unchurched Harry und Mary" werden von dieser optimistischen Beteuerung von Gottes Herzensgüte angezogen. Ein Willow Creek-Besucher erklärte: „Was mich am meisten angezogen hat, war die Botschaft zum Auftakt." Diese positive Botschaft von Gottes Liebe stößt bei den Amerikanern auf viel Resonanz. Mehr als acht von neun Amerikanern „fühlen, daß Gott sie liebt". 80% der Amerikaner fühlen, daß Gott ihnen nahe ist. Auch viele Evangelisten des psychologischen Weltbildes behaupten, daß Gott ein liebender Gott ist. Die Autorin eines Buches über Co-Abhängigkeit, Melody Beattie, verkündet: „Gott hat uns nicht im Stich gelassen ... Er ist da und sorgt für uns." Das Verständnis von Gott als liebendem Vater steht in Einklang mit den Auffassungen von 84% der Amerikaner, die glauben, daß Gott ein „himmlischer Vater ist, der Gebete hört". Hybels' College-gebildete Zuhörerschaft ist besonders empfänglich für Geschichten über Jesu liebevolles Erbarmen.[9]

Doch selbst der normalerweise so optimistische Meinungsforscher George Gallup jr. beobachtet, daß der feste Glaube der Amerikaner an Gottes liebende Immanenz nicht das ist, was er zu sein scheint:

> Wenn wir Messungen vornehmen und die Tiefe unserer religiösen Überzeugung überprüfen, werden wir über die Ernsthaftigkeit unseres Glaubens

ernüchtert sein. Wir glauben an Gott, doch dieser Gott ist oftmals lediglich ein gutheißender Gott – und kein Gott, der Ansprüche stellt.[10]

Gottes transzendente Heiligkeit

Im Gegensatz zu dieser Betonung von Gottes Liebe betonen die Wochenendbotschaften die Heiligkeit Gottes nicht. Die Begriffe *heilig* oder *Heiligkeit* wurden bei den Predigten im Laufe eines Jahres nur 145mal benutzt; *Liebe* oder *Güte* jedoch 928mal. Auch als Hybels über Gottes Heiligkeit lehrte, richtete er die Aufmerksamkeit auf Gottes Liebe und Erbarmen.[11]

79 der 145 Nennungen der Begriffe *heilig* oder *Heiligkeit* kamen in einer einzigen Predigt vor. Nur 66 Erwähnungen dieser Begriffe fanden in allen anderen 53 Predigten statt. Im Lauf des Jahres erlebte ich nur vier Predigten, in denen Gottes Heiligkeit klar und deutlich vermittelt wurde. Das entspricht zusammen etwa 7% der Botschaften, im Gegensatz zu 70% der Predigten, die Gottes Liebe betonten.

Die Begriffe *heilig* oder *Heiligkeit* werden tatsächlich häufig in bezug auf die Vorteile verwendet, die die Menschen aufgrund von Gottes Heiligkeit nutznießen: „Wenn Gottes *Heiligkeit* in einer Reihe von *heiligen* Moralmaßstäben zum Ausdruck kommt, denen die Menschen Folge leisten sollen, dann kommt das mir und Ihnen zugute." Hybels sagt, daß Gottes „*Heiligkeit* einen ausgeprägteren Sinn dafür verleiht, was in dieser Welt gerecht oder aber unrecht ist." Er plädiert dafür, daß die Menschen Gott für seine Heiligkeit danken sollten, weil sie so nicht vom Relativismus eingenommen sind, und ebenfalls dankbar sein sollten für Gottes Gebote, die sie und ihre Familien in Schutz nehmen. Diese Aussagen betonen die praktische Nützlichkeit von Gottes Heiligkeit. Daß Hybels zu wenig Nachdruck auf Gottes transzendente Heiligkeit legt, sehen wir auch daran, daß er in den Wochenendbotschaften nicht regelmäßig über Gottes Moralgesetz lehrt.[12]

Gottes Moralgesetz

Die protestantische Reformation hatte den zentralen Lehrsatz, daß das Gesetz dem Evangelium vorangeht. Klassische protestantische Theologen betonten Schriftstellen wie z.B. Römer 3,20: „Durch Gesetz kommt Erkenntnis der Sünde." Sie argumentierten, daß man nicht das biblische Evangelium lehre, wenn man nicht herausstellt, wie Gottes Moralgesetz den Menschen zur Rechenschaft zieht.

Martin Luther glaubte, daß Errettung durch Glauben nur dann möglich sei, wenn der Mensch sich selbst klar sieht.

Er behauptete, Gottes Gesetz sei das Mittel dieser Selbsterkenntnis:

Gott will den Menschen lehren, daß er sich durch das Gesetz selbst erkenne. Er will, daß der Mensch sieht, wie falsch und ungerecht sein Herz ist, wie weit entfernt er immer noch von Gott ist, und wie völlig kraftlos seine

Natur ist ...

Deshalb muß der Mensch gedemütigt werden, zum Kreuz kriechen, nach Christus ächzen, sich nach Seiner Gnade sehnen, an sich selbst verzweifeln und all seine Zuversicht auf Christus gründen.[13]

Luther war der Meinung, daß das Gesetz dem Menschen einen transzendenten Spiegel vorhält, so daß er sich selbst – und insbesondere seine Sünde – sehen kann.

Luther schilderte Gottes Gesetz auch als einen Hammer, der unbußfertige Sünder kraftvoll demütigen kann:

> In keiner anderen Weise als nur durch das Gesetz kann Gott einen Menschen erweichen und demütigen, so daß er sein Elend und sein Todesurteil einsieht. Denn das Gesetz ist der Hammer des Todes, das Donnern der Hölle und der Blitzschlag des Zornes Gottes, der den verhärteten und gefühllosen Heuchler zermalmt.[14]

Luther sagte, Gottes Mittel zur Demütigung des Menschen sei es, daß sie Prediger die transzendente, heilige Wahrheit des Moralgesetzes Gottes verkünden hören.

Johannes Calvin argumentierte ebenfalls, daß Gottes Gesetz eine Vorbereitung auf das Evangelium ist: „Indem wir die Gerechtigkeit des Gesetzes mit unserem Leben vergleichen, erkennen wir, wie weit wir vom Erfüllen von Gottes Willen entfernt sind." Von daher dient Gottes Moralgesetz als Mittel der Verurteilung, indem es aufdeckt, wer wir wirklich sind:

> Welch beachtliche Meinung er zuvor auch von seinen Fähigkeiten gehabt haben mag, so fühlt er doch alsbald, daß sie unter einem solch schweren Gewicht ächzen, daß es ihn wanken und schwanken macht und ihn schließlich zu Fall und Ohnmacht bringt. So wirft der im Gesetz unterwiesene Mensch die Überheblichkeit ab, die ihn zuvor verblendete ...
> Das Gesetz ist wie ein Spiegel. Darin sinnen wir über unsere Schwachheit, dann über den daraus ersteigenden Greuel, und schließlich über den aus beiden hervorgehenden Fluch – so wie ein Spiegel uns die Pickel in unserem Gesicht zeigt.[15]

Calvin schreibt, daß „die Schärfe des Gesetzes alle Selbsttäuschung von uns fortnimmt" und uns durch seine „Anklage bewegt, nach Gnade zu trachten".[16]

Auch John Wesley lehrte eindeutig die hohe Bedeutung von Gottes Moralgesetz bei der Verkündigung des biblischen Evangeliums. Wesley erklärte, wie er das Gesetz als zentrales Element der christlichen Botschaft predigte:

> Ich denke, die richtige Methode des Predigens ist diese: Bei der allererersten Predigt an irgendeinem Orte – nach einer allgemeinen Darlegung der Liebe Gottes für Sünder und seines Willens, daß sie errettet werden – das Gesetz in der stärksten, engsten und durchdringendsten Weise wie irgend möglich

zu predigen, wobei das Evangelium nur hier und da beigemischt und nur unberührt von ferne gezeigt wird.[17]

Wesley war überzeugt, daß bei der Verkündigung des Evangeliums die Gnade Gottes „nicht zu eilig" betont werden sollte und lehrte, „nur im persönlichen Gespräch mit einem ernsthaft überzeugten Sünder sollten wir nichts als das Evangelium verkündigen".[18]

Wesley, Luther und Calvin vertraten die Ansicht, daß dem biblischen Evangelium im Innersten eine Selbsterkenntnis zu eigen ist, die aus der Konfrontation mit Gottes heiligem Gesetz hervorgeht. J.I. Packer schreibt: „Niemand kann erkennen, was Sünde ist, bevor er nicht erkannt hat, wie Gott ist."[19]

Das Gesetz verhilft zu dieser zweiseitigen Sicht von Gottes Heiligkeit einerseits und der Sündigkeit des Menschen andererseits. Das Gesetz deckt die Abgründe unserer Seele auf und ist geradezu daraufhin angelegt, unsere Unfähigkeit aufzuzeigen, nach diesen Anforderungen zu leben. Das Gesetz zeigt unsere korrupten Beweggründe, unseren Egoismus und die Kaltherzigkeit unseres Denkens.

Worauf es bei dieser kurzen Gegenüberstellung von Gottes Liebe und Gottes Heiligkeit sowie dem Exkurs über Gottes Moralgesetz ankommt, ist, daß am Evangelium von Willow Creek, wie in Kapitel 13 zusammengefaßt, etwas fehlt. Hybels' zweckdienliche Lehre, daß Gott auf die Bedürfnisse des Menschen eingehen und sie erfüllen möchte, prägt seine Verkündigung in unangemessener Weise. Die Heiligkeit Gottes und das überführende Wesen von Gottes Moralgesetz werden somit verschleiert. Insgesamt gesehen, sind Hybels' Wochenendbotschaften eine ziemlich optimistische Herangehensweise an den christlichen Glauben. Nicht, daß Hybels Gottes Heiligkeit und die Notwendigkeit von Buße völlig außer Acht ließe; doch die Botschaft von Gottes transzendenter Heiligkeit wird vom vorherrschenden Nachdruck auf Gottes immanente zuneigende Liebe in den Schatten gestellt.

Als ein Mitarbeiter von Willow Creek dieses Kapitel gelesen hatte, erhob er den Einwand, das Publikum von Willow Creek stamme aus einem Hintergrund, der Gottes Heiligkeit und Transzendenz betone: „Wir heben jene Aspekte des Evangeliums hervor, die beim Hintergrund vieler Leute, die wir erreichen wollen, vernachlässigt oder ausgelassen worden sind." Er behauptete, Willow Creek richte das Augenmerk auf den Aspekt von Gottes Wesen (seine immanente Liebe), den das Publikum bisher nicht verstanden hat. Es stimmt, daß es Einzelne geben mag, die bestimmte Aspekte des Evangeliums, wie z.B. Gottes Liebe, erst noch begreifen müssen, doch dieses Argument läßt die erwiesene Tatsache außer Acht, daß die Mehrheit der Amerikaner an die Liebe Gottes glaubt. Dieser Mitarbeiter meint, das Publikum von Willow Creek unterscheide sich irgendwie von den meisten Amerikanern. Das ist das exakte Gegenteil der Ergebnisse aller meiner Studien. Alle von mir interviewten „Sucher" oder Wochenendgäste waren davon überzeugt, daß Gott sie liebt. Diesen Glauben vertraten sie, bevor sie nach Willow Creek kamen, und die Wochenendbotschaften bekräftigten diese Überzeugung. Das Problem ist, daß sie keine aussagekräftige Lehre über Gottes Heiligkeit zu hören bekamen.

Die Folgen dieser Lehre können wir anhand einiger Beispiele sehen. Jonathan Edwards, ein Theologe des 18. Jahrhunderts, schildert in seiner berühmten Predigt „Sünder in der Hand eines zornigen Gottes" den Zorn Gottes gegen die rebellierende Sünde des Menschen. Er vergleicht die Menschen mit Spinnen, die vor dem Feuer des Zornes Gottes baumeln. Im Lauf des Jahres meiner Studien wurde die knallharte Botschaft von Gottes Zorn gegen die aufbegehrende Sünde praktisch nie gehört. Diese Vorstellung vom gegen die Rebellion der Menschen gerichteten Zorn Gottes liegt der Lehre von Willow Creek so fern, daß während des Evangelisations-Trainingseminars einer der Vortragenden einen Witz über Edwards Schilderung von Gottes Zorn gegen die Sünde einwarf.

Diese sorglose Haltung wird ebenfalls deutlich anhand einer Begebenheit im Anschluß an eine Umfrage in der Gemeinde: Hybels gab die Meldung bekannt, daß viele Leute der Gemeinde in den letzten sechs Monaten gelogen (33%), gestohlen (18%), die Ehe gebrochen (12,5%) und Pornographie konsumiert (27% der Männer) hatten. Nach dieser Darstellung, wie sehr die Creeker gefehlt hatten, zielte Hybels' Reaktion nicht auf einen Tadel der Gemeinde ab, sondern vielmehr auf ein Kompliment:

> Streckt eure Brust ein bißchen raus – wir erkennen unsere Ungerechtigkeit an und liefern sie der Gnade und Wahrheit aus. Und als Gemeinschaft lernen wir, wie wir Vergebung erlangen und wie der Heilige Geist uns helfen kann, in der nächsten Woche, im nächsten Monat und im nächsten Jahr ein wenig anders zu leben.

Bis dahin hatte das Publikum noch keine Buße getan. Die Leute hatten ihre Sünden nicht bekannt. Sie hatten lediglich auf einem Umfragebogen angekreuzt, daß sie die Ehe gebrochen, Pornographie gesehen hatten usw.

In der folgenden Woche bemerkte Hybels, daß erhebliche Teile der Singles (25% der Unverheirateten, 38% der Alleinerziehenden und 41% der Geschiedenen) „unrechtmäßige sexuelle Beziehungen innerhalb der letzten sechs Monate zugaben". Wiederum rief Hybels die Gemeinde nicht zur Buße für ihre Rebellion gegen einen heiligen Gott auf. Statt dessen hob er Gottes mitfühlende Liebe hervor:

> Wir leiden unter Liebesentzug, bestehen aus zerbrochenen Teilen, die so repariert werden müssen, wie auf Dauer nur er es kann. Wir müssen unsere Zerbrochenheit ins Licht seiner Gnade und Wahrheit herausbringen.

Hybels lehrte nicht über Gottes Moralgesetz und forderte seine Zuhörer nicht auf, sich selbst zu prüfen, ob sie sich wahrhaft im Glauben befänden (2. Kor 13,5; 2. Petr 1,10). Das ist ein unterschwelliger Prozeß der Betonung von Gottes liebendem Erbarmen und seiner Vergebungsbereitschaft, der die Wahrheit über Gottes Heiligkeit verzerrt.

Willow Creeks Sicht von Jesus

Ich habe bereits gezeigt, daß Willow Creek eindeutig eine rechtgläubige Christologie lehrt: Jesus war vollkommen Gott und vollkommen Mensch. Doch so wie jede geschichtliche Epoche zu beschreiben versuchte, wer Jesus ist, so versuchte damit auch jede Ära, sich selbst zu rechtfertigen. Der Kirchenhistoriker Jaroslav Pelikan bemerkt, daß „es für jede Geschichtsepoche kennzeichnend war, Jesus in Übereinstimmung mit ihrem eigenen Charakter zu beschreiben". Wenn Willow Creek unter dem Einfluß der amerikanisch-psychologischen Weltanschauung steht, sollte es uns nicht überraschen, wenn Willow Creeks Sicht von Jesus von therapeutischen Kategorien gekennzeichnet ist.[20]

Hybels lehrt:

> Allen Anzeichen nach war Jesus ein Bild emotionaler, zwischenmenschlicher und psychischer Gesundheit ...
> Seine Beziehungen waren fest und sicher. In Not war er stabil und blieb auch in Krisensituationen ruhig. Er zeigte absolut keine Neigung zu irgendeiner Art von unberechenbarem oder psychotischem Verhalten ...
> Es gibt keine Grundlage, anhand der man Jesus als irgend etwas Geringeres als eine gesunde, heile, einheitliche Person einschätzen würde, der Respekt und sogar Bewunderung gebührt.

Dieser Jesus erinnert stark an einen wohlausgeglichenen, reifen Therapeuten aus der Schule eines Carl Rogers. Auch Willow Creeks Darstellung von Gott, dem Vater, könnte oftmals die eines hilfreichen Therapeuten sein: „Ich kann Gott fast sagen hören: ‚Ich sporne deine Heilung an, dein Wachstum, deine Gesundheit – das tue ich wirklich.'" Das ist eine Theologie, die die Aspekte des Evangeliums hervorhebt, die auf den typischen „unchurched Harry" anziehend wirken (immanente Liebe) und damit einhergehend ein Defizit bei den nicht so attraktiven Aspekten aufweist (transzendente Heiligkeit). Dieses Ungleichgewicht können wir verstehen, wenn wir bedenken, daß Willow Creek, wie die Evangelikalen, eine kognitive Minderheit in der Gesellschaft darstellt.

Kognitive Minderheit

Peter Berger ist der Meinung, daß jede Gruppe, die eine kognitive Minderheit in einer Gesellschaft darstellt, sich in einer schwierigen Situation befindet:

> Die Stellung einer kognitiven Minderheit ist ... unweigerlich eine unbequeme – nicht unbedingt deshalb, weil die Mehrheit repressiv oder intolerant wäre, sondern weil sie einfach die Definition der Minderheit von Wirklichkeit als „Wissen" ablehnt."[21]

Eine kognitive Minderheit bedient sich oftmals einer von drei verschiedenen Reaktionen auf das symbolische Universum der umgebenden Kultur: kognitiver Widerstand, kognitive Kapitulation und kognitives Handeln.

Kognitiver Widerstand

Der theologisch Konservative entscheidet sich für kognitiven Widerstand. Er lehnt den Wahrheitsanspruch der vorherrschenden Kultur ab. Ein theologisch Konservativer zieht sich oftmals von der Gesellschaft zurück und schafft sich seinen eigenen sozialen Lebensraum, um damit sozialen Lebensraum für seine kognitiven Mitdissidenten bereitzustellen. Der theologisch Konservative rebelliert gegen die Welt und sagt:

> Ihr könnt euch alle auf den Kopf stellen; wir glauben daran, wir wissen es, und wir werden daran festhalten. Und wenn euch allen das egal ist – nun, dann ist das wirklich schade.[22]

Kognitive Kapitulation

Der theologisch Liberale entscheidet sich für die kognitive Kapitulation. Berger schreibt, daß für den theologisch Liberalen „die kognitive Autorität und Überlegenheit" des vorherrschenden symbolischen Universums „mit nur wenigen oder gar keinen Vorbehalten anerkannt wird ... Das moderne Denken wird mit Stumpf und Stiel geschluckt, und dieses Festmahl geht einher mit einem Sinn von Ehrfurcht wie bei der Heiligen Kommunion." Das Hauptanliegen des theologisch Liberalen ist es, die christliche Theologie dem modernen Weltbild anzupassen. Ergebnis dieses Prozesses ist „der fortschreitende Abbau des übernatürlichen Gerüstes der christlichen Überlieferung"[23].

Der Anfang dieser Art „kognitiver Kapitulation" wird deutlich in Robert Schullers Evangelium. Schuller verkündet, daß Theologie die Einsichten und Prioritäten der Psychologie widerspiegelten und die Kirche das christliche Leben in psychologischen Kategorien des Selbstwertes neu definieren solle. Die Lehre, daß dem Evangelium das Moralgesetz vorangeht, hat Schuller preisgegeben. Die Vorstellung eines heiligen Gottes, der wegen der rebellierenden Sünde des Menschen zürnt, ist aus Schullers Botschaft verschwunden. Schuller hat ein Christentum mit der Haltung des „Positiven Denkens" geschaffen und drängt seine Pastorenkollegen:

> *Predigt so, daß jede Botschaft die positiven Gefühle der Zuhörer stimuliert.* Positive Gefühle sind: Liebe, Freude, Güte, Milde, Freundlichkeit, Glaube, Hoffnung, Humor, Zielstrebigkeit, Vertrauen, Respekt, Selbstvertrauen, Enthusiasmus, Ambition, Mut, Optimismus.
> Zielt niemals auf die negativen Gefühle ab – Angst, Zweifel, Wut, Voreingenommenheit, Sorgen, Verzweiflung, Selbsthaß, Pessimismus usw. [Hervorhebungen zugefügt].[24]

Das künstliche Lächeln dieses heiteren Christentums schließt jegliches negative Gefühl aus – und einen Großteil der herkömmlichen christlichen Botschaft.

Kognitives Handeln

Kognitives Handeln tritt dann auf, wenn „zwei zueinander in Konflikt stehende Weltbilder vorliegen und diese miteinander zu handeln beginnen". Ziel dieser Strategie ist es, „einen kognitiven Kompromiß zu finden". Willow Creek hat diese Strategie des kognitiven Handelns verfolgt.[25]

Hier ist nicht die Rede von einer „kognitiven Kapitulation" eines Robert Schuller. In den Anfangsjahren von Willow Creek übernahmen Hybels und seine Mitarbeiter Schullers Strategie und schwächten somit ihre Botschaft ab. 1979 kehrte Hybels von dieser „kognitiven Kapitulation" ab und begann, ein klareres Evangelium zu verkünden. In der Zusammenfassung der Wochenendbotschaften sehen wir, daß Hybels sich eindeutig von seinem früheren Lehrmeister Schuller abgewendet hat.

Im kognitiven Handeln entdecken wir etwas wesentlich Subtileres als in der kognitiven Kapitulation. Kognitives Handeln wird in einer Art evangelikaler Höflichkeit sichtbar. Der Soziologe Hunter erklärt:

> Höflichkeit tritt vor allem dann zutage, wenn solche, die bereits die evangelikale Botschaft angenommen haben, mit Menschen zu tun haben, denen diese Botschaft vorgestellt werden soll.
>
> Dieser Kultivierungsprozeß geht mit einer Minderbetonung der offensiveren Aspekte des evangelikalen Glaubens einher: der Hinweis auf das innewohnende Böse, auf sündiges Verhalten und sündige Lebensweise, auf den Zorn eines gerechten und eifersüchtigen Gottes und auf die ewige Todespein in der Hölle.
>
> Diese Minderbetonung war mehr quantitativ als qualitativ. Die offensiven Aspekte werden im großen und ganzen weder nennenswert abgewertet noch als unwesentlich vertuscht. Man spricht einfach nicht so häufig über sie, wie es früher der Fall war.[26]

In Willow Creek finden wir genau diese evangelikale Höflichkeit. Die wenigsten Evangelikalen hätten Schwierigkeiten mit Willow Creeks Evangelium, wie von mir zusammenfassend dargestellt. Das Problem besteht darin, daß Willow Creek die einzelnen Aspekte seines Evangeliums nicht konsequent verkündet.

Das geht zum Teil auf Hybels' Methode des themenbezogenen Predigens zurück. Ich habe bereits erwähnt, daß alle Vorträge auf den Wochenenden nicht bibelauslegende, sondern themenbezogene Botschaften sind. Folglich bietet die Bibel nicht den Rahmen und Inhalt der Vorträge. Die Schrift wird tatsächlich oftmals lediglich als Illustration herangezogen. Wenn Hybels sich auf diese Weise nur thematisch auf die Bibel bezieht, läßt er sich in seiner Auswahl der Bibelstellen von den Hauptargumenten seines Vortrages leiten. Somit greift er, wie in Kapitel 11 aufgezeigt, häufig nur auf diejenigen Verse zurück, die

seine Botschaft vom christlichen Glauben als die am meisten Erfüllung bieten-
de Lebensweise bestätigen. Willow Creek betreibt kognitiven Handel durch
seine unbeabsichtigte Betonung solcher Aspekte des christlichen Glaubens, die
zur Hauptmethode der Wochenendgottesdienste passen. Dadurch, daß es sein
Augenmerk auf die Relevanz des christlichen Glaubens und dessen Lebenser-
füllung richtet, verschleiert Willow Creek die biblische Botschaft von einem
heiligen Gott, den Sünde zum Zorn reizt. In diesem Zusammenhang kommt
das Moralgesetz kaum zur Sprache. Ein Mitarbeiter, der sich über dieses Problem bei Willow Creeks Vorgehensweise klar wurde, erklärte:

> Werke erretten dich nicht. Frömmigkeit auch nicht, und Information rettet
> dich ebenfalls nicht. Wie es in der Bergpredigt heißt, kommt es wirklich
> darauf an, *arm im Geist zu sein*. Doch das ist nicht gerade eine beliebte Bot-
> schaft für die Besucherscharen an den Wochenenden ... [Hervorhebungen
> zugefügt]

Diese fehlende Lehre von Gottes Heiligkeit und seinem Moralgesetz fördert
die Entstehung des „churched Larry"-Problems.

Das „churched Larry"-Problem

Durchschnittlich waren während meines Studienjahres jedes Wochenende 13.220 Personen zu Gast in Willow Creek. Die Kinder im „Promiseland"
machten davon 2.074 Gäste aus. Somit wohnten jedem Wochenendgottesdienst im Durchschnitt 11.146 Erwachsene bei. Im Lauf desselben Jahres
besuchten durchschnittlich 3.828 Erwachsene den „New Community"-Got-
tesdienst während der Woche. Demnach besuchte lediglich ein Drittel
der Wochenendgäste über den offenen Gottesdienst hinaus die New-Commu-
nity Gemeinde. Die Kluft zwischen diesen beiden Zahlen beträgt 7.318
Erwachsene, die die Wochenend-, aber nicht die Wochentagsgottesdienste
besuchen.

Das Gros dieser Zweidrittelmehrheit besteht aus solchen, die ich als „churched Larrys" bezeichne, da 91% der Besucher der Wochenendgottesdienste
„eine tiefe Beziehung zu Gott" als höchsten Wert angeben. Selbst wenn man
die Gesamtzahl der verbleibenden „unchurched Harrys" auf 15% der Wochenendgäste ausdehnt (insgesamt 1.672 Personen), haben wir immer noch eine
große Gruppe von „churched Larrys" (5.646).[27]

„Churched Larrys" haben das Evangelium verstanden und darauf geant-
wortet. Doch diese Larrys sind nur oberflächlich „churched" – in eine Gemeinde integriert. Ein ehemaliger Willow Creek-Seelsorger war darüber frustriert,
daß er sich Woche für Woche mit 20 bis 30 dieser unreifen Larrys traf und auf
ihre tiefen geistlichen Verwundungen nur provisorisches Hansaplast kleben
konnte. Rückblickend auf diese Arbeit sagt er: „Willow Creek ist eine Meile
breit und einen halben Zoll tief." Diese Gruppe von „churched Larrys" gibt an,
Gott sei das Wichtigste in ihrem Leben, und dennoch gehen sie nicht zu den
Gottesdiensten unter der Woche, geben keinen nennenswerten Geldbetrag,

beteiligen sich nicht an den Diensten in der Gemeinde und haben keine festen Beziehungen innerhalb der Gemeinde.

Der Kassenwart sagte mir, daß nur 1.500 bis 2.000 Personen ihren Zehnten an die Gemeinde zahlen. Die Gesamtzahl der ehrenamtlichen Helfer der Gemeinde beträgt 4.461. Das ist zwar eine stattliche Anzahl, doch wir müssen wiederum bedenken, daß das nur ein Drittel der Wochenendbesucher ist.[28]

Unter all den von mir interviewten „churched Larrys" fand ich nicht einen einzigen, der irgendwelche Kontakte zu anderen Gemeindebesuchern unterhielt. Ein von mir befragter „churched Larry" – Steve – besucht die Gemeinde seit über neun Jahren und ist nirgends anderweitig am Gemeindeleben beteiligt als nur durch den Besuch der Wochenendgottesdienste. Steves längstes Gespräch und bester persönlicher Kontakt zu einem anderen Gemeindebesucher während diesem ganzen neunjähren Zeitraum war das einstündige Interview mit mir.

Das Problem der „churched Larrys", die am Wochenende dabei sind, aber ansonsten wenig mit der Gemeinde zu tun haben, ist sogar größer, als die Mitarbeiter es darstellen. Bei meinen Interviews behaupteten die Gemeindeleiter, es gäbe ungefähr 20.000 Gemeindebesucher, von denen viele nicht jede Woche, sondern wie Steve durchschnittlich ein- bis dreimal monatlich kämen. Wenn diese Zahl zutrifft, dann ist die Gesamtzahl der „churched Larrys" wesentlich höher als veranschlagt – möglicherweise an die 10- bis 12.000. Anstatt der 20% Gemeindebesucher, die ihren Zehnten zahlen, wären es weniger als 10%. Anstatt ein Drittel der Gemeindebesucher als ehrenamtliche Helfer wäre es nur ein Fünftel. Was ich damit sagen will: Selbst im optimistischen Szenario gibt es Tausende von „churched Larrys", die nur den Wochenendgottesdiensten beiwohnen.

Ben, ein Willow Creek-Mitarbeiter, erklärt, wie der Wochenendgottesdienst an sich diese „churched Larrys" am Wachstum im christlichen Glaubensleben hindert:

> Die Philosophie der Gemeinde verhindert das irgendwie ... Das ist die Gefahr dabei, wenn man „unchurched Harry" erreichen will und ihn dann in der Gemeinde festhält und auf seine Bedürfnisse eingeht und dafür sorgt, daß er sich wohlfühlt und so weiter, und ihn dennoch weiter in seiner Anonymität läßt.

Ben erklärt, daß diese Vorgehensweise des „Wir-wollen-ihnen-helfen-und-sie-für-Christus-interessieren" oftmals zu einer Situation führt, in der „churched Larrys" nur Milch bekommen und geistliche Säuglinge bleiben. Ben beklagt, daß „churched Larrys" in geistlicher Trägheit verfangen sind, weil ihnen durch das Besuchen allein der Wochenendgottesdienste viele unentbehrliche Elemente zum geistlichen Wachstum fehlen.

Die biblische Ausgewogenheit

Ich habe versucht, Willow Creeks Lehre im Vergleich mit den vorwiegenden Lehren der Kirchengeschichte zu umreißen und dabei Willow Creeks mangelnde Hervorhebung von Gottes Heiligkeit im Gegensatz zur historischen protestantischen Betonung von Gottes Heiligkeit und seinem Moralgesetz aufgezeigt. Doch es reicht nicht aus, lediglich die Lehrmeinungen von Wesley, Calvin oder Luther zu wiederholen. Evangelikal zu sein, bedeutet eine Verpflichtung, zwecks Klärung der Wahrheit zur Schrift zurückzukehren. Die Frage, in welchem Maße Gottes Liebe oder Heiligkeit betont werden sollten, ist eine theologische Frage. Wie sieht die biblische Ausgewogenheit zwischen Gottes transzendenter Heiligkeit und seiner immanenten Liebe aus?

Ein kurzer Überblick über die biblischen Aussagen verdeutlicht, daß die beiden Botschaften von Gottes Heiligkeit einerseits und seiner Liebe andererseits in der ganzen Bibel durchgängig miteinander verwoben sind. Jesus bezeichnete Johannes den Täufer als Gottes vorausgesagte „Stimme eines Rufenden in der Wüste", der die Grundlage für seine Mission legte: „Dieser ist es, von dem geschrieben steht: ‚Siehe, ich sende meinen Boten vor deinem Angesicht her, der deinen Weg vor dir bereiten wird'" (Lk 7,27).

Johannes der Täufer predigte dem Volk Israel eine unverblümte Botschaft der Konfrontation. Er stellte Gottes heiliges Gesetz vor und rief sie zur Buße und Taufe auf. Gottes Vorbereitung für Jesu Frohe Botschaft der Liebe und Vergebung vollzog sich in Form von gellenden Worten: „Otternbrut! Wer hat euch gewiesen, dem kommenden Zorn zu entfliehen? Bringt nun der Buße würdige Früchte" (Lk 3,7-8). Die Botschaft von Gottes Heiligkeit ging seinem Vergebungsangebot voran.

Als der Apostel Petrus zu Pfingsten zum erstenmal predigte, machte er die Zuhörer eindeutig für den Tod Jesu verantwortlich: „Diesen Mann ... habt ihr durch die Hand von Gesetzlosen an das Kreuz geschlagen und umgebracht" (Apg 2,23). Das Ergebnis dieser unverblümten Konfrontation war eine tiefe Reue: „Als sie aber das hörten, drang es ihnen durchs Herz, und sie sprachen zu Petrus und den anderen Aposteln: ‚Was sollen wir tun, ihr Brüder?'" (Vers 37).

Auch der Apostel Paulus stellt die beiden Themen von Gottes Liebe und Heiligkeit heraus. Paulus verwendet das Wort *heilig* sowohl in bezug auf Gottes Heiligkeit als auch in bezug auf die Notwendigkeit, daß Gottes Volk heilig ist. Paulus sagt eindeutig, daß die Heiligkeit des Gesetzes Gottes die Menschen zu einem Sündenbewußtsein bringt: „Darum: aus Gesetzeswerken wird kein Fleisch vor ihm gerechtfertigt werden; denn durch Gesetz kommt Erkenntnis der Sünde" (Röm 3,20). Paulus lehrt auch immer wieder Gottes Liebe und Barmherzigkeit. Das eine auf Kosten des anderen zu betonen, wäre eine Verzerrung des biblischen Verständnisses, wer Gott ist.

Jedesmal wenn sich im Neuen Testament die transzendente Heiligkeit des Herrn zeigte, fielen die Menschen daraufhin zu Boden. Als bei Jesu Verklärung der Vater zu Petrus, Jakobus und Johannes sprach, „fielen sie auf ihr Angesicht und fürchteten sich sehr" (Matth 17,6). Als sich der auferstandene Jesus auf dem Weg nach Damaskus dem Saulus offenbarte, fiel dieser „auf die Erde" (Apg 9,4). Als Johannes den Herrn sah, fiel er „zu seinen Füßen wie tot" (Off 1,17). Wenn man wahrhaft den verherrlichten Jesus sehen will, muß man ihm zu Füßen fallen. In Philipper 2,10-11 lesen wir, daß eines Tages „in dem Namen Jesu jedes Knie sich beugen wird, der Himmlischen und Irdischen und Unterirdischen, und jede Zunge bekennen wird, daß Jesus Christus Herr ist, zur Ehre Gottes, des Vaters".

Wenn in der Bibel ein Mensch einen Blick von Gott erhascht, wird er sich stets seiner eigenen Sündhaftigkeit bewußt. Hebräer 12,21 berichtet: „So furchtbar war die Erscheinung, daß Mose sagte: ‚Ich bin voll Furcht und Zittern'." Beim Erblicken der Herrlichkeit Gottes knien die Menschen mit tiefem innerlichem Schmerz nieder und bekennen ihr Versagen und ihre Schwachheiten. Jesaja ruft bei seiner Vision Gottes aus: „Wehe mir, denn ich bin verloren. Denn ein Mann mit unreinen Lippen bin ich ... meine Augen haben den König, den HERRN der Heerscharen, gesehen" (Jes 6,5). Auf Einsicht in die Heiligkeit Gottes antworten wir mit einer tiefen Demut.

Biblische Demut führt zu Vergebung und Vertrauen. Da gibt es keine Abkürzung. Wir müssen einen klaren Blick für ihn bekommen und dann den Schmerz unserer Sünde spüren. Denn nur wenn wir Jesus klar erkennen, können wir uns selbst erkennen. Jesu Angesicht ist uns ein wahrer und zuverlässiger Spiegel für unsere Selbsterkenntnis. Wenn wir Jesus sehen, wird uns sowohl unser elender Zustand als auch unser Wert als von ihm Geliebte bewußt, und unsere Häupter heben sich in Freude und Dankbarkeit: „Seht, welch eine Liebe uns der Vater gegeben hat, daß wir Kinder Gottes heißen sollen!" (1. Joh 3,1).

Willow Creek steht mit dem hier geschilderten Problem nicht alleine da. Die Evangelikalen in Amerika (und ebenso in Europa; d.Ü.) haben zu weiten Teilen ihren Blick für die Heiligkeit des Herrn verloren. In unserer pragmatistischen Zeit und Kultur stehen wir in der Versuchung, Gott lediglich als Mittel zum christlichen Leben zu sehen. Wenn wir die Heiligkeit des Herrn kompromittieren, werden wir vor seinem Gericht Verantwortung dafür tragen müssen. Gott sagt, daß Mose nicht ins Gelobte Land eingehen durfte, „weil ihr mich nicht geheiligt habt mitten unter den Söhnen Israel" (5. Mose 32,51). Heiligen wir Gott – fürchten wir seine Heiligkeit unter unserem Volk? Wenn wir das Wesen und den Charakter Gottes sowie die Lebensweise, die er für uns vorgesehen hat, klarer erfassen wollen, müssen wir eine christliche Gesinnung entwickeln.

KAPITEL 20

Der Verlust der Wahrheit

Alle Schwachseiten der Strategie von Willow Creek gehen auf eine gemeinsam zugrundeliegende Ursache zurück: Hybels und sein Team haben es versäumt, die amerikanische Kultur von einer christlichen Perspektive aus von Grund auf zu beurteilen. Kurz gesagt: Die Creeker denken im allgemeinen nicht konsequent mit einer christlichen Weltanschauung.

In den vier vorangegangenen Kapiteln haben wir einige Veranschaulichungen dieses Defizits gesehen. Ich erörterte den Neoplatonismus Augustinus', die Spannung zwischen Gottes transzendenter Heiligkeit und seiner immanenten Liebe, den unangemessenen Gebrauch sozialwissenschaftlicher Theorien, das Moralgesetz als Vorbote des Evangeliums sowie die Befreiungstheologie. Wer mit diesen Themen nicht vertraut ist, dem erscheinen sie womöglich schwierig. Will man jedoch eine biblische Antwort auf Willow Creeks Interaktion mit der amerikanischen Kultur formulieren, ist es notwendig, sich mit diesen Begriffen auseinanderzusetzen.

Und genau darin besteht das Problem. Ich kann mir nicht vorstellen, mit einem Willow Creek-Mitarbeiter ein tiefgehendes Gespräch über Augustinus' Neoplatonismus zu führen. Das ist eine große Tragödie. Die Auswirkung der modernen psychologischen Weltanschauung auf Willow Creek kann ohne dieses historische Fenster, durch das man die Gegenwart betrachten muß, nicht verstanden werden. Solange diese Art von kritischer Reflexion nicht angewendet wird, werden die populären amerikanischen Denkkategorien und Moralmaßstäbe weiterhin das Denken und Leben von Willow Creek prägen.

Eine ernsthafte Kritik an der amerikanischen Kultur aus christlicher Perspektive fehlt Willow Creek gänzlich. Die grundsätzliche Ursache für dieses Defizit besteht darin, daß die Creeker nicht kritisch über die Kategorien und Inhalte der christlichen Theologie nachdenken. Zum Beispiel haben die Creeker nicht nur die Werke Augustinus' nicht gelesen, sondern die meisten Mitarbeiter wissen noch nicht einmal, wer Augustinus war und was er lehrte. Daß in Willow Creek der einflußreichste christliche Denker nach dem Apostel Paulus ignoriert wird, ist ein anschauliches Beispiel für dieses ernste Problem. In den Bücherregalen der Mitarbeiter fand ich etliche Bände über Businessmanagement und Populärpsychologie, doch niemals entdeckte ich ein Buch über klassische Theologie. Der gewaltige Vorrat von 2000 Jahren christlicher Weisheit fällt in Willow Creek fast vollständig der Nichtachtung anheim.

Die aus dieser Haltung resultierende Gesinnung greift schnell auf die neusten Management- oder Psychologiekniffe zurück, verweigert jedoch ein ernsthaftes oder beständiges Studium. Ein Mitarbeiter gab zum Besten, weshalb er so gerne bei Willow Creek mitmacht: „Meine Teamkollegen denken nicht wie Kleriker, sondern gehen an das christliche Arbeitsfeld heran wie die Leute vom Markt."

Bereits während der ersten paar Tage meiner Studien wurde ich mit einem alarmierenden Beispiel für den Verlust der Bedeutung christlicher Wahrheit konfrontiert. Einer der ersten Mitarbeiter, mit denen ich sprach, berichtete mir stolz, daß sich jede Woche über 500 Personen in verschiedenen Selbsthilfe-gruppen in der Gemeinde träfen (z.B. „Anonyme Alkoholiker", „Anonyme Emotionsgestörte", „Anonyme Sexualgestörte" usw.). Auf mein näheres Erkundigen stellte ich fest, daß diese Programme in Wirklichkeit gar nicht zur Gemeinde gehören. Es nehmen zwar viele Gemeindebesucher an diesen Pro-grammen teil, doch die eigentlichen Treffen werden von ganz anderen Organi-sationen veranstaltet. Zu den von diesen Organisationen gestellten Bedingun-gen gehört u.a. die Auflage, daß die Teilnehmer innerhalb der Gruppe nicht evangelisieren oder andere über Gott belehren dürfen. Eine der offiziellen Anweisungen erklärt:

> Die *Schritte* legen einen Glauben an eine höhere Macht nahe, „Gott, wie wir ihn verstehen". Das Programm versucht uns nicht vorzuschreiben, wer oder was unsere Höhere Macht zu sein hat.
> Sie kann sein, was immer wir dazu auserwählen, z.B. Nächstenliebe, die Kraft des Guten, die Gruppe an sich, die Natur, das Universum oder der tra-ditionelle Gott (oder die Gottheit).

Des weiteren finden wir die Aufforderung: „Wir diskutieren niemals über Reli-gion."[1]
Selbst Gemeindemitglieder dürfen sich bei diesen Treffen in Willow Creek nicht über die christliche Wahrheit unterhalten. Die Programme legen zwar ein Lippenbekenntnis über eine „Höhere Macht" ab, doch de facto praktizieren sie Atheismus, indem sie die Kategorien der modernen psychologischen Weltan-schauung lehren. Doch der Mangel an theologischem Gehalt hält die Gemein-de nicht davon ab, jede Woche bei den Wochenend- und Wochentagsgottes-diensten für diese Programme die Werbetrommel zu rühren. Daß Willow Creek für diese Programme wirbt und sie sponsert, veranschaulicht die fehlende Priorität der Gemeinde, ihre Mitglieder in der christlichen Wahrheit zu unter-weisen.

Die fehlende theologische Unterweisung

Für die Mitarbeiter von Willow Creek ist keine theologische Ausbildung not-wendig. Immer wieder stieß ich auf ehemalige Immobilienmakler, Anstreicher und Vertreter, die man direkt für Mitarbeiterposten geworben hatte. Ihre einzi-ge Ausbildung (und hauptsächliche Anforderung) war, eine Zeitlang am Wil-low Creek-Programm teilgenommen zu haben. Keine theologische Ausbildung war nötig, selbst wenn zum Aufgabenbereich des Mitarbeiters eine Lehrtätig-keit gehörte – das galt sogar für Lehrer mit zentraler Bedeutung für die Gemeinde.[2]
Während meines Studienjahres hatte keiner der drei lehrenden Pastoren einen Abschluß an einem theologischen Seminar abgelegt. In Interviews gaben sie zu, daß sich die Wochenendbotschaften stark auf psychologische Prinzipien

und Kategorien stützten. Ihr Ausbildungsdefizit führte jedoch zu einer unzulänglichen Beurteilung der amerikanisch-psychologischen Weltanschauung. Sie neigten dazu, die psychologischen Kategorien als biblische Prinzipien zu beschreiben. Lee Strobel erklärte: „Solange es eine biblische Basis dafür gibt, kann es zeitweilig vorkommen, daß einige psychologische Begriffe und Konzepte herangezogen werden." Als Beispiel nannte Strobel den Begriff „Grenzen" (engl. „Boundaries"): „So zum Beispiel das Konzept der Grenzen. Das kann man in der Bibel finden." In gleicher Weise gab Don Cousins zu, daß psychologische Kategorien verwendet werden, versuchte jedoch damit zu argumentieren, es handle sich dabei lediglich um „die Prinzipien der Bibel, die auf vielfache Weise veranschaulicht werden können".[3]

Die Lehrer von Willow Creek haben sich diese psychologischen Kategorien angeeignet und sie als grundlegende Elemente ihres Weltbildes verinnerlicht. Doch in der Bibel sucht man vergebens nach „Grenzen" oder „Co-Abhängigkeit". Ohne intensive biblische Schulung fehlen den Lehrern von Willow Creek die Mittel, die zur kritischen Beurteilung der amerikanisch-psychologischen Weltanschauung notwendig sind.

Besonders gefährlich wird dieses Bildungsdefizit, wenn wir bedenken, daß es sich bei der überwiegenden Mehrzahl der Vorträge in Willow Creek nicht um exegetische, in einer detaillierten Analyse von bestimmten Bibelstellen verwurzelte Predigten handelt, sondern um thematische Botschaften. Wenn ein evangelikaler Prediger über ein Thema spricht, gibt er damit eine Zusammenfassung seiner Überzeugung, was die gesamte Bibel über ein bestimmtes Thema sagt. Doch ohne intensive theologische Schulung und Ausbildung ist es unrealistisch, von einem Prediger eine ausgewogene Präsentation der gesamten biblischen Lehre zu erwarten. Das wäre, als würde man einen Seelsorger bitten, mündlich eine Abhandlung über systematische Theologie vorzutragen, obwohl dieser sich nie weitergehend mit systematischer Theologie beschäftigt hat.

Diese fehlende Wertschätzung von Theologie wurde besonders deutlich bei einer zweiwöchigen Veranstaltungsreihe über Katholizismus. Hybels glaubte, man müsse eine Brücke der Nächstenliebe zwischen Willow Creek und einer in der Nähe ansässigen katholischen Pfarrei aufrichten. Mit diesem bewundernswerten Ziel im Sinn lud er den hiesigen katholischen Priester zu einer Diskussion ein. Die erste Woche war dem Thema gewidmet: „Was Protestanten von Katholiken lernen können", in der zweiten wurde die Frage erörtert, „was Katholiken von Protestanten lernen können".

Zu Beginn der ersten Woche stellte Hybels den katholischen Priester vor und bemerkte dabei, sie seien „sich einig über die Notwendigkeit einer persönlichen Beziehung zu Jesus Christus". Doch was sie tatsächlich glaubten, erwies sich später in der Diskussion als eindeutig unterschiedlich. Hybels bat den Priester, zu erklären, wie er wiedergeboren wurde, und der Priester sagte: „Ich denke, im christlichen Glauben müssen wir geboren und wiedergeboren werden. Wir werden geboren und aufgezogen, aber ich denke, wir müssen immer und immer wieder geboren und wiedergeboren werden. Nicht nur einmal, sondern immer wieder." Der Priester vertrat nicht das biblische Evangelium, daß jeder Mensch einmal wiedergeboren werden muß, sondern wandelte diese Lehre um in eine andauernde spirituelle Erneuerung. Als der Priester am Ende des Treffens betete, nannte er Gott „Mutter von uns allen" und sagte: „Nur eins von zwanzig geborenen Kindern wird als Baby oder Erwachsener jemals getauft werden. Die anderen 19 werden Christus niemals kennenlernen." Der Priester setzte die Taufe mit der Begegnung mit Christus gleich und setzte die Taufwiedergeburt voraus.

Das sind tiefschürfende Differenzen. Ein wesentlicher Kernpunkt des evangelikalen Glaubens ist die Verpflichtung gegenüber dem Evangelium, das den Menschen die Möglichkeit der Wiedergeburt und Rechtfertigung durch Glauben bietet. Während der Veranstaltungen dieser beiden Wochen beanstandete Hybels jedoch kein einziges Mal die Aussagen des Priesters. Ein Mitarbeiter berichtete mir, daß Hybels für diese Veranstaltungsreihe mehr Kritik erhielt als für jede andere Veranstaltung in der Geschichte der Gemeinde. Dazu besteht guter Grund. Viele Mitglieder von Willow Creek sind ehemalige Katholiken, denen auffiel, daß der Priester ein anderes Verständnis des Heilsweges vertrat. Doch Hybels versuchte nie, der Lehre des Priesters auf den Zahn zu fühlen. Mit seiner Nächstenliebe verschleierte Hybels die Wahrheit.

Der Verlust biblischer Wahrheit

Willow Creek bekennt sich zu einer konservativen evangelikalen Theologie. Doch dieser Glaube wird an den Wochenenden irgendwie nicht konsequent vermittelt. Woran liegt das?

Hybels' Gabe der Evangelisation beherrscht die Wochenendzusammenkünfte. Hybels möchte den Außenstehenden überzeugen, gläubig zu werden, und macht dementsprechend Gebrauch von seinem beträchtlichen Talent, indem er an den Wochenenden eine schlichte Theologie lehrt. In einem rein evangelistischen Rahmen ist diese Strategie der Simplifizierung der christlichen Theologie angemessen. Die meisten Ungläubigen müssen nicht die dicken Fleischklöpse der christlichen Wahrheit schlucken, sondern erst einmal die reine Milch des Evangeliums verstehen. Die Mehrzahl der Willow Creek-Besucher sind jedoch „churched Larrys", die ihr Leben bereits Christus übergeben haben. Da sie nicht die Gottesdienste an den Wochentagen besuchen, ist das am Wochenende präsentierte benutzerfreundliche „Christentum 101" und die grundlegende Heilsbotschaft die einzige theologische Unterweisung, die sie erhalten. Diese „churched Larrys" bekommen an den Wochenenden nicht genug biblische Nahrung, um zu geistlicher Reife wachsen zu können.

Das Thema während des Jahres meiner Studien lautete: „Ein vollständig informierter Nachfolger Christi werden". Hybels argumentierte zu Beginn dieses Jahres, es gäbe einen Wissensblock, den Christen kennen müßten, wenn sie mit voller Hingabe Christus nachfolgen wollten. Das ist nur zu wahr. Doch die Themen und Inhalte der Wochenendbotschaften dieses Jahres können nur schwerlich als Grundlage für eine hingegebene Nachfolge Christi bezeichnet werden. Das vorderste Ziel dieser Gottesdienste war vielmehr evangelistisch.

Es gab Vortragsreihen über Apologetik, Satanismus, Ehe, Entscheidungen treffen, moderne Philosophie, Zorn und wie der christliche Glaube mit dem gesunden Menschenverstand vereinbar ist.

Das soll nicht heißen, Hybels würde das Wochenendpublikum nicht herausfordern. Einmal sagte Hybels nachdrücklich: „Fünfundneunzig Prozent Hingabe an Christus ist fünf Prozent zu wenig. Das wäre eine Verhöhnung des Kreuzes. Das wäre eine Verhöhnung des Todes Christi, den er für euch gestorben ist." Hybels ist es wirklich ein Anliegen, daß die Gläubigen Christus völlig hingegeben sind.

Bei einer anderen Vortragsreihe konfrontierte Hybels das Publikum unverblümt:

> Viel zu viele Leute nennen sich selbst Christen. Es liegt offensichtlich auf der Hand, daß dieser Glaube mehr Schein als Sein ist. Das sind Kosmetik-Christen. Sie tragen eine dünne Politur aus spiritueller Schminke über ihr inneres Wesen, das im Grunde unbekehrt und selbstsüchtig ist wie eh und je ...
> Es ist fast, als ob sich weite Teile der christlichen Gesellschaft entschlossen hätten, alles auf die leichte Schulter zu nehmen und zu vermasseln, was mit der Definition zu tun hat, wer ein Christ ist und wie ein Christ leben sollte.

Diese zweiwöchige Reihe über Kosmetik-Christentum war eine schlagkräftige Herausforderung für Ungläubige, das Evangelium wirklich anzunehmen, sowie für Gläubige, mit dem Gehorsam gegenüber Gott ernstzumachen. Das Problem bei dieser Art von Aufrufen besteht darin, daß diese Ermahnungen nicht das Defizit des wöchentlichen biblischen Ernährens von „churched Larry" wettmachen.[4]

Hybels und seine Kollegen vertreten eine evangelikale Theologie. Es wäre weder zutreffend noch fair, sie als theologisch liberal hinzustellen. Liberales Christentum leugnet zentrale christliche Wahrheitsansprüche. Dennoch ist bei Willow Creek eine mangelnde Betonung von christlicher Wahrheit zu verzeichnen. Willow Creek lehrt an den Wochenenden nicht konsequent die wesentlichen biblischen Wahrheiten.

Wie in Kapitel 19 erörtert, stellt Willow Creeks Evangelium die liebende Immanenz Gottes heraus und vernachlässigt seine transzendente Heiligkeit. Einer der wenigen theologisch geschulten Mitarbeiter äußerte sich zu der Schwierigkeit, Gottes Heiligkeit und die Sündhaftigkeit des Menschen bei den offenen Gottesdiensten herauszustellen:

> Wir müssen uns über unsere Sünde in einer Weise bewußt sein, daß wir darüber wirklich zerbrochen sind – ich meine, wirklich zerbrochen darüber. Nicht nur emotional und nicht nur gelegentlich; ich meine wirklich zerbrochen. *Aber sehen Sie mal – wie wollen Sie das in die Philosophie der Wochenenden reinbekommen?* [Hervorhebungen zugefügt][5]

Darrel Schultz, ein ehemaliger Pastor einer Gemeinde im Willow Creek-Stil, bemerkt über die theologische Oberflächlichkeit, die aus dieser Strategie resultiert:

Für den Prediger, der ein feines Gespür für die Suchenden haben möchte, wird die Liste an möglichen Themen länger, die Liste der in Frage kommenden Bibelstellen hingegen kürzer. Mit an Sicherheit grenzender Wahrscheinlichkeit werden viele der Themenbereiche, über die die Gemeinde etwas hören müßte (z.B. ... Sünde, Reue und das Gericht Gottes), dem internen Zensurgremium des Predigers zum Opfer fallen, das alle Ereignisse bei den offenen Gottesdiensten nach dem Kriterium der Sensibilität gegenüber „unchurched Harry" beurteilt.

Schultz bringt vor, als natürliche Folge des Versuches seiner Gemeinde, dem Willow Creek-Modell zu folgen, seien viele der zum geistlichen Wachstum der Gläubigen notwendigen Elemente auf den Wochentagsgottesdienst verlagert worden:

> Diese Elemente, die so viel zur Erbauung von Gläubigen auch von anderen Gemeinden beigetragen hatten, wurden auf den Anbetungsgottesdienst am Mittwochabend verlegt, der gerade mal ein geschlagenes Drittel der normalen Sonntagsmorgensbesucher anzog.[6]

Ein Drittel der Willow Creek-Gemeinde erhält zwar unter der Woche eine tiefergehende Unterweisung, doch für die Mehrzahl der Wochenendbesucher von Willow Creek gilt das nicht.

Darüber hinaus besteht die Möglichkeit, daß die Lehrverkündigung an den Wochenenden Ungläubige nicht angemessen auf die Nachfolge Jesu vorbereitet. Nach einem Sommerurlaub kehrte Hybels mit diesem Gedanken zurück:

> Ich aalte mich noch in dem Segen, am letzten Sonntag im Juni Zeuge der Taufe von fast vierhundert Erwachsenen dieser Gemeinde geworden zu sein. Doch dieses Aalen nahm ein jähes Ende, als ich mir die nüchterne Frage stellte: „Wieviele von diesen vierhundert gerade Getauften werden wohl noch treu Gott folgen und in ihm wachsen und Frucht für ihn bringen, wenn ich in acht kurzen Wochen zurückkomme?"

Hybels mußte sich selbst eingestehen, daß viele Willow Creek-Bekehrungen nicht beständig sind:

> Es war schmerzlich für mich, die ehrlichen Antworten einzugestehen. Im Lauf von dreizehn Jahren in dieser Gemeinde haben sich Tausende von Leuten als solche erwiesen, bei denen auf Felsen oder unter die Dornen gesät wurde, deren Glaube verwelkt ist.

Ein Mitarbeiter sagte sogar, daß etliche Personen, die getauft wurden und jahrelang zur Gemeinde kamen, noch nicht einmal Gläubige sind:

> Ich glaube nicht, daß Bill [Hybels] wirklich versteht, daß es hier so viele unerrettete, aber sich für errettet haltende Leute gibt, wie tatsächlich da sind ...
> Ich habe mit einigen dieser Leute gearbeitet, die hier getauft wurden ... und

ich hatte Gewißheit und Frieden, ihnen zu sagen: „Nun sag mal ehrlich, um der Ewigkeit willen, wo ist dein Herz – gehört es wirklich Gott? Hat es sich geändert, oder ist es im Grunde immer noch dasselbe alte Herz ohne irgendeine echte Veränderung? ...‟
Durchweg saßen hier Leute bei mir auf diesem Stuhl, die Christus angenommen haben, nachdem sie bereits fünf, acht oder zehn Jahre lang nach Willow Creek kamen.

Hybels hat die Notwendigkeit zugegeben, das Evangelium deutlicher herauszustellen. Nach seinem Studienurlaub 1988 bekannte Hybels vor seinem Mitarbeiterteam: „Wir waren zu den Leuten zu entgegenkommend.‟ Ein Mitarbeiter sagte, diese Tendenz von Willow Creek produziere „Zahlen, aber keine Jünger‟. Ein anderer Mitarbeiter gab zu, daß viele Gemeindebesucher niemals „wirklich demütig nach Gottes Erbarmen gerufen haben, gegründet auf dem Glauben, daß Christus für unsere Sünden gestorben ist, und ihn dann gebeten oder ihm vertraut hätten, daß er in mein Herz einzieht und es verändert, so daß ich als erneuerter Mensch vor ihm dargestellt werden kann.‟ Wo liegt der Ursprung dieser Vernachlässigung der christlichen Wahrheit und des Denkens? Die Antwort findet sich in Willow Creeks Pragmatismus und dualistischer Theologie.[7]

Willow Creeks Pragmatismus

In Willow Creek findet sich nicht die fundamentalistische Verwerfung der vorherrschenden intellektuellen Welt. Ganz im Gegenteil ist Hybels ein ausgesprochener Pragmatist, der zum Gebrauch jeglichen Aspektes der akademischen Welt bereit ist – sofern es für sein Programm nützlich ist. Bei meiner Analyse der Wochenendbotschaften fiel mir auf, daß Hybels immer wieder auf drei akademische Disziplinen zurückgreift: Psychologie, Apologetik und Wirtschaftsmanagement.

Hybels' Gebrauch von Psychologie könnte man mit dem Ausdruck zusammenfassen: „Es funktioniert.‟ Hybels ist zum Verwenden psychologischer Theorien bereit, sofern sie verdeutlichen helfen, wie der christliche Glaube funktioniert. Er versucht Harry zu überzeugen, daß der christliche Glaube das beste Mittel zur Befriedigung seiner Bedürfnisse und zum Erlangen von Erfüllung sei. Er verweist sogar auf Psychologen, um zu bekräftigen, daß Jesus ein psychisch gesundes Leben geführt habe.

Hybels' Gebrauch von Apologetik könnte man mit dem Ausdruck zusammenfassen: „Es stimmt.‟ Um zu zeigen, daß der christliche Glaube mit den Fakten übereinstimmt und der Wahrheit entspricht, zieht Hybels Zitate von Philosophen, Historikern und Archäologen heran. Diese Experten zitiert Hybels, um die intellektuelle Glaubwürdigkeit des christlichen Glaubens zu unterstreichen.

Hybels' Gebrauch von Wirtschaftsmanagement könnte man mit dem Ausdruck zusammenfassen: „Es bringt etwas.‟ Hybels versucht Harry zu zeigen, daß der christliche Glaube ihn nicht nur glücklich machen werde, sondern auch für seine Arbeit nützlich ist. Als Teil der Argumentation für die Nützlichkeit der christlichen Prinzipien am Arbeitsplatz bekam Harry Hinweise auf Management-Gurus und Marketingprofis zu hören.

Von den Disziplinen, die verdeutlichen helfen, daß der christliche Glaube funktioniert, stimmt und etwas bringt, wird regelmäßig Gebrauch gemacht. Doch unter Hybels' pragmatischem Gebrauch akademischer Experten auf diesen Fachgebieten findet sich eine tieferliegende Zwiespältigkeit gegenüber und sogar Verachtung von Bildung als solcher. Ein Mitarbeiter erzählte mir, wie er sich in Willow Creek bekehrt hatte und sich dann entschloß, auf ein theologisches Seminar zu gehen: „Ich bewarb mich am Seminar, weil ich dachte, das sei der richtige Weg für mich ... bis mir klar wurde, daß es doch nicht der Weg ist." Das Mitarbeiterteam von Willow Creek hatte ihm abgeraten, seine Zeit auf einem Seminar zu verschwenden.

Im Lauf meiner Untersuchungen beobachtete ich, daß die Mitarbeiter häufig behaupten, daß sie nicht „akademisch" sein wollten. Ihrer Ansicht nach bedeutet „akademisch" trocken, abstrakt, archaisch und nutzlos. Im Gegensatz dazu ist der pragmatische gesunde Menschenverstand wirklichkeitsnah, mit beiden Beinen auf der Erde stehend, relevant und praktisch. Diese Vorliebe für Praxis hält Hybels und seine Willow Creek-Mitarbeiter von akademischer Bildung ab.[8]

Die Wurzel dieser pragmatistischen Herangehensweise an Wissen und Denken ist, wie die meisten Dinge in Willow Creek, in Hybels selbst zu finden. Don Cousins erklärt:

Der gesamte Lehrplan eines Seminars – drei Jahre Studium des Wortes Gottes, Hebräisch und Griechisch – hat für Bill Hybels keinen Anreiz ... Weshalb? Weil wir Aktivisten und keine Büchermenschen sind. Wir sind Menschen für Menschen. Wir sind Führungstypen. Wir wollen, daß etwas passiert.

Infolge dieser Geringschätzung von Bildung verfügen nur wenige Mitarbeiter über nennenswertes Wissen über den christlichen Glauben.

Ich glaube, daß Willow Creeks Kritik an akademischer Bildung eine berechtigte Frustration zugrunde liegt. Es ist tatsächlich so, daß unter den Evangelikalen im allgemeinen eine tiefe Skepsis gegenüber dem Nutzen von akademischer theologischer Ausbildung zu finden ist. Theologische Seminare sind in den Ruf geraten, daß oftmals eifrige, dynamische junge Christen zu ihren Eingangstüren hereinkommen, nur um als stolze und lahmgelegte Eierköpfe aus der Hintertür wieder entlassen zu werden. Dem unter Evangelikalen beliebten Witz über Prediger, die ihren akademischen Titel auf einem Friedhof erworben haben, liegt eine traurige Wahrheit zugrunde.[9]

Willow Creeks pragmatischer Impuls ist eine Reaktion auf diese Art von evangelikalen akademischen Eierköpfen. Dieser Pragmatismus ist die Quelle einer flexiblen Innovativität, die Willow Creek als große Stärke auszeichnet. Bei meinen Studien entdeckte ich eine fundamentale Schwäche in der Strategie von Willow Creek. Die Leute werden aufgefordert, von Schritt 3 – Besuch von New Community – nach Schritt 4 – Anschluß an eine Kleingruppe – überzugehen. Im Gegensatz dazu entdeckte ich, daß die meisten Leute den

Anschluß an eine Kleingruppe überspringen, um gleich mit Schritt 5 weiterzumachen – Besuch des Netzwerk-Seminars. Dort lernen sie, zwecks Dienens in der Gemeinde ihre Geistesgabe zu erkennen. Doch annähernd 50% der Teilnehmer beim Netzwerk hatten niemals ein weitergehendes Gespräch mit einem Willow Creek-Mitarbeiter oder ehrenamtlichen Helfer. Ganz unbeabsichtigt avancierte das Netzwerk zum Hauptsammelpunkt der Gemeinde. Während nur einige wenige hundert Personen zu den Kleingruppen gehen, besuchen jährlich über 2.000 das Netzwerk.

Damit hing ein zweites Problem zusammen. Während Hybels über die Wichtigkeit persönlicher Beziehungen lehrte, pflegte nur ein geringer Teil von 10% der von mir interviewten Laien verantwortliche Beziehungen.

Die leitenden Personen wurden sich zur Zeit meiner Studien gerade über dieses Manko bewußt. Ihnen wurde klar, daß sie Kleingruppen einrichten sollten, wo die Teilnehmer Beziehungen zu anderen Gläubigen aufbauen könnten. Außerdem wurde ihnen klar, daß ihre Strategie als Trichter funktioniert, der oben sehr weit, unten bei den Kleingruppen jedoch äußerst schmal geschnitten war. Tausende von Leuten besuchten zunächst die Wochenendgottesdienste, wandten sich schließlich jedoch ab und verließen die Gemeinde, weil sie für sie kein Ort war, wo sie Kontakt zu anderen finden konnten.

Als Reaktion darauf initiierte die Leiterschaft eine neue Strategie der Gemeinschaft in Kleingruppen. Ich habe bereits davon berichtet, daß es in Willow Creek nun mehr als 1.100 Kleingruppen mit 9.000 Teilnehmern gibt. Die bei dieser neuen Strategie augenscheinliche Flexibilität und Innovation liegt in Willow Creeks Pragmatismus begründet. Das ist die Sonnenseite des Pragmatismus.

Die Schattenseite des Pragmatismus wird in Willow Creeks Haltung gegenüber Bildung deutlich. Hybels lehrt einen Pragmatismus, der Bildung pauschal abwertet. „Ich bin Pragmatist", sagt Hybels, „und ich messe alles daran, ob es funktioniert oder nicht." Hybels' pragmatistisches Vorurteil gegen akademische Bildung hat Willow Creek intellektuell verarmen lassen. Themen, Bücher und Referenten, die in die Mustervorgabe passen, was für Willow Creeks Ziele nützlich ist, erfreuen sich einer weiten Verbreitung. Was außerhalb dieser Mustervorgabe steht, wird links liegengelassen.[10]

Das ist Ironie. Auf der einen Seite wird pragmatistisch argumentiert, daß der christliche Glaube der Wahrheit entspräche, doch andererseits wertet Willow Creek die Rolle des Denkens im christlichen Leben ab. Wenn akademische Disziplinen lediglich als intellektuelles Büfett nützlicher Werkzeuge herangezogen werden, ist der Wert des Denkens an seine pragmatische Nützlichkeit gebunden. Aus Willow Creek wird kein großer Gelehrter hervorgehen. Über ein Thema wird nur dann näher nachgedacht, wenn die Möglichkeit unverzüglicher Ergebnisse gegeben ist.

Diese Haltung ist zum Teil aus Hybels' Verständnis der Gemeinde als Geschäft sowie seiner pragmatischen Sicht von Wissen hervorgegangen. Hybels' Lehrmeister der Gemeindeführung waren nur an Zahlen interessierte Management-Gurus. Ein Managementexperte, Tom Peters, gibt ein treffendes Beispiel für das Vorurteil, mit dem pragmatische Geschäftsleute oftmals gegenüber Akademikern behaftet sind: „Mit Akademikern gehen wir oft hart ins Gericht."[11]

Jegliches Lernen, das unterm Strich nicht sofortigen Erfolg zeigt, wird in Willow Creek für wertlos geachtet. „Bildung um der Bildung willen bringt mir nichts." Er verdeutlichte, daß Creeker nicht an Bildung interessiert seien: „Sie brauchen nicht zu wissen, *wie* ... sie müssen nur wissen, *was* sie tun müssen" (Hervorhebungen zugefügt).

Einer der wenigen theologisch geschulten Mitarbeiter war sich über diese negative Sicht von Bildung im klaren: „Willow Creek ist in soziologischer Hinsicht nicht fundamentalistisch, doch scheinbar hat man dort eine anti-intellektuelle Neigung ... Sie geht nicht auf eine Angst vor dem Liberalismus zurück, sondern auf den Pragmatismus." Er beschrieb dieses Phänomen als einen „schonungslosen Pragmatismus, der sagt: ‚Wenn ich diese Information heute nicht nutzen kann, ist sie für mich wertlos'."

Ein weiterer theologisch geschulter Mitarbeiter beklagte sich mir gegenüber, die Gemeinde würde Lernen und Denken nicht hinreichend wertschätzen. Kurioserweise argumentierte er dann, die Gemeinde bräuchte „einige glaubwürdige Leute, die etwas produktiv zustande bringen". Er glaubte, die einzige Möglichkeit, wie akademische Bildung in diesem System Glaubwürdigkeit erlangen könne, sei, das pragmatistische Ideal der Leistung herauszustellen – „Leute, die etwas produktiv zustande bringen".

Willow Creek mißt die Gaben der Menschen an ihrer Leistung. Man bestätigt sich selbst anhand des Maßstabs der Produktivität. Ein anderer der wenigen theologisch geschulten Mitarbeiter berichtete, daß die Creeker ihm mißtrauten, als er zum Mitarbeiterteam kam, weil er eine theologische Ausbildung vorweisen konnte. Er mußte erst unter Beweis stellen, daß er dennoch seinen Dienst nach Willow Creek-Manier versehen konnte, obwohl er ausgebildet war. In diesem engen System unmittelbarer Nützlichkeit hat die Kultivierung des Denkens wenig Wert.

Bei verschiedenen Bewegungen der Kirchengeschichte sind ganz ähnliche Stärken und Schwächen aufgrund von übermäßigem Pragmatismus zu verzeichnen. Charles Finney, ein Erweckungsprediger des 19. Jahrhunderts, „rief zu einer kopernikanischen Revolution auf, um das religiöse Leben auf das Publikum auszurichten". Während auf der einen Seite die Presbyterianer die theologische Ausbildung und Genauigkeit überbetonten, trat Finney andererseits für die „Sprache des Alltagslebens" ein.[12]

Die grundsätzliche Stärke dieser pragmatischen Methode ist die Fähigkeit, ein Publikum aus dem breiten Volk anzusprechen. Die Schwäche besteht darin, daß dieser Stil des Christentums nicht viel Stehvermögen aufweist. Ohne intellektuelle Wurzeln war dieses Christentum nach ein oder zwei Generationen zum größten Teil von der Flut des Liberalismus des ausgehenden 19. Jahrhunderts und seiner intellektuellen Umwälzungen weggespült. Pragmatisches Christentum, das nur auf das achtet, was im unmittelbaren Kontext funktioniert, funktioniert letzten Endes überhaupt nicht.

Christliche Ausbildung mit dem Ziel eines widerstandsfähigen Geistes ist nicht auf den unmittelbaren, vom Pragmatismus eingeforderten „Was bringt's"-

Faktor ausgerichtet. In das Verständnis des Einzelnen muß man mehr als einen schnellen Kunstgriff investieren. Die Energie, die benötigt würde, um den Einzelnen in seiner Erkenntnis weiterzubringen, wird in Willow Creek statt dessen auf Programme mit praktischen Zielen gerichtet, die einfacher zu erreichen sind. Willow Creek ist – wie der größte Teil des Evangelikalismus – kurzsichtig. Wie eine Firma, die auf lange Zeit angelegte Investitionen hinausschiebt, um im Quartalsbericht gute Dividenden vorzuweisen, sucht Willow Creek den sofortigen Erfolg. Wie schnellwachsendes Efeu kann Willow Creek (und der Evangelikalismus) sich schnell großflächig verteilen. Doch genau wie Efeu kann es aufgrund seiner oberflächlichen Wurzeln auch schnell wieder ausgerupft werden. Die tiefen Wurzeln oder tiefgegründeten lehrmäßigen Überzeugungen, die die Bewegung (oder den Einzelnen) festigen, wenn der Sturm droht, fehlen. Die Impulsivität des Pragmatismus laugt letztlich jede Bewegung bis zur Leblosigkeit aus.

Willow Creeks dualistische Theologie

Dieser allgemeine Mangel an Wertschätzung für Bildung und Denken geht hauptsächlich auf Hybels' grundsätzliche Theologie zurück. In Hybels' Theologie liegt tiefverwurzelt der Gedanke, der eigentliche Sinn des christlichen Lebens sei Evangelisation. Willow Creeks Glaubensbekenntnis führt zwar Ermahnung, Begeisterung und Wachstum als Aspekte des Sinn und Zwecks der Gemeinde auf, doch die zentrale und treibende Funktion der Gemeinde ist Evangelisation. Willow Creeks Theologe Bilezikian schreibt: „Die vorgesehene Aufgabe der Gemeinde ist, die Menschen zu verändern und somit die Gesellschaft mit geistlichen Mitteln zu beeinflussen – nicht mit Gewalt, sondern durch Überzeugung; nicht durch Nötigung, sondern durch Bekehrung".[13]

Hybels belehrt die Gläubigen von New Community im Originalton von Bilezikian:

> Es gibt etwas viel Wichtigeres, als Fische fangen und sie dann zum Markt bringen. Und das ist: die Aufmerksamkeit der sündigen Männer und Frauen in Beschlag zu nehmen und sie zum Kreuz Christi zu bringen.
> Es gibt keine höhere Berufung im Leben. Es gibt keine größere Herausforderung, keine bedeutsamere Aufgabe, die euch auferlegt sein könnte.

Das ist eine beständige Botschaft in Willow Creek: Die allerwichtigste Aktivität im Leben ist Evangelisation.

Dieses Engagement für Evangelisation wird angetrieben von der Überzeugung, daß die natürliche Welt eines Tages vernichtet werden wird. Unmittelbar nach seiner Behauptung, Evangelisation habe im christlichen Leben höchste Priorität, führte Hybels weiter aus:

> In 2. Petrus 3,10 habe ich etwas gelesen, das hat mich glatt umgehauen. Da steht schlicht und ergreifend: „Es wird ein Tag kommen, an dem alles,

was auf diesem Planeten ist, im Feuer aufgelöst wird. Alles wird verbrannt werden."
Ich war völlig aufs Fischen fixiert, aber ich war kein Menschenfischer. Und da dämmerte es mir. Alles, wofür ich arbeite, wird in Rauch aufgelöst werden!"

Das Ergebnis von Hybels' Offenbarung war eine neue Sicht der Welt. Er war nun mit ganz neuen Wertmaßstäben ausgestattet, die er auf alles anwandte, was er sah.

Was mache ich also, wenn ich auf dieses ganze Zeug fixiert bin, das bald verbrennen wird? Wie kommt's, daß ich nicht auf Menschen fixiert bin? Wißt ihr, ich fing an zu denken, ich sollte mich aufmachen und einen kleinen roten Aufkleber auf alles heften, was mir in meinem Leben so wichtig ist. Und auf diesem roten Aufkleber sollte mit großen Buchstaben geschrieben stehen: *vergänglich, vergänglich, vergänglich*.
Und dann sollte ich mich abermals aufmachen und im Geiste einen grünen Aufkleber auf die Menschen heften, auf dem zu lesen ist: *ewig, ewig, ewig*.

Die Lektion aus dieser Einsicht ist, daß Bill und seine Creeker mehr Engagement für die ewigen Dinge zeigen, der vergänglichen sich hingegen enthalten sollten. Dieser Dualismus zwischen „vergänglich" und „ewig" motiviert und leitet Hybels. Hybels stellt diese Idee noch deutlicher heraus:

Im Vergleich mit der Wichtigkeit, einen einzelnen Mann, eine Frau, einen Jungen oder ein Mädchen zum Ergreifen der rettenden, befreienden Beziehung zu dem Gott des Universums durch Jesus Christus zu verhelfen, wird jede andere irdische Aktivität in den Schatten gestellt.

Das ist eine Art platonischen Dualismus, bei dem sich eine horizontale Trennungslinie durch das eigene Weltbild zieht. Alles, was das Etikett „ewig" trägt, ist im oberen geistlichen Bereich plaziert, alles andere im unteren „vergänglichen" Bereich. Aktivitäten, die sich auf die Ewigkeit beziehen, werden wertgeschätzt, und vergängliche Aktivitäten werden als Verschwendung angesehen. Diese Theologie verursacht eine Schieflage in der Sicht und Praxis des Lebens. Zwei Schwierigkeiten sind mit ihr verbunden: Sie funktioniert nicht, und sie ist nicht schriftgemäß.
Wie alle pragmatischen Philosophien besteht auch diese dualistische Theologie die Probe aufs Exempel nicht. In der Praxis sieht es so aus, daß es keine logische Berechtigung für irgendeine Tätigkeit oder Aktivität gäbe, die nicht direkt oder indirekt mit dieser evangelistischen Aktivität verbunden ist, wenn Sinn und Zweck der Gemeinde allein in der Evangelisation und Errettung von Seelen bestünde. Jegliche ungerichtete Aktivität wäre verschwendete Energie.
In diesem theologischen System ist emotionales Burn-out eine sehr wahrscheinliche, wenn nicht sogar zwangsläufige Folge. Hybels erlitt im Winter 89/90 ein emotionales Burn-out. Einige Monate später zog er die Schlußfolgerung:

Ich füllte mein Leben randvoll mit Ewigkeitsaktivitäten. Was ist daran falsch? Außer der emotionalen Austrocknung stellte ich zwei weitere verborgene Kosten eines derartigen dienstorientierten Lebensstils fest. Erstens: Wenn man sich ausschließlich mit geistlichen Aktivitäten beschäftigt, neigt man dazu, die Sicht für die Hoffnungslosigkeit derer zu verlieren, die Christus noch nicht kennen. Nie ist man draußen in der Welt. Zweitens: Man verliert seine Begeisterung für die Gemeinde, die Errettung und für die Tatsache, Teil des Werkes Gottes zu sein. Man kann sich so mit ewigkeitsbezogenen Aufgaben überlasten, daß man sich nicht mehr an ihren Herrlichkeiten erfreuen kann.[14]

Hybels widmete sich daraufhin wieder zeitlichen Aktivitäten, weil er glaubte, das würde ihn zu effektiveren ewigkeitsbezogenen Aktivitäten befähigen. Im dualistischen Denken werden zeitliche Aktivitäten lediglich als pragmatische Mechanismen für eine größere Ausbeute im Blick auf die Ewigkeit angesehen. Erholung kann nur als Mittel zum Kraftschöpfen für weitere Evangelisationstätigkeit gerechtfertigt werden.

Die schmerzlichen Folgen dieser rein ewigkeitsorientierten Theologie sehen wir ferner in zwei Artikeln von Lynne Hybels. In dem einen beschrieb sie, wie sie auf einem Teich spielende Gänse beobachtete:

Wir sahen dieses Beobachten als eine überflüssige Freizeitaktivität, oder noch schlimmer, als etwas gänzlich Verantwortungsloses an. Als solches verstößt es gegen unsere Arbeitsethik. Wozu Zeit mit Beobachten verschwenden, wenn wir aktiv sein könnten?

In der Theologie von Willow Creek gibt es keine Berechtigung für Entspannung, um einen friedvollen Augenblick zu genießen. Dieser genüßliche Augenblick kann in Willow Creeks Theologie nur dann als vernünftig angeschen werden, wenn er der Steigerung der Energie für den großen geistlichen Kampf dient.

Der beständige Kampf um Leben und Tod dieser dualistischen Theologie machte Lynne fix und fertig. Sie bekannte: „Diese natürliche Neigung, die mir erlaubt, den Traum so von ganzem Herzen zu umarmen, erwies sich fast als mein Ruin." Sie fing an, die Möglichkeit in Erwägung zu ziehen, sich als Mittel zur Erholung einen kleinen Hund zuzulegen. Sie fragte sich jedoch, ob sie diese offensichtlich verschwendete Zeit und Energie, die ein glücklicher Hund beansprucht, aufbringen sollte: „Ja, ich weiß, beim Christentum geht es um Leben oder Tod, aber ich habe es satt, ständig ernst sein zu müssen; ich habe es satt, alles dermaßen wichtig zu nehmen." Im theologischen System ihres Gatten gab es keine logische Berechtigung für die in Erwägung gezogene Verantwortungslosigkeit, Gänse zu beobachten oder mit einem Pfiffi zu spielen.[16]

Diese Erfahrung des Burn-out ist in Willow Creek nicht ungewöhnlich. Immer wieder brennen hochengagierte Mitarbeiter und Ehrenamtliche nach Jahren treuen Dienstes aus. Ein örtlicher Chiropraktiker meinte zu einem Mitarbeiter: „Eure Mitarbeiter kommen zu Dutzenden zu mir; was macht ihr eigentlich mit den Leuten bei euch?!" Ein Pastor aus der Gegend berichtete mir, daß sich regelmäßig viele engagierte Creeker schließlich seiner traditionelleren bibellehrenden Gemeinde anschlössen, nachdem sie jahrelang in der Tretmühle von Willow Creek festsaßen. Ein beständiger Strom von Menschen wird aufgrund des attraktiven Programmangebots durch Willow Creeks Eingangstür eingeschleust. Doch viele derselben Teilnehmer halten schließlich dem überwältigenden Druck der dualistischen Theologie nicht mehr stand und schlüpfen zur Hintertür wieder hinaus.

Zweitens ist Willow Creeks dualistische Theologie ein unangemessenes Verständnis des Sinnes des christlichen Glaubens. Menschen lernen Gott kennen und ihn als seine Kinder lieben und spiegeln somit als seine Repräsentanten sein Wesen und sein Anliegen für diese Welt wider. Dieser biblische Sinn und Zweck enthält sowohl die Liebe zu Gott als seine geliebten Kinder als auch die Liebe zu anderen Menschen, die wertvoll und nach seinem Bild geschaffen sind. Eine unbestreitbar wichtige Weise, wie diese Liebe Ungläubigen gegenüber zum Ausdruck gebracht wird, ist die Weitergabe der lebensrettenden frohen Botschaft des Evangeliums. Doch der biblische Sinn und Zweck des Christseins erschöpft sich nicht in der Evangelisation, sondern diese ist nur ein Teil desselben.

Als Gottes Kinder sind wir ebenso dazu berufen, sein Wesen und sein Anliegen für die Welt zum Ausdruck zu bringen. Dazu gehört auch das Lernen, wie man der Wahrheit entsprechend lebt und in Heiligkeit und Weisheit wächst, wie man seine Gaben zum Dienst für andere einsetzt und wie man in Treue Salz und Licht in unseren verschiedenen Berufen und Aufgaben ist. Wir sind aufgefordert, Gottes Wesen und Anliegen in jeder Situation widerzuspiegeln, in die Gott uns hineinstellt.

Außerdem sind wir aufgefordert, Gott mit unserem Verstand zu lieben. Willow Creeks dualistische Theologie verzerrt letztlich dieses biblische Verständnis des Lebens. Die logische Folge dieser dualistischen Theologie ist eine Abwertung der Lehren von der Schöpfung und Erlösung. Wenn Evangelisation die einzige ewigkeitsbezogene oder wertvolle Aktivität ist, wird der biblische Auftrag, für Gottes Schöpfung zu sorgen (1. Mose 1,29-31), nicht in angemessener Weise wertgeschätzt. Willow Creeks enge Auffassung vom Sinn des Christseins verzerrt auch das biblische Verständnis von Erlösung. Gottes Erlösung umfaßt die Wiederherstellung der Gesamtheit seiner Schöpfung. Wenn man die gesamte Schöpfung nur als letztlich dem Untergang und Verderben geweiht verachtet, mißversteht und verwirft man damit viele Lebensbereiche, in denen Gott uns aktiv sehen möchte.

Diese theologische Perspektive setzt das ganze Konzept der Bildung im allgemeinen und der theologischen Bildung insbesondere herab. Wozu jahrelang Zeit mit dem Studium eines speziellen Themas verbringen – eine niedrige, zeitliche Aktivität –, wenn die einzig einträgliche Betätigung Evangelisation ist? Das ist auf kuriose Weise eine Art theologischen Selbstmords. Wenn die eigenen Ziele nur von der dualistischen Theologie bestimmt werden, verliert man die Wertschätzung für zeitliche Betätigungen – einschließlich Theologie. Die von den Reformatoren freigegrabene Wahrheit des Berufsstandes – daß ein

Schuhmacher zur Ehre Gottes schustern und ein Akademiker zur Ehre Gottes studieren kann – ist in diesem Dualismus verlorengegangen.

Eine Folge von Willow Creeks Dualismus besteht darin, daß der größte Teil der Willow Creek-Mitarbeiter nie theologisch ausgebildet wurde. Nur eine Handvoll von insgesamt über 200 Mitarbeitern hat eine theologische Ausbildung absolviert. Sie sind in der Willow Creek-Methodik geschult worden, und sie glauben, das sei alles, was sie brauchen. Wie ein ehemaliger Mitarbeiter erklärte, wollen die Leiter, daß „die Mitarbeiter eine reine Weste haben“. Die Leiter erwarten, daß sie den Mitarbeitern beibringen, was und wie etwas zu tun ist, und deshalb bräuchten die Mitarbeiter keine formale Ausbildung. Nur wenige Mitarbeiter wissen die Wichtigkeit von Theologie, tiefschürfendem Studium und des Verstandes zu schätzen.

Folglich verstehen die Mitarbeiter die Weisheit der Kirchengeschichte und die Schönheit des Wortes Gottes nicht. Ich habe auf diesen Seiten neoplatonische Einflüsse auf die Ethik Augustinus' sowie Luthers, Calvins und Wesleys Gebrauch des Moralgesetzes bei der Verkündigung des Evangeliums erörtert. Die große Mehrzahl der Willow Creek-Mitarbeiter wäre an diesen Themen gar nicht interessiert. Sie würden sie als zu intellektuell und nicht relevant abtun. Doch diese Themen sind eine entscheidende Hilfe für das Verständnis des eigentlichen Herzens von Willow Creek.

Diese Herabsetzung des christlichen Denkens hat zur Schaffung einer Gemeinde beigetragen, deren Besucher zum größten Teil passive Beobachter sind. Die Zuhörer der Wochenenden werden nur selten mit Gottes Moralgesetz konfrontiert oder ernsthaft aufgefordert, in ihrer Erkenntnis zu wachsen. Insider von Willow Creek sehen nur selten die Schwäche von Willow Creeks Haltung gegenüber Bildung und Theologie. Einer der wenigen theologisch geschulten Mitarbeiter beklagte sich mir gegenüber:

Es gibt dort nicht genug Bibelkenntnis, als daß die Leute lernen würden, sich selbst mit geistlicher Nahrung zu versorgen. Und es wird dort nicht genug Lehre vermittelt, so daß sie eine Grundlage hätten, anhand derer sie die Dinge der Wahrheit entsprechend beurteilen könnten. Und das ist für mich eine der größten Schwächen der Gemeinde.

Dieser Mitarbeiter argumentierte, daß viele Christen von Willow Creek übermäßig betonen: „Das ist meine Art von Beziehung zu Gott; das hat Gott für mich getan“, und sie sind stets auf ihre „Erfahrung“ fixiert. Er behauptete, daß es den Creekern Not täte, anzufangen, auf der Grundlage ihres Verständnisses von christlicher Wahrheit zu leben.

Diese Unterbetonung von geistlich anspruchsvoller Nahrung schafft eine Atmosphäre, in der sich die „churched Larrys“ mit einem Minimum an Hingabe wohl fühlen. Ein Mitarbeiter erklärte, daß viele „churched Larrys“ nur äußerst wenig biblische Substanz zu hören bekommen: „Sie wissen nur, daß sie zu einem netten Wochenendgottesdienst kommen, der sich gut anhört und ihnen weiterhilft. Und dafür müssen sie Christen sein.“ Dieser Mitarbeiter glaubt, das Beste, was Hybels tun könnte, sei „über Indizien der eigenen Errettung lehren, den ganzen ersten Johannesbrief auslegen ... bestimmte Indizien aufzeigen, die erst mit der Zeit erkannt und erfahren werden.“ Er fuhr fort:

Warum schrieb Paulus am Ende des zweiten Korintherbriefes: „Prüft euch, damit ihr seht, ob ihr des Glaubens seid"? Hier schrieb er zwei ganze Briefe an eine Gemeinde voller Christen. Verstehen Sie? In den Korintherbriefen wendet er sich an Christen, doch er sagt: „Prüft euch, damit ihr seht, ob ihr des Glaubens seid".

Er beantwortete seine Frage selbst: „Ich denke, er [Paulus] sagt, daß es möglich ist, daß Menschen gar nicht gerettet sind und es selbst nicht wissen – sie meinen, sie seien gerettet, und wissen nicht, daß sie das erst einmal prüfen sollten."

Bill Hybels und seine Kollegen wollen „unchurched Harry and Mary" aufrichtig und in Liebe erreichen. Ich beschreibe Schwierigkeiten und Spannungen, die unbeabsichtigte Folgen der von Willow Creek gewählten und angewendeten Strategie sind.

Creekers argumentieren, ihr Beitrag sei der Gebrauch neuer Methoden zur Verkündigung des seit eh und je gleichen Evangeliums. Sie distanzieren sich von theologisch Liberalen, die die Botschaft des christlichen Glaubens abgeändert haben. An dieser Perspektive ist viel Wahres. Creekers wollen wirklich die Botschaft erhalten und das Christentum mit kreativen Methoden bereichern. Was sie dabei nicht bemerken, ist, daß eine grundsätzliche Veränderung der Verkündigungsmethoden möglicherweise auch die vermittelte Botschaft verändert.

Es ist schwierig, diese Art von schmerzlichen Fragen vor ernsthaften Gläubigen aufzuwerfen, die den Herrn ehren wollen. Mir macht es keine Freude, ihre Schwächen und Fehler aufzuzeigen. Würde man mein (oder Ihr) Leben und meinen Dienst derart detailliert auf Herz und Nieren prüfen, kämen genausogut Fehler, Versäumnisse und Probleme zutage. Wenn wir über die Schwächen anderer schreiben oder lesen, müssen wir in Anbetracht unserer eigenen Fehler und Unzulänglichkeiten demütig bleiben. Doch liegt es in unserer Verantwortung, die Wahrheit zu sagen. Die Wahrheit zu verbergen, würde niemandem weiterhelfen.

Stellen wir uns vor, Hybels und sein Mitarbeiterteam versuchen jemanden zu retten, der in einem schnellfließenden Fluß mitgerissen wird. Hybels streckt sich aus und versucht die unglückliche Seele zu fassen, bevor sie fortgespült ist. Hybels macht von den Mitteln unserer Kultur Gebrauch, um die „unchurched Harrys" zu erreichen, die zu ihrem Gericht fortgeschwemmt werden. Doch bei den Versuchen, in diesem reißenden Fluß unserer Kultur andere zu erreichen, fallen auch Hybels und seine Mitarbeiter manchmal hinein.

Die Motive der Creeker stimmen, und ihre Anstrengungen verdienen unsere Hochachtung. Doch wir sollten helfend eingreifen, damit Hybels und die anderen potentiellen Retter nicht selbst in Gefahr geraten. Zu ihrem Schutz und zum Schutz ihres Dienstes vor den trügerischen Fluten der Kultur ist eine solide biblische Grundlage vonnöten.

Zentraler Inhalt der protestantischen Reformation war die hohe Bedeutung biblischer Lehre. Als die Reformation über dem römisch-katholischen Nordeuropa hereinbrach, wurden viele katholische Kathedralen Europas zu protestantischen Gemeinden. In vielen dieser langen und schmalen protestantischen

Kirchen findet man eine seltsame Konstruktion, wo die Kanzel und die Kirchenbibel in die Mitte der Kirche verlegt worden sind. Diese symbolträchtige Position verdeutlicht sowohl den Eifer der reformatorischen Pfarrer, den Menschen die Wahrheit zu lehren, als auch die Nähe der Schrift zum Volk. Die evangelikale Kirche braucht eine neue Reformation, die auf der kraftvollen Wahrheit des Wortes Gottes gegründet ist.

Es ist einfach, Lektionen aus der Vergangenheit auszuschlagen. Doch eine altbekannte Maxime warnt uns: „Wer nicht aus der Geschichte lernt, ist verdammt, sie zu wiederholen." Wir täten gut daran, zu bedenken, daß weder das Problem noch seine Lösung neu ist. Am Ende seines hochintellektuellen Briefes warnt Paulus die Römer: „Seid nicht gleichförmig dieser Welt, sondern werdet verwandelt durch die Erneuerung des Denkens" (Röm 12,2). Ohne die Erneuerung unseres Denkens zu einem konsequenten, bisweilen schwierigen christlichen Denken werden wir uns weiter unbewußt, aber tiefgreifend von der uns umgebenden Kultur der breiten Masse prägen lassen.

Art und Weise der Gemeindepraxis
lysieren. Die Reaktionen auf diese
os. Die Willow Creek gegenüber eher
gten zur Ungeduld beim Lesen der
ses Buches. Sie waren versessen auf
azu fanden die meisten Befürworter
ellung und hatten den Eindruck, daß
1.
Teil des Buches waren umgekehrt.
Stärken und Schwächen der Willow
s der Verfechter der Suchergemeinde
1 schärfsten Widerspruch.
er beiden Seiten glücklich machen.
t diesem Werk nicht ganz zufrieden
Masse der Christen hat die Verant-
verstehen und zu beurteilen. Wenn
rlich sein.
liese Analyse angemessene Reakti-
egenüber dieser Gemeinde zu erhe-
einde (einschließlich meiner oder
würde, wie ich es hier mit Willow
iele Mängel und Unzulänglichkei-
and des gefallenen menschlichen
Wesens. Die angemessene Antwort auf diese Art von Untersuchung ist, unsere
Mitmenschen anzuerkennen und Gott in demütiger Weise zu danken, daß er
uns immer noch für seine Zwecke gebraucht. Ich hoffe, daß die Kritiker die
Befürworter der Suchergemeinde akzeptieren, auch wenn sie mit ihnen nicht
einer Meinung sind.

Für die Befürworter bedeutet Ehrlichkeit eine Bereitschaft, die beunruhi-
genden Konsequenzen der derzeitigen Willow Creek-Strategie zu erkennen
und anzuerkennen. Ich bin überzeugt, daß dort fatale Fehler gemacht werden,
die – solange nicht korrigiert – die Bewegung der Suchergemeinde letztendlich
lahmlegen werden. Zum Herausstellen dieser Probleme habe ich versucht, so
offen und ehrlich wie möglich zu sein.

An diesem Punkt muß ich einen Aspekt meiner Methodik näher erklären.
Jeder aufmerksame Leser wird bemerkt haben, daß ich zur besseren Analyse von
Willow Creek immer wieder auf Augustinus von Hippo als Spiegel zurückge-
griffen habe. Der Grund dafür ist, daß Augustinus und Willow Creek einige
Gemeinsamkeiten aufweisen. Wenn wir Augustinus verstehen, können wir darin
eine Widerspiegelung von Willow Creeks Potential und Problemen sehen.

Augustinus war ein Professor der Rhetorik, der über raffinierte Werkzeuge
der Überzeugungskunst verfügte. In ähnlicher Weise hat Willow Creek eine
vollmächtige Methode der Überzeugung und Evangelisation entwickelt. Augustinus bediente sich bei den Denkern seiner Zeit, um nützliche Mittel für das
christliche Denken und Leben zu entwerfen. Genauso hat Willow Creek ver-

sucht, die Mittel und Methoden der modernen Kultur auf kreative Weise zur Vermittlung der Botschaft heranzuziehen. Beiden gemein ist die große Tugend, die Kunst der Verständigung und Überzeugung zu beherrschen.

Die Untugenden von Augustinus und Willow Creek sind ebenfalls dieselben. Wie wir gesehen haben, verzerrte Augustinus mit seinem Versuch, die neoplatonischen Vorstellungen zu verwenden, die christliche Ethik bis auf ihr Fundament mit einer fremdartigen Ideologie. Anders gesagt: Augustinus' Denk- und Verkündigungsmethoden an sich steckten voller eingebauter Schwächen.

Gegen Ende seines Lebens erkannte Augustinus allmählich einige dieser Probleme. Eines seiner letzten Werke, *Retractio* – „Verkürzung", widmete er der Korrektur dieser Fehler. Dabei war er schonungslos ehrlich und versuchte seine falschen Vorstellungen durch Anwenden eines kritischen christlichen Denkens auszuräumen. Er sagte, daß jemand, der behaupte, „niemals ein Wort von sich gegeben habe, das er zu widerrufen wünsche, eher mit einem vollständigen Esel zu vergleichen sei als mit einem wahrhaft weisen Menschen". Augustinus kombinierte eine brutale Ehrlichkeit mit einer tiefen und disziplinierten christlichen Gesinnung.[1]

Als Augustinus zu einer christlichen Führungspersönlichkeit heranreifte, dachte er schriftgemäßer. Während seine ersten Werke voller Neoplatonismus und philosophischem Gedankengut stecken, waren seine Schriften aus reiferer Zeit mehr auf die Bibel begründet. Er konzentrierte sich auf die Entwicklung einer tiefen biblischen Gesinnung.

Die heutige Bewegung der Suchergemeinde braucht die Tugenden eines Augustinus: Ehrlichkeit und eine reife christliche Gesinnung. Wenn die Suchergemeinden bereit sind, die innewohnenden Schwächen der von ihnen gewählten Verkündigungsmethoden zu sehen, habe ich große Hoffnung hinsichtlich ihres Potentials für das Reich Gottes. Wenn sie jedoch vor der Aufgabe zurückschrecken, sich selbst im Spiegel der Wahrheit Gottes zu überprüfen, fürchte ich um ihre Zukunft. Diese Art reifender christlicher Gesinnung wird das korrigierende Geleit bereitstellen, das diese jungen Suchergemeinden so sehr brauchen.

Weil wir Menschen in unserer Sünde gebrochen sind, neigen wir alle dazu, auf unsere Zerbrochenheit mit Stolz zu reagieren. Manchmal ist das Stolz auf unsere Leistungen, und manchmal ergießt sich dieser Stolz in einer selbstgerechten Kritik an anderen. Biblisch verstanden ist Stolz jedoch eine defensive Reaktion auf ein Bewußtsein unserer Sündhaftigkeit. Der biblische Ausweg aus beiden Arten von Stolz ist eine demütige Gesinnung.

Biblische Demut ist keine selbstinduzierte Speichelleckerei oder eine Haltung des Selbstmitleids. Biblische Demut heißt, uns selbst so zu sehen, wie wir sind. Demut ist die Reaktion auf das Erkennen der Heiligkeit Gottes. Offenbarung 1,17-18 schildert, wie Johannes in Demut auf sein Angesicht niederfällt, als er den Herrn Jesus in seiner Herrlichkeit sah:

Als ich ihn sah, fiel ich zu seinen Füßen wie tot. Und er legte seine Rechte auf mich und sprach: Fürchte dich nicht! Ich bin der Erste und der Letzte und der Lebendige, und ich war tot, und siehe, ich bin lebendig von Ewigkeit zu Ewigkeit und habe die Schlüssel des Todes und des Hades.

Ein ungetrübtes, klares Erkennen Jesu kann eine schmerzliche Erfahrung sein. Er ist nicht nur der Gute Hirte, sondern auch der auferstandene, heilige Herr. Wenn wir Jesus und seine Heiligkeit wirklich erkennen, werden wir – wie sein enger Vertrauter Johannes – auf unser Angesicht fallen. Und nur dann wird er sich niederbeugen, seine Hand auf uns legen, uns aufrichten und uns sagen, daß wir uns nicht fürchten sollen. Gottes Antwort auf unser Anerkennen und Bereuen unserer Sünden ist, daß er uns anrührt, heilt und tröstet.

Ich wünsche, daß ich das Angesicht des Herrn jeden Tag sehe und in Anbetung in seiner Gegenwart niederknie. Ich wünsche ferner, daß Befürworter wie Kritiker der Suchergemeinde den barmherzigen und heiligen Gott sehen und sich in Demut in seiner Gegenwart auf ihre Knie beugen. Dann wird er zu uns sagen: „Fürchtet euch nicht", und wird uns zartfühlend aufrichten. Von diesem Standpunkt der wahren Selbsterkenntnis aus sollten wir die Diskussion fortführen, wie wir ihn am besten ehren und uns an seinem Werk beteiligen können.

Fußnoten

Einführung

1. Michael G. Maudlin und Edward Gilbreath: „Selling Out the House of God?", *Christianity Today*, 18. Juli 1994, S. 25.
2. Ebd.
3. Anzeige in *Christianity Today*, 18. Juli 1994, S. 15.
4. Siehe Bruce Bugbee, *Network*, (Pasadena, Calif.: Charles E. Fuller Institute of Evangelism and Church Growth, 1989).
5. Siehe Brief von Richard Towner an alle Spender und Sponsoren vom 14. Oktober 1993.
6. Ken Kantzer, „The Doctrine Wars", *Christianity Today*, 5. Oktober 1992, S. 32.
7. George Brushaber, „Marketing the Jesus Franchise", *Christianity Today*, 22. Juni 1992, S. 17.
8. Dies soll nicht heißen, ich als Forscher hätte keine eigenen Wertvorstellungen. Ein großer Teil der Untersuchungen gilt der Herausarbeitung der eigenen Vorurteile, damit man sie ausräumen kann, um fair und sachgerecht zu arbeiten. Ich beschreibe eine dieser Vorlieben in Kapitel 14 etwas genauer.
9. Im allgemeinen war die Gemeinde für meine Untersuchungen ziemlich offen; doch wurden mir drei quantitative Untersuchungen vorenthalten. Eine Befragung galt den Wochenend-Besuchern aus dem Jahre 1980; dann wurde George Barna 1991 beauftragt, die Wochenend-Hörerschaft zu erforschen, und 1993 beauftragte man die Firma David Schmidt, die New-Community-Hörerschaft zu untersuchen. Mir wurde gesagt, die Untersuchung von 1980 sei falsch angesetzt worden und die Studien von Barna und Schmidt seien interne Hausstudien, die externen Forschern nicht zugänglich gemacht würden.
10. Die einzige Ausnahme zu diesem positiven Feedback auf die Beschreibung war Bill Hybels. Hybels reagierte auf einige Punkte äußerst negativ. Ich werde seine Antworten (oder die seiner Mitarbeiter) ggf. im Text oder in den Anmerkungen anführen.
11. Nancy Tatom Ammerman, „Fundamentalist World View: Ideology and Social Structure in an Independent Fundamental Church", Ph.D. Dissertation, Yale University, 1983, S. 12.
12. Ich halte eine kurze Bemerkung zum Umfang dieses Buches für notwendig. Obwohl die Untersuchungen exakt und sorgfältig gemacht wurden, kommt das in diesem Buch nicht in der Weise zum Ausdruck. Was ich zum Beispiel jetzt nur in wenigen Absätzen über die Weltsicht des Fundamentalismus gesagt habe, füllt in meiner Dissertation fast einhundert Seiten. Um nur im geringsten akademischen Ansprüchen zu genügen, muß man oft drei oder vier Quellen angeben. Meine Dissertation umfaßt daher achthundert Seiten mit neunzehnhundert Fußnoten.

Kapitel 1: Ein neuer Weg, „Kirche zu machen"

1. Willow Creek weist uns einen ganz neuen Weg, wie man „Gemeinde" auffassen soll. Elmer Towns schreibt: „Früher stellte eine lehrmäßige Aussage den Grund für die Existenz einer Denomination dar. Heute ist die Methodologie der Leim, der Gemeinden zusammenhält. Eine Aussage über die Gottesdienstformen definiert sie und ihre denominationale Existenz." Elmer Towns, An Inside Look at 10 of Today's Most Innovative Churches (Ventura, Calif.: Regal, 1990, S. 249).
2. Lee Strobel argumentiert, daß Christen ohne hingebungsvolle Bemühungen nur zu Mitgläubigen Beziehungen unterhalten. „Innerhalb von zwei Jahren, nachdem man Christ geworden ist, hat der Durchschnittschrist bereits alle wesentlichen Beziehungen zu den Menschen außerhalb des Glaubens verloren." Lee Strobel, *Inside the Mind of Unchurched Harry and Mary* (Grand Rapids: Zondervan, 1930, S. 15), Deutsch: *Beim Wort*

zum Sonntag schalt' ich ab: Die Welt eines Kirchendistanzierten verstehen (Wiesbaden: Projektion J, 1995).

3. Der „Impact"-Evangelisationskurs heißt nun: „The Contagious Christian" course.
4. Dieser Schritt der Strategie hat sich seit meinen Studien geändert. Vorher hieß dieser Schritt „Harry knüpft evangelistische Freundschaften zu neuen kirchendistanzierten Personen". Damit gab es tatsächlich nur sechs Schritte, weil Schritt 7 nichts anderes war als Schritt 1 mit einem neuen „unchurched Harry". Während meiner Studien sagten mir mehrere Mitglieder des Managementteams, daß die Finanzen der Gemeinde problematisch seien. Infolge dieser Problematik hat die Gemeinde seit dem mehrere neue Programme eingerichtet und die Sieben-Schritte-Strategie geändert.
5. Nachdem Strobel diesen Abschnitt gelesen hatte, bemerkte er: „Von Teilnehmern der Leiterschaftskonferenzen wird immer wieder gesagt: ‚WCCC (Willow Creek Community Church) ist unendlich viel mehr als der Seeker Service'." Diese Bemerkung stimmt sicher. Trotzdem ist die Behauptung vernünftig, daß Willow Creeks eigentliche Aufgabe der Dienst an den Kirchenfernen ist. Andere Aspekte des Willow-Creek-Programms haben niemals den Einfluß des Seeker Service erreicht.
6. Hybels spricht über Lukas 15 so oft, daß er vor tausend Pastoren, die ihn besuchten, sagen konnte: „Die meisten von Ihnen kennen höchstwahrscheinlich meine Predigt über diesen Text."
7. Offiziell geht es in Willow Creek nicht nur um Evangelisation. Im Glaubensbekenntnis der Gemeinde werden außerdem Danken, Ermahnen und soziales Engagement als kirchliche Ziele angegeben.

Kapitel 2: Willow Creeks Geschichte

1. Kürzlich brachten Bill und Lynne Hybels ein Buch heraus: *Rediscovering Church: The Story and Vision of Willow Creek Community Church* (Grand Rapids: Zondervan, 1995), Deutsch: *Ins Kino gegangen und Gott getroffen* (Wiesbaden, Edition Willow Creek, 1996). Die erste Hälfte des Buches ist ein ehrlicher Versuch, die Geschichte von Willow Creek als Insider zu schreiben.
   James Hunter: *Evangelicalism: The Coming Generation* (Chicago, University of Chicago Press, 1987), S. 3.
   ders.: Evangelicalism: Conservative Religion and the Quandary of Modernity (New Brunswick, Rutgers University Press, 1983), S. 3f.
2. Randall Balmer: *Mine Eyes Have Seen the Glory: A Journey into the Evangelical Subculture of America* (New York: Oxford University Press, 1980), S. 291. Balmer schildert die enormen Unterschiede zwischen einigen evangelikalen Gruppierungen.
3. Alan Merridew: „Religion with a Beat: Son City Spectacular", *Chicago Tribune*, 12. Juni 1974.
4. „The Theater Days", *Willow Creek*, Special Aniversary Issue, S. 29.
5. Für die Hintergründe von Son City, siehe Don Cousins kleines Büchlein *Tomorrow´s Church ...Today* (South Barrington, Ill.: Willow Creek Publications, 1979).
6. Cousins: Tomorrow's Church ... Today, S. 1ff.
7. Eine Liste einiger dieser führenden Personen der Gemeinde siehe: „The Theater Days", *Willow Creek*, Special Aniversary Issue, S. 29.
8. James Mellado: „Willow Creek Community Church" (Fallstudie, Harvard Business School, 1991), S. 15.
9. Das dritte Mitglied dieses Managementteams ist hochbegabt und war vor seiner Anstellung bei Willow Creek Direktor einer internationalen christlichen Organisation. Er ist verantwortlich für den Start der Willow Creek-Association. Er arbeitet hauptsächlich außerhalb der Gemeinde, während seine Kollegen die Aufsicht in der Gemeinde führen.

10. Hybels, *Seven Wonders of the Spiritual World* (Dallas: Word, 1988), 16-17.
11. Ebd., S. 21.
12. Lynne Hybels: „Full Circle", *Willow Creek*, Special Anniversary Issue, S. 11.
13. Gilbert Bilezikian: „A Vision of the Church", *Willow Creek*, September/Oktober 1990, S. 21.
14. „Into the Stratosphere", *Willow Creek*, Special Aniversary Issue, S. 23, 25.
15. Hybels sagt in *Seven Wonders*, daß er sich über die Wichtigkeit der Geistesgaben klar wurde, als er zum erstenmal die Jugendgruppe unterrichtete.
16. Ted Johnson: „It's a Sin to Bore Kids with the Gospel", *Relationships: The Young Life Ministry in Action*, Frühjahr 1993, S. 3.
17. Bei einer anderen Gelegenheit wurde die Chicago Orchestra's Hall für ein Konzert der Son Company Band angemietet. Lynne Hybels schreibt: „Ja, wir versuchen die Verlorenen zu erreichen. Aber wir hatten auch einen Aufruhr." Siehe „Full Circle", *Willow Creek*, Special Aniversary Issue, S. 24.
18. „Laying the Foundation", *Willow Creek,* Special Aniversary Issue, S. 14-21.
19. Ebd., S. 14.15.
20. Ebd.
21. Holmbo sagt lachend: „Verglichen mit dem, was wir jetzt tun – glauben Sie mir, das war viel traditioneller, als wir dachten. ‚Zeitgemäß' oder „unverkrampft" sind sehr relative Begriffe."
    Holmbo erklärt: „Bill und ich trafen uns tatsächlich bei einem Einsatz mit Lance Latham ... [Latham] war Pastor einer Gemeinde in Chicago, die Northside Gospel Center genannt wurde. Das war (und ist) eine sehr fundamentalistische Gemeinde. Sie besaßen ein Sommerlager oben in Wisconsin. Bill und ich gingen beide auf das Lager und waren beide Studenten bei Lance Latham. Wir ... wurden dicke Freunde ..."
    Zitat aus: „Laying the Foundations", S. 17.
22. „Into the Stratosphere", *Willow Creek,* Special Aniversary Issue, S. 23, 25.
23. Ebd.
24. Viele der folgenden Zitate stammen aus dem Artikel: „The Theater Days", *Willow Creek*, Special Aniversary Issue, S. 29.
25. Holmbo wurde schließlich geschieden. Seine Frau reiste für eine Zeit in einen anderen Staat. Schließlich kehrte sie nach Willow Creek zurück und wurde eine bedeutende Mitarbeiterin. Holmbo heiratete sie wieder und ist zur Zeit Programmdirektor in einer Seeker Church in Maryland.
26. In mehreren Interviews wurde mir gesagt, Hybels habe während jener Zeit bei dem evangelikalen Theologen R.C. Sproul studiert, der ihn tief beeinflußte. In Hybels' Schriften ist davon einiges zu merken: „R.C.s Cassetten über ‚die Heiligkeit Gottes' haben mich tiefer beeindruckt als alles, was ich sonst gehört habe" (Hybels, *Honest to God* [Grand Rapids: Zondervan, 1990], S. 112-114), Deutsch: *Der neue Weg* (Neuhausen, Hänssler Verlag, 1991).
27. Kenneth Blanchard et al. *Leadership and the One Minute Manager* (New York: William Morrow and Co., 1985), Deutsch: *Der Minuten-Manager* (Hamburg, 1986).
28. Ein Mitarbeiter gab zu, daß Loyalität „das Kennzeichen einer kranken Institution sein kann". Dann meinte er aber, Loyalität könne auch das Zeichen für eine gesunde Institution sein.
29. Dies war das einzige Mal unter Hunderten von Gesprächen, wo eine Mitarbeiterin eine derart negative Einschätzung abgab. Sie war von der Gemeinde äußerst enttäuscht. Um sich vom loyalen inneren Kreis zu distanzieren, sprach sie von „denen". Sie hatte sich aus dem entfernt. Im nächsten Jahr gab sie ihre Stellung als Mitarbeiterin auf.
30. Bilezikians Eltern waren armenische Emigranten, die aus dem Osmanischen Reich (heutige Türkei) wegen der islamischen Verfolgung nach Frankreich geflohen waren. Diese Zusammenfassung stammt vornehmlich aus persönlichen Interviews und aus zwei Artikeln: Gilbert Bilezikian: „Die Vision einer Gemeinde", *Willow Creek,* Septem-

ber/Oktober 1990, 20-21; und Rob Wilkins: „Funken einer Vision", *Willow Creek,* September/Oktober 1990), 18-19.
31. Bilezikian: „A Vision for the Church", S. 21.
32. Ebd.
33. Hybels, *Seven Wonders.*
34. Bilezikian sagte zu der Einschätzung seines Einflusses: „Ich meine, hier nicht allzu viel Verantwortung auf mich nehmen zu müssen. Das hat nicht nur etwas mit Demut zu tun, sondern entspricht den historischen Tatsachen." Die Zusammenfassung seiner Theologie kann man in seinem *Christianity 101* (Grand Rapids: Zondervan, 1993) nachlesen.
35. Der Kalvinismus folgt ursprünglich dem theologischen System Kalvins, der Gottes Souveränität betonte. Im Gegensatz dazu entstand der Arminianismus (genannt nach Jakob Arminius) als Protestbewegung gegen den Kalvinismus. Er hob die menschliche Freiheit und Verantwortung hervor. Der wohl einflußreichste arminianische Theologe war John Wesley. Diese Unterscheidung ist keine neue Erfindung des Protestantismus, sondern eine historische Streitfrage. Genaueres über Kalvinismus und Arminianismus, wie auch über den Pietismus ist zu erfahren in Elswells *Evangelical Dictionary of Theology* (Grand Rapids: Baker, 1984).
36. Dirk Jellema, „Dort, Synod of", in *The New International Dictionary of the Christian Church,* Hg. J.D. Douglas (Grand Rapids: Zondervan, 1974), S. 309-310.
37. Mehrere der folgenden Zitate stammen von Bill Hybels, *Too Busy Not to Pray* (Downers Grove, Ill.: InterVarsity Press, 1988), S. 142-143, Deutsch: *Aufbruch zur Stille* (Wiesbaden, Projektion J, 1992).
38. Der Pietismus nahm seinen Anfang als Erweckungsbewegung im 17. Jhdt., die die Wichtigkeit von persönlicher Heiligung und Erfahrung der Beziehung zu Gott hervorhob. Durch mährische Missionare führte sie Wesley zu seinem herzerwärmenden Predigtstil. Dann kam sie in die Vereinigten Staaten.
39. In „A Vision for the Church" erklärt Bilezikian, wie sein Verständnis von der Vorrangstellung der Gemeinde sein ganzes übriges Denken prägt: „Als ich mir diese Sichtweise von der Vorrangstellung der Gemeinde erst einmal angeeignet hatte, wurden mir die Konsequenzen klar für unsere Lebensweise als Christen, für den Gebrauch unserer Gaben und Möglichkeiten, für Evangelisation und Mission und für den Aufbau und die Stärkung der örtlichen Gemeinde" (21). In unserem Interview offenbarte Bilezikian, daß er in seinem theologischen Verständnis zutiefst von den neutestamentlichen Gelehrten George Ladd und Oscar Cullmann beeinflußt sei.
40. Bilezikian belehrte Hybels über „die hervorragende Stellung der Kirche in den Ratschlüssen Gottes" (A Vision for the Church).
41. Die konterkulturellen Ideale Vertrautheit und Authentizität der späten 60er und frühen 70er waren sowohl auf die Jugendgruppe als auch auf die Gemeinde äußerst einflußreich.
42. Freunde der Familie Hybels erzählten mir, wie unaufhörlich Hybels' Vater dadurch enttäuscht war, daß er keine Veränderung in seiner Gemeinde herbeizuführen imstande war.
43. Bilezikian, „A Vision for the Church", S. 21.
44. „Into the Stratosphere", S. 20.
45. Diese Diskussion wurde einem persönlichen Interview mit Robert Schuller entnommen und seinem Buch: *Your Church has Real Possibilities* (Glendale, Calif.: Regal Books, 1975).
46. Die Verbindung mit Schuller wird in einem Artikel von Lorna McNeill: „10 Years, But Who's Counting?" in *Willow Creek,* September/Oktober 1991 bestritten. Der Artikel wurde verfaßt, weil Dan Webster zehn Jahre lang Direktor des Studentenwerkes war. Dort steht, wie Webster das erstemal mit Hybels zusammentraf: „Er traf den Senior-Pastor Bill Hybels 1975 bei einer Konferenz in Garden Grove, Kalifornien." Was der Artikel verschweigt, ist die Tatsache, daß Hybels und Webster in Garden Gro-

ve die in Schullers Kirche, dem Kristallpalast, durchgeführte Konferenz über Gemeindeleitung besuchten, und ebenfalls, daß Hybels seine Beziehungen zu Webster aufnahm, als Schuller Hybels bat, als Berater in Garden Grove mitzuarbeiten.

47. Schuller gab auch zu, daß er intuitiv dem Vorbild seines Onkels folgte, der ein Missionar
der reformierten Kirche in China war. „Das war das Musterbeispiel für alles, was man
später' die Schullersche Marketing-Philosophie der Kirche nennen würde", sagte er.

48. Die meisten Verfechter des Gemeinde-Wachstums-Gedankens halten den Missiologen
Donald McGavran für den Gründungsvater. Siehe McGavrans einflußreiches Buch
über Gemeinde-Wachstum: *Understanding Church Growth* (Grand Rapids: Eerdmans,
1970.) Bei der Gründung der amerikanischen Akademie für Gemeinde-Wachstum wurde gesagt: „Gemeinde-Wachstum ist das Bemühen, die ewigen theologischen Grundsätze des Wortes Gottes in bezug auf die Ausbreitung der Kirche mit den besten
Erkenntnissen der Sozial- und Verhaltensforschung zu verbinden. Dazu benutzen wir
als Ausgangsbasis die grundlegende Arbeiten Donald McGavrans." Siehe C.Peter Wagner, *Church Growth and the Whole Gospel* (San Francisco: Harper and Row, 1981), 75.

49. Schuller nennt in *Your Church Has Real Possibilities* „das Mögliche zu denken" einen
weiteren Grundsatz erfogreichen „Marketings": „Was heißt, das Mögliche zu denken?
Es bedeutet, das richtige Wertesystem zu haben, die richtigen Fragen zu stellen und die
richtigen Entscheidungen zu treffen" (13,25,28).

50. Robert Schuller, *Your Church Has Real Possibilities*, S. 128; und *Self Esteem:The New
Reformation* (Waco, Tex.: Word Books, 1982), S. 12.

51. C. Peter Wagner, *Your Church Can Grow* (Glendale, Calif.: Regal Books, 1976), S. 95.

52. C. Peter Wagner beschreibt in seinem Buch *Church Growth and the Whole Gospel*, wie
Schuller in seiner Gemeinde eine Vielzahl von Diensten errichtet hat: „Er ermutigte zur
Bildung von zwanzig bis dreißig örtlichen Missionsstrukturen, die von der Gemeinde
selbst unabhängig sind, mit eigenen Leitern und eigenem Programm und Budget"
(74,189). Dies Entwickeln verschiedener Unter-Dienste ist ein weiteres Beispiel für
den Schullerschen Einfluß auf Hybels.

53. Die kurze Biographie auf dem Umschlag seines Buches *Self Esteem* behauptet, sein
Fernsehprogramm „The Hour of Power" sei die am meisten gesehene kirchliche Fern-
schsendung.

54. Schuller, Your Church Has Real Possibilities, S. 134.

55. Schuller, *Self Esteem*, S. 12.

56. In seinem Buch *Self Esteem* meint Schuller, es sei ein Fehler, über ein Bibelwort zu predigen, weil solche (ungläubige) Leute überhaupt nicht glauben, daß die Bibel ein heiliges Buch ist. So schreibt er: „Seit Jahrzehnten beobachten wir die Kirchen in Europa
und Amerika, wie sie an Kraft, Mitgliedern und Einfluß abnehmen. Ich glaube, diese
Abnahme liegt daran, daß man die auf Gott zentrierten Ausrichtung höher einschätzt
als das Engagement zur Befriedigung der seelischen und geistlichen Bedürfnisse der
Menschen."

57. Schuller, *Self Esteem*, S. 14-15.

58. Schuller gesteht, daß er viel Kritik von Christen wegstecken mußte: „Es war eine
schmerzliche Sache, die Kristallkathedrale zu bauen ... Christen haben sich über mich
lustig gemacht. Es würde mich nicht überraschen, wenn sich jemand aus diesem Raum
mich kritisiert. Meint ihr, mir macht es Spaß, kritisiert zu werden?" Siehe R. Schuller,
„Possibility Thinking and the Growth of the Church in Japan", *Japan Christian Quart-
erly*, Frühjahr 1988, S. 89.
Schuller argumentiert: „Ich habe heute keine Probleme mit Calvins *Institutio*, aber ich
stimme den Kalvinisten nicht zu." Siehe „Hard Questions for Robert Schuller about Sin
and Selfesteem" and Kenneth Kantzer, „A Theologian Looks at Schuller" in *Christianity Today*, 10. August 1984, S. 14-20; 22-24. Kantzer schreibt: „Robert Schuller ist ein
Evangelist – zuerst, zuletzt und immer. Ich bewundere seinen Eifer, die Ohren der Amerikaner des 20. Jahrhunderts zu erreichen und sie für Christus und das Evangelium zu

gewinnen. Doch ich bin nie wirklich sicher, für welches Evangelium sie gewonnen werden." (S. 22).

Schuller erfuhr Widerstand gegen seine Positives-Denken-Botschaft sogar aus den Reihen seiner eigenen Gemeinde. Garden Grove hatte einen Mitarbeiter, über den Schuller in *Your Church has Real Possibilities* berichtet, daß er „die Gemeinde aufgefordert habe, sich vor einem Mann in acht zu nehmen, der nur Positives Denken und nicht das volle Evangelium von Jesus Christus predigt" (S. 107).

59. Hybels imitierte Schuller bei der Namensgebung. Schuller nannte seine Gemeinde Garden Grove Ortsgemeinde nach dem Ort, in dem sie sich befand. Er wollte, es sollte die Ortskirche sein: „Ich hatte nicht den Eindruck, der Name ‚Reformiert' würde Entkirchlichte in die Kirche bringen" (*Your Church Has Real Possibilities,* S. 160). Auch Hybels nannte seine Kiche Willow Creek Community Church nach dem Willow Creek Theater, in dem ursprünglich die Wochenend-Gottesdienste stattfanden, und weil er ebenfalls wollte, daß es die Ortskirche würde.

60. Es sollte darauf hingewiesen werden, daß nicht alle diese Einflüsse nur von Schuller ausgehen. Wenn es auch logisch erscheint, daß Schullers Betonung der Unterhaltung, um Entkirchlichte zu erreichen, starken Einfluß auf Hybels und Willow Creek hatten, so muß doch festgestellt werden, daß Hybels schon bei seiner Jugendarbeit viel Wert auf Unterhaltung gelegt hatte. Schullers Einfluß war eher einer von vielen.

61. Während der ersten neun Monate der Willow-Creek-Gemeinde gab es bei den Wochenend-Gottesdiensten überhaupt keine Sammlung. Aber die Zeitschrift *Willow Creek* sagt auch, daß „das Wort *Sünde* in der Anfangszeit der Gemeinde beinahe nie zu hören war". (Special Anniversary Issue, S. 38).

62. Schuller, *Self Esteem*, S. 13.

63. Schuller, Your Church Has Real Possibilities, S. 3.

64. Der Soziologe James D. Hunter bezeichnet in *American Evangelicalism* (S. 95) diesen Synkretismus als „psychologischen Christozentrismus". Siehe auch Hunter, *Evangelicalism: The Coming Generation*, S. 71.

65. Cousins, Tomorrow's Church ... Today, S. 67.

66. Hybels, *Seven Wonders*, S. 75-76.

67. Schuller, Your Church Has Real Possibilities, S. 6, 179.

Kapitel 3: Wer ist „unchurched Harry"?

1. Hybels, *Seven Wonders*, S. 17.

2. Mark Mittelberg, „A Critical Analysis of the Epistemological Starting Points in Presuppositional Apologetics" (master's thesis,Trinity Evangelical Divinity Seminary, 1988), S. 104 (im folgenden als „A Critical Analysis" angeführt).

3. Thomas J. Peters und Robert H. Waterman Jr: *In Search of Excellence: Lessons from America's Best-Run Companies* (New York: Harper and Row, 1982), Deutsch: *Auf der Suche nach Spitzenleistungen* (Landsberg, 1988).
Philip Kotler: *Marketing Management: Analysis, Planning, Implementation, and Control*, 6. Auflage (Englewood Cliffs, N.Y.: Prentice Hall, 1988), S. 1, Deutsch: *Marketing Management* (Stuttgart, 1995).

4. Ebd., S. xvii.

5. Steve Rabey: „Will Change Undo the Church?" in *Christianity Today,* 26. Oktober 1992, S. 82.
George Barna: Marketing the Church: What They Never Taught You About Church Growth (Colorado Springs: Navpress, 1988), S. 23.

6. Ebd., S. 7-8.

7. Dazu gehören: Userfriendly Churches; The Power of Vision; The Frog in the Kettle; What Americans believe; Church Marketing: Breaking Ground for the Harvest; The

Barna Report 92-93; Not Willing to Settle; A Portrait of the Baby Bust Generation. Zwei dieser Bücher benutzen sogar Willow-Creek-Begriffe im Titel: „User friendly" und „Vision".

8. Die ursprüngliche Umfrage in Willow Creek und andere dort angewendete Methoden wurden in England diskutiert und als brauchbar für andere Kirchen befunden. Siehe: Martin Robinson: *A World Apart: Creating a Church for the Unchurched* (Tunbridge Wells, England: Monarch, 1992), S. 167, Deutsch: *Willow Creek – Kirche für Entkirchlichte* (Wuppertal, 1994).

9. James Mellado, „Willow Creek Community Church", Punkt 1. Willow Creek verkauft diese Fallstudie in seinem Buchladen.

10. Thomas Stewart, „Turning around the Lord's Business", *Fortune*, 25. September 1989, S. 116-117, 120, 125, 128.
Peter Drucker, „Marketing 101 for a Fast-Changing Decade", *The Wall Street Journal*, 20. November 1990.

11. Andere Dienste in Willow Creek lassen sich ebenfalls von dem Gedanken leiten, eine Zielgruppe zu isolieren. Der Evangelisationsdirektor meint, jeder Gläubige sollte im evangelistischen Sinne „seine eigene Zielgruppe haben, genauso wie wir das für die Gemeinde benötigen". Gemeindeglieder werden angeleitet, „Programme zu entwickeln, um *Zielmärkte* zu erreichen, die denen ähnlich sind, die sie bei einer Gemeindegründung suchen würden". Ein Willow-Creek-Team besteht aus Menschen, die sich über die *Zielgruppe* und über die *Strategie*, sie zu erreichen, einig sind.

12. Kotler, Marketing Management, S. 49, Deutsch: *Marketing Management* (Stuttgart, 1995).

13. Barna, *Marketing the Church*, S. 54-55. In dem Buch, das einen so nachhaltigen Eindruck auf Hybels hatte: *Your Church Has Real Possibilities*, rät Schuller den Pastoren, zu Beginn eine Von-Tür-zu-Tür-Befragung in der Umgebung der Kirche durchzuführen (S. 80).

14. Kotler, Marketing Management, S. 107, Deutsch: *Marketing Management* (Stuttgart, 1995).

15. Dennis Farney, „Inside Hallmark's Love Machine", *The Wall Street Journal*. 14. Februar 1990, S. B1.

16. Hybels, *Mastering Contemporary Preaching* (Portland, Ore.: Multnomah Press, 1989), S. 29.

17. Hybels hört auf seine Mit-Untersucher. Bei einer Klausur kam das Thema Angst wiederholt von verschiedenen Seiten auf den Tisch. Obwohl Hybels die Angst nicht als wesentliches Thema betrachtete, machten ihm die anderen Mut, es aufzunehmen. Er tat es auch, und es wurde im folgenden Jahr eine erfolgreiche Predigtreihe.

18. Ein anderes Beispiel dafür, daß man viel von Untersuchungen hält: Die Abteilung für audio-visuelle Technik hält sich über dreißig Fachzeitschriften, weil man meint, daß dadurch der Sachverstand und die Fähigkeit der Mitglieder gesteigert wird.

19. Kotler, Marketing Management, S. 271, Deutsch: *Marketing Management* (Stuttgart, 1995).
Barna, Marketing the Church, S. 30.

20. George Barna: The Frog in the Kettle: What Christians Need to Know about Life in the Year 2000 (Ventura, Calif.: Regal Books, 1990), Umschlagrückseite.

21. Außer dem Barna-Report über die Gemeinde hat diese noch detaillierte Untersuchungen über die Effektivität der Kleingruppen durchgeführt und dazu die Network-Datenbank bemüht. Strobel: *Inside the Mind*, S. 44, Deutsch: *Beim Wort zum Sonntag schalt' ich ab: Die Welt eines Kirchendistanzierten verstehen* (Wiesbaden: Projektion J, 1995).

22. Nachdem Strobel diesen Abschnitt über die Untersuchungen gelesen hatte, unterstrich er die Bedeutung intuitiver Reaktionen: „Gewöhnlich bestätigen Barnas Untersuchungen und Statistiken nur unsere Beobachtungen und Entscheidungen, die wir schon getroffen hatten. Ich bin in keiner Konferenz gewesen, in der wir Barnas Untersuchungen angeschaut hätten, um danach zu sagen: ‚Hier steht, wie wir handeln sollen.'"

Kapitel 4: „Unchurched Harrys" Profil

1. Barna, Marketing the Church, S. 42.
2. Strobel selbst ist ein früherer „Unchurched Harry" und dient der Gemeinde als klassisches Beispiel für einen Nichtchristen. Sein Buch *Inside the Mind*, Deutsch: *Beim Wort zum Sonntag schalt' ich ab: Die Welt eines Kirchendistanzierten verstehen* (Wiesbaden: Projektion J, 1995) schildert das Denken und Verhalten eines typischen „Unchurched Harry".
3. Strobel meint, Willow Creeks Strategie sähe ganz anders aus, wenn man sich die Baby Busters – die zwischen 1965 und 1983 Geborenen – als Zielgruppe gewählt hätte. Siehe *Inside the Mind*, 45, Deutsch: *Beim Wort zum Sonntag schalt' ich ab: Die Welt eines Kirchendistanzierten verstehen* (Wiesbaden: Projektion J, 1995).
4. Das ist extrem hoch, im Vergleich mit dem (US-) landesweiten Durchschnitt von Personen mit College-Ausbildung, der 21,4% beträgt. Siehe Bureau of the Census, *Statistical Abstract of the United States*, Tabelle 220 (Washington, D.C., 1992), S. 144.
5. Laut Network-Studien wohnen im ganzen 55,4% der Willow-Creek-Mitglieder in folgenden zehn Nachbarorten (sie sind nach Anzahl geordnet): Palatine, Schaumburg, Hoffman Estates, Elgin, Arlington Heights, Barrington, Crystal Lake, Rolling Meadows, Mount Prospect und Des Plaines. Willow Creek liegt mitten in einem Gebiet, wo in den letzten zwanzig Jahren Arbeitsplätze und neue Siedlungen wie Pilze aus der Erde geschossen sind. Schaumburg zum Beispiel ist die größte Vorstadt in den Vereinigten Staaten mit mehr als 190.000 Einwohnern. Siehe: Sue Ellen Christian: „Jobs Help Schaumburg Hit the Big Time among Cities", *Chicago Tribune*, 14. Januar 1994, S. 1.
6. Kotler, Marketing Management, S. 17, Deutsch: *Marketing Management* (Stuttgart, 1995).
7. Evangelisationsleiter Mark Mittelberg meint, die Reaktion auf „Unchurched Harrys" Bedürfnisse entspränge nicht dem Marketing sondern der Heiligen Schrift: „Sie kommt von Gott und aus der Bibel. Wenn sie zufällig mit den Marketing-Gedanken übereinstimmt, um so besser."
   Kotler beschreibt diesen Prozeß in *Marketing Managements*, Deutsch: *Marketing Management* (Stuttgart, 1995) so: „Die Menschen befriedigen ihre Bedürfnisse und Wünsche mit Produkten. Dabei wollen wir all das mit Produkt bezeichnen, was man irgendwie anbieten kann, um jemandes Bedürfnisse oder Wünsche zu befriedigen" (S. 30, 4).
8. Kotler, Marketing Management, S. 405, Deutsch: *Marketing Management* (Stuttgart, 1995).
   „Improve Your Relationship Skills", *Lifelines*, November 1989, S. 2.
9. Barna stimmt damit überein, daß es sich beim Marketing um all das dreht, was die Bedürfnisse der Kunden befriedigt (*Marketing the Church*, S. 51).
10. Ebd., S. 17. Der Ursprung dieser Ideen geht auf Schuller zurück. Er glaubt von seiner Kirche, sie habe „ein Programm und Dienste, die beinahe für jede denkbare Erwartung, die eine kirchenferne Person haben mag und an die Kirche stellen könnte, eingerichtet ist" (Schuller: *Your Church Has Real Possibilities*, S. 29).
11. Strobel, *Inside the Mind*, S. 214, Deutsch: *Beim Wort zum Sonntag schalt' ich ab: Die Welt eines Kirchendistanzierten verstehen* (Wiesbaden: Projektion J, 1995).
12. Kotler, Marketing Management, S.175, Deutsch: *Marketing Management* (Stuttgart, 1995).
13. Robinson, *A World Apart*, S. 6, Deutsch: *Willow Creek – Kirche für Entkirchlichte* (Wuppertal, 1994).
14. Daniel Yankelovich, New Rules: Searching for Self-Fulfillment in a World Turned Upside Down (New York: Random House, 1981), S. 3.
15. Ebd., S. 5.
16. Joseph Veroff, Elizabeth Douvan and Richard A. Kulka, *The Inner American: A Self Portrait from 1957 to 1976* (New York: Basic Books, 1981), S. 141.

17. Ebd., S. 532.
18. George Gallup jr. und Jim Castelli, *The People's Religion: American Faith in the 90's* (New York, Macmillan, 1989), S. 253.
19. Barna, Marketing the Church, S. 51.
20. Veroff, Douvan and Kulka, *The Inner American*, S. 141.
21. Strobel, *Inside the Mind*, S. 72, Deutsch: *Beim Wort zum Sonntag schalt' ich ab: Die Welt eines Kirchendistanzierten verstehen* (Wiesbaden: Projektion J, 1995).
22. Barna: *The Frog in the Kettle*, S. 157. Das Ergebnis dieser wahnsinnigen Hetze ist ein Wunsch nach Komfort. Barna kommt auf Seite 39 zu dem Schluß: „Ein Geschäftsunternehmen, das uns Zeit spart und das Leben angenehmer macht, wird prosperieren." Willow Creek versucht mit seinem Seeker Service, diesem Bedürfnis zu entsprechen, indem es ihn als ein einstündiges Ereignis mit bequemer An- und Abfahrtmöglichkeit konzipiert.
23. Siehe z.B. Robert N. Bellah, William M. Sullivan, Ann Swidler und Steven M. Tipton, *Habits of the Heart: Individualism and Commitment in American Life* (Berkley, Calif.: University of California Press, 1985), S. 297-307; und Peter Berger, *The Sacred Canopy: Elements of a Sociological Theory of Religion* (Garden City, N.Y.: Anchor Books, 1969), S. 81-101.
24. Strobel, *Inside the Mind*, S. 48, Deutsch: *Beim Wort zum Sonntag schalt' ich ab: Die Welt eines Kirchendistanzierten verstehen* (Wiesbaden: Projektion J, 1995).
25. Ebd., S. 69.
26. Nachdem Strobel dies Kapitel gelesen hatte, erwiderte er: „Gott ist König; wir kompromittieren seine Botschaft nicht, um Harry zu gefallen." Mir ging es darum zu zeigen, daß durch die Wahl von „Harry" als Zielgruppe Willow Creeks Methode bestimmt, ihn zu erreichen. In diesem Sinne ist hier auch weiterhin der Slogan angebracht: „Der Kunde ist König."
27. Strobel, *Inside the Mind*, S. 201, Deutsch: *Beim Wort zum Sonntag schalt' ich ab: Die Welt eines Kirchendistanzierten verstehen* (Wiesbaden: Projektion J, 1995).
28. George Gallup jr., Hg., *Religion in America 1990* (Princeton: Religion Research Center), S. 53.
29. Ebd., S. 48.
30. Strobel, *Inside the Mind*, S. 17, Deutsch: *Beim Wort zum Sonntag schalt' ich ab: Die Welt eines Kirchendistanzierten verstehen* (Wiesbaden: Projektion J, 1995).
31. Valeo, „Why Do 12.000 People Listen to This Man Each Week?" *Daily Herald* (18. Mai 1988), Abschnitt 2, S. 2.
32. Strobel, *Inside the Mind*, S. 26, Deutsch: *Beim Wort zum Sonntag schalt' ich ab: Die Welt eines Kirchendistanzierten verstehen* (Wiesbaden: Projektion J, 1995).
33. Ebd., S. 45.
34. Ebd., S. 46.
35. Ebd., S. 56.
36. Strobel sagt dasselbe in *Inside the Mind*, Deutsch: *Beim Wort zum Sonntag schalt' ich ab: Die Welt eines Kirchendistanzierten verstehen* (Wiesbaden: Projektion J, 1995): „Wenn jemand erst einmal damit beginnt, das Christentum unvoreingenommen unter die Lupe zu nehmen, dann ist es nur noch eine Frage der Zeit, bevor diese Person die Wahrheit über Gott entdecken wird. In der Bibel heißt es: ‚Suchet ihr mich, so findet ihr mich. Wenn ihr von ganzem Herzen nach mir fragt, lasse ich mich von euch finden'" (S. 44.)
   Hinter der Idee des „aufrichtigen Suchers" stecken ein philosophisches und ein theologisches Prinzip. Mittelberger meint, daß die Menschen die Fähigkeit haben, „dem Ideal rationaler Objektivität ziemlich erfolgreich nahezukommen". Diese Betonung der freien Entscheidung und der Fähigkeit des Menschen, die Wahrheit zu entdecken, sind Beispiele für Willow Creeks optimistische Arminianische Theologie, wie sie in Mittelbergs *A Critikal Analysis* beschrieben wird, S. 125.

37. Daß man kirchendistanzierten Menschen die Verantwortung auferlegt, ehrlich das Christentum zu untersuchen, ist nicht neu. Der Historiker Nathan Hatch erklärt in seinem *The Democratization of Amerikan Christianity,* wie der Evangelist des 19. Jahrhunderts, Lorenzo Dow, seine Zeit als „ein Zeitalter des Erforschens" bezeichnen konnte, in dem jeder selbst nachzudenken und die Angeklegenheiten selbst in die Hände zu nehmen hatte (S. 37).

38. Die Schritte geistlichen Interesses sind in mancher Hinsicht von dem Marktforscher James Engel erläutert worden. Sie werden in Missionskreisen als „Engelstreppe" bezeichnet. Willow Creeker glauben, daß dieser Prozeß vom Heiligen Geist geleitet wird. So schreibt Strobel in *Inside the Mind,* Deutsch: *Beim Wort zum Sonntag schalt' ich ab: Die Welt eines Kirchendistanzierten verstehen* (Wiesbaden: Projektion J, 1995): „Es ist jedoch wichtig, sich vor Augen zu führen, daß der Prozeß des Suchens selbst eine Antwort auf das Wirken des Heiligen Geistes ist" (S. 43).

39. Alle Mitarbeiter behaupten, die Gesamtheit der „feindseligen", „interessierten" und „ernsthaften Harrys" bilde etwa ein Drittel der Wochenend-Besucher. Doch ergibt eine interne Willow-Creek-Studie, daß 91% der Wochenendbesucher behaupten, eine enge Beziehung zu Gott sei für sie der höchste Wert. Dies würde auf einen weit geringeren Prozentsatz an „Unchurched Harrys" hinweisen. Siehe Robinson: *A World Apart,* S. 81, Deutsch: *Willow Creek – Kirche für Entkirchlichte* (Wuppertal, 1994).

40. Hybels, *Seven Wonders,* S. 59.

41. Barna, Marketing the Church, S. 42.

42. Robinson: *A World Apart,* S. 76, Deutsch: *Willow Creek – Kirche für Entkirchlichte* (Wuppertal, 1994).

43. Strobel, *Inside the Mind,* S. 213, Deutsch: *Beim Wort zum Sonntag schalt' ich ab: Die Welt eines Kirchendistanzierten verstehen* (Wiesbaden: Projektion J, 1995).

Kapitel 5: Das Programm des Wochenendgottesdienstes

1. Hybels erklärt: „Es ist besser, den Kerl anzuheuern, der Samen säen kann, so daß der Same herumfliegt und auf den Boden fällt und du schließlich im Herbst zumindest etwas hast, woran du arbeiten kannst."

2. Siehe „You've Got Nice Curves", *Willow Creek,* Januar/Februar 1991, S. 10.

3. Anthony B. Robinson: „Learning from Willow Creek Church", *Christian Century,* Januar 1991, A. 68.

4. Evangelisationsleiter Mark Mittelberg klärt diesen Punkt: „Es ist ein sicheres Umfeld, in das sie kommen können und eine Botschaft hören, die sie vor eine Herausforderung stellt, Dinge zu tun, die sehr unbequem sind, wie ihre Sünden zu bereuen und Jesus Christus nachzufolgen."

5. Wenn kirchendistanzierte Besucher Kinder mitbringen, können sie diese ins Promiseland bringen; das ist die Kindermission am Wochenende für alle Kinder vom Säugling bis etwa zur fünften Klasse. Sie ist ganz ähnlich wie die Seeker-Services konzipiert, mit Musik, Theater und Botschaften zu den selben Themen wie bei den Erwachsenen. Wöchentlich besuchen fast 2.000 Kinder Promiseland. Siehe *Willow Creek,* Januar/Februar 1990, S. 8.

6. Bevor sie beim Programmteam mitmachen, absolvieren die Sänger das von Beach so bezeichnete „dynamische persönliche Interview".

7. Man sieht historische Parallelen im 19. Jhdt., als Popularmusik die Erneuerungsbewegung dominierte und sich schließlich zur amerikanischen Gospel-Musik entwickelte. Siehe Hatch, *The Democratization of American Christianity,* S. 146ff.

8. Das ist neben der Eingangsmelodie das einzige Mal während des Gottesdienstes, daß die Band Instrumentalmusik spielt.

Kapitel 6: Anwendung der Künste

1. Hybels, *Caution: Christians Under Construction* (Wheaton, Ill.: Scripture Press, 1978), S. 12.
2. Dolan, „Full House at Willow Creek", S. 60.
3. Strobel, *Inside the Mind*, S. 182, Deutsch: *Beim Wort zum Sonntag schalt' ich ab: Die Welt eines Kirchendistanzierten verstehen* (Wiesbaden: Projektion J, 1995).
4. Neil Postman, *Amusing Ourselves to Death* (New York: Penguin, 1985), S. 63, Deutsch: *Wir amüsieren uns zu Tode* (Frankfurt am Main, 1997).
5. Ebd., S. 105.
6. David Wells, *Turning to God* (Grand Rapids: Baker, 1989), S. 140.
7. Strobel, *Inside the Mind*, S. 182, Deutsch: *Beim Wort zum Sonntag schalt' ich ab: Die Welt eines Kirchendistanzierten verstehen* (Wiesbaden: Projektion J, 1995).
8. Obwohl Willow Creek sowohl Multimedia als auch Theater verwendet, wird in der Regel auf Theater zurückgegriffen. In den folgenden Beispielen werde ich den Gebrauch von Theater beschreiben, doch die Dikussion bezieht sich ebenfalls auf die Verwendung von Multimedia.
9. Für Statistiken bezüglich des Fernsehens siehe William Bennett, *The Index of Leading Cultural Indicators* (Wahington: The Heritage Foundation, 1993), S. 21. Diese Bild-Orientierung bringt bestimmte Probleme mit sich. Neil Postmans *Wir amüsieren uns zu Tode* ist eine bekannte Darstellung einiger dieser Gefahren.
10. Theaterleiter Steve Pederson nennt den Zweck des Theaters: „Wir wollen Fragen aufwerfen und nicht Fragen beantworten." Siehe Steve Burdan, „Willow Creek Plays Up Drama to the ‚Seekers'", *Worship Leader*, February/March 1992, S. 11.
11. Dieser Prozeß folgt der Marketingstrategie. Marketingexperten haben festgestellt, daß die Kaufentscheidung in folgenden Schritten abläuft: 1.) Das Defizit wird bewußt, 2.) Informationssuche, 3.) Bewertung der Alternativen, 4.) Kaufentscheidung, 5.) Verhalten nach dem Kauf. Theater wird im Willow Creek-Programm eingesetzt, um ein auslösendes Problem aufzudecken. Das führt häufig zur Diskussion des Problems, wie es um die Beziehung zu Gott steht. Siehe Kotler, *Marketing Management*, S. 194, Deutsch: *Marketing Management* (Stuttgart, 1995).
12. Strobel, *Inside the Mind*, S. 184, Deutsch: *Beim Wort zum Sonntag schalt' ich ab: Die Welt eines Kirchendistanzierten verstehen* (Wiesbaden: Projektion J, 1995).
13. Robert T. Oliver, *The Psychology of Persuasive Speech* (New York: Longmans, Green and Co., 1942), S. 169.
14. Strobel, *Inside the Mind*, S. 183, Deutsch: *Beim Wort zum Sonntag schalt' ich ab: Die Welt eines Kirchendistanzierten verstehen* (Wiesbaden: Projektion J, 1995).
15. Robinson *A World Apart*, S. 78, Deutsch: *Willow Creek – Kirche für Entkirchlichte* (Wuppertal, 1994).
16. John MacArthur, *Ashamed of the Gospel: When the Church becomes Like the World* (Wheaton, Ill.: Crossway Books, 1993), S. xii. Deutsch: *Wenn Salz kraftlos wird: Die Evangelikalen im Zeitalter juckender Ohren* (Bielefeld: CLV, 1996). MacArthur bezieht sich nie direkt oder namentlich auf Hybels oder Willow Creek. Doch führt er einen „führenden Pastor in der Bewegung" an, was tatsächlich ein von Hybels veröffentlichter Kommentar ist, sowie Willow Creek beschreibende Artikel (S. 126, 50). MacArthur verdammt Hybels Vorgehensweise von ganzem Herzen: „Es fällt schwer, sich eine Missionsphilosophie vorzustellen, die mit dem Wort Gottes mehr in Widerspruch steht, als diese" (S. 126). Ich beschreibe MacArthur als Fundamentalisten, weil er Mitglied der „Independent Fundamental Churches of America" ist.
17. Robinson, *A World Apart*, S. 65, Deutsch: *Willow Creek – Kirche für Entkirchlichte* (Wuppertal, 1994).
    Maudlin and Gilbreath, *Selling Out the House of God?"*, S. 20-25.
18. Diese Uneinigkeit ist eine rhetorische wie auch beträchtliche. Viele Evangelikale glau-

ben nicht, die Gemeinde solle ein Ort der „Unterhaltung" sein. Dieses Etikett erklärt zum Teil Robert Schullers mangelnde Glaubwürdigkeit unter vielen Evangelikalen. Ken Kantzer charakterisiert Schullers Sonntagmorgen-Gottesdienst: „Das ist Showbusiness in Reinform." Siehe Kantzer, „A Theologian Looks at Schuller", S. 24. *The Compact Edition of the Oxford English Dictionary*, Bd. 1 (New York: Oxford University Press, 1971), S. 214.

19. Cousins erklärt in *Tomorrows Church ... Today*, wie diese Philosophie in Son City funktionierte: „Der nichtchristliche Student ... wird dazu gebracht, sich mit den Zielen des Teams wohlzufühlen, Musik, Theater und Medien. Jeder dieser Schritte ist für den Studenten nicht allein schmerzlos, sonder äußerst erfreulich."

20. Manche befürworten eindeutig die Verwendung von Unterhaltung. Robert Schuller gibt in *Your Church Has Real Possibilities* den Rat: „Laßt euren Sonntagsgottesdienst auf Inspiration, *Unterhaltung* und eine grundsätzliche Hingabe an Jesus Christus abzielen ... in gesunder Unterhaltung liegt ein enormer therapeutischer und spiritueller Wert" (S. 135-136, Hervorhebungen zugefügt). In gleicher Weise predigt Barna in *The Frog in the Kettle*: „Die Gemeindeprogramme sollten mehr *Unterhaltung*-orientierte Aktivitäten beinhalten" (S. 93, Hervorhebungen zugefügt).

Kapitel 7: Grundsätze, die zur Überzeugung führen sollen

1. Strobel, *Inside the Mind*, S. 73, Deutsch: *Beim Wort zum Sonntag schalt' ich ab: Die Welt eines Kirchendistanzierten verstehen* (Wiesbaden: Projektion J, 1995).
2. In mehr als zwei Jahren, während der ich die Wochenend- und Wochentagsgottesdienste besuchte, sah ich nur einen einzigen Produktionsfehler: Am 20. Juni 1990 sangen die Sänger auf der Bühne eine Reihe von Versen, während die Leute vom audio-visuellen Team eine etwas andere Version auf den Videobildschirmen zeigten.
3. Soziologen haben in der modernen Kultur einen Trend zur Anonymität festgestellt. Mit der Verstädterung wuchs auch die Anonymität. Deshalb sollte es nicht überraschen, daß Willow Creek versucht, diesen Trend in den Seeker-Services zu imitieren. Siehe Hunter, *Making Sense of Modern Times: Peter L. Berger and the Vision of Interpretive Sociology*, S. 97ff.
4. Strobel, *Inside the Mind*, S. 170-171, Deutsch: *Beim Wort zum Sonntag schalt' ich ab: Die Welt eines Kirchendistanzierten verstehen* (Wiesbaden: Projektion J, 1995).
5. Tom Valeo, „The Drama of Willow Creek", *Daily Herald* (19. Mai 1988), S. 9.
6. Strobel, *Inside the Mind*, S. 172, Deutsch: *Beim Wort zum Sonntag schalt' ich ab: Die Welt eines Kirchendistanzierten verstehen* (Wiesbaden: Projektion J, 1995).
7. „Size Wise", *Willow Creek*, Januar/Februar 1991, S. 6.
8. Strobel, *Inside the Mind*, S. 173, Deutsch: *Beim Wort zum Sonntag schalt' ich ab: Die Welt eines Kirchendistanzierten verstehen* (Wiesbaden: Projektion J, 1995).
9. Hybels, *Mastering Contemporary Preaching*, S. 39.
10. Valeo, „The Drama of Willow Creek".
11. Der Ausdruck „prä-evangelistisch" wurde nur von einigen wenigen Mitarbeitern gebraucht. Normalerweise bestand die Terminologie zur Beschreibung dieser Prä-Evangelisation aus Begriffen wie „Prozeß", „geistliche Reise", „geistlicher Suchender", „Straßensperre" und „Neuverständnis Gottes".
12. Aristoteles, *The Basic Works of Aristoteles*, Hg. Rechard McKeon (New York: Random House, 1941), S. 1327, 1329-1330.
13. Gerald R. Miller, Hg., *Persuasion: New Directions in Theory and Research* (Beverly Hills: Sage Publications, 1980), S. 15.
14. Margot Hornblower, „Advertising Spoken Here", *Time*, 15. Juli 1991, S. 71.
15. Richard Corliss, „Peter Pan Speaks", *Time*, 22. Februar 1993, S. 67.
16. *Time*, 5. August 1991, S. 17.

17. Siehe Veroff, Douvan und Kulka, *The Inner American,*und Philip Rieff, *The Feeling Intellect* (Chicago: University of Chicago Press, 1990).
18. Hybels, *Honest to God*, S. 9, Deutsch: *Der neue Weg* (Neuhausen, Hänssler Verlag, 1991).
19. Ken Briggs, „How does God Speak to People Today?" *Emerging Trends* 9, no. 2:1. Es sollte angemerkt werden, daß Willow Creek nicht einzigartig ist in seinen Versuchen, die Gefühlen von potentiellen Bekehrten zu beeinflussen. Seit Generationen haben Evangelikale versucht, bei ihren Bekehrungsbemühungen die Emotionen des Publikums zu beeinflussen. Der Historiker Nathan Hatch berichtet, daß das öffentliche Predigen im 19. Jhdt. „eher persönlich war als abstrakt. Jene Predigten waren am wirksamsten, in denen der Prediger seine tiefsten Gefühle zum Ausdruck brachte. Immer wieder wurden Prediger von ihren Emotionen überwältigt und weinten und schrien laut. Für die Zuhörer war es schwierig, bei dieser Art von Predigt auf Distanz zu bleiben" (Hatch, *The Democratization of American Christianity*, S. 137, 105).
    Auch Musik wurde bei diesen Bemühungen eingesetzt, um die Leute zur Bekehrung zu überreden. D.L. Moody erschien bei seinen Evangelisationen noch nicht einmal auf der Bühne, bevor seine Mitarbeiter nicht die Menge vorbereitet hatten. Der Historiker David Wells schreibt in *Turning to God:* „Die Leute wurden durch populäre Lieder mit einer einfachen evangelistischen Botschaft emotional aufgewärmt, bis ihre Erwartung des Hauptpredigers auf einem Höhepunkt war" (S. 93).
20. Hybels sagte an einem Punkt, daß „Momente nicht etwas sind, was du manipulieren oder fabrizieren könntest". Creeker glauben anscheinend, daß die Momente vom Programmteam erzeugt, aber vom Heiligen Geist vervollkommnet würden. Das Mitarbeiterteam sagt manchmal, daß sie bisweilen nicht einmal wissen, daß ein Moment auftreten werde. Doch das Programmteam versucht, diese emotionalen Momente zu erzeugen. Ein Autor der Theaterstücke stellt das Ziel des Programms klar: „Wir machen keinen Hehl aus dem, was wir tun. Wir wollen diesen Moment erzeugen. Wir zielen wirklich darauf ab, was wir ‚Moment' nennen, der Moment des Gefühls."
21. Strobel, *Inside the Mind*, S. 59, Deutsch: *Beim Wort zum Sonntag schalt' ich ab: Die Welt eines Kirchendistanzierten verstehen* (Wiesbaden: Projektion J, 1995).
22. Nachdem Nancy Beach dieses Kapitel gelesen hatte, schrieb sie, dieses Zitat „höre sich so manipulativ an". Sie betonte, daß das Programmteam auf keinen Fall „jemandem die von Gott gegebene Freiheit der Entscheidung wegnehmen will".
23. Oliver, The Psychology of Persuasive Speech, S. 170.
24. Ebd.
25. Department of the Army, Headquarters, *Intelligence Interrogation*, FM 34-52.

Kapitel 8: Die Glaubwürdigkeit des Predigers

1. Hybels listet „effektives Predigen" als zweites übertragbares Konzept von Willow Creeks Leiterschaftkonferenz auf.
2. Oliver, The Psychology of Persuasive Speech, S. 215.
3. Hybels sagt in *Christians in the Marketplace*, Deutsch: *Machen Sie mehr aus Ihrem Job* (Wiesbaden, Projektion J, 1996), wie die Glaubwürdigkeit am Arbeitsplatz erzeugt werden kann: „Was sind die verschiedenen Fäden, die zusammengewoben werden müssen, um den Stoff der Glaubwürdigkeit herzustellen? Auf den nächsten paar Seiten möchte ich vier Aspekte diskutieren, von denen ich glaube, daß sie grundlegend und notwendig sind für das Erlangen eines Gott ehrenden Levels an Glaubwürdigkeit: eine angemessene Haltung gegenüber Autorität, eine Bereitschaft, Initiative zu zeigen, einen Hang zum Perfektionismus und eine gute Ehrlichkeit der alten Schule" (S. 21).
    Hybels scheint bezüglich der Wichtigkeit von Glaubwürdigkeit von dem Nachdruck der Geschäftswelt auf diese Eigenschaft beeinflußt worden zu sein. Ein Artikel über das

Leben leitender Angestellter berichtete, daß auf die Frage: „Was ist das Schlimmste, das in ihrem Geschäft passieren könnte?" die meisten Manager der Baby-Boomer-Generation antworteten: „Meine Glaubwürdigkeit zu verlieren". Siehe Walter Kiechel, „The Workaholic Generation", *Fortune*, 10. April 1989, S. 58.

4. Oskamp, *Attitudes and Opinions*, 2. Auflage (Englewoods Cliffs, N.J.: Prentice Hall, 1977), S. 217.

5. Ebd.

6. Oliver, *The Psychology of Persuasive Speech*, unterstreicht die Wichtigkeit der Authentizität bei der überzeugenden Rede: „Solange sie [die emotionalen Appelle] kein aufrichtiger Ausdruck der eigenen Gefühle des Redners sind, werden sie nicht wahrhaftig klingen" (S. 91).

7. Strobel, *Inside the Mind*, S. 184, Deutsch: *Beim Wort zum Sonntag schalt' ich ab: Die Welt eines Kirchendistanzierten verstehen* (Wiesbaden: Projektion J, 1995).

8. Die Besucher werden außerdem dadurch ermutigt, daß Hybels nicht auf einem anderen geistlichen Level lebt. Hybels erklärt: „Eine gute Führungsperson sollte zu seinen Leuten sagen können: ‚Ringe mit dieser Wahrheit, so wie ich mit ihr ringe' ... Ich lasse die Leute mein Versagen zur Genüge sehen, weil ich gelernt habe, daß sie einen großen Segen davontragen, wenn sie sehen, daß ihr Pastor gesündigt hat."

9. Hybels, *Mastering Contemporary Preaching*, S. 30, und *Christians in a Sex-Crazed Culture*, S. 121, Deutsch: *Lust und Frust* (Wuppertal, Brockhaus Verlag, 1995).

10. Hybels, *Mastering Contemporary Preaching*, S. 30.

11. Ebd.

12. Zum Beispiel interviewte ich jemanden, der Hybels bei drei verschiedenen Gelegenheiten hatte predigen hören, bevor er nach Willow Creek kam. Bei jeder dieser Gelegenheiten benutzte Hybels Lukas 15 als seinen Text. Hybels skizziert Jesu Botschaft in Lukas 15: „Geht den Verlorenen nach, geht ihnen nach. Kneift nicht vor ihnen ... sie sind Gott wichtig. Sie sollten uns wichtig sein."
Hybels, *Mastering Contemporary Preaching*, S. 30.

Kapitel 9: Sich mit „Harry" identifizieren

1. Oliver, The Psychology of Persuasive Speach, S. 173.
Hybels glaubt, er folge Jesu Vorbild, sich mit denen zu identifizieren, die er zu lieben versucht. Er beschreibt Jesu Dienst als „göttliche Liebe, unglaubliche Liebe, die jeden Stein umdreht und jede Gelegenheit ausschöpft, uns Zuneigung mitzuteilen, indem er die totale Bereitschaft zeigt, sich mit uns in jedem Aspekt unserer Erfahrung zu *identifizieren*" (Hervorhebungen zugefügt).

2. Steve Burdan, unveröffentliche Schrift, „Resources for the Christian Year", S. 1.

3. Andere Beispiele verbaler Identifikation sind *wir sind* (480 mal) und *wir haben* (122 mal). Hybels bezieht sich dabei offensichtlich in einigen Fällen auf sich selbst und seine Mitarbeiter, seine Familie und Freunde usw.

4. Strobel erklärt in *Inside the Mind*, Deutsch: *Beim Wort zum Sonntag schalt' ich ab: Die Welt eines Kirchendistanzierten verstehen* (Wiesbaden: Projektion J, 1995) seine Perspektive als „unchurched Harry": „Die Karrikatur, die ich mir von Pastoren in meinem Kopf gemacht hatte, sah so aus: Sie waren akademische Bücherwürmer, die in Elfenbeintürmen weit weg von der wirklichen Welt lebten" (S. 217).

5. In der Vergangenheit hat Hybels über typische theologische Seminare oder Pastoren seine Witze gemacht. Er beschrieb die Männer auf seinem College, die aufs Seminar gehen wollten: „Sie trugen immer noch ihre glänzenden schwarzenden Polysterhemden ... Auf ganz natürliche Weise bekam ich die Vorstellung, wenn jemand ein ernsthafter Christ sein wollte, müsse er ein echter ‚Loser' sein." Siehe Hybels, *Caution: Christians Under Construction*, S. 11.

6. Ebd., S. 12. Ein Creeker erklärte: „Willow Creek hat mir gezeigt, daß Christsein nicht zu einer anderen Welt gehört. In so vielen Gemeinden nimmt man Christus an und fällt dann aus der Wirklichkeit heraus. Man wird zu Bewohnern einer anderen Welt. Doch in Willow Creek ist die Botschaft, daß Gott in die wirkliche Welt paßt" (Russ Daughtry, „Serious Rock n' Roll", *Willow Creek,* Januar/Februar 1990, S. 31).

7. Peter Berger, „Consciousness Raising: To Whom – By Whom?" *Social Policy,* September/Oktober 1974, S. 38-42.

8. Cousins, Tomorrow's Church ... Today, S. 67.

9. Ebd.

10. Strobel, *Inside the Mind,* S. 216, Deutsch: *Beim Wort zum Sonntag schalt' ich ab: Die Welt eines Kirchendistanzierten verstehen* (Wiesbaden: Projektion J, 1995).

11. Ebd., S. 217.

12. Computer-Konkordanz. Der seltene Gebrauch der Wörter *Evangelium* und *Evangelisation* steht im Kontrast zum verbreiteten Gebrauch des Wortes *spirituell* (engl. *spiritual,* deutsch auch *geistlich*) (198 mal im Laufe des Jahres).

13. Strobel, *Inside the Mind,* S. 218, Deutsch: *Beim Wort zum Sonntag schalt' ich ab: Die Welt eines Kirchendistanzierten verstehen* (Wiesbaden: Projektion J, 1995).

14. Strobel behauptet in *Inside the Mind:* „Christen müssen heutzutage strategisch durchdenken, wie sich das Evangelium in einer Umgebung präsentieren läßt, daß es jene Menschen anzieht, die es brauchen." Er argumentiert: „Christen können die Sprache der Menschen, die sich erreichen wollen, so lange nicht sprechen, bis sie wissen, welche ihre Zielgruppe ist" (S. 161, 162).
Creeker berichten, daß sie auf Personen stoßen, die nur wenig vom Christentum wissen. Mittelberg erinnert sich an Gespräche mit „Harrys": „Ich wollte ganz lässig sagen: ‚Ich bin sicher, daß du Johannes 3,16 kennst', und manchmal sahen sie mich dabei mit verstörtem Blick an und dachten: *Was ist das denn? Ist das ein Geheimcode? Wovon redest du?* Ich sagte dann: ‚Johannes – das ist ein Buch der Bibel. Er war einer der Jünger, und drei ist das Kapitel."

15. Mittelberg sagt dasselbe wie Hybels und glaubt, es sei notwendig, „uns selbst von christlichen Klischees zu befreien, selbst wenn sie biblisch und uns wichtig sind".

16. Cousins sagt: „Harry muß die Geschichte vom Verlorenen Sohn so hören, daß er sagt: ‚Aha, ich verstehe'."

17. Der theologische Sprachgebrauch belief sich auf *eschatologisch* (dreimal), *Theologie* (zweimal), *allwissend* (sechsmal), *omnipräsent* (einmal) und *omnipotent* (viermal) während meines Studienjahres. Nachdem er einen Vorabdruck dieses Kapitels gelesen hatte, kommentierte Mark Mittelberg: „Wir spülen nicht theologische Wahrheiten weg – wir lehren sie nur auf einem so grundlegenden Level und in Begriffen, die jeder Anfänger verstehen kann."

18. Strobel, *Inside The Mind,* S. 161, 234, Deutsch: *Beim Wort zum Sonntag schalt' ich ab: Die Welt eines Kirchendistanzierten verstehen* (Wiesbaden: Projektion J, 1995). Das ist eine der wenigen Bezugnahmen auf einen Theologen, die ich während meines Studienjahres hörte. Millard Erickson, *Christian Theology* (Grand Rapids: Baker, 1983), S. 113.

19. Hatch, The Democratization of American Christianity, S. 133.

20. Der Herausgeber des Willow Creek-Magazins geht noch mehr ins Detail: „Als Christen tendieren wir dazu, unseren Glauben zu verkomplizieren. Wir gebrauchen Worte wie ‚Heiligung' oder ‚stellvertretende Erlösung' anstelle von ‚Christus starb für uns'" (Rob Wilkins, „The Profound Simplicity of Love", *Willow Creek,* Januar/Februar 1991, S. 3).

21. Strobel, *Inside The Mind,* S. 218, Deutsch: *Beim Wort zum Sonntag schalt' ich ab: Die Welt eines Kirchendistanzierten verstehen* (Wiesbaden: Projektion J, 1995).

22. J.I. Packer, „Humor Is a Funny Thing", *Christianity Today,* 22. Oktober 1990, S. 15.

23. Diese Aussage ist in Wirklichkeit Wuthnows Zusammenfassung von McLuhans grund-

sätzlichem Argument. Siehe Wuthnow, *The Struggle for America's Soul: Evangelicals, Liberals, and Secularism* (Grand Rapids: Eerdmans, 1989), S. 137.

24. Rochard Zoglin, „And What a Reign It Was", *Time*, 16. März 1992, S. 64.

25. Interview mit Bonnie Angelo und Jordan Bonfante, „Thanks for the Memory", *Time*, 11. Juni 1990, S. 10.

26. McKeon, *The Basic Works of Aristotle*, S. 1329-1330.

Kapitel 10: Das Christentum hat etwas zu sagen

1. Hybels, *Mastering Contemporary Preaching*, S. 32.

2. Ebd., S. 31.

3. Strobel, *Inside The Mind*, S. 66, Deutsch: *Beim Wort zum Sonntag schalt' ich ab: Die Welt eines Kirchendistanzierten verstehen* (Wiesbaden: Projektion J, 1995). Barna, *The Frog in the Kettle*, S. 146.

4. Diese Unterschiede in den Besucherzahlen hängen auch zum Teil von den Rednern ab.

5. Hybels verbringt oft Stunden allein mit der Titelwahl des Vortrags oder einer Reihe, um sein Publikum anzuziehen und bei der Stange zu halten. In *Mastering Contemporary Preaching* erklärt Hybels, wie eine Menge von Zuhörern eine Vortragsreihe über „Was macht einen Mann zu einem Mann?" und „Was macht eine Frau zu einer Frau?" besuchte. Als diesem eine Reihe über „Ein Portrait Jesu" folgte, gingen die Besucherzahlen rapide zurück (S. 31). Wiederum folgt Hybels seinem Meister Schuller, der sagt: „Das Geheimnis einer wachsenden Gemeinde ist so einfach – finde die Wunde und heile sie!" Schuller wirft in *Your Church Has Real Possibilities* das Argument auf, daß Wochenendbotschaften hilfreich und inspirierend und nicht kontrovers sein sollten (S. 4, 130).

6. Die tatsächliche Häufigkeit des Vorkommens der Wörter ist: *Bedürfnis* (386), *Bedürfnisse* (66), *fühlen* (246), *Gefühle* (63), *Problem* (85), *Gefühl* (75), *wünschen* (103), *Schmerz* (128), *zerbrochen* (29), *Enttäuschung* (26), *Hoffnung* (64).

7. Hybels Vortragsreihe über Beziehungen „Fit zum Binden" zog im Durchschnitt 13.618 Zuhörer an, während seine Vortragsreihe über Satanismus, die der Beziehungs-Reihe unmittelbar vorausging, im Schnitt nur von 12.467 Zuhörern besucht wurde.

8. Barna, *The Frog in the Kettle*, S. 156.

9. Strobel, *Inside The Mind*, S. 50, Deutsch: *Beim Wort zum Sonntag schalt' ich ab: Die Welt eines Kirchendistanzierten verstehen* (Wiesbaden: Projektion J, 1995).

10. Die Programmankündigung für das Thema der folgenden Woche lautete: „Die Musik, das Theaterstück und die Botschaft von Bill Hybels wird ausgerichtet sein auf die *Erfüllung*, die man in einer persönlichen Beziehung zu Jesus Christus erlangen kann" (Hervorhebungen zugefügt).

11. Dieses Thema des persönlichen Erfülltseins entdeckte ich in Willow Creek auf allen Ebenen. Die Willkommensbroschüre der Gemeinde für Neulinge beschreibt den Seelsorgedienst von Willow Creek: „Das Seelsorgezentrum steht denen zur Verfügung, die spüren, daß Konflikte, emotionaler Schmerz oder ungelöste Fragen sie daran hindern, die von Christus angebotene Freiheit und *Erfüllung* zu erfahren" (Hervorhebungen zugefügt).

12. Bill Hybels, „The Changing American Dream", Rede vom 29. April 1989. Veröffentlicht in „A Day in the Life", *Willow Creek*, Special Anniversary Issue, S. 21.

13. Hybels, *Caution*, S. 55.

14. Ebd., S. 7

15. Ebd., S. 5

16. „A Day in the Life", S. 7.

17. Hybels geht auf denselben Punkt ein: „Sie befürchten, er [Christus] möchte in ihr Leben einbrechen und sie der Lebensfreude berauben. Sie sind sicher, er möchte sie in ihrer Freiheit beschneiden und ihnen ein Leben in Gefangenschaft verpassen. Sie ver-

muten, er möchte ihre Erfüllung wegnehmen und allem Abenteuer ein Ende bereiten." Siehe Hybels, *Who You Are When No One's Looking: Choosing Consistency, Resisting Compromise* (Downers Grove, Ill.: InterVarsity, 1987), S. 104, Deutsch: *Entfalte deinen Charakter* (Wiesbaden, Projektion J, 1997).

18. Ein Bekehrter von Willow Creek erklärte: „Ich entdeckte neue Erfüllung, neue Zufriedenheit und einen Sinn für Abenteuer, die alles in den Schatten stellten, was ich jemals zuvor erfahren habe." Zur Zusammenfassung der Idee des Christseins als erfüllendes Abenteuer gebraucht Willow Creek den Ausdruck „Der Reiz, der erfüllt" („The thrill that fulfills").

19. Hybels' Nachdruck auf Erfüllung durch Dienst stammt zum Teil aus seiner Beziehung zu Gilbert Bilezikian. Hybels erinnert sich: „Der erste, der mir diese radikale Information aufzeigte, war einer meiner Collegeprofessoren. ‚Erfüllung', pflegte er in schwerem französischem Akzent zu sagen, ‚wird man niemals durch Selbstzufriedenheit erlangen ... Wenn du wirklich leben willst, dann übergib dich an Gott und an andere'." Siehe Bill Hybels und Rob Wilkins, *Descending into Greatness* (Grand Rapids: Zondervan, 1993), S. 98, Deutsch: *Hinabsteigen zur Größe* (Wiesbaden, ONE WAY VERLAG, 1993).

21. Hybels ermahnt die Zuhörer, sich zu beteiligen und in der Gemeinde zu dienen: „Die Leute, die das tun, sind jene, die von Gott einen vielfachen Segen zurückbekommen."

Kapitel 11: „Christianity 101"

1. Strobel, *Inside the Mind*, S. 56-57, Deutsch: *Beim Wort zum Sonntag schalt' ich ab: Die Welt eines Kirchendistanzierten verstehen* (Wiesbaden: Projektion J, 1995).
Tom Valeo, „Why Do 12.000 People Listen?", S. 4

2. Kotler, *Marketing Management*, S. 5, Deutsch: *Marketing Management* (Stuttgart, 1995).

3. Cousins, *Mastering Church Management*, S. 79.

4. Epheser 4,26 („Laßt die Sonne nicht über eurem Zorn untergehen") wurde in Hybels Reihe über Zorn viermal verwendet.

5. Johannes 8,10-11 sagt tatsächlich. „Frau, wo sind jene? Hat niemand dich verurteilt? Sie aber sprach: Niemand, Herr. Jesus aber sprach zu ihr: So verurteile auch ich dich nicht; gehe hin und sündige nicht mehr."

6. Hybels, *Mastering Contemporary Preaching*, S. 36.

7. Elizabeth Taylor, „Taking Care of Herself", *Time*, 10. Dezember 1990, S. 106. Ich sollte anmerken, daß diese psychologische Weltanschauung nicht monolitisch oder statisch ist. Sie ist vielmehr ein Mischmasch aus oftmals miteinander in Konflikt stehenden und konkurrierenden Ideen und Methoden.

8. Zum Hintergrund siehe Robert Wuthnow, *Meaning and Moral Order Explorations in Cultural Analysis* (Berkley: Univerisity of California Press, 1987), S. 195-202.

9. Richard Brookhiser, „Does Familiarity Breed Contentment?" *Time*, 7. Dezember 1992.

10. Elizabeth Taylor, „Al's O.K., You're O.K.", *Time*, 12. Oktober 1992, S. 60.

11. Eines der Hauptziele der ursprünglichen Son City-Gruppe war, für die Studenten „ein positives Selbstbild aufzubauen". Siehe Don Cousins, *Tomorrow's Church ... Today*, S. 22.

Kapitel 12: Christentum ist wahr

1. Strobel, *Inside the Mind*, S. 57-58, Deutsch: *Beim Wort zum Sonntag schalt' ich ab: Die Welt eines Kirchendistanzierten verstehen* (Wiesbaden: Projektion J, 1995).

2. Ebd., S. 58.

3. Ebd., S. 56.
4. Allan Bloom, *The Closing of the American Mind* (New York: Simon and Schuster, 1987), S. 25.
5. Evangelisationsleiter Mark Mittelberg erklärt in „A Critical Analysis": „Die Aufgabe der christlichen Apologetik ist es, auf der Grundlage gemeinsamer Voraussetzungen und Überzeugungen auf eine Weise zu argumentieren, die die biblische Lehre unterstützt und anti-christliche Schlüsse und Theorien herausfordert" (S. 126).
6. Strobel definiert Apologetik als „Gebrauch von Beweisen und des Verstandes, um den Glauben zu verteidigen", *Inside the Mind*, S. 43, Deutsch: *Beim Wort zum Sonntag schalt' ich ab: Die Welt eines Kirchendistanzierten verstehen* (Wiesbaden: Projektion J, 1995).
   Mittelberg, „A Critical Analysis", S. 127.
7. Ebd., S. 91.
8. Ebd.
9. Peter Berger und Hansfried Kellner, *Sociology Reinterpreted: An Essay on Method and Vocation* (Garden City, N.Y.: Anchor Press, 1981), S. 148.
10. Gallup berichtet in *The People's Religion*, daß 44% der Kirchendistanzierten angeben, eine Hingabe an Christus vollzogen zu haben, 72% sagen, daß Jesus Gott oder der Sohn Gottes ist, und 63% glauben, daß die Bibel das inspirierte Wort Gottes ist (S. 140-141).
11. Strobels sagt in *Inside the Mind*, Deutsch: *Beim Wort zum Sonntag schalt' ich ab: Die Welt eines Kirchendistanzierten verstehen* (Wiesbaden: Projektion J, 1995): „Harry versteht den christlichen Glauben nicht, aber er weiß auch nichts über das, was er zu glauben behauptet" (S. 51.)
12. Peter Berger und Thomas Luckman, *The Social Construction of Reality* (Garden City, N.Y.: Doubleday, 1986), S. 102.
13. Mittelberg, „A Critical Analysis", S. 126.
14. Strobel, *Inside the Mind*, S. 104, Deutsch: *Beim Wort zum Sonntag schalt' ich ab: Die Welt eines Kirchendistanzierten verstehen* (Wiesbaden: Projektion J, 1995).
   Mittelberg, „A Critical Analysis", S. 126.
15. Strobel, *Inside the Mind*, S. 96, Deutsch: *Beim Wort zum Sonntag schalt' ich ab: Die Welt eines Kirchendistanzierten verstehen* (Wiesbaden: Projektion J, 1995).
16. Ebd., S. 51.
17. Apologetik (die sachlich-argumentative und logische Verteidigung des christlichen Glaubens) diente zwei Jahrtausende als spezieller Zweig des christlichen Denkens (sieh Abery Dulles, *A History of Apologetics* [Philadelphia: Westminster Press, 1971]). In der heutigen Zeit ist die christliche Disziplin der Apologetik in Verruf geraten. Karl Barth, einer der einflußreichsten Theologen des 20. Jhdts., lehnte Apologetik als Übung in schlechtem Glauben grundsätzlich ab. Unter dem Einfluß des modernen Relativismus betrachten auch viele andere Apologetik als provinzlerisches und sinnloses Unterfangen. Die Evangelikalen, die sich der Wahrhaftigkeit des christlichen Glaubens verpflichtet wissen, haben weiterhin ein starkes Interesse an Apologetik.
18. Hybels argumentiert, daß „die Wurzeln, die deinem Glauben Halt geben, viel mehr mit deinem Verstand als mit deinen Gefühlen zu tun haben. Die Wurzeln, die deinen Glauben auch in der sengenden Mittagshitze am Leben halten, sind die Wurzeln des scharfen Verstandes."
19. Strobel beschreibt dieses falsche Verständnis von Glauben: „Das ist wie mit dem kleinen Mädchen in der Sonntagsschule, die einmal aufgefordert wurde, Glauben zu definieren. Sie sagte, nun, Glaube ist an etwas zu glauben, auch wenn du im Herzen weißt, daß es nicht wahr sein kann."
20. Strobel, *Inside the Mind*, S. 54, Deutsch: *Beim Wort zum Sonntag schalt' ich ab: Die Welt eines Kirchendistanzierten verstehen* (Wiesbaden: Projektion J, 1995).
21. Mittelberg, „A Critical Analysis", S. 93.
22. Strobel, *Inside the Mind*, S. 96, Deutsch: *Beim Wort zum Sonntag schalt' ich ab: Die*

Welt eines Kirchendistanzierten verstehen (Wiesbaden: Projektion J, 1995).
Hybels, *Mastering Contemporary Preaching*, S. 34.

23. Strobel, *Inside the Mind*, S. 41, Deutsch: *Beim Wort zum Sonntag schalt' ich ab: Die Welt eines Kirchendistanzierten verstehen* (Wiesbaden: Projektion J, 1995). An anderer Stelle in *Inside the Mind*, Deutsch: *Beim Wort zum Sonntag schalt' ich ab: Die Welt eines Kirchendistanzierten verstehen* (Wiesbaden: Projektion J, 1995) anerkennt Strobel dieses Denken weitgehend: „Ich wurde sehr stark von Josh McDowell beeinflußt, dessen Bücher ‚Jesus, Brennpunkt der Geschichte‘ und ‚Die Bibel im Test‘ (Stuttgart, 1996) mir als erstes die Augen für die Möglichkeit eröffneten, daß man einen vom intellektuellen Standpunkt aus vertretbaren Glauben haben konnte" (S. 30).

Kapitel 13: Das Willow Creek-Evangelium

1. Bilezikian, „The Great Shutout".
2. Der Evangelikalismus faßt das Evangelium auf verschiedenste Weise zusammen. Bereits seit der Reformation bestanden bei den Protestanten Unterschiede in der formalen Definition des Evangeliums (siehe Well, *Turning to God*, S. 88-89). J.I. Packer argumentiert z.B. in *A Quest for Godliness* (Wheaton, Ill.: Crossway Books, 1990), Deutsch: *Gott erkennen* (Bad Liebenzell, 1994), daß die Puritaner das Evanglium definierten als „die gesamte Lehre des Gnadenbundes ... das Evangelium zu predigen, bedeutete für sie nichts anderes, als die ganzen Erlösungsplan zu erklären" (S. 16).
3. Cousins, *Mastering Church Management*, S. 80.
4. Nachdem er diese Passage gelesen hatte, kommentierte Mittelberg: „Das scheint mir zu sehr vereinfacht. Die Leute werden zurückgehalten von ihrer Vorliebe für und ihre Verstrickung in Sünde, ihre geistliche Blindheit und Verwirrung, von negativen Einflüssen des Gruppenzwangs und der säkularen Kultur, von ihrem Stolz und durch das Wirken Satans. Doch letztlich wird Gott den Weg für sie frei machen, wenn sie auf das Ziehen des Heiligen Geistes reagieren und ihn und seine Wahrheit suchen."
5. Hybels, *Christians in the Marketplace,* (Wheaton, Ill.: Scripture Press, 1982), S. 9., Deutsch: *Machen Sie mehr aus Ihrem Job* (Wiesbaden, Projektion J, 1996).
6. Hybels argumentiert, „Gottes Heiligkeit ist das allerbeste Argument gegen die Ansicht, die Vorstellung von der Existenz Gottes sei von Menschen erfunden worden. Menschen könnten vielleicht die Vorstellung heraufbeschworen haben, daß es irgendwo im Univerum eine liebende Gottheit gäbe ... Doch der fehlerbehaftete Mensch wäre bestimmt nicht auf die Idee gekommen, einen absolut heiligen Gott einzuführen, der sie entsprechend seinen haargenauen Maßstäben der Heiligkeit zur Verantwortung zieht."
7. *Sünde* (145 mal), *Sünden* (49 mal), *Sünder* (40 mal), *sündig* (29 mal)
8. Während seiner Lehrtätigkeit bei den New Community-Gottesdiensten bestätigt Hybels ganz klar eine evangelikale Lehre der Sünde: „Jahrelang habe ich hier beständig die Trommel dafür gerührt, daß ich wirklich überzeugt bin, daß ein Mensch nicht wirklich errettet werden kann, daß ein Mensch nicht wirklich zu Christus kommen kann, wenn er nicht einen Zerbruch aufgrund seiner Sündhaftigkeit erlebt hat. Solange er davon nicht in Schrecken versetzt ist, solange er nicht auf die Heiligkeit Gottes sieht und ihm das den Atem verschlägt und er sagt: Ich hab' echt ein Problem. Ich kann diesen Maßstab nicht erfüllen."
9. Im Jahr meiner Studien verwendete Hybels mehrere verschiedene Begriffe, um die das Wesen dieser Übergabe zu erklären: *glauben* (190 mal), *Glaube* (198 mal), *Vertrauen* (113 mal), *zugeben* (69 mal), *bekennen* (19 mal), *bereuen* (26 mal) *und Reue* (29 mal).
10. Wenn die Harrys nicht bereit sind, ihr Leben zu übergeben, stellt Hybels sie vor mehrere Alternativen. Sie werden eingeladen, sich nach dem Gottesdienst mit Bill Hybels im „Bull Pen" zu treffen (der vordere rechte Teil des Saales), zum „Gastfreundschaftsraum" zu gehen und Fragen über den christlichen Glauben zu stellen, den Grundkurs

über die Wahrhaftigkeit des christlichen Glaubens zu besuchen, zur *New Believers Class* zu gehen, wo das Evangelium und Grundsatzfragen des christlichen Lebens wiederholt, oder einschlägige Bücher oder Videos zu kaufen.

Kapitel 14: Was wir von Willow Creek lernen können

1. An dieser Stelle ist ein kurzes Wort nötig, wie ich an diese Studie herangegangen bin. Ich fing diese Studie in erster Linie als Wissenschaftler an, jedoch als Wissenschaftler mit einer anfänglich skeptischen Haltung. Mir war klar, daß meine Empathie und mein Verständnis gegenüber Willow Creek größer werden mußte, wenn ich fair sein wollte. Ich versuchte, meine Studien zu strukturieren, um den Mitarbeitern und Teilnehmern sorgfältig zuzuhören. Wie in der Einleitung bemerkt, beurteilten die Mitarbeiter und anderen Teilnehmer meine Beschreibung als ehrlich und akkurat.

   Das ist wichtig, weil die von mir verwendete Analogie eines soziologischen Mikroskops an diesem Punkt zusammenbricht. Wissenschaftler sind keine gefühllosen Computer, die Information verarbeiten und unter sterilen Bedingungen Schlußfolgerungen ziehen. Sie haben Erfahrungen, Überzeugungen, Gefühle und Vorlieben (Vorurteile), die allesamt ihre Untersuchungen beeinflussen können.

   Ein guter Wissenschaftler geht mit seinen Vorurteilen am besten so um, daß er sie identifiziert, so daß ihr Einfluß auf die Untersuchung reduziert werden kann. Ich hatte ein hauptsächliches Vorurteil, daß an dieser Stelle detaillierter dargestellt werden sollte.

   Wie in Kapitel 1 bemerkt, hörte ich zum erstenmal von Willow Creek, als ich im Herbst 1983 in die Gegend von Chicago umzog. Als ich meinen ersten Seeker-Service besuchte, war ich fassungslos. Als der Gottesdienst beendet war, hatte ich den ausgesprochenen Eindruck, gerade einer christlichen Johnny-Carson-Show beigewohnt zu haben: ein witziger Monolog, ein Theatersketch, musikalische Darbietungen und eine Hintergrundband. Ehrlich gesagt, war ich nicht beeindruckt. Mehrere Jahre besuchte ich Willow Creek nicht mehr.

   Während der nächsten drei Jahre, als ich ein evangelikales Seminar in der Region besuchte, hörte ich gelegentlich Bemerkungen über dieses schnellwachsende Willow Creek, und ich entgegnete darauf mit meinen negativen Eindrücken (christliche Johnny-Carson-Show usw.). Mit zunehmendem Kontakt mit Willow Creek engagierten Leuten veränderten sich diese negativen Eindrücke allmählich. 1986 besuchten meine Zimmergenossen und ich Willow Creek ungefähr einen Monat lang. Meine Erfahrungen waren positiver als zuvor, aber ich war von der Aufmachung immer noch nicht sonderlich angetan.

   1989 wollten meine Verlobte und ich für einige Monate gemeinsam eine Gemeinde besuchen, bevor wir heirateten. Wir wußten nicht, wo wir nach unserer Hochzeit wohnen würden, und da uns klar war, daß wir keine dauerhafte Heimatgemeinde wählen konnten, entschieden wir uns für Willow Creek. Das war die Zeit, als ich nach einem Thema für meine Dissertation suchte.

   Dieser Hintergrund ist wichtig, weil er den Kontext beschreiben hilft, aus dem heraus ich meine Studien aufnahm, und den richtigen Blickwinkel hinsichtlich meiner Motivation verleiht, gerade Willow Creek zu untersuchen. Ferner unterstreicht es meine letztliche Beurteilung als kritischer Befürworter von Willow Creek.

   Weitere Hintergrundinformationen über diese Studie sind in meiner 800-seitigen Dissertation einzusehen, die diesem Buch zugrunde liegt. Sie kann gegen Einsendung eines Schecks über 89.00 US-Dollar angefordert werden bei: Communication Institute, P.O. Box 213, Washington, IL 61571, USA.

2. Siehe Apg. 14,1; 17,1-3; 18,4.28; 19,8-10.

3. Maldwyn Edwards, *John Wesley and the Eighteenth Century* (London: George Allen, 1933), S. 92.

4. Die Mitarbeiter von Willow Creek wollen am Wochenende keinen „Gemeindegottesdienst" haben, sondern in erster Linie ein evangelistisches Treffen.

5. Avery Dulles erklärt, daß die Geschichte der christlichen Apologetik „die Geschichte der verschiedenen Weisen ist, auf denen scharfsinnige Christen in verschiedenen Epochen und Kulturen danach strebten, ‚Rechenschaft zu geben für die Hoffnung, die in ihnen ist'". Siehe Dulles, *A History of Apologetics*, S. xvi.

6. Augustinus, *On Christian Doctrine*, Übers. D.W. Robertson (New York: The Liberal Arts Press, 1958), S. 73.

7. Aus biblischer Sicht reagiert ein Mensch auf das Evangelium, weil der Heilige Geist ihn in den Glauben geführt hat. Die Frage ist, ob der Heilige Geist dazu den überredenden Prozeß benutzt. Ich glaube, daß die biblische Antwort auf diese Frage ein schallendes Ja ist.
   Der größte Teil der überredenden Methode von Willow Creek geht auf Hybels zurück; viele Elemente (Glaubwürdigkeit, Identifikation usw.) stehen in Verbindung mit Hybels' Persönlichkeit und Begabung und sind Ergebnis von Hybels' intuitiven Entscheidungen und Antworten. Hybels' Persönlichkeit hat manchen, die sich schließlich in Willow Creek zum christlichen Glauben bekehrt haben, als emotionaler Funke gedient.

8. Neil Postman, *Amusing Ourselves to Death*, S. 105, Deutsch: *Wir amüsieren uns zu Tode* (Frankfurt am Main, 1997).

9. „The European Connection", *Willow Creek*, Juli/August 1990, S. 24-25.

10. James Graves, „Education and Community", *Chronicles*, September 1990, S. 26-27. McKeon, *The Basic Works of Aristotle*, S. 1329.

11. Cousins, *Mastering Church Management*, S. 81.

12. Peter Brown, *Augustine of Hippo* (Berkley, Calif.: University of California Press, 1969), S. 251.

13. Henry Chadwick, *The Enigma of St. Paul* (London: Athlone Press, 1969), S. 275.

14. Siehe auch David Martin, *A General Theory of Secularization* (Oxford: Blackwell, 1978), S. 30, 36.

15. Tina Rosenberg, „From Dissidents to MTV Democrats", *Harper's*, September 1992, S. 48.

16. Hatch, *The Democratization of American Christianity*, S. 136, 104.
   „Counting England's Flock", *Christianity Today*, 5. Februar 1990, S. 29.

17. Aufgrund seiner kulturellen Sensitivität und Flexibilität ist der Protestantismus leichter vom kulturellen Kompromiß zu beeindrucken. Der Protestantismus hat nicht die starre Autoritätshierarchie des Katholizismus oder des Orthodoxismus sowie nicht die historische Schwere, und folglicherweise war die Liberale Theologie der illegitime Abkömmling des Protestantismus.

18. Barna, *Marketing the Church*, S. 33, 146. MacArthur schreibt in *Ashamed of the Gospel*, Deutsch: *Wenn Salz kraftlos wird: Die Evangelikalen im Zeitalter juckender Ohren* (Bielefeld: CLV, 1996), „daß alle, die in einer veränderlichen Welt gern für ‚relevant' gehalten werden wollen, dem unwandelbaren Wort Gottes nicht lange treu bleiben konnten und dieses auch nicht tun würden" (S. 135.)

19. Siehe Matthäus 9,36-38; 11,28-30; Markus 8,11-12; 10,17-31; 13,1-6; Lukas 10,25-37; 14,7-11; Johannes 3,1-13; 4,5-28.

20. Walter Hollenweger, *Evangelism Today: Good News or Bone of Contention* (Belfast, Ireland: Christian Journals Ltd., 1976), S. 80, 82; zitiert in Guiness's „Towards a Reappraisal", S. 310.

21. E.F. Harrison kommentiert, daß „Christus die Ausstrahlung der göttlichen Herrlichkeit ist (Hebr. 1,3). Durch ihn wurde das vollkommene Wesen Gottes den Menschen offenbart". Siehe *Evangelical of Theology*, Hg. Walter Elwell (Grand Rapids: Baker, 1984), S. 443.

22. Otto Friedrich, „Headed for the Dustheap", *Time*, 19. Februar 1990, S. 37.

23. John Stott, „A Resurgence of Evangelical Scholarship", *Christianity Today*, 5. Oktober 1992.
24. Hunter, *American Evangelicalism*, S. 13.
25. Aristoteles, *The Bacis Works of Aristotle*, S. 1328.
26. Hatch, *The Democratization of American Christianity*, S. 136.
27. Hybels' Apologetic ist für den typischen Akademiker nicht sonderlich überzeugend. Jemandem, der akademisch in Philosophie oder Geschichte gebildet ist, erscheinen Hybels' Argumente ziemlich dünn.
   Das soll nicht heißen, die philosophischen und historischen Argumente für den christlichen Glauben seien an sich nicht glaubwürdig. Innerhalb der breiteren akademischen Welt gibt es eine wachsende Bewegung, die dafür eintritt, daß der historische christliche Glaube intellektuell glaubwürdig ist.
   Die Tatsache, daß Hybels' Argumente plausibel, aber akademisch nicht glaubwürdig sind, spiegelt eine grundsätzliche Realität des modernen Lebens wider. Das akademische Denken kann als gänzlich andere Art zu Denken als die des Mannes von der Straße angesehen werden. Hybels' populäres Argument zielt nicht auf die Intellektuellen ab, sondern auf die einfachen Vorstadt-„Harrys".
28. Hatch, *The Democratization of American Christianity*, S. 104.

Kapitel 15: Die christliche Weltanschauung und Kultur

1. Raymond Williams, „Kulture and Civilization", *The Encyclopedia of Philosphy*, Bd. 2 (New York: Macmillan, 1967), 273-276.
2. Augustinus, *On Christian Doctrine*, S. 75.

Kapitel 16: Die Versuchung der Imagepflege

1. Lee Strobel antwortete auf diese Analyse: „Nicht jeder Moment wird schriftlich vorgegeben ... Vieles von dem, was stattfindet, wird jedoch im voraus geplant. Wenn du vorhast, vor 5.000 Leuten zu stehen, wünscht du dir vielleicht einen Spielplan, auf dem steht, was du sagen und tun sollst. Wenn du Gott mit deinem Dienst für ihn ehren willst, nimmst du auch die harte Arbeit der Vorbereitung auf dich. Wenn die Ewigkeit der Leute auf dem Spiel steht, willst du so effektiv und deutlich wie möglich sein."
   Ich würde mit Strobels Anliegen, treu zu sein, übereinstimmen. Worauf ich mit meiner Analyse hinaus will, ist, daß Willow Creek eine neu Art der Gemeindepraxis entwickelt hat, und diese Art ist eine selbstbewußte Darbietung, die zum Erreichen externer Ziele entworfen wurde. Mein Wunsch ist, seine neue Methode und deren potentiell eingebaute Schwächen zu beurteilen.
2. Barna, *Marketing the Church*, S. 34.
3. Ervin Goffman entwickelt die Idee der Imagepflege („Image Management") recht ausführlich in *The Presentation of Self in Everyday Life* (Garden City, N.J.: Doubleday, Anchor Books, 1959).
4. „Avoiding Fumbles", *Harper's*, Januar 1992, S. 28-29.
5. Ann-Liza Kozma, „Meet Your New Neighbors: The Imitations", *Chicago Tribune*, 31. Oktober 1993, Abschn. 6, 5.
6. „Accentuate the Negative", *Harper's*, November 1990, S. 17-18,
7. Der gleiche Trend ist bei den demokratischen Liberalen zu verzeichnen.
8. Michael Kramer, „Moving In", *Time*, 4. Januar 1993, S. 33.
9. Schuller, *Your Church Has Real Possibilities*, S. 125, 128, 127, 14.
10. Ron Berler, „Managing Crises, On-field and Off", *Chicago Sun Times*, 25. November 1990, S. 49.

11. *Intelligence Interrogation*, Headquarters, Department of the Army, FM 34-52, 3-4.
12. *Willow Creek* Special Anniversary Issue, S. 32.
13. Raymond Collins, *Studies on the First Letter to the Thessalonians* (Leuven, Belgien: Leuven University Press, 1984), S. 238.
14. Howard Marshall, *1 and 2 Thessalonians* (Grand Rapids: Eerdmanns, 1983), S. 65.

Kapitel 17: Im Morast der Psychologie

1. Berger, *Sacred Canopy*, S. 156.
   Hunter, *Making Sense of Modern Times*, S. 151-152.
2. MacArthur ist einer der wenigen Fundamentalisten, der einen bedeutenden Einfluß auf die breitere evangelikale Bewegung ausübt. Die meisten anderen Fundamentalisten folgen einer separatistischen Lehre und wollen mit den Evangelikalen, die in ihren Augen den Glauben kompromittieren, nichts zu tun haben. Diese Absonderung von der Welt erzeugt bei den Fundamentalisten Widerstand gegen die psychologische Weltanschauung. Siehe John MacArthur, *Our Sufficiency in Christ* (Dallas: Word, 1991), S. 66, 59.
3. Hunter, *Making Sense of Modern Times*, S. 151-152.
4. „Evangelicalism: An interview with Marshall Shelley", *Faith and Renewal*, Juli/August 1992, S. 11.
5. Die beste Beschreibung und Analyse dieses Einflusses ist immer noch Hunters *American Evangelicalism* und *Evangelicalism: The Coming Generation*.
6. Siehe z.B. Tim Staffords schmeichelhafte Artikel in *Christianity Today*, „The Therapeutic Revolution", 17. Mai 1993, und „Franchising Hope", 18. Mai 1992; David Neffs Artikel „Sumer Camp for Troubled Adults", 18. Mai 1992; und das die Psychologie verteidigende Editorial von Standton L. Jones „Demonizing the Head Doctors", 16. September 1991. *Christianity Today* ist im Lauf der letzten 20 Jahre immer mehr zu einem populären Magazin und immer weniger eine Quelle fundierter Analysen geworden. Allein die Tatsache, daß *Christianity Today* einen populären Autor – anstatt eines Soziologen, Historikers oder Theologen – über eine derart massive Umwälzung schreiben läßt, ist ein Hinweis darauf, wie naiv sie an dieses Thema herangeht. Diese populäre Leichtgläubigkeit tritt auch darin zutage, daß sie einen Autor wählen, der dem evangelikalen Gebrauch von Psychologie sehr optimistisch gegenübersteht und dessen Gattin einen Magister in Psychologie hat. Das ist anscheinend ein klares Beispiel für intellektuelle Vetternwirtschaft: einen Kritiker zu wählen, der in Wirklichkeit ein Befürworter ist. Nur höchst selten veröffentlicht *Christianity Today* eher kritische Artikel über Psychologie, wie z.B. „Psychobabble" von Robert C. Roberts, 16. Mai 1994, S. 18-24.
7. Mike Singletary with Jerry Jenkins, *Singletary on Singletary* (Nashville: Thomas Nelson, 1991), S. 106.
8. Siehe die Bestsellerliste der Willow Creek-Buchhandlung von Mai 1989 bis Mai 1990. Viele der angeführten Bücher sind evangelikale Psycho-Selbsthilfebücher.
9. Melody Beattie, *Codependent No More* (San Francisco: Harper, 1987); David Keirsey an Marilyn Bates, *Please Understand Me: Charakter & Temperament Types* (Del Mar, Calif.: Prometheus Nemesis Book Company, 1984), Deutsch: *Mut zur Unabhängigkeit* (München, 1992); Henry Cloud, *When Your World Makes No Sense* (Neshville: Thomas Nelson, 1990).
10. Henry Cloud, *When Your World Makes No Sense*, S. 16-17.
11. Ebd., S. 17.
12. Der Seelsorger sagte mir, das Seelsorgezentrum sei normalerweise ein „Kurzzeitort – sechs Monate oder weniger ... Wenn also jemand mit einem Langzeitproblem herkommt, wird er oder sie oftmals zu jemanden außerhalb von Willow Creek geschickt." Nachdem ich meine Studie abgeschlossen hatte, hörte ich, daß die Gemeinde das Seelsorgezentrum umstrukturiert hat.

13. Ein Seelsorger erklärte mir: „Ich habe es mir zur Aufgabe gemacht, zu jeder gemeindlichen Einrichtung zu gehen und dort eine Menge zu reden und zu lehren und zu zeigen, wie eine Therapie den Leuten wirklich helfen kann, weiter geistlich und beziehungsmäßig zu wachsen."
Man sagte mir, daß von den Therapeuten gefordert werde, einige Kurse in Bibelkunde und Theologie absolviert zu haben. Doch diese Schulung bietet keine klare theologische Grundlage, die kontrollierende Überzeugungen zur psychologischen Integration liefern könnte. Das soll nicht heißen, es gäbe unter den Therapeuten des Seelsorgezentrums keine gemeinsam vertretene Theologie. Sie alle würden das Glaubensbekenntnis der Gemeinde bekräftigen und sind verpflichtet, nicht „gegen die Kanzel" zu lehren. In der Praxis besteht wenig Orientierung hinsichtlich der Richtigkeit verschiedener psychologischer Vorstellungen. Die Therapeuten beraten die Leute mit allen möglichen psychologischen Kategorien, je nach dem, was sie gerade für angebracht halten.

14. Paul C. Vitz, *Psychology As Religion: The Cult of Self-Worship* (Grand Rapids: Eerdmans, 1977). Deutsch: *Der Kult ums eigene Ich: Psychologie als Religion* (Gießen: Brunnen, 1995).

15. Brown, *Augustine of Hippo*, S. 245, 366.

16. Dennis Groh, *Augustine: Religion of the Heart* (Nashville: Graded Press, 1988), S. 32.

17. Brown schreibt in *Augustine of Hippo*: „Lateinische christliche Pietät könnte nie wieder so sein wie zuvor" (S. 245).

18. Eine vollständige Erklärung des Neoplatonismus und seines Einflusses auf Augustinus geht über den Zweck dieses Kapitels hinaus. Für weitere Information siehe die knappe Bibliographie in Augustinus, *Eighty-three Different Questions*, Übers. David Mosher, Bd. 70 von *The Fathers of the Church* (Washington, D.C.: Catholic University of America Press, 1982), S. 30.

19. Brown, *Augustine of Hippo*, S. 245.

20. John Burnaby, Hg., *Augustine: Later Works* (Philadelphia: Westminster Press, 1953), S. 255.

21. Burnaby, *Amor Dei: A Study of the Religion of St. Augustine* (London: Hodder and Stoughton, 1947), S. 43.
Brown, *Augustine of Hippo*, S. 245, 142.

22. Hunter, *American Evangelicalism*, S. 94.

23. Ebd., S. 95.

24. *Leadership*, Winter 1993, S. 21.

25. Johannes Calvin, *Institutes of the Christian Religion*, Hg. John T. McNeil (Philadelphia: Westminster Press, 1960), S. 35, 37, Deutsch: *Unterricht in der christlichen Religion* (Zürich, 1997).

26. Rob Wilkins, „The Second Chance of a Lifetime", *Willow Creek*, März/April 1991, S. 20.

27. Manche Elemente von psychologischen Theorien sind für eine biblische Ethik nützlicher und weniger gefährlich. Z.B. ist der Gebrauch psychologischer Theorien im Netzwerk-Seminar mehr in ein breiteres biblisches Verständnis der menschlichen Natur integriert. Wenn das Seminar auch noch wesentlich verbessert werden könnte, ist es dennoch merklich besser als die allgemeine Verwendung psychologischer Theorien in der Gemeinde. Das vierwöchige Netzwerk-Seminar – das mehr als 5.000 Creeker besucht haben – ist konzipiert, um Menschen zu helfen, ihre Geistesgaben, ihre Vorlieben und ihr Temperament zu erkennen. Die Besucher finden dieses Seminar im allgemeinen sehr wertvoll für die Schaffung einer Grundlage zur Selbsterkenntnis.

28. Roberts, „Psychobabble", S. 22.

29. Ebd., S. 23.

30. Ebd., S. 22-23.

31. Beattie, *Codependent No More*, S. 51, Deutsch: *Mut zur Unabhängigkeit* (München, 1992).

32. Das psychologische Weltbild bietet außerdem geeignete Instrumente zur Verurteilung derjenigen, von denen wir meinen, daß sie uns verletzt oder angegriffen haben (Beattie, *Codependent No More*, S. iii, 109), Deutsch: *Mut zur Unabhängigkeit* (München, 1992).

33. Die vollständige zusammenfassende Abschlußerklärung lautet: „Ein Ehepartner ist von einem zerbrochenen Ehebündnis frei, wenn dieser Ehepartner nach dem Urteil derer, denen gegenüber das Paar geistlich verantwortlich ist, ein weiches Herz hat und der andere Partner nicht bereit ist, ein ehefähiger Ehepartner zu sein." Bei dieser Vorgehensweise wird die biblische Sprache zugunsten der psychologischen Terminologie von „weichem Herz" und „ehefähiger Ehepartner" beiseite gesetzt.

34. Es sollte bemerkt werden, daß es mit den obigen Sachverhalten nicht möglich ist, einen kausalen Zusammenhang zwischen der psychologischen Ethik der Willow Creek-Wochenendbesucher und ihrer unrechtmäßigen Sexualpraxis nachzuweisen. Für dieses Phänomen gibt es wahrscheinlich mehrere Gründe. Ein beitragender Grund ist beispielsweise der Mangel an festen Beziehungen mit Mitchristen unter der Mehrheit der Besucher. Ich stellte fest, daß weniger als 10% der von mir interviewten Laien tiefere Beziehungen zu anderen Willow Creekern hatten. Der Einwand, es bestünde kein Zusammenhang zwischen der psychologischen Weltanschauung der Creeker und ihrem Sexualleben ignoriert jedoch diese offensichtlichen Fakten.

35. Das Problem besteht zum Teil darin, daß es zur Zeit nur wenige Quellen gibt, die ein biblischeres Modell und Hilfsmittel zum geistlichen, psychischen und beziehungsmäßigen Wachstum bieten. Für ein Beispiel einer behutsameren Integration psychologischer Theorien in ein biblisches Weltbild siehe Richard Winter, *The Roots of Sorrow: Reflections on Depression and Hope* (Westchester, Ill.: Crossway Books, 1986).

36. E.M. Blaiklock, *New Bible Dictionary* (Grand Rapids: Eerdmans, 1979), S. 886.

37. Gallup, *The People's Religion*, S. 141.

38. Singletary, *Singletary on Singletary*, S. 106.

39. Hunter. *Making Sense of Modern Times*, S. 151-152.

Kapitel 18: Der Reiz des Marketing

1. MacArthur, *Ashamed of The Gospel*, S. 121, Deutsch: *Wenn Salz kraftlos wird: Die Evangelikalen im Zeitalter juckender Ohren* (Bielefeld: CLV, 1996).

2. Bill Hybels und Mark Mittelberg, *Becoming a Contagious Christian* (Grand Rapids: Zondervan, 1994), S. 14-15, Deutsch: *Bekehre nicht – lebe* (Wiesbaden, Edition Willow Creek, 1996).

3. Siehe Nathan Hatch, *The Democratization of American Religion*, und Jon Butler, *Awash in a Sea of Faith: Christianizing the American People* (Cambridge, Mass.: Harvard University Press, 1990).

4. Bellah, *Habits of the Heart*, S. 71-75.

5. Das illustriert den Einfluß des kulturellen Hintergrunds auf die persönliche Sichtweise der Bibel. Manchmal verhilft die Kultur zu einer klareren Sicht von bestimmten biblischen Wahrheiten. Gleichzeitig neigt das kulturelle Umfeld oft dazu, das Verständnis und die Auslegung der Bibel zu verzerren.

6. Barna, *Marketing the Church*, S. 50.

7. Earl Shorris, „A Nation of Salesman", *Harper's*, Oktober 1994, S. 46.

8. Ebd.

9. Bellah, *Habits of the Heart*, S. 71-75.

10. Shorris, „A Nation of Salesman", S. 41.

11. *The Wall Street Journal*, Sonderbericht über Bildung, 9. Februar 1990, S. R25.

12. Barna, *Marketing the Church*, S. 14.

13. Hybels, *Descending into Greatness*, S. 116, Deutsch: *Hinabsteigen zur Größe* (Wiesbaden, ONE WAY VERLAG, 1993).

14. Barna, *The Frog in the Kettle*, S. 138.
15. „Targeting the Stoned Cyberpunk", *Harper's*, Dezember 194, S. 24, 26.
16. Shorris, „A Nation of Salesman", S. 43.
17. Barna, *Marketing the Church*, S. 51.
18. Ebd., S. 33.
19. Hornblower, „Advertising Spoken Here", S. 71.
20. Lewis Lapham, „Notebook", *Harper's*, September 1992, S. 9.
21. Schuller, „Hard Questions für Robert Schuller about Sin and Self-Esteem", S. 19-20.
22. Hybels, *Christians in the Marketplace*, S. 98, Deutsch: *Machen Sie mehr aus Ihrem Job* (Wiesbaden, Projektion J, 1996).
23. In einem von Hybels' neueren Büchern findet sich die Aussage: „Kurioserweise ist das Christentum in seiner reinsten Form nicht auf persönliche Erfüllung aus" (*Descending into Greatness*, S. 204, Deutsch: *Hinabsteigen zur Größe* (Wiesbaden, ONE WAY VERLAG, 1993). Ich war über dieses Abweichen von der Willow Creekschen Befriedigungs-Theologie erstaunt und interviewte deshalb Hybels' Coautor Rob Wilkins. Wilkins gab zu, daß er zwar viele von Hybels' Unterlagen verwendete, er aber der hauptsächliche Autor des Buches war und sich mit Hybels nur einige wenige Male traf, um über das Buch zu sprechen. Wilkins stellte heraus, daß zwar ein Großteil des Inhalts von Hybels stammt, diese spezielle Idee jedoch ein Beitrag von ihm selbst ist.
24. Philip Rieff, zitiert in Guiness, *No God But Got*, S. 130.
25. Alexis de Tocqueville, *Democracy in America* (New York: Vintage Books, 1945), S. 130.
26. Ebd.
27. Ebd., S. 134.
28. Diese Selbstfixierung wurde an den Beschreibungen deutlich, die die Creeker von ihrem Engagement in der Gemeinde gaben. Bisweilen schilderten sie ihren Dienst in der Gemeinde, als sei er nichts als ein Akt der Eigennützigkeit. Ein Ehrenamtlicher erklärt, weshalb er Vakuumreiniger repariert: „Man kann einfach sagen, das ist schon etwas eigennützig. Es macht Spaß, und dabei kann ich noch die Gemeinschaft genießen" (John Bollow, „Serving God in a Vacuum" *Willow Creek*, Januar/Februar 1991, S. 9). Das *Willow Creek* Magazin erklärt, weshalb ein anderer Ehrenamtlicher bei der Reparatur von Autos hilft: „Es ist eine Art eigennütziger Motivation, wirklich. ... [Er] hat begriffen, daß Selbsterfüllung durch Selbstaufgabe kommt" (Rob Wilkins, „Covert Operation", *Willow Creek*, September/Oktober 1990, S. 16). Ich glaube nicht, daß diese Art Dienst nur eigennützig ist. Aber die Tatsache, daß die Leute sich bei der Beschreibung ihres Dienstes dieser Ausdrucksweise bedienten, zeigt, wie tief dieses Denken als Bestandteil Willow Creeks verwurzelt ist.
29. Augustinus, *The City of God*, Übers. Gerald Walsh, S.J., und Daniel Honan, Bd. 8 von *Fathers of the Church* (New York: Fathers of the Church, Inc., 1954), S. 230. *Eighty-three Different Questions*, Übers. Mosher, S. 66.
30. Augustinus, *The Catholic and Manichaean Ways of Life*, Übers. Donald Gallagher und Idella Gallagher, Bd. 56 on *Fathers of the Church* (New York: Fathers of the Church, Inc., 1966), S. 6.
31. Augustinus, *The Confessions of St. Augustine*, Übers. Rex Warner (New York: New American Library of World Literature, 1951), S. 229, 232.
32. Augustinus, *The City of God*, Bd. 7, S. 202. Augustinus, *The Retractions*, S. 12. Siehe Burnabys *Amor Dei*, S. 98-100.
33. George Gallup jr., „Religion in America", *The Annals,* Juli 1985, 169.
34. David A. Halls Interview mit David Larson, „Holy Health", *Christianity Today*, 23. November 1992, S. 19.
35. Gallup, *Religion in America 1990*, S. 7.
36. Für ein Beispiel einer biblischeren Antwort auf das Thema Erfülltsein siehe Johannes Calvin, *Institutes of the Christian Religion*, Buch 2, 4, 6, Deutsch: *Unterricht in der chgristlichen Religion* (Zürich, 1997).

Kapitel 19: Der Spiegel von Gottes Angesicht

1. Strobel, *Inside the Mind*, S. 161, Deutsch: *Beim Wort zum Sonntag schalt' ich ab: Die Welt eines Kirchendistanzierten verstehen* (Wiesbaden: Projektion J, 1995).
2. Erickson, *Christian Theology*, S. 302.
3. Diese Betonung von Gottes Liebe bestand seit der Jugendgruppe von Son City. Don Cousins erklärt in *Tomorrow's Church*, daß das zentrale Thema der Botschaften „Gottes Liebe mitteilen" sein sollte (S. 23).
4. Das Wort *Vater* wurde während der Wochenendbotschaften 224 mal gebraucht.
5. Hybels argumentiert, wenn wir nicht Gottes Liebe empfangen, wird Gott ein frustrierter, aber dennoch beharrlicher Liebender: „Oft empfangen wir nicht die Liebe, die Gott anbietet. Und so leitet dies Gottes zweite Hauptemotion ein: Frustration" (Hybels, *Caution: Christians under Construction*, S. 49-50.)
6. Hybels, *Seven Wonders*, S. 7.
7. Wuthnow, *The Restructuring of American Religion: Society and Faith since World War II* (Princeton, N.J.: Princeton University Press, 1988), S. 300, Deutsch: *Der Wandel der religiösen Landschaft in den USA seit dem 2. Weltkrieg* (Würzburg, 1996).
8. Hybels, *Seven Wonders*, S. 137.
9. „The Theater Days", *Willow Creek, Special Anniversary Issue*, S. 34.
Wuthnow, *The Restructuring of American Religion*, S. 303, Deutsch: *Der Wandel der religiösen Landschaft in den USA seit dem 2. Weltkrieg* (Würzburg, 1996).
Beattie, *Codependent No More*, S. 99, Deutsch: *Mut zur Unabhängigkeit* (München, 1992).
Gallup, *Religion in America 1990*, S. 21.
10. Ebd., S. 7.
11. Außerdem wurde Heilige Geist 67mal genannt.
12. Hybels stellt heraus: „Wann haben wir ihm das letzte Mal dafür gedankt, daß er heilige Gebote schrieb, die uns, die wir im gesellschaftlichen Meer des Relativismus schwimmen, als moralische Meilensteine dienen?"
13. Ewald M. Plass, *What Luther Says,* Bd. 2 (Saint Louis: Concordia, 1959), S. 757.
14. Ebd., S. 758.
15. Calvin, *Institutes of the Christian Religion*, S. 369, Deutsch: *Unterricht in der christlichen Religion* (Zürich, 1997).
16. Ebd., S. 355.
17. In der Zeit unmittelbar vor seiner Bekehrung schrieb Wesley einem Freund und beschrieb, wie er von Gottes Moralgesetz überführt worden war: „Ich stehe unter demselben Verdammungsurteil. Ich sehe, daß das ganze Gesetz Gottes heilig, gerecht und gut ist [vergl. Röm 7,12]. Ich weiß, daß jeder Gedanke, jede Regung meiner Seele Gottes Bild und Aufschrift tragen sollte. Doch wie bin ich gefallen von der Herrlichkeit Gottes! Ich fühle, daß ich unter die Sünde verkauft bin [Röm 7,14]. Ich weiß, daß auch ich nichts anderes als Zorn verdiene, voll von Greueln bin, und nichts Gutes in mir ist, daß sie sühnen oder den Zorn Gottes entfernen könnte." Siehe Albert C. Outler, Hg., *John Wesley* (New York: Oxford University Press, 1964), S. 60.
18. Ebd., S. 233.
19. J.I. Packer, *A Quest for Godliness*, S. 169, Deutsch: *Gott erkennen* (Bad Liebenzell, 1994).
20. Jaroslav Pelikan, *Jesus Through the Centuries* (New York: Harper and Row, 1985), S. 2.
21. Peter Berger: *A Rumor of Angels: Modern Society and the Rediscovery of the Supernatural* (New York: Anchor Books, 1981), S. 7.
22. Peter Berger, zitiert in David Singer, „The Unmodern Jew", *First Things*, Juni/Juli 1991, S. 20.
23. Berger, *A Rumor of Angels*, S. 19, 9-10.
24. Schuller, *Your Church Has Real Possibilities*, S. 137.

25. Peter Berger, zitiert von Singer in „The Unmodern Jew", S. 20.
26. Hunter, *American Evangelicalism*, S. 87.
27. Manche besuchen New Community womöglich ein- oder zweimal im Monat. Meine Absicht ist lediglich, zu zeigen, daß die überwiegende Mehrheit der Wochenendbesucher nicht die Wochentagsgottesdienste besuchen.
28. Dies basiert auf seiner fragwürdigen Beurteilung, 30.000 US-Dollar sei das durchschnittliche Jahreseinkommen der Gemeindebesucher. Da die meisten Teilnehmer Häuser in den bessergestellten nordwestlichen Vorstädten besitzen, ist es höchst unwahrscheinlich, daß sie im Schnitt nur 30.000 Dollar verdienen.

Kapitel 20: Der Verlust der Wahrheit

1. *Emotions Anonymous*, Emotions Anonymous International, St. Paul, Minn., 1978, S. 2.
2. Diese Bewegung weg von der akadamischen Bildung gilt für einen wachsenden Kreis evangelikaler Gemeinden. Siehe z.B. „Re-Engineering the Seminary", *Christianity Today*, 24. Oktober 1994, S. 74-77.
3. Als Antwort auf diesen Abschnitt kommentierte Lee Strobel, daß Willow Creeks Nachdruck auf Psychologie anstieg, nachdem ein theologisch geschulter Pastor angestellt wurde. Er merkte an, daß theologische Bildung keine Garantie dafür sei, daß psychologische Kategorien nicht mißbraucht würden. Seine Aussage ist richtig, weil es sicherlich theologisch gebildete Pastoren gibt, die sich von der Psychologie in Beschlag nehmen ließen. Doch in der Regel haben jene, die ein jahrelanges Studium zum Verständnis der Sprache, Geschichte und Theologie der Bibel aufgewendet haben, mehr Quellen zur Hand, mit denen sie die Kategorien der Kultur kritisch beurteilen können.
4. Hybels forderte die Versammlung heraus: „Ich denke, wir haben hier in Willow Creek eine Menge kosmetischer Anbeter – Lobpreiser, die mehr Schein als Sein sind, rein äußerliche Verehrer – deren Leben diesen Fluß der auf Gott ausgerichteten Anbetung nicht zum zentralen Thema haben." Das Ergebnis dieser Ermahnung war, daß sich in den folgenden Wochen über 600 Personen taufen ließen.
5. Für Amerikaner ist es äußerst schwierig, sich selbst klar zu sehen. Manchmal kommen die aufschlußreichsten Analysen der amerikanischen Evangelikalen von außerhalb unserer Kultur. Der rumänische christliche Führer Josif Ton wurde von seinem kommunistischen Regime mehrfach verhaftet, bevor er 1980 nach Amerika deportiert wurde. Nachdem er über zehn Jahre in Amerika lebte, wurde ihm vom Wheaton College ein Ehrendoktortitel verliehen. Bei seiner Ansprache zu diesem Ereignis kommentierte Ton das Verständnis der amerikanischen Evangelikalen von Jesus: „Werft einen Blick auf den Jesus, den die meisten eurer Evangelisten den Massen präsentieren. Das ist ein Jesus, der Frieden gibt, der Wunden heilt, der innere Zufriedenheit, Selbstwertgefühl und vor allem Wohlstand verleiht. Brüder und Schwester, das ist nicht der Jesus des Neuen Testamentes. Der Jesus, der im Neuen Testament präsentiert wird, ist der König! Er ist der, der die Leute zum Leben nach seinen Maßstäben aufruft, der sie zur Aufgabe ihres Selbst, zur Teilnahme an seinen Leiden für eine verlorene Welt, zur Selbstaufopferung aufruft. Ich befürchte, daß dies in den meisten evangelikalen Gemeinde des Westens heute verlorengegangene Begriffe sind." (Josif Ton, „The Cornerstone at the Crossroads", *Wheaton Alumni*, August/September 1991, S. 8.)
6. Darrel Schulz, „Second Thoughts on Swimming in Willow Creek", *Christian Week*, 19. Oktober 1993, S. 9.
7. Ein Mitarbeiter schilderte mir, wie Hybels in seinem 1988er Urlaub John MacArthurs Buch *The Gospel According to Jesus* (Deutsch: *Lampen ohne Öl*, Bielefeld: CLV, 1997) gelesen hatte und dem Mitarbeiterteam sagte: „Das ist wahrscheinlich das allereinflußreichste Buch in bezug auf das Evangelium, daß ich je gelesen habe." Hybels bekannte an einem Sonntagmorgen: „Freunde, mich plagt oft die Frage, was in dieser

Gemeinde wirklich vor sich geht. Wie viele von uns sind mit einer milden Form des Christentums geimpft worden? Wie viele unter uns haben die wirkliche Krankheit?"

8. Bei amerikanischen Führungspersönlichkeiten besteht die Neigung, daß sie nicht als „Akademiker" identifiziert werden wollen. Melvin Maddocks untersuchte George Bushs Versuche, ein „Good Old Boy" zu sein, und kommentierte: „Für einen amerikanischen Politiker, kommt der Vorwurf, ein Intellektueller zu sein, der Verleumdung des Charakters so nahe wie eine Beschimpfung mit Spottnamen" (*World Monitor*, August 1990, S. 79). Der Mann von der Straße ist Akademikern gegenüber oft skeptisch eingestellt. Robert Oliver erklärt in *The Psychology of Persuasive Speech*: „Der tiefschürfende ‚Intellektuelle' wird von der Masse des Volkes mit Argwohn betrachtet" (S. 175).

9. Die Ausbildung an evangelikalen Seminaren sollte analysiert werden.

10. Hybels, *Caution: Christians Under Construction*, S. 76.

11. Tom Peters und Nancy Austin, *A Passion for Excellence: The Leadership Difference* (New York: Random House, 1985), Deutsch: *Leistung aus Leidenschaft* (Stuttgart, 1995).

12. Hatch, *The Democratization of American Christianity*, S. 197, 134-135.

13. Bilezikian, „The Great Shutout", S. 1.

14. Bill Hybels, „Reading Your Gauges", *Leadership*, 1991, S. 38.

15. Lynne Hybels, „Watching Lessons", *Willow Creek*, Juli/August 1990, S. 30.

16. Für eine Kritik dieses theologischen Systems siehe Jerram Barrs und Ranald Macaulay, *Being Human* (Downers Grove, Ill.: InterVarsity Press, 1978), Deutsch: *Wie sollen wir leben?* (Neuhausen, 1992).

Nachwort

1. Brown, *Augustine of Hippo*, S. 353.

John F. MacArthur

Wenn Salz kraftlos wird

256 Seiten
DM 16,80
ISBN 3-89397-249-8

Schon am Ende des 19.Jahrhunderts erkannte Charles Haddon Spurgeon: „Überall herrscht Gleichgültigkeit. Niemand unterscheidet, ob das, was gepredigt wird, richtig oder falsch ist. Eine Predigt ist eine Predigt, egal worüber, Hauptsache sie ist kurz."

Er warnte die Kirche vor einer Verwässerung der reinen biblischen Botschaft. Anstatt die Wahrheiten der Schrift zu verkündigen, wurde das Wort in Watte gepackt, um nur niemand zu verletzen.

Das Resultat war, daß christliche Tugenden im 20.Jahrhundert völlig aufgeweicht wurden. Jetzt, 100 Jahre später, schlägt John MacArthur erneut Alarm, und die Warnung sollte ernst genommen werden.

Kompromisse bestimmen heute das Bild der Kirche. Die biblische Botschaft ist einer „Show" gewichen. Pastoren vertrauen mehr einer werbewirksamen Vermarktungsindustrie als der Kraft Gottes. Durch diese Veränderungen ist die Kirche in Gefahr, ihre Glaubwürdigkeit zu verlieren – und ihren Einfluß als Salz und Licht. Und das wäre für unsere Generation der größte Verlust.

Paperback

J. McDowell

Glaube ohne Werte – Jugend am Abgrund?

325 Seiten
DM 24,80
ISBN 3-89397-252-8

Gewalt in Schulen, drogenabhängige Kinder, Jugendbanden-Kriminalität, zügelloser Sex von Teenagern – die Schlagzeilen der Medien sind voll davon – das Verhalten einer Generation, die ihren Glauben an objektive Werte wie Recht und Unrecht verloren hat. Für sie gibt es keine Verantwortlichkeit im Blick auf Moral und Wahrheit mehr.

Und das gilt nicht nur für Kinder aus schwierigen familiären Verhältnissen – es sind die jungen Leute aus den christlichen Gemeinden und Familien. Gemeindeleiter und Eltern machen die schmerzliche Erfahrung, daß ihre Kinder in alarmierender Weise die biblischen Wahrheiten über Bord geworfen haben und im Sog der Masse mitschwimmen.

Dieses Buch zeigt aber nicht nur die schockierenden Zustände sondern auch biblische und praktikable Wege zum Verständnis von Moral und Wahrheit und die Möglichkeit einer Vermittlung an die nächste Generation.

Paperback

clv

J. Gibson

Auf dem Weg zur Verantwortung – ein Modell biblischer Seelsorge

Paperback

128 Seiten
DM 12,80
ISBN 3-89397-245-5

Wirksame Seelsorge – wie funktioniert sie? Sind spezielle Techniken oder bestimmte Methoden der Schlüssel? Oder muß das Denken und Leben der Menschen umgestaltet werden, anfangend mit ihrer Beziehung zu Gott?

Jean Gibson, Lehrer an der Fairhaeven Bible Chapel in San Leandro, sieht das Hauptproblem in der Verantwortlichkeit. Damit meint er, daß jeder Einzelne die Verantwortung für seine Einstellungen, Entscheidungen, Reaktionen und Taten übernehmen muß. Ein Mensch muß aufhören, sich als Opfer zu betrachten. Bitterkeit, Hilflosigkeit und Hoffnungslosigkeit sind gewöhnlich die Folgen, wenn man der Gesellschaft oder der Umwelt die Schuld gibt.

Die Neigung, sich selbst und anderen etwas vorzumachen, hindert uns daran, die Probleme des Lebens erfolgreich zu meistern.

Doch tiefgreifende Lebensveränderungen sind möglich – aber sie müssen im Inneren beginnen, im „Herzen" des Menschen. Nur so ist bleibende Hilfe und Heilung möglich.